新编21世纪远程教育精品教材

• 经济与管理系列 •

组织行为学

（第二版）

徐建平 编著

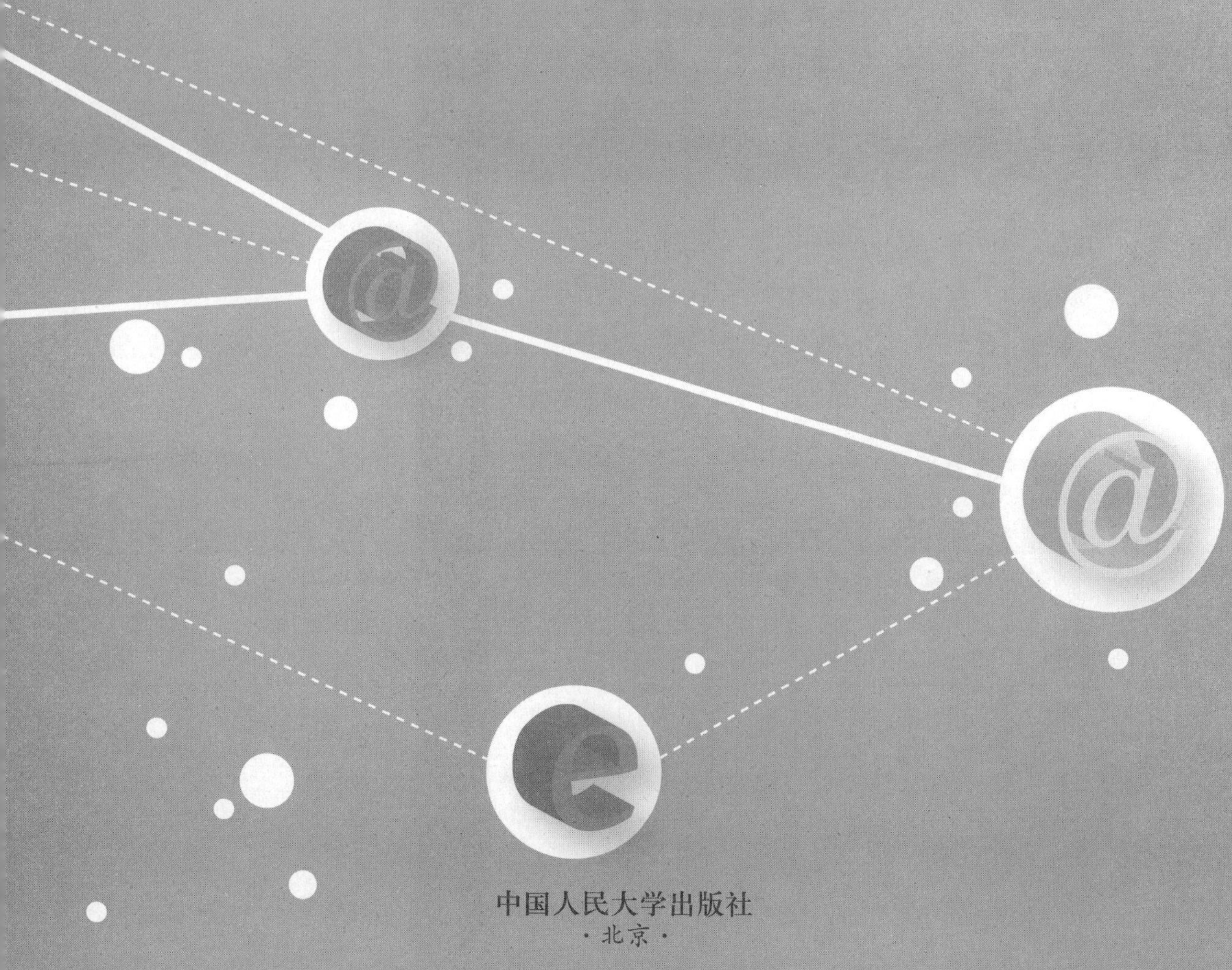

中国人民大学出版社
· 北京 ·

作 者 简 介

徐建平，北京师范大学心理学院基础心理学专业心理测评方向博士，中国科学院心理研究所应用心理学专业人力资源与组织行为方向博士后。现工作于北京师范大学心理学院，心理学教授，人员素质测评与选拔方向硕士生导师。中国心理学会会员、中国教育学会教育统计与测量专业委员会会员、中国管理研究国际学会会员。

内 容 简 介

本教材第二版保留了第一版经深思熟虑确定的组织行为学这一学科结构中的五大部分内容。这五大部分内容概括反映了组织行为学的基本架构，具有较强的逻辑性和系统性。同时在整个行文中，增加了研究成果及原始资料的出处，书后附了所有相应的文献，文献著录格式参考引用了 APA 格式，方便学习者进一步针对性地查找原文，深入扩展学习，同时竭力确保阐述的相关内容有据可依，解决学习者对这些静态的理论知识产生的疑惑，也能够培养学习者尊重客观事实、崇尚实证研究的风格。每个章节在阐述相关问题的基础理论知识之后，更进一步充实丰富了这些知识在组织管理实践中的实际运用这一环节的相应内容，注重其实效性和应用性。

总　序

我们正处在教育史尤其是高等教育史上的一个重大的转型期。在全球范围内，包括在我们中华大地，以校园课堂面授为特征的工业化社会的近代学校教育体制，正在向基于校园课堂面授的学校教育与基于信息通信技术的远程教育相互补充、相互整合的现代终身教育体制发展。一次性学校教育的理念已经被持续性终身学习的理念所替代。在高等教育领域，从1088年欧洲创立博洛尼亚（Bologna）大学以来，21世纪以前的各国高等教育基本是沿着精英教育的路线发展的，这也包括自19世纪末创办京师大学堂以来我国高等教育短短一百多年的发展史。然而，自20世纪下半叶起，尤其在迈进21世纪时，以多媒体计算机和互联网为主要标志的电子信息通信技术正在引发教育界的一场深刻的革命。高等教育正在从精英教育走向大众化、普及化教育，学校教育体系正在向终身教育体系和学习型社会转变。在我国，党的十六大明确了全面建设小康社会的目标之一就是构建学习型社会，即要构建由国民教育体系和终身教育体系共同组成的有中国特色的现代教育体系。

教育史上的这次革命性转型绝不仅仅是科学技术进步推动的。诚然，以电子信息通信技术为主要代表的现代科学技术的进步，为实现从校园课堂面授向开放远程学习、从近代学校教育体制向现代终身教育体制和学习型社会的转型提供了物质技术基础。但是，教育形态演变的深层次原因在于人类社会经济发展和社会生活变革的需求。恰在这次世纪之交，人类社会开始进入基于知识经济的信息社会。知识创新与传播及应用、人力资源开发与人才培养已经成为各国提高经济实力、综合国力和国际竞争力的关键和基础。而这些仅仅依靠传统学校校园面授教育体制是无法满足的。此外，国际社会面临的能源、环境与生态危机，气候异常，数字鸿沟与文明冲突，对物种多样性与文化多样性的威胁等多重全球挑战，也只有依靠世界各国进一步深化教育改革与创新，促进人与自然的和谐发展才能得到解决。正因为如此，我国党和政府提出了“科教兴国”“可持续发展”“西部大开发”“缩小数字鸿沟”及“人与自然和谐发展”的“科学发展观”等基本国策。其中，对教育作为经济建设的重要战略地位和基础性、全局性、前瞻性产业的确认，对高等教育对于知识创新与传播及应用、人力资源开发与人才培养的重大意义的关注，以及对发展现代教育技术、现代远程教育和教育信息化并进而推动国民教育体系现代化，构建终身教育体系和学习型社会的决策更得到了教育界和全社会的共识。

在上述教育转型与变革时期，中国人民大学一直走在我国大学的前列。中国人民大学是一所以人文、社会科学和经济管理为主，兼有信息科学、环境科学等的综合性、研究型大学。长期以来，中国人民大学充分利用自身的教育资源优势，在办好全日制高等教育的同时，一直积极开展远程教育和继续教育。中国人民大学在我国首创函授高等教育。1952年，校长吴玉章和成仿吾创办函授教育的报告得到了刘少奇的批复，并于1953年率先招生授课，为新建的共和国培养了一大批急需的专门人才。在20世纪90年代末，中国人民大学成立了网络教育学院，成为我国首批现代远程教育试点高校之一。经过短短几年的探索和发展，中国人民大学网络教育学院创建的“网上人大”品牌，被远程教育界、媒体和社会誉为网络远程教育的“人大模式”——面向在职成人，利用网络学习资源和虚拟学习社区，支持分布式学习和协作学习的现代远程教育模式。成立于1955年的中国人民大学出版社是新中国建立后最早成立的大学出版社之一，是教育部指定的全国高等学校文科教材出版中心。在过去的几年中，中国人民大学出版社与中国人民大学网络教育学院合作策划、创作出版了国内第一套极富特色的“新编21世纪远程教育系列教材”。这些凝聚了中国人民大学、北京大学、北京师范大学等北京知名高校学者教授、教育技术专家、软件工程师、教学设计师和编辑们广博才智的精品课程系列教材，以印刷版、光盘版和网络版立体化教材的范式探索构建全新的远程学习优质教育资源，实现先进的教育教学理念与现代信息通信技术的有效结合。这些教材已经被国内其他高校和众多网络教育学院所选用。中国人民大学出版社基于“出教材学术精品，育人文社科英才”理念的努力探索及其初步成果已经得到了我国远程教育界的广泛认同，是值得肯定的。

2005年4月，我被邀请出席《中国远程教育》杂志与中国人民大学出版社联合主办的“远程教育教材的共建共享与一体化设计开发”研讨会并做主旨发言，会后受中国人民大学出版社的委托为“新编21世纪远程教育精品教材”撰写“总序”，这是我的荣幸。近几年来，我一直关注包括中国人民大学网络教育学院在内的我国高校现代远程教育试点工程。这次，更有机会全面了解和近距离接触中国人民大学出版社推出的“新编21世纪远程教育精品教材”及其编创人员。我想将我在上述研讨会上发言的主旨做进一步的发挥，并概括为若干原则作为我对包括中国人民大学出版社、中国人民大学网络教育学院在内的我国网络远程教育优质教育资源建设的期待和展望：

- 新编21世纪远程教育精品教材的教学内容要更加适应大众化高等教育面对在职成人、定位在应用型人才培养上的需要。

- 新编21世纪远程教育精品教材的教学设计要更加适应地域分散、特征多样的远程学生自主学习的需要，培养适应学习型社会的终身学习者。

- 在我国网络教学环境渐趋完善之前，印刷教材及其配套教学光盘依然是远程教材的主体，是多种媒体教材的基础和纽带，其教学设计应该给予充分的重视。要在印刷教材的显要部位对课程教学目标和要求做明确、具体、可操作的陈述，要清晰地指导远程学生如何利用多种媒体教材进行自主学习和协作学习。

- 应组织相关人员对多种媒体的远程教材进行一体化设计和开发，要注重发挥多种媒体教材各自独特的教学功能，实现优势互补。要特别注重对学生学习活动、教学交互、学习评价及其反馈的设计和实现。

- 要将对多种媒体远程教材的创作纳入对整个远程教育课程教学系统的一体化设计和开发中去，以便使优质的教材资源在优化的教学系统、平台和环境中，在有效的教学模式、学习策略和学习支助服务的支撑下获得最佳的学习成效。
- 要充分发挥现代远程教育工程试点高校各自的学科资源优势，积极探索网络远程教育优质教材资源共建共享的机制和途径。

中华人民共和国教育部远程教育专家顾问

丁兴富

序　言

2012年2月，美国科学家用3D打印机打印出用于器官移植的人造耳，3D打印技术在人造器官方面的应用取得了突破性进展。同年10月，中国主导的4G技术国际标准通过。同年11月，中共十八大召开，选举出了新一届中共中央领导，提出了实现中国梦的愿景。2013年6月，埃及发生剧烈动荡，总统入狱被捕，社会陷入混乱。同年9月，美国航空航天局宣布，旅行者一号已经飞出太阳系。就在这个月月底，中国（上海）自由贸易区正式挂牌成立，新一轮改革正式踏上征程……

这些刚刚发生或正在发生的人类科学技术的革新，社会的变革，经济环境的改变，将给人类的生产、工作、学习、生活带来巨大的变化。它将改变人类传统的工作模式，改变传统的组织结构。作为组织管理者和领导者，面对这种纷繁复杂多变的组织环境，如何掌握组织中员工个体的行为、群体的行为以及组织的发展，促使内部变革和创新，无疑是一个艰巨的使命。毫无疑问，组织行为学作为一门应用性极强的学科，对于解决他们面临的问题有重要帮助。

面对这样的实际需求，我们的《组织行为学》教材也需要做出更新，以吸纳最新研究成果，为学习者提供切实有用的能够处理当今组织发展中现实问题的指导。作为一本优秀的教学用书，对于教授的学科内容必须回答和完成三个目标任务：是什么（what），为什么（why），怎么样（how）。是什么，就是要系统有条理地阐述清楚该学科积累起来的基本知识、理论，目的是丰富夯实学习者的相关知识基础，形成对该门学科知识的基本结构和完整体系。为什么，就是要讲清楚这些积淀下来的知识产生和形成的过程，包括这些知识成果是如何研究的，其理论根据及实验、调查的步骤等，以避免无根无据的主观叙述和经验总结。怎么样，就是随着研究的深入，哪些知识会发生变化，在不同的情境和文化背景下它们有何不同，对实践有什么具体的应用指导价值，以及如何应用。特别是对应用性很强的学科，这一点非常重要。它为那些抽象的理论知识指出了应用的途径和方式，也使那些身处实际工作当中的学习者有了实践的思路和依据，同时也是理论和应用结合的一个桥梁。这正是组织行为学这样的应用性学科的生命力所在。忽视这一点，鲜活的知识就会变成沉寂的书斋学问，对学习者损失巨大，其应用性也因此受到损害。

为了让《组织行为学》教材达到以上目标，在第二版的撰写过程中，依然保留了第一版深思熟虑基础上确定的组织行为学这一学科结构中的五大部分内容。这五部分内容概括反映了组织行为学的基本架构，具有较强的逻辑性和系统性。同时在整个行文中，增加了研究成果的出处以及原始资料的出处，书后附了所有相应的文献，其中的英文文献著录格式参考引用了 APA 格式，以方便学习者进一步针对性地查找原文深入扩展学习，并竭力确保阐述的相关内容有据可依，解决学习者对这些静态的理论知识产生的疑惑，也能够培养学生尊重客观事实、崇尚实证研究的风格。每个章节在阐述了相关问题的基础理论知识之后，更进一步充实丰富了这些知识在组织管理实践中的实际运用这一环节的相应内容，注重了其实效性和应用性。当然，遵循同一个原理和理论，其实际应用中的具体做法可以多种多样，因此这部分提出的运用策略、实际应用技巧和具体做法等，也并不能视为是唯一的。

在第一版整体结构框架稳定不变的前提下，对相应的章节和内容进行了调整。一个是重新梳理划分了各章的结构，内容由第一版的共计十一章扩展为第二版的共计十二章，各章内容有增有减。具体来讲，第一版中讲述个体的内容有两章，考虑到心理学书籍的普及，相关心理学课程资源更加容易的获得，为了在有限的篇幅集中讲述组织行为学的相关内容，把第一版第二章和第四章、第三章的第三节浓缩合并为现在的第二章“个体行为”，使其更加凝练。合并第一版第三章第三节与第五章，形成现在的第三章“态度与价值观”。拆分第一版第三章的第一节、第二节，扩展成现在的第四章“激励行为”。合并第一版第六章和第七章，重新调整后成为第五章“群体行为”和第六章“沟通行为”，并将原来的群体冲突一节扩展成为第八章“冲突管理”，同时讲述了竞争与合作行为。原来的团队建设与管理一节扩展成第七章“团队建设”。第一版的领导与领导理论、领导权力、组织政治及领导效能两章内容，修改为第九章“领导理论”和第十章“领导行为”。第一版的最后两章调整改为第十一章“组织文化”和第十二章“组织发展”两章。另一个比较大的改变是针对具体的每一章，在撰写时对其结构做了变化调整。每章开篇都加入了导入性故事、学习要点。开篇加入的导入性故事，引导学习者从一个显见的事例，去思考当中反映出来的与本章讲述内容相关的问题，并在故事的结尾点出其主题。学习要点依据学习者的认知目标层次，从了解、理解、掌握和应用四个层次，提出了本章的学习要点和重点内容。

除了撰写整章、整节的新内容，在部分章节里还补充了一些新的研究成果和内容。比如：在第一章“组织行为学概述”中，补充了组织行为学与相关学科的关系、组织行为学的进展趋势、中国古代人性假设及其与西方理论的对比、当代人性假设新进展等。另外，在其他章节还补充了情绪智力、MBTI 人格类型、霍兰德职业人格类型、态度平衡理论、态度功能理论、领导理论的新观点、团队领导理论、组织发展干预理论等。

另外，更新改写了部分案例、经典研究和测量工具。除了增加出处外，全部案例均根据实际需要对原始资料进行了改写。

注意吸收了中国研究者的研究成果和中国案例的选用。如中国学者关于组织承诺五因素结构模型、CPM 领导理论、家长式领导，以及组织理论的分析、组织创新方面的研究成果等。

这一版的撰写是由第一版的部分作者和我指导的在读研究生共同完成的。其中，徐建平（北京师范大学心理学院）负责完成第一、七、九、十章，孟莉（北京建筑大学文法学院）负责完成第二、三、四章。其余各章由于参加第一版编写的李中权（南京大学社会学系）、武琳（东北大学学生指导服务中心）、谭小月（荷兰 Tilburg 大学社会与行为科学学院）、杜艳婷（国家外汇管理局中央外汇业务中心）、王茜（锦程教育集团）、徐薇（北京工商大学商学院）等人工作、学习繁忙未能参与本次修订，相应工作由研究生完成。其中，陈基越、刘蕾共同负责第五、六章，李文雅负责第八章，黎红艳、范业鑫共同负责第十一、十二章。陈基越还协助做了大量的人员组织协调、文稿排版校对等具体工作。全书最后的统稿工作由徐建平负责完成。本书策划编辑李丽虹女士非常关心第二版的写作，没有她的督促、鼓励，以及宝贵的反馈意见，第二版的出版或许还有待时日。在此，对于大家的辛勤劳动工作，还有第一版的各位编写者，我表示诚挚的感谢。

组织行为学是一个发展很快的学科。这一点从不同年代出版的组织行为学书籍包含的内容中就可以做出判断。在这样一个学科发展迅速的领域，每个研究者和学习者都需要勤奋和努力，如此才能紧随学科前沿，准确把握学科动态。由于时间和工作任务紧迫，对于书中存在的谬误还请大家提出宝贵意见，以待后续修订改进。

徐建平

2013 年国庆节于北京师范大学新主楼

目　录

第一章　组织行为学概述 …… 1
第一节　组织行为学研究的对象和内容 …… 2
第二节　组织行为学的产生和发展 …… 7
第三节　组织行为学的研究方法 …… 13
第四节　人性假设理论与思想 …… 19
第二章　个体行为 …… 25
第一节　个体认知行为 …… 25
第二节　个体情意行为 …… 42
第三节　个体差异行为 …… 47
第三章　态度与价值观 …… 64
第一节　态度与价值观 …… 64
第二节　组织承诺 …… 77
第三节　组织公民行为 …… 86
第四节　工作满意度 …… 92
第四章　激励行为 …… 97
第一节　需要与动机 …… 97
第二节　激励模式 …… 109
第三节　激励理论 …… 112
第四节　激励在组织中的实践 …… 119
第五章　群体行为 …… 123
第一节　群体概述 …… 123
第二节　群体动力 …… 132
第三节　群体决策 …… 141
第四节　非正式群体及其行为 …… 148

第六章　沟通行为 …… 153
第一节　人际关系 …… 154
第二节　人际沟通 …… 161
第三节　组织沟通 …… 164
第四节　沟通效能 …… 170
第七章　团队建设 …… 176
第一节　团队概述 …… 176
第二节　团队建设与管理 …… 184
第三节　团队效能 …… 189
第八章　冲突管理 …… 197
第一节　冲突的基本认识 …… 197
第二节　冲突应对 …… 204
第三节　竞争与合作 …… 215
第九章　领导理论 …… 219
第一节　领导的基本概念 …… 219
第二节　传统领导理论 …… 224
第三节　现代领导理论 …… 231
第十章　领导行为 …… 248
第一节　领导权力 …… 248
第二节　组织政治行为 …… 259
第三节　领导效能 …… 264
第十一章　组织文化 …… 272
第一节　组织概述 …… 273
第二节　组织结构 …… 276
第三节　组织理论 …… 281
第四节　组织环境与组织文化 …… 286
第十二章　组织发展 …… 302
第一节　工作设计 …… 302
第二节　组织设计 …… 307
第三节　组织变革 …… 313
第四节　组织创新 …… 325

附录　中英文术语对照 …… 333
参考文献 …… 344

第一章

组织行为学概述

海尔，现已是全球最大的家用电器制造商之一，白色家电的世界第一品牌。2013年的全球营业额已达1 751亿元，在全球17个国家拥有员工8.5万多名，用户遍布世界100多个国家和地区。

自创立以来，海尔坚持以满足用户需求为中心的发展理念，先后实施名牌战略、多元化战略、国际化战略、全球化品牌战略、网络化战略，创立了海尔管理模式，目前已经从日清管理法、OEC管理模式、市场链管理发展到人单合一双赢管理模式。

在激励员工方面，海尔集团允许员工竞争领导岗位，制定了"三工并存，动态转换"等奖罚措施，通过设置切实可行的目标给人以期望，又通过制度办法刺激动机，通过这样反复不断地刺激，促使每个人认同新的更高的目标。海尔还设立海尔奖、海尔希望奖和命名工具来表扬那些为集团做出贡献的员工……

海尔集团的成功对于其他组织有何启示？管理者应如何了解员工，认识员工，管理员工，管理组织，形成优秀的组织管理文化和制度？学习和研究组织行为学，对回答这些问题有重要帮助。本章将就组织行为学的基本内容、研究对象、研究方法、发展历史、组织管理者对人性的基本认识等方面对该门学科做一个简要概述。

学习要点

1. 了解组织行为学产生和发展的过程以及发展的最新动向。
2. 理解组织行为学的一般概念。
3. 掌握有关组织行为学的研究方法。
4. 实践如何应用组织行为学知识，优化组织管理。

第一节　组织行为学研究的对象和内容

作为心理科学和管理科学的一个分支领域，组织行为学的研究对象是什么？它主要研究的内容包括哪些？这是学习组织行为学要了解的首要问题。

一、组织行为学的概念

组织行为学（Organizational Behavior，OB）是研究一定组织环境中的个体、群体和组织管理者的行为，以及行为之间的相互作用和组织本身，以理解、解释、预测这些行为变化的一般规律，从而改进、提高组织的有效性。

组织行为学的这个定义，包含了三层含义：（1）指出组织行为学的研究对象是人的心理和行为的规律。（2）指出组织行为学的研究范围涉及三大领域，即组织环境中人类的心理与行为规律、组织和人类行为间的相互作用以及组织本身。（3）指出组织行为学的研究目的是在掌握一定组织中人的心理和行为规律性的基础上，了解影响个体、群体和组织行为的因素，提高、预测、引导、控制人的行为的能力，以达到组织既定的目标（张德，2000）。

在组织行为学这个概念中还牵涉到组织、行为、组织行为几个概念。为进一步深入理解组织行为学的定义，下面对这几个概念作一些简要解释。

所谓组织，是指具有特定目标、资源与结构，时刻与环境相互作用的开放系统。组织的存在必须具备三个条件：组织是人组成的集合、组织是适应目标的需要、组织是通过专业分工和协调来实现目标的。按照不同的划分标准，组织的种类多种多样。

所谓行为，是指有机体的所作所为及其活动，人的行为是指人对所处环境这种客体所作的反应。人的任何行为都有其内在的心理机制。行为是在一定的心理活动的指导下进行的，是心理活动的外在表现。另外，心理是内在的，是调节、控制行为的内部过程。因而，组织行为学在研究人的行为时，还要探索行为的心理机制。

所谓组织行为，是指各类组织的每位成员在工作过程表现出来的所有行为。组织行为具有这样一些特点：（1）组织行为是整体行为，不是组织成员的单独个人行为。因此，在理解组织行为时，必须进行整体思考。（2）组织行为是根据这个组织建立的宗旨产生的，它带有明确的目的性。（3）组织行为的效果具有两重性。（4）组织行为是组织中全体成员共同活动的行为。（5）组织行为是通过组织成员的个体行为来实现的，反过来组织也可以影响个体。只有对组织充分研究，才能充分地理解个体行为。

组织行为可以划分为不同的种类。图1—1将组织行为划分为微观组织行为与宏观组织行为两大类，包括个体行为、群体行为、管理行为三个层面。这些不同层面行为发生的载体就是组织机构。任何一个层面的组织行为其发生都受多种因素影响，这些因素主要有个体的感觉、经验和结果、学习、动机、认知过程、个性和社会影响，包括社会交往和友谊等。

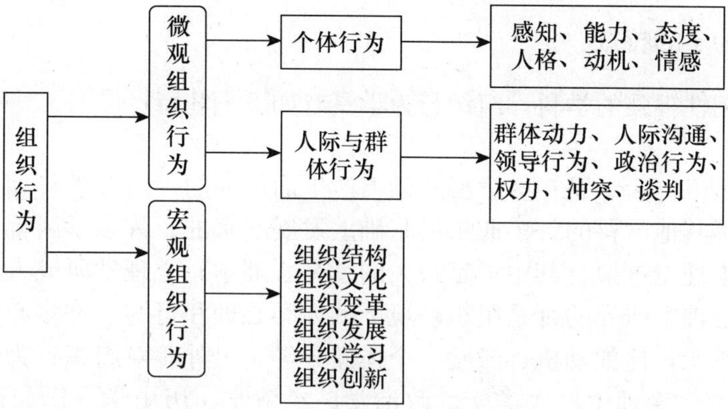

图 1—1　组织行为及其种类

资料来源：里基・W・格里芬：《组织行为学》，唐宁玉译，14 页，北京，中国市场出版社，2009。

案例阅读

全球市场的严冬阻碍了通用公司的春天

“这是最坏的时代，也是最好的时代；这是失望的冬天，也是希望的春天。”狄更斯的这句传世名言无疑可以确切地形容出通用公司目前的处境。

石油价格的不断攀高预示着全球汽车市场的新一轮变革。通用公司 CEO 理查德・瓦格纳即将面临被同行——丰田汽车公司吞并的风险。有关人士分析，这是通用汽车公司自 1908 年成立以来最危险的时刻。屋漏偏逢连夜雨，受全美最大的汽车零部件生产商德尔福公司申请破产保护的影响，通用汽车公司也将“唇亡齿寒”。德尔福破产殃及的远不止通用公司一家，其破产可能引发美国汽车业的一场大变革。

“通用不会破产。”现年 52 岁的通用汽车 CEO 瓦格纳面对困局大声宣战。对其来说，也许这是他一生中最艰难的时刻。瓦格纳新政的第一把火烧在了自己的身上。他将自己的薪水缩减了 40%，工作强度却提高了 100%。除此之外，他还迅速地把北美的业务接管回来。对于瓦格纳而言，通用汽车在亚太地区，特别是中国地区所占的市场份额越来越大，着实是一个不小的安慰。但是，在一些买家眼里，困顿中的通用成为宰割的对象。在现金短缺、难以维系的情况下，通用汽车只能忍痛割肉自救。出售手中现有的富士重工股份以及准备出手其全资子公司通用汽车金融服务公司的部分股份。

通用汽车还可以支撑五年，才能达到清偿危机的底线。通用公司在全球寻找更便宜的组装和零件生产工厂，以期大幅降低劳动力成本和生产成本。同时还追加资金用于新车型的开发，以提高核心竞争力。

资料来源：中国人力资源网。

思考问题

1. 环境对组织发展有什么影响？
2. 面对环境的突然改变，企业该如何适应这种变化以谋求自身的发展？

二、组织行为学的特点

作为一门应用性很强的学科，组织行为学具有如下一些特点。

（一）边缘性

边缘性是指组织行为学是在多学科基础上产生而形成的一门多学科相互交叉的应用学科，它是在吸收了其他学科的许多成果的基础上发展起来的，许多学科都渗透其中，构成组织行为学的基本理论框架。其中贡献最大的就是心理学。心理学研究人的心理与行为现象和规律，组织心理学研究的则是组织环境下的人类心理和行为。许多心理学概念也是组织行为学的核心概念，比如动机、激励、个体差异等。另外，对组织行为学产生重要影响的学科还有社会学、管理学、人类学、政治学、经济学、历史学。比如社会学对社会系统，如家庭、职业阶层、各类组织的研究，人类学对文化环境的研究，政治学对权力、决策、冲突、利益群体的研究，都对组织行为学相关领域问题的研究有着非常重要的启示和影响。这些多学科对组织行为学的影响，决定了该学科的边缘性和综合性。

（二）两重性

两重性是由人的自然属性和社会属性所决定的。作为一个生物体，人和其他动物一样，也有其独特的心理活动和规律，也有一些个人的私欲，同时相互间也会为了某种共同的目标形成各种各样的关系，如协作关系或竞争关系。因此，在管理活动中，管理者要尊重员工的心理需要和个别差异，以人为中心，实现人本管理。但与此同时，生产实践是非常重要的一项人类活动，活动也会存在集体目标。在实现集体和组织目标时，就得对个人的行为进行约束和限制，并采用各种措施使其提高工作绩效，达成组织目标，这样就要从组织的角度，站在管理者的立场，对雇员的工作行为进行监督，这正是人的社会属性对组织情境中的个体行为影响的具体体现。

（三）实用性

实用性是指组织行为学的研究成果有很强的应用价值。学习者掌握了一定的组织行为学的理论研究成果，对于组织管理者联系工作实际、提高管理工作能力、改善组织绩效，有一定的应用价值。比如，管理者了解领导理论，知晓领导风格之后，可以对照自己个性特点，了解自己的领导风格，从而进一步诊断自己的领导行为是否适合目前所在组织发展的要求，一方面可以对自己的行为做出适当的调整，另一方面也可以提高领导绩效，有利于实现组织目标。掌握了个体行为的规律之后，管理者可以根据员工不同的性格特点、行为方式安置其工作，尽力做到人尽其才、物尽其用。

（四）描述性

描述性是指组织行为学的许多理论和概念只是对两个或多个行为变量之间相互关系的描述。它很难确定变量间的因果关系，正因为如此，也难以预测改变工作情境中某一特定变量之后，对工作绩效的改善程度。它只是告诉人们，某些变量在某种特定的情境下，相互间有一定的相关关系。这主要是由于这门学科本身发展还不够成熟。另外，也是由于人类行为的复杂性，以及人的行为发生时所处的环境因素的复杂性所导致。

三、组织行为学研究的内容

组织行为学研究的内容如图 1—1 所示，体现了组织行为学研究内容的基本框架，内容非常丰富，包括个体认知行为、态度、需要、动机、性格、工作压力、激励、领导行为和权威、人际关系和沟通、群体结构、群体冲突、团队建设、组织结构、工作设计、组织变革与发展、组织学习等。具体讲，可以分为以下几个部分：

第一部分为导论。一般主要是涉及组织行为学的定义、研究对象、研究内容、发展历史、研究现状与趋势、研究方法和人性观等内容。这一部分是组织行为学的基础，主要的目的是全面介绍组织行为学概况，帮助学习者初步了解组织行为学的全貌。

第二部分为个体行为。一般包括组织中个体的知觉、兴趣、价值观、性格、能力、情感、意志、需要和动机、态度、学习行为、行为激励等。随着其他学科的深入影响，对组织中雇员心态关注的增加，像工作压力、家庭工作平衡、组织承诺、组织公民行为等也越来越多地引起关注，并成为这部分研究的内容之一。这部分的主要目的就是了解个体在组织情境下各种心理和行为的表现和规律，以及影响个体心理行为的各种因素。

第三部分为群体行为。主要研究组织中人与人之间形成的人际关系，同时研究在组织目标引导之下组织内外形成的各种群体，以及这些群体的功能、分类、压力、规范、冲突、竞争及团队建设等内容，从而了解群体中成员的心理与行为规律。

第四部分为领导行为。主要涉及领导能力、领导风格、领导类型、领导理论、领导有效性等。管理者和领导者是一个组织的核心人物，其心理与行为的变化不只关系到其个人，而且往往会影响或决定一个组织的命运。因此，这些内容的研究目标就是了解领导心理与行为的规律，以有利于培育领导、提高领导效能。

第五部分主要研究组织系统和组织发展。研究的主要目标从人转换到人的行为发生的载体，即组织。侧重研究组织结构、工作设计、组织变革和组织发展、组织文化建设、组织学习和组织创新等内容。研究的主要目标是深入认识人、群体、领导等行为发生的内外部环境因素，将人的行为置入到一个具体的组织环境中，考察组织的各种变化对行为的影响。

四、学习、研究组织行为学的意义和作用

在某一组织中从事工作的每一个雇员，随着这个组织的发展而成长，他在组织中接受着各种各样的训练和教育，通过组织实现着自己的人生目标，同时，获取赖以生存与发展的各种物质财富。其一生中的工作和职业活动，大多都是在组织中展开和进行的。作为社会的一员，他在组织中扮演着各种各样的角色，并表现出风格迥异的角色行为。对于企业管理者来说，组织对其的影响则会更大，比如，组织中的各类活动对其管理技能的训练和提高，无疑有很大的帮助。因此，组织行为学的研究成果在各个方面对组织中的个体都有帮助，特别是对于组织中的管理者和领导者，受惠更大。目前，组织行为学的价值和意义已经得到了充分肯定。从总的方面来看，组织行为学在对人进行科学管理、开发人力资源、发挥人力资本效益、提高组织效能等方面具有重要的意义。具体来说，这些意义表现在如下几个方面：

第一，研究组织中个体行为，可以提高管理者知人善任、合理使用人才的水平。

第二，研究组织中的群体行为，可以使管理者改善人际关系，增强他们所管辖的群体的凝聚力。

第三，研究组织中的领导行为，可以促使管理者提高领导素质，改进领导行为，掌握领导艺术，增强领导的有效性。

第四，研究组织行为学中的激励理论与应用，可以加强以人为中心的管理，充分调动各方面的积极性、主动性和创造性。

第五，研究组织行为学中的组织设计与组织变革的理论与方法，可使管理者能更好地适应环境的变化，及时进行组织改革以增强活力和提高绩效。

由此可以看出，组织行为学的研究在组织管理工作中能够发挥出巨大的作用。领导者和管理者应最大限度地利用其研究成果。

五、组织行为学与相关学科的关系

如前所述，组织行为学是一门综合性的应用学科，它的形成与发展得益于众多相关学科的支持与贡献，它们为组织行为学提供了深层次的理论准备与知识积累。这些学科包括心理学、管理学、社会学、社会心理学和人类学等。

（一）组织行为学与心理学

心理学是研究人类心理现象规律的学科，心理活动和心理特征是人们产生行为的重要原因和内在动力，所以要研究组织中的人的外显行为的规律性，心理学是非常重要的学科基础，它为研究组织中的人的行为提供了重要的理论，如学习理论、归因理论、人格特质及其类型理论、各种能力理论等。

早期的工业与组织心理学家的研究焦点集中在疲劳、厌倦和其他与工作条件有关的因素上，因为这些因素会妨碍工作的有效性。近年来，研究者已将其研究领域和范围扩展到学习、知觉、人格、需要和动机、工作满意度、领导有效性、决策过程、绩效评估、态度测量、工作设计和工作压力等方面。

（二）组织行为学与管理学

几乎在所有的组织中，都有管理者。组织行为学的研究，可以为管理者提供一种敏锐发现、深刻认识和科学处理管理实践当中问题的工具，从而有效地帮助管理和完成他们的工作。对组织行为学的理解和掌握，有助于管理者更好地理解组织中其他人的行为，也可以更好地理解自己的需求、动机、行为和感受，从而改进其决策的能力、压力管理的能力，改善其沟通的能力。因此在一定程度上组织行为学的发展促进了管理学的发展和实践。

（三）组织行为学与社会学

社会学是研究社会关系的科学，组织中的行为是离不开社会关系的，因此研究组织中人的行为必须从其所处的整个社会关系着手，只有这样才能全面认识人的行为规律，研究组织行为就要运用社会学的知识来探索人在社会关系中表现出来的行为。研究组织中人的社会关系及表现出来的行为，研究外部社会环境对组织的影响，研究组织中的人和组织外部的人之间的相互关系等，都需要社会学的知识。

（四）组织行为学与社会心理学

社会心理学是心理学的一门基础学科。它是心理学和社会学相结合的产物，它关注人与人之间的相互影响，为应用心理学各个分支的研究提供了重要的学科基础理论。比如，社会心理学为关于态度的测量、理解和改变、人际沟通、群体行为等问题的研究，对组织行为学中有关组织成员态度的改变、组织的变革、组织成员之间的行为与沟通等问题的研究，提供了重要的借鉴。

（五）组织行为学与人类学

人类学是研究人类的科学，它研究的文化人类学与组织行为学关系最为密切。其对组织行为学的贡献主要是组织中人的行为与人类社会的起源理论、人类社会行为以及人类与文化的关系等知识。

此外，政治学中的权利与冲突问题、伦理学中的道德规范问题都会影响组织中的人的行为。生物学和生理学中研究的心理和生理反应也为组织行为学研究提供了理论基础。

第二节　组织行为学的产生和发展

组织行为学的种子在 2 000 多年前就已种下，但现行的组织行为学理论与实践实质上是 20 世纪的产物（罗宾斯，2008）。纵观 100 多年组织行为学的发展历史，组织行为学在西方国家的发展大体上分为五个阶段。

一、早期实践

针对组织行为，在自己的管理活动中开展早期实践活动的主要人物有亚当·斯密、查尔斯·巴比奇和罗伯特·欧文这三人。

1776 年，亚当·斯密在他出版的《国富论》一书中，就论述了组织和社会将从劳动分工中获得经济优势。在 200 多年前，这种关于劳动分工产生经济优势的学说，进一步促进了生产过程中生产流水线的广泛应用和发展。

1832 年，查尔斯·巴比奇出版了《论机器和制造业经济学》一书，进一步补充说明了斯密关于劳动分工的优势，并指出专门化经济对于脑力和体力劳动同样适用。今天，在各行各业中，劳动分工的思想已经得到了非常广泛的应用。

空想家罗伯特·欧文则最先承认不断壮大的工厂制度贬损了工人的利益，主张在提高劳动力方面投资，对员工表示关心，制定工作时间法、童工保护法、工作餐，企业参与社区规划等。这些思想，有些依然在现今的企业中被采用，但当时欧文的思想，比他所处的时代超前了 200 多年。

他们的思想对于组织行为学的发展方向产生了重大影响。

二、古典理论时代

古典理论时代主要指 19 世纪末到 20 世纪 30 年代中期这一段时间。这是组织行为学思想萌芽的产生阶段，与管理科学的发展紧密相关。由于没有完全脱离君主统治的观念和工业革命的冲击，工业革命时代的管理一切以工作为主，忽视人性的存在。

20 世纪初科学管理诞生。美国工程师弗雷德里克·泰勒创造出了“泰勒制”。1911

年，他发表了代表作《科学管理原理》。他本人被后人称为“科学管理之父”。与此同时，亨利·法约尔提出了“管理过程理论”，即管理者的五项职能——计划、组织、指挥、协调和控制，并进一步将其归纳为 14 条管理原则，具体包括工作分工、职权、纪律、统一指挥、统一方向、个人利益服从整体利益报酬、权力集中、等级链、秩序、公平、人员的稳定、首创精神、团结精神。此间，马科斯·韦伯则提出了“行政组织理论”，并从结构化角度研究考察管理和组织行为。在管理科学发展史和组织行为学发展进程当中，他们的理论被统称为“古典管理理论”。

经典实验

泰勒科学管理实验

泰勒 1856 年出生于美国费城一个富裕的律师家庭。19 岁时考上哈佛大学，但因眼睛不好被迫辍学。于是就进入了一家小机械厂当徒工。22 岁时进入费城米德维尔钢铁公司开始当技工，后来迅速被提升为工长、总技师，28 岁时任钢铁公司总工。泰勒迷恋科学调查研究和实验，强烈希望遵照事实改进和改革事物。

搬运铁块实验

1898 年，泰勒在伯利恒钢铁公司开展动作研究时进行了这项实验。

他在从事管理研究时看到公司搬铁块的工作量非常大，有 75 名搬运工人负责这项工作，把铁块搬上火车运走。每个铁块重 80 多斤，搬运距离为 30 米，尽管每个工人都十分努力，但工作效率并不高，每人每天平均只能搬运 12.5 吨的铁块。

经过认真的观察分析，泰勒最后测算出，一个好的搬运工每天应该能够搬运 47 吨，而且不会危害健康。首先他科学地挑选工人，并进行培训。经反复挑选，他找到了一名叫施米特的身强力壮的荷兰移民。泰勒用金钱来激励施米特，使他按规定的方法装运生铁。泰勒的一位助手按照泰勒事先设计好的时间表和动作对这位工人发出指令，如搬起铁块、开步走、放下铁块、坐下休息等。泰勒试着转换各种工作因素，以便观察它们对施米特的日生产率的影响。例如，在一些天里工人可能弯下膝盖搬生铁块；而在另一些天，可能直着膝盖去搬。在随后的日子里，泰勒还试验了行走速度、持握位置和其他变量。通过长时间试验，这名工人平均每天的工作量从原来的 12～13 吨猛增至每天 48 吨，工资也增加了 70％，于是其他人也渐渐要求泰勒指导他们掌握新的工作方法。

从此，搬运工作定额就提高到了 47.5 吨。最后他将这一实验归结为四点核心内容：(1) 精心挑选工人。(2) 诱导工人使之了解这样做对他们没有损害，还可以得到利益。(3) 对他们进行训练和帮助，使之获得完成既定工作量的技能。(4) 按科学的方法去做可节省体力。

这项研究把工作定额一下提高了近三倍，工人的工资也有所提高。其间泰勒几乎完成了每一项重要工作的动作研究，为制定合理的工作定额打下了良好的基础。

铁砂和煤炭的铲掘实验

早先铲掘工人是自备铲子到料厂去干活的，用铲子去铲铁砂，每铲的重量太大容易疲劳；而用同一个铲子去铲煤则每铲的重量又不足。泰勒研究发现，当一个工人在操作中的平均负荷量大致是每铲 21 磅时，他就能干出最大的工作量。因此他在进行实验时就不让工人自己带铲子，而是准备了 8～10 把不同的铲子，每种铲子只适合于铲特定的物料，这不仅是为了使工人能平均铲掘达到 21 磅，也是为了使这些铁铲能适应若干条件。为此，他建立了一间大型工具房，里面存放着精心设计的各种工具。同时他还设计了两张有标号的纸卡，一张说明工人在工具房所领的工具和该在什么地方干活，另一张说明一天工作的情况，也就是一份工人工作说明书，上面还记载着前一天的收入。工人们取得白色纸卡时，就明白一切正常，当取得黄色纸卡时就意味着要加油干，否则就要调离工作。

泰勒的这项实验主要是要表明“每一项简单的动作都隐含一种科学的成分”。通过这个实验，他提出了新的管理思想：(1) 将实验的手段引入到经营管理领域。(2) 计划和执行相分离。(3) 标准化管理概念的形成。(4) 挖掘人和物的资源潜力，人尽其才、物尽其用是提高效率的最好办法。

金属切削实验

在米德维尔公司时，为了解决工人怠工问题，泰勒进行了金属切削实验研究。

这时他已具备了相当的金属切削的作业知识，于是他对车床的效率问题进行实验。在使用车床、钻床、刨床等机床切削金属时，无论何时都必须决定适用什么样的刀具、用多大的切削速度，以便获得最佳的金属加工效率。然而要确定这些要素多达 12 种的变量，如金属的成分、T 件的直径、切削的深度、进刀量等。

这项实验非常复杂和困难，原来预计 6 个月，实际上用了 26 个年头，并花费了巨额资金，耗用了 80 万吨钢材。最后在巴思和怀特等十几名专家的帮助下取得了重大进展。这项实验的成果形成了金属加工方面的工作规范，另一重要的副产品是高速钢的发明并取得了专利。

资料来源：陈莞，倪德玲：《最经典的管理思想》，16 页，北京，经济科学出版社，2003。

在这一时期，组织行为学仍处于管理学之中。具体表现为：(1) 心理技术学、劳动心理学与人机工程学研究的兴起。(2) 在企业人事选拔和人员管理过程中，大量地运用各种心理测试手段。(3) 研究内容属于个体取向，主要侧重于人与机器关系与工作效率问题。

三、人际关系时代

人际关系时代主要指 20 世纪二三十年代到第二次世界大战期间。这个阶段是组织行为学确立和形成的阶段，这一阶段组织行为学与管理心理学紧密结合，为组织行为学的产生奠定了理论基础。

其发展主要表现为：(1) 美国心理学家梅奥在 20 世纪 20—30 年代开展了一系列实验研究。这些实验包括照明实验、福利实验、群体实验、谈话实验等，被后世称为霍桑实验。这些实验，成功地表明了人际关系在提高劳动生产率中的重要性，揭示了对人性的尊重、人的需要的满足、人与人之间的相互作用以及归属意识等对工作绩效的影响，为行为管理提供了新机会。(2) 梅奥发表了人际关系理论，为组织行为学的发展奠定了重要的理论基础。(3) 组织行为学的研究开始由个体取向转向群体取向。(4) 人性化管理成为许多企业在管理中追求的目标。加之美国国家劳工关系法案的颁布，工会法律地位的确立，员工的利益和合法权益受到了雇主空前的重视。

这个时期出现的人际关系运动，其精髓就在于相信让组织能够获得更高生产效率的方法就是想方设法提高员工的满意度。

经典实验

霍桑实验

霍桑实验是指心理学家梅奥从 1924 年起，在芝加哥郊外西部电气公司的霍桑工厂做的一系列实验，包括车间照明实验、继电器开关组装实验、中央交换机接线柱绕线实验等。最初的实验后来被称为西部电气公司研究，也称“霍桑研究”。加上以后的研究，它们构成了一个庞大的科研计划。这些经典研究对工作动机的理解影响非常深远。在此主要简介照明实验研究。

整个实验基地位于美国芝加哥附近的西塞罗西部电气公司的霍桑工厂。研究始于 1924 年，差不多持续了 10 年才结束。实验的目的是要测定需要多大的照明度，工人生产的产量才会最大。实验选择了在同样条件下做同样工作的两组雇工，对每组的产量进行记录。一个组工作时的灯光强度是有变化的，而另一组的灯光强度则保持不变。通过这个方法，研究者希望排除其他变量的影响，以确定照明度的变化对生产率的影响。

在研究的最初阶段，研究者发现照明强度与工人的生产率之间没有直接关系，因为员工根据他们猜想的实验者期望他们应有的反应来对照明强度的变化做出反应。实验者期望并希望证明，当照明强度增加时，员工生产的产品会多一些，当照明强度减弱时，产品会少一些。

实验中，变换灯泡是为了让工人觉得更亮了，但事实上，换装的都是功率相同的灯泡。结果，不管灯泡的照明强度如何，每变换一次灯泡，工人的产量都会有所提高。其实，实验组工人的反应依赖于对实验者期望的理解而不是根据自然环境的变化做出反应。因此，工人们是对刺激他们工作时行为的心理因素做出反应，而且在实验期间，那些心理因素的实质对研究者来说，是不清楚的。

经过对实验最初结果的深入分析之后，调查人员列出了六个问题并继续展开研究。这六个问题是：(1) 雇员真的累了吗？(2) 需要短暂的休息吗？(3) 需要缩短工作日吗？(4) 雇员对工作和公司的态度如何？(5) 改变工作设备的型号有何影响？(6) 下午产量为什么会下降？这些问题看似简单、直接，但从本质上讲，其中一些问题的答案显然是反映心理的，而非身体的。这些问题的提出引发了管理学历史上最具有深远影响的系列实验之一，即后来被称为西部电气公司的研究，它引出了人们未曾完全理解的发现。

对研究者来说，这项研究的重大意义仍然存在。这项研究证明了生产效率和心理因素（别人的期望和成为关注的焦点）之间的直接关系，这就是人们所说的“霍桑效应”。即如果你对别人多一些关心，改变他们的某些工作条件，他们的工作动力自然会提高，他们的生产率也会增长。

研究完照明强度和生产率之间关系以后，因为实验留下的问题比答案还多，研究者后续又开展了一系列研究。经历了几十年的时间检验和考验之后，大家可以看到，西部电气公司的这些研究指出了理解组织行为的新方法，并且是当代许多理念，例如参与式管理、工作现场的民主、授权等的奠基石，堪称是20世纪采用工作现场研究方式开展的一项影响最大的组织行为研究。

资料来源：梅奥：《工业文明的人类问题》，陆小彬译，42页，北京，电子工业出版社，2013。

四、行为科学时代

行为科学时代主要指第二次世界大战到20世纪80年代。这个阶段是组织行为学的大发展阶段。在这个阶段，组织行为学与行为科学紧密结合。

很多年后，霍桑实验的结论仍然受到很多批评，研究者指出该实验的科学严密性不够，过于强调同事关系与非正式组织，忽视了物质报酬对员工的重要性，而且对组织的管理方针和战略难以提供有效的建议。正是由于这些缺陷，行为科学开始受到重视。人们试图弄明白：霍桑效应究竟是因为行为科学本身的问题，还是由于霍桑实验自身的问题。对这一问题的思考，导致人们对行为科学的进一步研究和重视。

与人际关系运动时代不同，行为科学理论家专注于对人际关系行为进行客观性研究，力图提出精密准确、使其他行为科学家能够重复的研究设计，主张运用科学事实来研究人的行为、社会现象及心理现象等，希望由此建立起组织行为科学。他们研究的主要内容包括：环境因素对人的行为的影响；组织行为的特征；个体行为与群体行为的差异；薪资制度的合理化；工会的地位；员工的参与；劳资关系的和谐。

1949年，在美国芝加哥大学的一次跨学科会议上，讨论了如何对人的行为研究进行各学科的合作，会上提出使用“行为科学”这一名称。后来由于福特基金会的推动，在1953年的一次各大学学者会议上，“行为科学”这一名称被正式确定。从此，行为科学不仅得到学术界和社会的公认，也得到政府的支持，并迅速发展，广泛应用于许多社会领域。1958年，美国心理学家莱维特正式提出“管理心理学”这一名称，并出版了第一本系统研究管理心理的《管理心理学》著作。同时，莱维特等人又进一步将管理心理学的研究内容从个体心理、群体心理、领导心理扩大到组织心理的研究，如探讨组织结构、组织内外环境对心理的影响等，并用“组织心理学”这一术语来描述这一新兴学科的研究内容。与此同时，“组织行为学”这一名称也开始采用，一直沿用至今。自那时起，在美国，对个体、群体和组织的研究开始从各大学的心理学系逐步转入管理学院。许多心理学家也相继提出了众多在组织行为学中非常重要的理论，比如，勒温提出了群体动力理论、马斯洛提出了需要层次理论、莫雷诺提出了社会测量理论等。组织行为学理论框架日趋完善，研究也逐步向群体取向全面转移。

从人际关系时代到行为科学时代，管理发生了很大的转变：从监督制裁到人性激发、从消极惩罚到积极激励、从专制领导到民主领导、从唯我独尊到意见沟通、从权力控制到感情投资，并努力寻求人与工作的配合。这个时期可以说是组织行为学的发展时期。

五、权变理论时代

权变理论时代主要指从20世纪七八十年代到现在。人们开始普遍认识到，企业运作的环境不应只考虑人性因素，还必须考虑到整体系统的影响因素。因此，研究者开始采用权变的观点和思想思考组织中的管理问题。

权变理论认为，根本不存在一种最佳的方法来管理组织中的人，也没有一套放之四海而皆准的简单原理，前面介绍的不同时期各个研究者提出的那些观点都不够完善。整体而言，企业的有效运作和员工的绩效取决于员工自身、组织结构、环境和任务等因素。

根据这种观点，如果以权变理论为依据开展管理工作，组织管理运作过程中就必须在不同情景下采取不同做法，以适应不同的情况。这样，研究者就需要考虑组织与环境的关系、组织的分化与整合程度、不同环境下组织的结构形态、高层领导的经营理念和哲学、业务与工作任务的性质、员工的需求与个人特点等诸多因素。

在这个阶段，组织行为学的研究更趋于综合性、全面性和系统性。在发达国家和发展中国家，组织行为学研究成果的应用普遍受到重视，美、日、俄等不同国家的组织行为理论和应用模式各具特色，在研究方向上也更重视体制和战略取向。

权变观点进入到组织管理领域，对组织行为学的研究和应用产生了较大的影响。

六、组织行为学发展的新趋势

组织行为学的发展还出现了一些其他新的动向。如人力资源学派开始出现，它以一个组织内部的个人特征和个人行为为研究对象，并侧重研究雇佣关系中管理一方，目的是通过对本组织内部人力资源的有效管理和使用，实现本组织既定的目标。另一个新的动向就是随着组织行为学研究的深入，关于组织文化研究开始兴起。

近些年来，随着心理科学中出现的积极心理学运动的发展，人们对积极心理品质逐渐关注，组织行为学家也意识到有必要将这一思潮和取向引入到组织行为研究中。鲁森斯等人便以此为基础和出发点，提出了一种全新的、积极取向的组织行为学模式，被称为积极组织行为学（Positive Organizational Behavior，POB)。POB是对积极导向的且能够被测量、开发和有效管理，从而实现提高绩效目标的人力资源优势和心理能力的研究和应用。它研究的主要内容涉及信心/自我效能（Confidence/Self-efficacy)、希望（Hope)、乐观(Optimism)、情绪智力（又称情商，Emotional Intelligence，EI 或 EQ)、快乐/主观幸福感（Happiness/Subjective Well-being，SWB）和复原力（Resilience）五个范畴，简称CHOSE。研究者证实它们能够直接影响领导和员工的工作行为、工作态度和工作绩效，并进而影响到企业的整体绩效和持续性竞争优势。如自我效能感能有效缓解压力对个体造成的消极影响，对工作绩效有积极影响；而工作幸福感能提升工作绩效、生产力和利润率，降低缺勤率和离职率，使员工的行为更接近组织公民行为。满怀希望的人往往对既定目标更加坚定并受之激励，重视目标以及目标实现过程中所取得的进步，表现出更强的环境适应能力，在压力情境下较少体验到焦虑等。POB研究的重点是那些可以改变的心理状态，而不是相对较难改变的心理特质。目前，它代表了组织行为学研究中一种新的趋势。

组织行为学的研究也越来越朝向多元化的方向发展。从内容上看，人们越来越关注如行为领地（Behavior Territory)、主动性行为（Initiative Behavior)、组织即兴（Organizational Improvisation)、幸福管理（Happy Management）等。具体而言，行为领地是指个体或者群体感觉到具有一定控制权的对象物。主动性行为是一种自发的行为方式，表现为提前思考、制定长期的工作目标、预期实现这个目标可能遇到的困难，并坚持跨越障碍、解决问题，从而带来有利于组织发展的情境变革或自身改变。组织即兴指组织有意将一种新奇“产品”（Novel Production）的计划（Design）与执行（Execution）融合在一起的生产过程。幸福管理就是充分发挥和利用每个人的智慧和优势来协调组织的资源以增进组织成员幸福最大化的机制运行过程。作为管理发展的新阶段，幸福管理既是一种价值观，也是一种方法论，其精髓是基于激励人、自我实现人、文化人、幸福人的理念，实质是改变人的生活，使人获得幸福与快乐。幸福管理着眼于个体、群体和组织三个层面的发展目标，通过激发人的潜能和塑造高素质的人员，来获得人的物质方面的幸福、群体的社会方面的幸福、组织的价值方面的幸福。

另外，从形式上看，研究者也开始采用神经科学研究范式研究组织行为学。

第三节　组织行为学的研究方法

组织行为学主要研究一定组织情境中的个体行为、群体行为、领导行为和组织行为。作为一门学科，它的研究必须遵循所有学科研究过程中应该遵循的一般原则，同时作为一种为了解决特定问题而开展的应用研究，它不同于那种更注重于发现新知识的基础性研究，有其自身的特点。

一、科学研究的基本原则

科学研究就是针对自然、人类社会、人自身的各种现象之间的关系进行不断探索的过程。其目的就是描述、解释、预测和控制这些现象。其研究必须遵循以下一些原则。

（一）重复性原则

研究的过程、步骤和方法要公开，能够让别人再次重复验证。

（二）客观性原则

研究要按照研究对象本来的面目去观察，调查、收集的资料要客观准确，不能人为主观地臆造数据。不同的研究者只要采用同样的研究手段，获得的研究数据和结果就应相同。

（三）控制性原则

研究过程中，研究者对观察、实验、调查中的研究条件、情境、变量能够做出恰当的控制，能够根据研究设计有意地操纵自变量，对那些与研究目的无关的变量以及实验条件能够进行有效的控制。

（四）系统性原则

科学研究从提出研究问题，历经查阅文献、提出假设、设计研究方案、收集和分析数据到撰写研究报告，是一个完整的过程。因此，研究者要全面完整地考虑研究过程的每个环节。另外，研究的对象经常处于一个系统中，不能孤立地去研究，应考虑到影响这些研究内容方方面面的因素。

二、研究类型与研究取向

（一）组织行为学的研究类型

根据不同的标准，组织行为学可以划分为不同的研究类型。

按研究目标的不同，可以将其分为描述性研究、预测性研究、因果性研究。描述性研究主要的目标是确定研究内容的现状和水平，预测性研究主要目标则是针对于研究问题未来的发展趋势，而因果性研究的目的就是探明并检验研究问题中各个变量之间假定的因果关系。

从研究结果的应用广度，将其分为基础性研究、应用性研究、工作性研究。基础性研究注重发现新知识。一般情况下，至少在刚刚发现的时候，研究结果对具体的组织没有直接的用处，研究者大多为研究机构和大学里的研究人员。应用性研究针对特定的问题而展开，其研究结论可以直接提供给管理者使用，研究者除了研究机构和大学里的研究人员之外，还有管理顾问、咨询公司的人员。工作研究则是组织内部为了解决工作中的某一问题实施的研究，多为工作经验总结和回顾，研究的科学性相对弱一些，主要目的就是解决工作中需要克服的实际问题。

按研究中的控制程度分类，主要有案例研究、现场调查、实验室实验、现场实验。案例研究是针对组织中单个成员或单一组织或单一环境展开的研究。通常这种研究设计主要用于对研究对象缺乏了解、希望对相关概念进行密切和全面分析的情况下。现场调查研究通常是采用抽样方法，以向一组大规模的人群发放问卷的方式实施研究。这类研究收集的数据处理比较方便，但难以了解问卷作答者内心深处的一些想法，开发问卷也需要较长时间，对调查时现场的控制也比较难。实验室实验就是在人为创造的最大限度地接近于真实工作情境的实验室情境里对某些问题展开研究。这类研究能够最大限度地控制各种变量，对变量的变化能够做到精确测量，缺点是缺乏现实性，因为实验室很难复制出现实情境。现场实验就是在真正的组织中实施的实验研究，如前面提到的霍桑实验就是一个经典的现场实验研究。这种研究与实验室实验相比，实验的场景非常真实，实验的有效性会大大提高，但实验控制遇到的困难较大，实验的进程也会受外界因素的干扰。还有一个问题就是要想轻松地选择接受实验的组织并征得组织同意，参与并实施实验比较困难。但与其他几种方法比较，这种实验可以说是最有效的研究方法。

（二）组织行为学的研究取向

目前，在组织行为学的研究中，主要有微观、中观和宏观三种研究取向。

微观研究取向注重于个体特征或小团体中的个体行为。这种研究取向的思路在研究设计、测量和分析等方面都从心理、行为变量出发，考察各类心理、行为因素之间的关系及变化规律。

中观研究取向以个体行为为基础，把注意力放在群体行为和管理过程方面，并特别侧重于研究群体动力机制、领导行为和管理决策模式等。同时，在研究中注重群体变量和有效管理行为的具体情景条件。

宏观研究取向重视组织层面的分析和研究，特别是对组织环境、组织体制、组织文化和组织战略等宏观因素及其效应的考察。同时，宏观的研究思路倾向于采用整体设计，注重多重组织因素作用下人员特征、组织结构和管理程序之间的交互影响。

在实际的研究设计和研究过程中，这三种研究取向在不同的阶段也可以结合使用。

三、行为变量的测量

在组织行为学研究中，研究问题一经确定之后，遇到的首要问题就是从各种各样的变量中选择研究变量，并要在其理论定义的基础上，设计出操作性定义进行测定。这是研究中的一个关键。

(一) 变量及其类型

变量是指可以被测量的在数量或强度方面或两方面都发生变化的一种特征。由于在没有确定其数值之前它是变化的量，因此称为变量。

自变量是指由研究人员可以操纵变化的变量，它是导致因变量变化的原因。组织行为学中研究的自变量主要是那些会影响到工作绩效和工作满意度的变量。这些变量包括三种水平：(1) 个体水平的自变量。主要有个人背景特征、性格、能力、动机、价值观及态度、知觉、决策、学习、报酬等。(2) 群体水平的自变量。主要有领导风格、群体结构与过程、群体间的关系与冲突。(3) 组织水平的自变量。主要有组织设计、组织文化、技术与工作压力、人力资源管理制度与政策。

因变量是指受自变量的影响而产生变化的反应变量。它是研究人员要着重解释的变量。在组织行为学中，常用的因变量有工作绩效、工作满意度、组织承诺、组织凝聚力、缺勤率、流动率等。

调节变量是指能够减弱或增强自变量对因变量影响作用的变量。即自变量对因变量的作用只有在调节变量作用下才生效。调节变量也可看作是情境变量，或权变变量。

(二) 假设与变量间的关系

假设是对两个或两个以上的变量之间的关系的尝试性说明。所谓“尝试性”是指它的正确性仍有待证实。因此，一个好的假设并不在于是否正确，而在于它是否具有可证实性。不可证实的假设没有价值。

在提出的研究假设中，往往包含着变量之间的各种关系。通常，研究变量之间的关系主要有相关关系和因果关系两种。相关关系是指两个变量是相关的，存在着相互影响作用，一个变量的变化会随着另外一个变量的变化而变化，影响作用是双向的，两个变量变化的方向可以相同，也可以不同。通常，用相关系数的大小来说明两个变量之间在量变上是否有稳定关系，以及相关性的强度。相关关系并不能说明关系的因果性质，但它可能潜藏着未经探明的因果关系。与相关关系不同，因果关系中变量间的关系具有明确的方向性。当由于 x 的变化引起了 y 的变化，那么，x 就是 y 的原因，它们之间就是因果关系。比如，“动机强度不同导致不同的工作效率”就是一种因果关系，但“快乐的员工也是高绩效的员工”并不能反映出二者之间存在因果关系，因为不清楚谁是原因，谁是结果。

(三) 变量的测量

在对研究中变量进行测量时，要考虑测量的信度与效度。

测量的信度指测量结果的稳定性与一致性。如果一个员工完成一个信度比较高的工作满意度问卷，几星期后采用同一问卷再测一次，只要中间没有发生过足以对其工作满意度产生影响的重大事件，测定的前后结果就应比较接近。

测量的效度是指测量的有效性，指测量是否确实测到了它要测的东西。这个决定于你用来测量的研究工具是否可靠有效。比如，如果你用自编问卷测试，问卷的效度也未经考察，那么，测量的效度肯定是有影响的。结果不准确，研究结论的普遍性就会受到不同程度的影响。

四、收集数据的方法

收集数据的方法是研究设计中的关键因素。通常，在组织行为学中收集数据的方法有如下几类。

（一）行为模型分析法

行为科学关注的是人类的思想和行为。由于人类是极其复杂和具有潜在不可预见性的动物，人类的行为是复杂的，这样就会导致收集的资料可能不正确。某种原因产生时发生的行为，也往往与最初描述的产生差异。研究者的偏见、成见也可能导致错误地解释研究资料。因此，审察和预见一种行为状态的每一个方面的结果几乎不可能。然而，人类行为存在着一般规则，通过科学的分析也可以发现这些规则。行为模型分析法就是通过建立人的行为和心理的模型，考察模型中各种心理因素的相互关系、结构和产生作用的机制，因此这种方法能够帮助人们理解组织行为“为什么”发生和“如何”发生。

行为模型分析法的优点主要表现为：(1) 能够强制分析人员列出和评价其主张中涉及的所有建议，并要求用理性方法做出决定。(2) 简明、精确、清晰地提出问题。(3) 将复杂的问题简化为一组易于处理的变量，并排除出外围问题。(4) 以模型为基础，能够快速做出决定。这种方法的缺点是：(1) 模型中往往很难整合影响人们行为的感情和因素。(2) 随着现实生活情境的不断变化，从模型中得出的结论会过时。(3) 为了保持在某一范围内定义的模型整齐划一、简洁有效，一些重要的问题可能会被忽视。

（二）观察法

观察就是观看事件的发生和发展并记录所看到的。观察法是指研究者根据一定的研究目的、研究提纲或观察表，用自己的感官和辅助工具去直接观察被研究对象，从而获得资料的一种方法。科学的观察具有目的性、计划性、系统性和可重复性。

观察法的种类很多。依照观察形式可分为直接观察和间接观察，依照观察时间可分为长期观察和定期观察，依照观察内容可分为全面观察和重点观察，依据观察是否有结构分为结构式观察和无结构式观察，依照是否控制观察情境分为自然观察法和实验室观察法，依照研究人员参与观察的程度分为参与式观察和隐蔽式观察。其中，自然观察主要指研究者在自然条件下对个体的言谈、举止行动和表情等进行有目的、有计划的观察，以了解其心理与行为活动。实验观察是对观察的情境与条件做严密的控制实验，然后观察其心理与行为变化。结构式观察是指研究者经过严格培训，寻找和记录某些特定的活动或某一类事件的观察活动，参与式观察中研究者是作为工作团队中的成员亲身参与组织过程，用日记或日志的形式记录印象和观察结果。隐蔽式观察是观察者隐蔽在被观察者觉察不到的地方，或隐蔽身份，被观察者没有意识到观察者的存在。这种方式需要特殊的观察室，利于被观察者的行为自然发生，不受干扰。

（三）调查法

调查法指通过选择有代表性的样本，针对研究者感兴趣的问题，采取问卷或访谈的形式收集数据，让被调查者回答从而收集研究数据的方法。

根据调查的内容可将调查分为现状调查与发展调查。现状调查是针对调查对象的当前状况、特征及规律而展开的综合性的专门调查。发展调查是根据一定目的，研究一定对象随时间变化而表现出的特征和规律。发展调查也可分为纵向发展调查研究和横向发展调查研究两种形式。

根据调查时采用的方式分为问卷调查、访谈调查、电话调查、网络调查。问卷调查方法是调查者就调查的项目预先编制成调查问卷或调查表格，通过在调查现场分发或邮寄给有关人员，采用书面提问方式请被调查者填写并收集资料，然后回收整理、统计和研究。访谈调查方法与问卷调查相似，只是问题是由访谈主持者以谈话为主要方式，口头表述给受访者，受访者自由回答问题，从而来了解某人、某事、某种行为或态度的一种调查方法。访谈法的优势是可以对一个问题得到较长的答复，了解更深入、更丰富的一些信息。电话调查方法则是根据电话号码本随机拨打、收集资料的方法。网络调查是指通过互联网发放问卷、收集调查数据的方式。目前，这种方法正在快速取代纸笔调查形式。

根据调查对象的数量分为个案调查、抽样调查、全面调查。个案调查是指从调查对象总体中只选择一个组织单位、一个人来进行调查分析。抽样调查是指从对象总体中先选出样本框，在样本框中根据确定的抽样方法抽出部分作为样本进行调查的方法。依照抽样方法的不同，抽样调查方法可以区分为不同的类型。这种方法成功的关键就是抽样的代表性和随机性。全面调查就是对研究对象总体中每一个单位都实施调查的方法。

相对而言，调查方法成本低，比较经济，收集信息广泛，使用比较普遍，调查数据也比较容易量化处理。其弱点是邮寄问卷的回收率难以保证、对被调查者行为深层次的动机难以知晓。同时，调查问卷的回答也会受社会赞许性、样本选择的代表性等因素影响，从而影响了解信息的深度。

（四）实验法

由研究者有目的地在严格控制的环境中或创造的人工环境中操纵自变量，诱发被试产生某种行为，据此推测自变量和因变量之间因果关系的研究方法。

实验法的精确性和控制性都比较好，较为经济，测量精确，可以改变实验环境，控制额外变量，排除无关变量的影响。但实验法的研究样本一般都较小，创设的人工实验情境和自然情境也有一定的差距，因此，其现实性和和普遍性受限。这样就产生了另一种实验方法，即现场实验。这种实验是在真正的组织中实施，实验场景比实验室实验更真实、有效，但不利于控制。如果控制群体不能维持恒定，外界因素的干扰会降低控制效果。现场实验的成本较高，最大的问题可能是研究组织的选择存在偏差。

在组织行为学研究中，采用实验法时应符合这样一些要求：（1）实验环境应尽可能同自然情境下的条件保持一致。（2）在较大范围的组织成员中选取实验被试，使其有足够的代表性。（3）确保结果测量的精确性。（4）注意识别结果的真正原因。

（五）测验法

测验法与采用问卷的调查法相似，只是这种方法采用的工具是标准化的心理量表。采用这种方法研究组织行为规律，关键是量表的选用。在研究时，要注意选择符合心理测量学中关于测验质量要求标准的测验，使用之前，要考察所选测验的信度和效度、常模数据资料是否齐备和符合要求；施测过程中要严格按照所选测验的施测要求进行；结果的分析统计解释要依照常模资料。这种方法容易实施，结果易于统计分析，且比较方便，难点在于如何得到有较高信度和较高效度的心理测验工具。

（六）案例法

案例法指对详尽描述某一个体，如某个企业的CEO或某一组织的著名领导的生活自传或团体、组织发展历史的翔实的材料的深层次分析。这种研究中采用的方法有多种，包括访谈、问卷和个人观察、文献资料等。这种研究比较深入，不足之处是会带有观察者的认知偏见和主观解释，案例阅读者也会受撰写者选择的内容的限制，案例的适用范围也受限，研究结论缺乏普遍性，也难以拒绝或证实假设，因此，它主要用于探索性研究和组织中真实问题的研究。

五、与研究有关的问题

在组织行为学研究过程中，特别是在数据收集和测量中，下面几个问题需要引起研究者的关注与重视。

（一）霍桑效应与社会称许性

如前所述，霍桑效应指人们由于知道自己参与研究和受人重视而改变真实行为，并以他们认为研究者期望的方式行事。与此相关的是社会称许性，指研究对象按照符合社会规范的方式描述和评价自己，其中包含自欺性拔高和印象操纵两个成分，从而造成测量偏差，影响数据质量。

（二）测量引起的变化

在研究中，研究对象对于研究过程中使用的行为测量、观察和问卷调查不太习惯，从而改变自己的行为和态度。这种情况在访谈和问卷测量中较易出现。因此，应该注意调查中书面提问和口头提问的方式和结构，尽可能地避免对被试的反应产生影响。

（三）研究者特征的影响

研究人员的性别、年龄、文化程度、谈吐、服饰、举止行为等特征及对被试的要求方式等，都会对研究的测量结果产生影响。同时，研究者对研究问题的熟悉和敏感程度，也会影响研究人员在研究过程中发现、捕捉和探索与问题相关的信息的效果。

（四）测量的内容

在组织行为的研究过程中，研究人员发现：测量的质量、测量方法和方式都会受到测量内容的范围、结构、专门性、稳定性和敏感性等因素的影响，而且程度各不相同。如自我评定更多受霍桑效应、社会称许性和研究者特征影响。上级评价会更多受测量内容特征和测量工具特点的影响。因此，研究中应根据不同研究目的，注意多种资料与数据的测量特点，有意识地提高测量质量。

（五）研究的效度

评价任何一项研究，都牵涉到研究的内部效度与外部效度。一项研究的内部效度与该研究结果解释的唯一性有关，当一项研究结果只有一种解释时，其内部效度就高；反之，它的内部效度就低。因此，研究过程中所有导致对研究结果有其他解释的因素都被称为是“对内部效度的损害”。外部效度是指脱离当时的研究条件之后，研究结果推论至最初参加该研究的对象以外的个体或群体时该研究结果还能成立的程度。尽管每一项研究都是在特定时间和地点进行，有特定被试、指导语、测量技术和实验程序，研究本身具有特异性，但研究者通常期望研究的结果能够推广到研究情境之外。如果研究结果可以推广到其他人群、其他背景、其他测量，那研究结论的外部效度就比较高。比如在男性雇员中的调查结论是否适合于女性雇员，这涉及的就是一个研究的外部效度问题。1988 年，斯特拉克和他的同事对伊利诺伊州大学的学生进行了一项研究，发现在牙齿之间放一支笔（迫使其微笑）的人和在嘴唇间放一支笔（迫使其皱眉）的人相比，前者比后者更有可能认为卡通片有趣。研究者理所当然地认为，这项研究的结果可以推广到实验范围之外。也就是说，如果其他人在不同的时间和地点来接受测试，应该也会得到同样的结果。这个微笑—皱眉实验研究结果的外部效度可以说不会有多大的争议，但很多情况下人们对研究结果的推广效果会产生怀疑。因此，一项研究的结论如要进一步推论，必须慎重对待，严格论证。

（六）研究的伦理问题

在组织行为学研究中，测试时间的长短、测量数据的用途、被试的个人信息以及某些隐私如何注意保护都应引起研究人员的注意。另外在有些实验中，比如在人为设计的压力情境下工作之后，实验者应设法帮助参加实验的被试解除压力，而不是让他们带着情境压力回去。还有，由于研究的实际需要，在研究中研究人员有意向被试撒谎，采用隐藏的摄录像、录音工具在被试不知情的情况下采集数据，这样的行为如何让被试的伤害减小到最低程度，同时又要能够获得自然情境下被试真实的行为，以及被试参与研究的自愿程度，研究报告时如何报告其成果，既要坦率真诚，又要注意被试的个人信息受到保护等问题，都非常值得研究者深思并作出处置预案。

组织行为学作为一门应用性极强的学科，在国内已引起诸多研究者的兴趣和关注。考察相关的研究文献可以发现，当前国内组织行为学研究的热点问题主要包括：动机与激励问题；领导有效性问题；工作设计和工作满意度；劳动力流动与员工忠诚度问题；经济全球化下的跨文化管理问题；劳动力构成多元化的问题；职业胜任特征问题；组织结构的变化带来的组织行为管理的问题；工作团队建设的问题；知识型组织员工管理问题；工作压力问题；创新型组织文化的建设；积极组织行为与心理等。

第四节　人性假设理论与思想

在组织管理的生产、行政、销售、财务、供应等各个环节，管理工作自始至终离不开人。这些工作虽然涉及的主要有人、财、物、信息等方方面面，但参与这些工作的基层员工、中层管理、高层管理等各类人员则是最核心的要素。人是所有的操作者和执行者。因此，现代管理理论认为，人在管理中既是管理者又是被管理者，具有双重地位。管理过程各个环节的主体都是人，人与人的行为是管理过程的核心。因此，“以人为中心”是现代管理发展的最重要趋势。此外，企业的物力、财力、信息资源都是有限的，而人力资源的开发则永无止境。在生产水平落后，资金、原材料等资源紧缺而人力资源又极丰富的情况下，开发、管理好人力资源，更好地利用、挖掘员工的潜力，提高企业的效益，显得尤为重要。

正因为如此，管理者和组织就必须了解人性的假设，了解关于人性的基本思想和观点。所谓人性的假设，是指在组织行为学研究中，从管理的角度对人的总的基本认识和看法。组织中的领导者和管理者对下属和雇员的这些认识和看法，直接影响着他们对管理制度的制定、管理方法的采取、组织结构的建立。因此，人性理论是组织行为学中最重要的基本理论之一。目前，在西方组织行为学中，关于人性的假设理论有经济人、社会人、自我实现人和复杂人等。

一、西方人性假设理论

（一）经济人假设

经济人（Economic Man）假设也被称为理性—经济人假设。它最初是由英国资产阶级古典经济学家亚当·斯密在《国富论》（1776）一书中提出的，认为人的一切行为都是为了最大限度地满足个人的私利，人都要争取最大的经济利益，干工作就是为了获得经济报酬。

后来，美国心理学家格拉斯·麦格雷戈在其《企业中的人性方面》（1960）一书中提出了 X 理论和 Y 理论，这是两种对立的人性理论。他自己主张 Y 理论，反对 X 理论。其中，X 理论就是对“经济人”观点的概括。其主要内容是：（1）多数人天生懒惰，他们都尽可能逃避工作。（2）多数人都没有雄心大志，不愿负责任，而心甘情愿受别人指导。（3）多数人的个人目标都与组织目标相矛盾，必须用强制、惩罚的办法才能迫使他们为达到组织目标而工作。（4）多数人干工作都是为了满足基本生理需要和安全需要，因此，只有金钱才能激励他们。（5）人大致可分为两类，多数人都如上所述，少数人能自我鼓励、自我控制，这些人应负起管理责任。

X 理论对于管理的意义在于：（1）利益是人们行为的动力，管理必须重视人们物质利益的满足。任何管理都不可忽视利益机制和动力机制。（2）组织内部及组织之间由于利益主体的不同存在着竞争。利益的调节和正当的竞争可以促进不同主体实力的增强和人类社会的进步。优胜劣汰，是市场经济的必然法则。（3）用严格的规章制度来规范人的行为，以赏罚分明来实现严格的管理和控制。

（二）社会人假设

社会人（Social Man）也称社交人。这种观点是由美国哈佛大学社会心理学家梅奥提出来的。梅奥在总结霍桑实验结果的基础上，提出了人际关系学说，概括说明了“社会人”的观点。

社会人假设主张，人最重视在工作中与周围的人友好相处，良好的人际关系是调动人的工作积极性的决定因素，物质利益只起次要作用。其主要内容观点包括：（1）人是“社会人”，影响人的生产积极性的因素除物质条件外，还有社会因素和心理因素。（2）生产率的提高和降低主要取决于职工的“士气”，而“士气”又取决于家庭和社会生活以及企业中的人际关系。(3) 企业中存在着“非正式群体”，这种无形的组织有其特殊的规范，对其群体成员的行为有重要的影响。(4) 领导者在了解人们合乎逻辑的行为的同时，还须了解不合乎逻辑的行为，要善于倾听和沟通职工的意见，使正式组织的经济需要与非正式组织的社会需要取得平衡。

该假设认为，人的天性并非好逸恶劳，人对工作的喜恶与否是根据工作带给人们满足感抑或厌烦感而定的；外在的控制和惩罚不是唯一使人朝向组织目标而努力的方法，人对自己所承诺的目标可以作自我控制与努力；在适当条件下，一般人是能主动担负责任的；大多数人都具有相当的想象力、创造力，但在现代工业社会中由于外界的原因只是部分地得到发挥。

它给管理实践的启示有：(1) 任何管理都必须以人为中心，重视人的多层面需要，需要从人群关系角度出发，创造一种良好的团队精神，以此调动人们的积极性、主动性，提高工作效率。(2) 管理还应考虑个体性格的差异，在尊重人格的原则下，激发员工的工作热情和潜能。

（三）自我实现人的假设

自我实现人（Self-Actualizing Man）这种人性假设最早由美国心理学家马斯洛提出。马斯洛在其需要层次论中指出，人类需要的最高层次是自我实现。自我实现是指人都需要发挥自己的潜力，表现自己的才能。只有人的潜力和才能充分发挥出来，人才会感到最大的满足。马洛斯认为，自我实现的人是最理想的人。这种人具有敏锐的观察力，思想高度集中，有创造性，不受环境偶然因素影响，只跟少数志趣相投的人来往，喜欢独居等。但在现实生活中，很少有人能达到这种理想境界，原因是社会环境束缚了人的自我实现。

前面提及的麦格雷戈的 Y 理论，就是对自我实现的人性观的概括。它结合管理问题，总结并归纳了马斯洛和其他人的类似观点，其主要内容包括：(1) 一般人都是勤奋的，如果环境条件有利，工作就会同游戏或休息一样自然。(2) 控制和惩罚不是实现组织目标的唯一方法，人们在执行任务中能够自我指导和自我控制。(3) 在正常情况下，一般人不仅会接受责任，而且会主动寻求责任。(4) 在人群中广泛地存在着高度的想象力、智谋和解决组织中问题的创造性。(5) 在现代工业条件下，一般人的潜力只利用了一部分。

（四）复杂人假设

复杂人（Complex Man）这种人性假设是 20 世纪 60 年代末至 70 年代初由美国心理学家沙因在其《组织心理学》（2009）一书中提出的。他认为，经济人、社会人、自我实现人这三种人性观都有其合理性的一面，但不能适用于一切人。因为人不仅各不相同，而且同一个人在不同的年龄、时间、情境也会有不同的表现。人的需要和潜力随着年龄的增长、知识的增加、地位的改变以及人际关系的变化而各不相同。因此，人是很复杂的。

根据“复杂人”这一人性观，莫尔斯和洛尔施提出了超 Y 理论，其主要含义是：(1) 人的需要是多种多样的，它随人的发展和生活条件的变化而改变。每个人的需要都各不相同，需要层次也因人而异。(2) 人在同一时间内有各种需要和动机，它们会相互结合形成复杂的动机模式。 (3) 动机模式的形成是内在需要与外界环境相互作用的结果。(4) 一个人在不同单位或同一单位的不同部门工作，会产生不同的需要。(5) 由于人的需要不同，能力各异，对于不同的管理方式会有不同的反应。

由于人如此复杂，因此，这种理论主张，没有一套适合于任何时代、任何组织和任何个人的普遍行之有效的管理方法。

实践和研究表明，依照前面论述的这四种有关人性的假设理论，进行组织管理，会产生不同的效果。比如，如果从经济人假设出发，管理者就会主张管理工作的重点在于提高生产率，完成生产任务，对人的感情和道义上应负的责任考虑较少，有可能认为这些东西是无关紧要的。管理是少数人的事，与多数职工无关。要用金钱刺激职工的生产积极性，对消极怠工者采用严厉惩罚措施。这种管理被称为任务管理。泰勒制是“经济人”观点在实践上的典型代表。如果从社会人的观点出发，管理的重点就应放在关心人、满足人的需要上，管理工作应重视管理人员与职工以及职工之间的关系，培养和形成员工的归属感和整体感，提倡集体奖励制度。管理人员的职能不仅是提高生产率，而且要成为员工与上级之间的联系人和沟通者。如果从“自我实现人”这种人性观出发，管理的重点就会放在为人创造适宜的工作环境和条件上，使人们能充分挖掘自己的潜力，发挥自己的才能，即充分地实现自我。管理人员的职能也在于为发挥人的才智创造条件，减少和排除职工在自我实现过程中所遇到的障碍。对人的奖励虽包括工资、提升、良好的人际关系等外在奖励和获得知识、增长才干、发挥潜力等内在奖励两种，但只有内在奖励才能满足人的自我实现需要，极大地调动员工的积极性。在管理制度上，应使工作富于挑战性，能充分发挥人的才能，并使人获得所期望的成就。如果从复杂人的观点出发，并不要求管理人员采取完全不同于上述三种人性观的新措施，而是要求根据具体的人、具体的情境灵活地采取不同的管理措施。例如，不同的情境应有不同的领导作风，不同的企业应有不同的组织结构，等等。

二、中国古代人性假设

（一）性恶论

荀子在《荀子·性恶篇》中提出：“人之性恶，其善者伪也。今人之性，生而有好利焉，顺是，故争夺生而辞让亡焉；生而有疾恶焉，顺是，故残贼生而忠信亡焉；生而有耳目之欲，有好声色焉，顺是，故淫乱生而礼义文理亡焉。然则从人之性，顺人之情，必出于争夺，合于犯分乱理，而归于暴。故必将有师法之化，礼义之道，然后出于辞让，合于文理，而归于治。用此观之，人之性恶明矣，其善者伪也。”认为人性本恶，“饥而欲食，寒而欲暖，劳而欲息，好利而恶害”是人的本性。荀子认为人是具有主观能动性的，可以加以引导使之朝向善的方向发展。

荀子的性恶论与西方人性论思想中的经济人理论假设具有密切联系，该理论的人性假设的基础，就是认为人性本恶，因而对人的管理必须采取全过程的控制方法。麦格雷戈提出的“X 理论”从享乐主义的哲学观点解释人的行为，认为人的一切行为都是为了满足自身的私利，“经济人……打算做的一切是尽力扩大他们在未来将获得的利益”，满足自身的经济需求是人的唯一动机，也是管理中唯一的激励因素。X 理论与中国古代的性恶论十分相似。

（二）性善论

孟子在《孟子·告子上》中提出：“水性无分于东西，无分于上下乎？人性之善也，犹水之就下也。人无有不善，水无有不下。今夫水，博而跃之，可使过颡；激而行之，可使在山。是肽水之性哉？其势则然也。人之可使为不善，其性亦犹是也。”他认为善是生来所具有的，是人本性所使然。孟子进一步提出“仁政”主张，强调管理者应该把人作为管理的核心，运用道德的教化，而非律法的约束，发掘人的主观能动性来提升人的自我约束能力，使各方面和谐统一，达到管理的目的。

孟子的性善论与西方的社会人假设不谋而合。“社会人”假设认为人是复杂社会系统的成员，除了要追求经济方面的满足，更需要友谊、安定和归属感。因此建立良好的人际关系，从社会、心理方面来激励人们的“士气”比单纯的经济刺激更为重要。它们都肯定人性本质上是善良、美好的，并指出管理的重点在于人们的精神追求与满足。

（三）中性论

无论是孟子还是荀子对于人性的看法都只是侧重了人性的一个方面。其实人性是一个复合体，既包括人的自然属性如本能，也包括人的社会属性。荀子强调本能，因而言“人性本恶”，孟子突出社会属性，因而言“人性本善”。

然而，汉代的扬雄提出“人之性也善恶混，修其善则为善人，修其恶则为恶人”，认为人性是善与恶的混合体。也就是说人性是中性的。这种人性论的观点更看重对人性的塑造过程，而非对人性的适应。人性是可塑的，孔子的著作中也渗透了这种思想。

人性是复杂的，绝不可简单地用性善或性恶来解释。也不能完全按照X理论（经济人）或Y理论（社会人）采取相应的管理方式。中国古代的人性是中性的、是可塑的这一思想与沙因的“复杂人”假设，有其一致性。后者认为人的动机具有复杂性，不同的条件下动机亦不同。在此基础上，提出的“超Y理论”主张，不同的人对管理方式的要求不同，管理方式要由工作性质、成员素质等来决定。有人希望有正规化的组织与规章条例来约束自己的工作，而不愿意参与问题的决策去承担责任。这种人适合以X理论指导管理工作。有的人却需要更多的自治责任和发挥个人创造性的机会。这种人则适合以Y理论为指导的管理方式。一言以蔽之，不同的情况应采取不同的管理方式。

三、关于人性假设的其他观点

（一）“利己利他”假设

“利己利他”假设认为人除了利己倾向之外还有利他的倾向，这两种倾向在同一个体中所占比重受到个体所处文化环境、教育背景、情景和管理方式等因素的影响和约束。利己性是指人们为自身发展谋取利益的一种行为动机和本能，它是个体生存和发展的基本条件，是人类群体发展的前提之一。利他性是指人们为他人和人类群体谋取利益的一种行为动机和本能，它是人类整体得以共同进步的前提。

利他性能够调节个体和社会之间的关系，使之朝着越来越和谐的方向发展。管理者可以从人的利己性和利他性这两个方面来激励被管理者。管理者可以通过适当的方法，引导被管理者使其行为达到有利于实现管理目标的程度。不仅如此，管理者需要处理好利他和利己的关系，片面夸大两者中的一面都会严重影响管理的效果。

（二）“创新人”假设

奥斯本在20世纪30年代时把“创新”一词正式引入管理学理论之中，中国已有研究者较为完整地论证了这一假设，研究表明组织发展有六个阶段，其中最高阶段是组织的创新阶段。这一阶段中提高创新能力是全组织各层级的中心任务，因此，组织需要建立一套有利于创新的制度，包括组织结构、激励体制、决策体制、评估体系等。与组织的创新阶段相适应，组织的创新力离不开相关人员的努力，“创新人”脱离组织也无法实现其价值。一方面，创新能够满足人的自我发展的需要，每个人都有创新的潜力。组织中的成员为使自身获得更高层次的发展，就必然不断学习和吸收新鲜的知识和信息，产生新思想，在这一过程中，自己的创新能力也能得到提高。另一方面，创新能够体现人的人生价值。具有创新意识的人能够突破自身条件限制，从而成就一条不同寻常的成功之路。因此，组织能够提供组织成员创新所需要的条件，可以改变他们对外在激励因素的依赖性，从满足创新欲的内在需要中形成工作的主动性、获得持久的工作动力。

（三）“目标人”假设

近年来，随着管理实践的发展，管理者越来越注重从心理学和管理学两个方面重新审视人性假设的有关问题。“目标人”假设的观点是：(1) 追求和实现目标是人们在工作和生活中实现自身意义的方式，并且在这一过程中能进一步形成更高级的目标。(2) 人们形成的目标是一个与生活、社会关系和发展有关的三层次的有机目标体系，这三个层次的目标在不同的情景下分别成为行为的动力模式。(3) 个体的心理目标主要形成于后天的教育和社会交往之中，受到实践的成功与否和他人态度的影响。(4) 个人所追求的目标反应着个人的价值观，能够激励着个人的行为。基于目标人的假设，提出通过培养员工的成就感、教育员工认同组织目标、采用具有亲和力的领导方式，以及建立组织文化等策略可以激励员工。

（四）“理性生态人”假设

随着世界各国经济的发展，那种认为物质存在是人类生存的基础，不断追求经济增长、鼓励消费、发展科技的生存模式，受到越来越多的挑战。

面对这种情况，“理性生态人”假设随之提出，并在实践中得到了运用。理性的生态人有以下几个特征：(1) 有着人与自然和谐相处的自然观；(2) 把生态安全置于首位考虑的经济发展问题，注重经济、社会和生态多个层面效益；(3) 追求与竞争者、外部环境共赢的竞争方式。这一假设反映了人们对人与自然、人与社会、人自身的生理和心理的和谐统一发展的追求，反映了人们对可持续发展观念的认可。“生态人”的人性假设的提出，以及在管理科学中的广泛应用，必然会推动管理学理论向更高的层次发展。

第二章

个体行为

俄国著名的大文豪普希金，曾经狂热地爱上了被称为“莫斯科第一美人”的娜坦丽，并且和她结了婚。娜坦丽与普希金其实是截然相反的两类人，每当普希金为她朗诵写好的诗歌时，她都捂着耳朵躲开：“不要听！不要听！”相反，她最喜欢到处找乐子，出席一些豪华的舞会，并要求普希金陪她一起去。为了她，普希金丢下创作，债台高筑，最后还为她决斗而死，这颗文学巨星就这样早早地陨落了。在普希金看来，娜坦丽的美貌让人心动神摇，如此美丽的人也必然有着超凡的智慧和高贵的品格，只不过事实并非如此。

这个故事告诉我们了什么？一个拥有美丽外貌的人一定会有美好的品质吗？人们在知觉过程中又会出现怎样的偏差？个体的行为又受哪些因素的影响呢？本章主要阐述个体行为基础如知觉、归因、能力、人格、情感在组织中的应用。

学习要点

1. 理解个体的知觉、学习、能力、情意、人格等概念的含义及理论。
2. 掌握社会知觉的特点、归因理论及行为塑造方法。
3. 在实践中应用相关理论实现个人与工作和组织的匹配。

第一节　个体认知行为

进入组织工作的每一个个体，都会带着自身个人背景和个人特点，即个体的性别、年龄、婚姻状况、家庭结构和规模、工作年限或任职工龄等，这些因素对工作绩效、工作满意度、流动率和缺勤率都有不同程度的影响。此外，每个个体的能力、性格、需要等个人特点都存在个别差异。这就需要组织管理者采用一定的手段有针对性地实施管理行为。因此，组织行为学的一个重要内容就是个体行为。

行为是个体的外在表现，而认知心理则是发生在个体内部的、影响外在行为的内在加工过程。自 20 世纪 60 年代至今，关于个体的认知已经成为研究人类行为的科学家们最感兴趣的领域。受此影响，在组织行为学中也发现，人们的社会知觉、归因等认知活动会直接影响到个人决策、组织决策以及组织管理中的各个方面。

一、知觉与归因

知觉是在感觉的基础上产生的，它是个体对事物的综合、整体反映。个体的知识和经验对个体的知觉有直接影响。归因是人们对自己或他人行为动机和原因的知觉。人们对事物的知觉影响到归因。例如，一个基层管理者几次见到某个下属犯了错误，就有可能将其知觉为不努力或不可赋予重任，虽然他对下属的知觉未必全面。人们的归因也会影响到知觉，例如，认为某人能干，总会更多地发现他能干的一面，而对他的错误会找到各种解释的理由。可见，知觉在组织行为中扮演着相当重要的角色。作为组织管理者，应该充分了解知觉的特性，并经常对个体的知觉进行觉察和反思。

（一）知觉现象及其规律

1. 知觉的含义与类型

知觉是人脑对客观事物整体属性的综合反映，是对感觉的组织和解释过程。感觉是知觉的基础，是专一器官分析的结果。知觉是感觉的深化，是几种器官综合分析产生的结果。人们通过知觉，有助于对事物整体与全面的认识。

知觉有多种类型，比如视知觉、听知觉、空间知觉、时间知觉和运动知觉，以及错觉等。

知觉影响着人的行为，即人的行为是以知觉为基础的。由于人的大部分决策是直觉决策，所以知觉直接影响决策的结果。

2. 知觉的特性

（1）知觉的选择性。指当人们感知外部事物时，能优先把一些事物和现象作为知觉对象，而把另外一些事物或现象当作背景。作为知觉对象的事物或现象，人们会对它知觉得更清晰、更完整、更鲜明，而对那些作为知觉背景的事物或现象，则知觉得比较模糊。

（2）知觉的理解性。指当人们知觉某一对象时，不仅能形成知觉表象，还会根据自己的经验去加深理解知觉对象，并做出解释。因此，越是理解知觉对象，人们就越能完整、深刻、全面地产生对对象的知觉。

（3）知觉的整体性。指人们在知觉事物时，不只是对事物的个别特征或个别属性简单相加，而是将事物的各个部分和属性有机组织起来，形成完整的反映。

（4）知觉的恒常性。指当知觉的条件在一定范围内发生某些变化时，知觉的映象仍然保持不变，包括大小恒常性、形状恒常性、明度恒常性和颜色恒常性。

上述知觉的特性中，知觉的理解性、整体性和恒常性三种特性主要取决于人们过去的经验。知识和经验越丰富，三种特性表现得越明显。

3. 知觉的组织原则

最早对知觉的组织作用进行研究的是格式塔心理学家。他们发现，人的思维会对知觉过程有一个补充完善的作用，会把分散的对象作为一个有意义的整体来知觉。

就知觉而言，他们提出了五条知觉组织原则：

(1) 接近律。人们总是把时间、空间上彼此接近的对象知觉为一个整体。

(2) 相似律。人们总是把彼此相似的对象知觉为一个整体。

(3) 连续律。人们总是把知觉对象作为一个连续的整体来看待。

(4) 闭合律。人们的知觉有使轮廓线弥合、把一种不连贯的有缺口的图形尽可能地在心理上使之趋合而形成完整图形的趋势。

(5) 良好图形。具有简明性、对称性的客体更容易被知觉。

4. 影响知觉的因素

影响知觉的因素有知觉者、知觉对象和知觉情境。

当一个人试图对自己看到的目标进行解释时，这种解释受到了知觉者特点的显著影响，影响知觉的个人因素包括兴趣、需要和动机、态度、个体特征、经验、环境和文化。(1) 兴趣。人们常常会把知觉集中在自己感兴趣的事物上，而其他事物作为背景被排除在知觉之外。(2) 需要和动机。能够满足人们需要，符合人们动机的事物，常常被人们当作知觉对象。(3) 态度。对待事物的态度不同，人所选择的外部刺激就不同，从而导致知觉的不同。(4) 个性特征。人们的个性、气质、性格特征都会对知觉产生影响。例如，多血质的人群对事物感知速度快，而抑郁质的人群则对事物感知细致入微。(5) 经验。一个人在相似目的或相似条件下由经历所获得的经验也会影响这个人知觉的选择和对刺激的解释。经历不同，所获取的经验不同，观察问题的角度和内容就不同。(6) 环境与文化。不同环境与文化背景，即使感知同类事物，也会有不同的评价。

知觉对象的影响主要体现在以下方面：(1) 知觉对象本身的特征。那些具有较强特性的对象易引起人注意，如鲜艳的颜色，醒目的标记，响亮的声音，均容易被人清晰地知觉。(2) 对象与背景的差别。二者之间反差越大，越容易被识别。(3) 对象的组合方式。知觉对象在距离和形态上的接近，更容易被人们视为一个整体被知觉。另外，那些反复出现的对象、运动变化的对象、新奇独特的对象也易引人注意。

周围的情境因素也影响着个体的知觉。每一种知觉都是在特定的情境中产生的。情境对知觉的影响主要表现在三个方面：一是刺激的选择；二是刺激的解释；三是刺激的添加和想象。情境的另一方面是指知觉者知觉时的具体环境也会影响知觉。如舞会上，一位身着晚礼服的女性不会引起你太多的注意，但当她出现在大街上，就会非常吸引你的注意。

(二) 社会知觉

1. 社会知觉的含义

指人对社会对象，包括个体、社会群体乃至大型社会组织的知觉，包括人际知觉、自我知觉等。人际知觉指对人与人之间相互关系的知觉，表现为接纳、拒绝、喜欢、讨厌等各种亲疏远近的状态。自我知觉包括对自己生理的、社会的、心理的各个方面特点的认知。在组织行为学中，社会知觉是研究人际关系的基础。社会知觉的对象主要是人而不是物，它是对人的知觉。

2. 社会知觉偏差

在社会知觉过程中，由于各种各样的原因，常会产生一些偏差，从而导致形成不正确的社会知觉。这些社会知觉偏差主要表现为：

（1）第一印象（First Impression），也叫首因效应。首因是指首次或最初的印象。当我们与某人初次见面时，我们最初了解到的信息被视为是最重要的，因为此前我们对其一无所知，所以在对待他人的知觉方面，首次印象能给人留下深刻印象，产生心理定势作用。研究也表明，我们在评价他人时的确对最初接受的信息赋予了较大的权重，“先入为主”确实在人际知觉中起到重要作用。

（2）近因效应（Recency Effect）。“近因”是指个体最近获得的信息。近因效应是指在多种刺激出现的时候，印象的形成主要取决于后来出现的刺激。在人际知觉过程中，近因效应对人的知觉具有强烈的影响，往往会改变人的看法。比如，对多年不见的朋友，印象最深的，其实就是临别时的情景。

经典实验

近因效应的实验研究

美国心理学家卢钦斯用编撰的两段文字作为实验材料研究了首因效应现象。他编撰的文字材料主要描述的是一个名叫吉姆的男孩的生活片段。第一段文字将吉姆描写成热情并外向的人，另一段文字则相反，把他描述成冷淡而内向的人。例如，第一段文字中说吉姆与朋友一起上学，走在洒满阳光的马路上，与店铺里的熟人说话，与新结识的女孩子打招呼等；第二段文字说吉姆放学后一个人步行回家，他走在马路的背阴一侧，没有与新结识的女孩子打招呼等。在实验中，卢钦斯把这两段文字加以组合：

第一组：描写吉姆热情外向的文字先出现，冷淡内向的文字后出现。

第二组：描写吉姆冷淡内向的文字先出现，热情外向的文字后出现。

第三组：只显示描写吉姆热情外向的文字。

第四组：只显示描写吉姆冷淡内向的文字。

卢钦斯让四组被试分别阅读一组文字材料，然后回答一个问题：“吉姆是一个什么样的人?”结果发现，第一组被试中有78%的人认为吉姆是友好的，第二组被试中只有18%的人认为吉姆是友好的，第三组被试中有95%的人认为吉姆是友好的，第四组被试中只有3%的人认为吉姆是友好的。

这项结果表明，信息呈现的顺序会对社会认知产生影响，先呈现的信息比后呈现的信息有更大的影响作用。但是，卢钦斯进一步的研究发现，如果在这两段文字之间插入某些其他活动，如做数学题、听故事等，则大部分被试会根据活动以后得到的信息对吉姆进行判断。也就是说，最近得到的信息对他们的社会知觉起到了更大的影响作用，这个现象叫作近因效应。

研究表明，近因效应一般不如首因效应明显和普遍。在印象形成的过程中，当不断有足够引人注意的新信息，或者原来的印象已经淡忘时，新近获得的信息的作用就会较大，就会发生近因效应。个人特点也影响近因效应或首因效应的发生。一般心理上开放、灵活的人容易受近因效应的影响；而心理上保持高度一致、具有稳定倾向的人，容易受首因效应的影响。

资料来源：Luchins，A. S.（1957）. Primacy-recency in impression formation. In C. I. Hovland（Ed.），*The order of presentation in persuasion*（pp. 33－61）. New Haven：Yale University Press.

Luchins，A. S. & Luchins，E. H.（1984）. Conceptions of personality and order effects in forming impressions. *Journal of General Psychology*，*110*（2），165－196.

Luchins，A. S. & Luchins，E. H.（1986）. Awareness of Change in Forming Impressions of Personality. *Journal of Psychology*，*120*（6），581－599.

（3）刻板印象（Stereotyping）。即人们常常根据自己的经验和知识，按照自己所设定的知觉标准评估他人，对人群进行分类，形成固定形象。刻板印象往往会使人们对他人的认识产生脸谱化的认识，妨碍人们对事物特殊性的理解，而导致偏见。刻板印象形成的途径有两个。一是直接与某些人或某个群体接触，然后将其某些特点加以固定化；二是根据间接资料如听别人介绍、媒体描述等，形成对一群体的概括印象。多数刻板印象来自第二种途径。

（4）晕轮效应（Halo Effect），又称光环效应、成见效应。晕轮是一种当月亮被光环笼罩时产生的模糊不清的现象。在这里，用来比喻当一个人对另一个人的某些主要品质产生好印象后，就会认为此人一切都好；反之，若发现某人某些不好的品质后，就可能认为此人一切都不好。也就是说，人们往往用一些明显的品质和特点去掩盖其他品质和特征，以致影响对知觉对象本质的了解，产生偏差。日常生活中人们常说的“一好百好”、“爱屋及乌”就是这种现象。

经典实验

桑代克的晕轮效应实验

1915年，桑代克对两家大型工业企业的员工进行了研究。在研究中，他发现这里的员工对于某一个人的不同特质，如智力、勤劳、技能、可靠性等的评价之间的相关度非常均匀并且非常高，这远远超出了正常水平。为什么会出现这样的情况？这种情况只是发生在这两家企业里还是普遍存在于各种情况中？桑代克采用心理测量方法，让军队主管评价他们下属军官的智力、体能、领导能力和性格，以此来验证这种偏差的恒常性，并为其命名为“晕轮效应”。

桑代克首先确定了四种研究特质：身体素质、智力水平、领导能力和个人品质，并分别根据军队主管对下属士兵某一方面特质的判断形成相应特质的五点量表（最好、好、中等、差、最差），之后让军队主管根据量表对下属进行评价，在评价过程中要综合考虑其他方面的特征。

桑代克发现，当飞行小队的指挥官对其下属的空军学员做出评价时，智力和体能的评价相关为0.51，智力和领导能力的评价相关为0.58，智力和性格的评价相关为0.64。这样的相关不仅过高，而且过于平均。事实上，智力和性格或智力和领导力之间的相关，应该是智力和体能相关的3倍。

此外，桑代克还研究了军队主管对于下属官员的飞行技能的评价。飞行技能是一个高度专业化的素质，考虑到航空学校军官的有限的范围，官员工作所需要的一般能力和飞行员技能之间的相关很难超过 0.40。但是，研究发现，8 个评估者评价所得到的相关却是 0.74，0.85，0.52，0.91，0.63，0.72，0.47 和 0.53，平均值为 0.67。很显然一个总体价值的“晕轮”，延伸影响了对于特殊能力的评级。

为了说明“晕轮效应”的普遍性，桑代克还引用了奈特的一个研究。在这个研究中，奈特让学校领导对 129 名教师的某种素质进行评级。评级的结果被用来决定薪水和晋升。研究发现，作为教师的一般优点与其外表、健康、守时、才智、诚实、真挚方面的评价有很强的相关性，而对教师声音的评价则与其在智力、“对社区事宜的兴趣”方面的评价呈现很强的相关性。具体来说，作为一个教师的一般优点与智力之间的相关是 0.68，同纪律权力的相关是 0.79，同声音的相关是 0.63，声音与“对社区事宜的兴趣”的相关为 0.50，与智力的相关为 0.63。

桑代克最后指出，出现这样的一种高度不正常的相关有三种可能：一是真实情况，二是“晕轮”效应，三是由于在评级过程中机会性的不准确而造成的衰减的反向错误综合的结果。这是普遍存在于人们的日常生活中的，“即使是一个很有能力的工头、雇主、教师或者部门负责人，也很难把别人当成一个不同品质的集合体来看，很难对他的每一种品质做出独立的评价”。

资料来源：Thorndike. E. L.（1920）. A constant error in psychological ratings. *Jornal of applied psychology*，4（1），25-29.

（5）投射效应（Projection Effect）。指将自己的特点归因到其他人身上的倾向，是指以己度人，认为自己具有某种特性，也会假定他人一定会有与自己相同的特性，把自己的感情、意志、特性投射到他人身上并强加于人的一种人际知觉偏差。投射效应使人们倾向于按自己的模样来知觉他人，而忽视或掩盖了对别人真实情况的知觉。这种倾向越强，就越不容易客观、全面地认识他人。

（6）对比效应（Contrast Effect）。指人们的知觉受参照物的影响产生的失真现象。它会使知觉者感觉到知觉对象与比较目标的差距，从而产生积极或消极的情感体验。在面试情境中，面试官会连续看到一系列的面试者。对任何一个具体求职者来说，评估的失真可能是他在面试当中所处位置的结果。如果排在该面试者之前的是个平庸之人，则有可能有利于对他的评估；如果排在他之前的是个极出色的应聘者，则可能不利于对他的评估。

（三）知觉的原因

1. 归因的概念

归因（Attribution）指人们对他人或自己的行为原因的推论过程，即通过人的外部表现或行为来推测人的内在动机、意图和属性。客观、全面、有效的归因是了解人、分析人、管理人的行为的基础。归因是组织行为学研究的重要内容之一。

2. 归因理论

归因理论是说明和分析人们行为活动因果关系的理论。人们用它来解释、控制和预测相关的环境，以及随这种环境而出现的行为。归因理论是在美国心理学家海德的社会认知理论和人际关系理论的基础上，经过美国斯坦福大学教授罗斯和澳大利亚心理学家安德鲁斯等人的推动而发展壮大起来的。

（1）海德的归因理论。

海德指出，当人们在工作和学习中的体验成功或失败时，会寻找成功或失败的原因。一般来说，人会把归因分为内部归因（Internal Attribution）和外部归因（External Attribution）。内部归因是指个体本身的素质，如能力、努力等。外部归因是指环境因素，如运气、任务的难易程度等。海德还提出了控制点（Locus of Control）的概念，并把人分为"内控型"和"外控型"。内控型的人认为成败是由自身原因造成的，外控型的人认为成败是由外部因素造成的。

（2）凯利的三维归因理论。

凯利认为，人们对行为的归因总是涉及三个方面：1）内部因素，即行动者，指知觉者本人的特点；2）外部因素，即客观刺激物，指知觉对象的特点；3）情景因素，即环境，指所处的关系或情境。要对个体的行为做出归因，找出真正的原因，需要使用三种信息：第一，区别性或差异性（Distinctiveness）。指行动者是否对同类其他刺激做出相同的反应，他的这种行为是在众多场合下都表现出来，还是仅在某一特定情境下表现出来。行为的区分性低，观察者可能会对行为作内部归因；行为的区分性高，则活动原因可能会被归于外部。第二，一贯性（Consistency）。指行动者是否在任何情境和任何时候对同一刺激物做相同的反应，即行动者的行为是否稳定而持久。行为的一贯性越高，人们越倾向于对其行为作内部归因。第三，普遍性（Consensus）。指其他人对同一刺激物是否也做出与行为者相同的方式反应。如果每个人面对相似的情境都有相同的反应，就可以说该行为表现出一致性。凯利强调了三种行为信息的重要性，所以该理论又称为三度理论。三种行为信息及其归因如表 2—1 所示。

表 2—1　　三种行为信息及其归因

行为信息			归因
区别性	一贯性	普遍性	
低	高	低	行动者
低	低	高	客观刺激物
高	低	低	情境

资料来源：Kelley，H. H.（1971）．"Attribution in social interaction"，in EE Jones，D. E. Kanause，H. H. Kelley，R. E. Nisbett，S. Valins，B. Weiner（coord.），*Attribution：perceiving the causes of behavior*（pp. 1-26），Morristown：General Learning Press.

凯利认为，根据个体行为这三方面的信息，可以将人的行为归因于行动者、客观刺激物和情境三种原因。如果一名员工完成目前工作的水平，与其他类似的工作相同，即低区分性，而在这项工作中其他员工的水平总是和他的水平十分不同（或低或高），即低普遍性，并且他的这一工作绩效无论何时都是稳定的，即高一贯性，则他的管理者或其他任何人在判断他的工作时，都会认为他自己对这一绩效负有主要责任。即这一行为应归因为"行动者"；如果个体行为表现出低区别性、低一贯性和高普遍性的特点，行为的原因就在于"客观刺激"；如果个体的行为表现出高区别性、低一贯性和低普遍性，该行为的原因就在于"情境"因素。

凯利提出了一个归因的严密的逻辑分析模式，对人们的归因过程做了比较细致、合理的分析和解释。但是，在许多情况下，人们对于所发生的事件，并不是多方观察、收集足够的信息而后进行分析和归因。后来，凯利提出了因果图式说，以修正和完善他的理论。

（3）韦纳的归因理论。

韦纳认为，影响人的成功和失败的因素可按照控制点、可控性和稳定性三个维度来划分。控制点指行动者认为影响自己成败因素的来源，是由于个人条件的内源性因素，还是源自外在环境的外源性因素。在这个维度上，能力、努力及身心状况三个因素属于内部因素，其他各个因素如机遇、任务难度则属于外部因素。稳定性是指行动者认为影响自己成败的那些因素的性质是否稳定，在相似情境下是否具有一致性。在这个维度上，能力与工作难度两个因素比较稳定，是不会随情境变化的，其他各种因素均不稳定。可控性是指行动者认为影响自己成败的因素，是否能够由个人意愿控制决定。在这个维度上，只有努力因素是可以凭个人意愿控制的，其他各种因素个人均无能为力。韦纳的归因理论如表2—2所示。

表2—2　韦纳的归因理论

	内部		外部	
	稳定的	不稳定的	稳定的	不稳定的
可控的	稳定的努力（平时的努力）	不稳定的努力（对特定任务的努力）	他人稳定的努力（他人一直提供的帮助）	他人不稳定的努力（这次没得到他人的帮助）
不可控的	能力	情绪、健康	任务难度	运气、机遇

资料来源：Weiner，B.（1985）. An attributional theory of achievement motivation and emotion. *Psychological Review*，*92*（4），548-573.

韦纳认为，人们对成功和失败的不同归因对人的持续行为有不同影响。（1）如果行动者把工作、学习中的失败和成功归因于智力、能力等稳定的内因，则不会增强今后的努力与持续性行为，因为他认为努力起不了作用。（2）假如把失败归因于自己努力不够这个相对不稳定的内因，则可能增强今后的努力与持续性行为。（3）假如把失败归因于不稳定的外因，一般不会影响人的积极性，可能增强今后的努力与持续性行为。（4）假如把失败归因于工作任务重、难度大等稳定性的外因，则可能降低行为者的自信心、成就动机、努力程度和持续性。

可以看到，个体如果把工作和学习中的失败和成功归因于内外原因中的稳定因素，就会降低人们对成功的期望和信心，难以产生坚定的持续努力行为；相反，如果把失败和成功归因于自己不努力、马虎大意等不稳定性的内在因素，就会使行为者在今后的学习、工作中接受教训，努力行动，争取成功的机会。如果个体将成败归因于机遇，任务难度等外部因素，对下一步的行为将不会提供任何有益的借鉴。

（4）琼斯和戴维斯的一致性推断理论。

琼斯与戴维斯的理论主张，当人们进行个人归因时，就要从行为及其结果推导出行为的意图和动机。推导出的行为意图和动机与所观察到的行为及其结果相对应，即对应推论。一个人所拥有的信息越多，他对该行为所做出的推论的对应性就越高。一个人行为越是异乎寻常，则观察者对其原因推论的对应性就越大。影响对应推论的因素主要有三个：（1）非共同性结果，指所选行动方案有不同于其他行动方案的特点。（2）社会期望，一个人表现出符合社会期望的行动时，人们很难推断他的真实态度。但是当一个人行为不符合社会期望或不为社会所公认时，该行为很可能与其真实态度相对应。（3）选择自由，如果知道某人从事某行动是自由选择的，人们便倾向于认为这个行为与某人的态度是对应的。如果不是自由选择的，则难以做出对应推论。

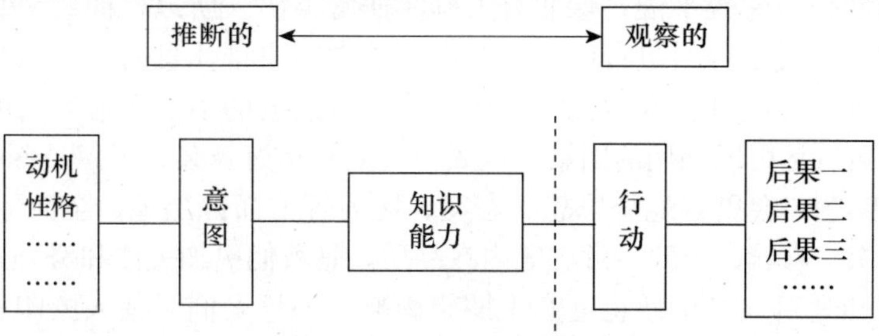

图 2—1　行为归因模式

资料来源：Jones，E. E. & Davis，K. E.（1965）. A theory of correspondent inferences：From acts to dispositions. *Advances in experimental social psychology*，2，219-266.

3. 归因理论在管理中的应用

个体对事件的归因存在个体差异，因此不同归因风格的员工直接影响着工作的积极性和工作的完成情况。正如之前所说，人分为内控型和外控型，因此组织在招聘过程中可以为那些对个人素质要求较高、工作环境较差、需要挑战性和创造性的部门挑选在归因风格上表现出内控倾向的员工。为了使招聘与甄选具有更高的有效性，还要考虑招聘者的归因倾向。在招聘者与应聘者双方互动的过程中，招聘者不断地对应聘者的各方面进行评价，他们在完成认知任务时往往会无意识地表现出基本的归因偏向，有可能对于应聘者的言行做出错误的解释，从而影响录用决策的正确性。因此在招聘之前，要对招聘者进行正确归因的培训，同时选择不同部门的人员加入到招聘者的队伍中来。

（四）组织管理中的社会知觉

知觉对人员聘用有影响。首因效应常常在人员聘用中发挥着重要影响。目前，企业招聘人才的方式主要是面试，几乎没有人未经面试就被录用。研究表明，面试考官常常做出不正确的知觉判断。另外，面试官之间的评价一致性常常很低，因而可能会对同一个人得出不同的结论。对面试官来说，通常，最初印象会很快占据统治地位，因此在面试一开始暴露的消极信息会比晚些时候暴露的同样信息影响更大。研究表明，面试开始四五分钟后，绝大多数面试官的决策几乎不会再发生变化，因此面试早期出现的信息远远比晚期出现的信息占有更大的权重。而“优秀的应聘者”更可能是因为他并没有令人不满的特点，而不是因为他具有令人赞赏的特点。

因此受聘者应当重视并充分利用社会知觉偏差现象，作好面试时的印象管理，努力给管理者留下良好印象。管理者也应该觉察并利用这些效应，进行反印象管理训练，避免受第一印象的影响，从多个角度设计招聘方案，以期对应聘者做出全面、准确的评价，确保能够招到合适的人才。

受近因效应的影响，如果受聘者开始表现得不完美，就要注意在面试结束前的表现，因为最后面试官可能会问“对于今天的上述问题，你还有什么要补充的”这样的问题。这时，如果你能及时补充和完善前面的不足，会非常有用。切忌万一前面没有发挥好而松懈放弃的情形出现。

对管理者而言，意识到这些人际知觉也能够帮助其更完善地知人善任。例如，在一次面试中，受这些因素的影响，我们会对开始和结束时这一小部分表现好和表现差的人印象更深刻，对中间部分会比较平淡，除非有人确实非常突出。所以，面试考官在面试时不要一次安排太多的人，可以分组进行面试，各组面试中间安排休息时间，以平衡首因效应和近因效应，从而减少这些社会知觉偏差效应对应聘者造成的不公平情形出现。

这些效应当然也是可以利用的因素，但人与人之间相处越久，了解越深时，人们就不只从知觉层面处理问题，会更多地从思想、态度、能力等方面深层地、全面地看人和看事了。因此，个人的学识、修养、经验、意志等内在品质，是我们更加关注和努力充实的内容。

另外，人际知觉对人员绩效也会产生期望影响。一旦人们对他人的印象形成，尽管这个印象并非通过自己的直接经验而得到，人们就会对他人的行为产生某种预期，这种预期又会决定自己对他人的行为方式。这就是自我实现预期或皮革马利翁效应。后来，美国心理学家罗森塔尔用一个著名的心理学实验，从科学的角度也证明了期待所能产生的神奇力量，被人们称为“罗森塔尔效应”，即一个人对另一个行为的期望本身将导致该期望成为现实。根据皮革马利翁效应，管理者对其下属期望值越高，其成员的成果就越突出。可以说，组织的绩效在一定程度上取决于管理者的知觉和期望值。

二、决策

个体的决策行为在生活、生产活动中普遍存在。决策更是管理者在组织管理活动中的重要职能，是管理过程中最关键、最核心的环节。在现代社会中，决策的优劣关系到组织的兴衰成败。因此，提高决策的科学性和准确性，对组织的经营和发展至关重要。

（一）决策的概念及特点

目前关于决策的定义不完全一致。国外决策理论学派认为，管理就是决策，决策就是管理。但另外一些学者并不认同，因为除了决策活动之外，管理还包括其他一些活动，二者不能等同。管理学家贝阿认为，“决策是在一定的环境条件下，从若干可行的备选方案中选取实现既定目标的最佳方案”。

简单讲，决策就是做出决定。个人决策针对于个体的行为。管理决策针对组织行为或组织管理中的行为，它大多是由管理者或领导个人或集体做出。作为管理活动的重要组成部分，决策具有目标性、选择性、关键性、创新性、层次性五个特点。

（二）决策的原则和依据

决策遵循的是满意原则，不是最优原则。对决策者来说，要想使决策达到最优，必须满足三个条件：（1）比较容易地获得与决策有关的全部信息；（2）了解全部信息的真实价值，并据此制定所有可能的方案；（3）准确预期每个方案的执行结果。在现实中，这些条件往往得不到满足。

决策的依据就是适量的信息，信息的数量和质量直接影响决策水平。这要求管理者在决策之前以及决策过程中根据成本—收益分析的结果，尽可能通过多种渠道，广泛收集能够给组织带来最大化利益的信息，作为决策的依据。如果收集信息的成本过大，对组织而言就可能不经济，信息过少则使管理者无从决策或导致决策收不到应有的效果。

（三）决策过程

决策是在不同的选择方案中进行选择的过程。绝大多数对决策过程的讨论结果都是将决策过程归结为一系列的阶段。

1. 理性决策模型

人们通常认为决策者是理性的，也就是说，它在具体的限定条件下做出稳定的、价值最大化的选择。选择是按照以下六个步骤做出的：(1) 界定问题所在。(2) 确定决策标准。(3) 给标准分配权重。(4) 开发备选方案。(5) 评估最佳方案。(6) 选择最佳方案。

2. 西蒙的有限理性决策模型

西蒙决策理论的核心概念和前提是"有限理性"。他认为，有限的认知能力决定了人们在决策时只能根据有限信息和局部情况，根据不全面的主观判断来进行决策。他把决策过程划分为三个阶段：(1) 智力活动。主要是对环境进行搜索，确定决策的情境。(2) 计划活动。主要是探索、发展和分析可能发生的行为系列。(3) 选择活动。在那些可能的行为系列中选择一个行为。

3. 明茨伯格划分的决策过程

明茨伯格和他的同伴，在实证研究基础之上，将决策划分为三个阶段，如图 2—2 所示。

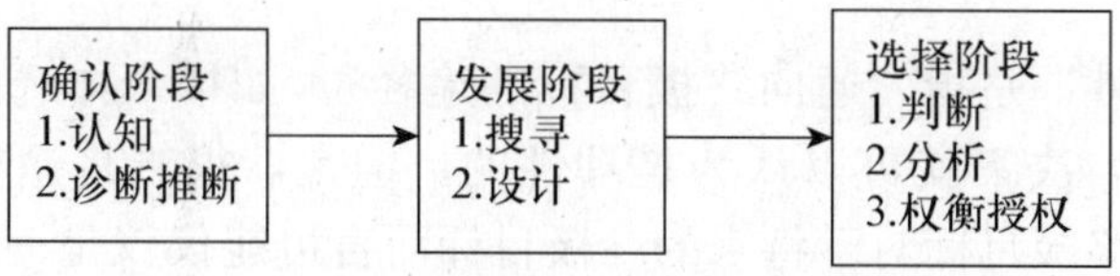

图 2—2 明茨伯格基于实证研究的组织决策过程

资料来源：Mintzberg, H. (1965). A General Theory of Business Policy-making (A Study of Unprogrammed Decision-making) (Doctoral dissertation).

(1) 确认阶段。主要是认识到问题或者机会的产生，并且进行诊断。

(2) 发展阶段。个体往往会搜寻现有的标准程序或解决方案，或者设计全新的、量身定做的解决方案。

(3) 选择阶段。确定最终的选择方案。通常有三种选择方法：一是借助决策者的经验或者直觉进行判断；二是基于逻辑分析；三是由一组决策者共同权衡利弊和得失，参与决策，一旦做出正式决定并被大家都接受，就会产生授权。

西蒙和明茨伯格关于决策过程阶段的划分，都有明确界限，决策的过程都是从最初的阶段发展到最后的决策过程。

另外，必须要指出的是，决策过程是一个动态过程，在每一个阶段中都存在着许多反馈环路。有许多问题都可以导致反馈环路的产生，例如时间问题、政治问题，管理者之间不能达成共识，缺乏能力确定合适的选择方案，没有能力执行解决方案，管理者的离职，或者是新的解决方案的出现等。对于组织而言，这个动态过程既有战略含义又有行为意义。

4. 隐含偏爱模型

隐含偏爱模型认为，决策者并不是理性而客观的，在决策过程的早期，人们已经隐含地选择了一个自己偏爱的方案，而后的过程主要是搜集证据来证明该隐含偏爱方案确实是最优的选项。进行决策的步骤是：(1) 确定偏爱方案；(2) 决策者继续寻找其他备选方案；(3) 在备选方案中选择有代表性的方案与偏爱方案；(4) 建立决策标准和权重；(5) 选择偏爱的方案。

5. 直觉模型

直觉模型指一种从经验中提取信息的无意识加工过程，一种不经过复杂的逻辑操作而直接、迅速地感知事物的思维活动。研究表明，直觉的产生并非毫无依据，它建立在牢固的知识和丰富的经验基础之上。人们更可能在以下八种情境下使用直觉模型：（1）不确定性水平很高；（2）几乎没有先例存在；（3）难以科学地预测影响变量；（4）“事实”有限时；（5）分析性资料相关有限时；（6）事实难以明确指明前进方向；（7）当需要从几个可行方案中选择一个，而每个方案的评价都不错时；（8）时间有限，但又有压力要做出正确决策。

（四）行为决策

行为决策可以追溯到玛驰和西蒙 1958 年的经典著作《组织》。随后，行为决策一直处于组织行为理论的主流之外，研究者只有认知心理学家、经济和信息科学的决策理论家。最近，行为决策的研究又重新回到了组织行为主流领域之中。近年来，在有效决策的分析和实践中，它已经成为支配性的决策类型。

1. 决策理性

在决策中的“理性”是指“通向终极目标的途径”。如果个体选择的合适的途径可以达到期望的终极目标，决策就可以认为是理性的。但是，很难将途径与终极目标进行区分，因为一个明显的终极目标对于将来的终极目标而言可能仅仅是一种途径。这样通常被认为是“途径—目标链”或者“等级体系”。西蒙指出：“途径—目标的等级体系很少是一个整合的、完整连接的链。经常出现的情况是组织行为与终极目标之间的连接是不清晰的，或者这些终极目标并未完全程式化，或者在这些终极目标之间，或达到这些终极目标的途径之间存在着冲突和矛盾。”

2. 行为决策模型

行为决策模型试图确定管理者决策的理性程度。模型的范围从完全的理性到完全的非理性。图 2—3 显示了不同理性模型发展的一个连续体，它既涵盖了经济理性模型和社会模型这两个极端的模型，即完全的理性模型和完全的非理性模型，也包括了西蒙的有限理性模型和来自于认知心理学中的判断经验与偏差模型。这些模型也可以运用到管理决策行为中。

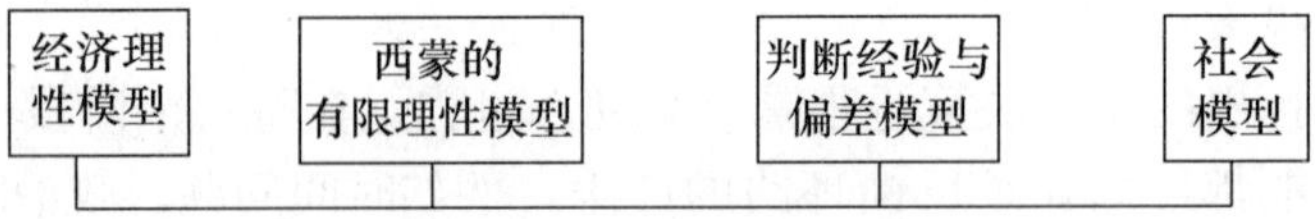

图 2—3 决策理论统一体

资料来源：方芳：《从理性和有限理性角度看决策理论及其发展》，载《经济问题探索》，2005（8）。

（1）经济理性模型。

它来自于经典的经济模型，其中的决策者在任何一个方面都是完全理性的。决策者几乎拥有完美的能力，决策者有能力将企业的结果最大化，决策的目标是企业利润的最大化。这个理性模型被许多管理者看作是“最佳”的管理决策方法。但是，运用这个方法存在着很大的危险，可能会导致许多问题产生。因为它试图对所有的决策都进行独立的分析和调整。其实，理性的模型并不是有效决策的全部方法，也不是最终的方法。

（2）西蒙的有限理性模型。

如前所述，这一模型同样是理性的和最大化的，但是这样的理性是有限制的。决策者以满意作为终点，因为他们没有能力进行最大化，受许多因素的限制。这些限制在该模型中都考虑到了。西蒙的模型与经济理性模型的差异是程度上的差异，因为在一些情况下，满意是趋向于最大化的，而在另一些情况下，满意与最大化是完全分离的。

（3）判断经验与偏差模型。

西蒙的有限理性模型和满意概念，对整个经济理性模型作了一个重要补充，但该模型并没有说明判断的偏差是如何产生的。认知决策学家卡尼曼和特佛斯基将有限理性模型又向前推进一步，在组织行领域中提出了“判断经验与偏差模型”，用来确定影响决策的具体的系统偏差。

该模型是一个基于认知的模型，认为决策者主要是依靠启发法来进行决策。所谓启发法就是在决策中采用简化的策略或者经验原则。它可以减少决策者对信息的要求，帮助决策。但在特定情况下，决策者使用这样的方法也会导致错误和系统偏差。其中比较重要的偏差有三种：1）可用性启发。决策者对判断进行认知输入时，倾向于根据自己记忆中时间发生的频率、可能性来进行判断。2）代表性启发。指决策时使用经验，主要是依据相似事件发生的常规来判断实际事件发生的可能性。3）锚定和调整启发。决策者判断时从一个最初的价值和标准开始，在此基础上进行调整，最后做出判断。

（4）社会模型。

它与经济理性模型在图 2—3 所示的连续体相对，它来自心理学的研究。弗洛伊德认为人类是由一系列的感受、情绪和直觉构成的，人类的行为主要是由无意识需求驱动，人类没有能力进行有效决策。其他绝大多数当代的心理学家则认为，心理对人类决策确实会产生影响。而且，社会压力和社会影响可能使管理者做出非理性的决策。心理学家阿西进行的著名的从众实验结果充分表明了人类的非理性。毫无疑问，社会影响会对决策行为产生重要影响。另外，还存在像投入的扩大化这样许多其他的心理机制，对决策行为会产生影响。

（五）决策风格

决策风格是指决策者在决策过程中表现出来的稳定的行为方式。

决策风格类型可以从价值取向和认知复杂度这两个维度进行划分。价值取向维度主要指决策者关心的是任务和技术本身，还是人和社会因素。认知复杂度主要是指个体在决策过程中使用信息量或考虑角度的多少，以及容忍模糊性的程度。对模糊性的容忍程度主要指决策者需要的结构和控制的程度（低模糊耐受性），以及是否有能力在不确定的环境中工作（高模糊耐受性）。根据这两个维度，可以划分为指导型（Directive）、分析型（Analytical）、概念型（Conceptual）和行为型（Behavioral）四种不同的决策风格，如图 2—4 所示。

指导型的决策者有较低的模糊耐受性水平，并且倾向于关注任务和技术，解决问题时一般是有效的、有逻辑的、程式化的和系统的。分析型的决策者有较高的模糊耐受性和很强的任务和技术取向，喜欢对情境进行分析，有时经常倾向于过度分析事物。概念型的决策者有较高的模糊耐受性，倾向于对人和社会的关注，解决问题时视野宽阔，喜欢考虑不

认知复杂性		关注任务和技术	关注人和社会
	高模糊耐受性	分析型	概念型
	低模糊耐受性	指导型	行为型
		价值取向	

图 2—4　决策风格类型

资料来源：Rowe，A. J. & Boulgarides，J. D.（1983）. Decision styles—a perspective. *Leadership & Organization Development Journal*，4（4），3-9.

同的选择和将来的可能性。行为型的决策者有较低的模糊耐受性，并且表现出对人和社会的关注，他们可以与他人进行很好的合作，喜欢公开交换意见的环境。研究结果表明，大多数人在决策时倾向于使用多于一种的决策风格。

三、学习与行为塑造

学习是人类后天形成的重要活动之一。人类通过学习，继承了有史以来积累下来的灿烂的精神文明和物质文明。个体通过学习，开启蒙昧，增长知识和能力，提高自己的才干，成长为一个对社会和组织有用的人。了解人的学习行为和规律，对于塑造个体良好的行为有重要意义。

（一）学习的概念

学习是指通过后天经验而发生的相对持久的行为上的改变或改变的潜能。

人的学习活动有三个特点：（1）学习是个体通过后天练习而发生的，与生俱来的反射和本能活动不是学习。（2）由于遗传和环境的原因造成的改变也不是学习的结果。例如因长大而变高，或因为服药人的行为发生改变都不是学习的结果。（3）学习的效果是相对持久的，而不是暂时的变化。

（二）行为主义学习理论与员工行为塑造

行为是个体有规律的可观察的外在表现，俄国生理学家巴甫洛夫用实验揭示了行为的生理机制——条件反射之后，行为主义的代言人、美国心理学家华生就认为，条件反射是学习的基础。此后，格思里、斯金纳、班杜拉、桑代克等人先后为行为主义理论做出了巨大的贡献。

1. 条件反射：行为学习的基础

斯金纳在操作性条件反射实验研究的基础上，区分了应答性行为和操作性行为这两种行为。前者是指由特定的、可观察的刺激所引起的行为，如在巴甫洛夫实验室里，狗看见食物或灯光就流唾液，食物或灯光是引起流唾液反应的明确的刺激；后者是指在没有任何能观察的外部刺激的情境下的有机体自发的行为，如白鼠在斯金纳箱中的按压杠杆行为就找不到明显的刺激物。应答性行为比较被动，由刺激控制，操作性行为代表着有机体对环境的主动适应，由行为的结果控制。人类的大多数行为都是操作性行为，如游泳、写字、读书等。斯金纳进一步提出两种学习形式：一种是经典式条件反射学习，用来塑造有机体的应答行为；另一种是操作式条件反射学习，用来塑造有机体的操作行为。

他进一步指出，由于人的行动多半是各种各样的操作，因此操作行为更能代表实际生活中人的学习情境。他把研究重点放在操作学习上，提出了操作条件学习理论。

2. 强化：行为产生的原因

强化是中性刺激和无条件刺激在时间上的联结。强化的次数越多，行为就越巩固。当行为形成后，如果不再强化，原来形成的条件反射就会消退；与中性刺激相似的刺激也可能引起原有的条件反射，这就是泛化现象。如果强化时伴有令人满意的体验，原有行为就会增加，这就是奖励的原理。如果强化时跟随的是一个令人不愉快的体验，原有行为就会减少，这就是惩罚。

强化的类型很多，一般常用的是正、负强化。正强化是提高反应概率的事物，负强化是降低反应概率的事物。因此，对希望出现的行为要正强化，对不希望出现的行为不做任何强化。斯金纳把强化还分为即时强化和部分强化两类。即时强化也称连续强化，是指对每一个或每阶段的正确反应给予强化。部分强化又称为间歇强化，分为固定强化和不固定强化。固定强化包括定时强化和定比例强化，指强化的时间间隔或者强化与反应次数之间的比例是固定的。不固定强化包括变时强化和变比例强化，指强化的时间间隔或者强化与反应次数之间的比例是变化的。连续强化可以使行为的产生更有效，部分强化可以降低行为的消退。

斯金纳认为强化是行为产生的原因。他把凡能增强反应概率的刺激，均称作强化物。强化物增加了反应发生的一般倾向性，即发生的概率。这种反应概率上的变化就是学习。对有机物偶然出现的某一动作，若能立即给予强化，则该动作复现的概率就会大于其他动作，若强化多次，这个动作就能得以保持。他认为，练习为进一步的强化提供了机会。所以，强化是塑造行为和保持行为强度的关键。

斯金纳认为，直接控制强化物就是控制行为，因此必须严格控制强化的程序，采取连续接近的方法去塑造行为，即把动作分成许多小步子，当有机体每往所需的动作接近一步，就给该步骤以强化，直到最后达到所需要的所有动作。他认为，倘若采取这样的方法，无论操作性行为离所设想的目标多么遥远，或者所设想的行为多么复杂，只要一直稳步前进，就有可能达到预期的目的。

3. 塑造：行为学习的有效方式

人类具有比动物高得多的学习能力。就人类的学习能力来说，许多新行为甚至无须通过复杂的行为塑造过程即可直接掌握。然而，具有高度的学习能力不等于就一定能掌握新的行为型式。关于人类学习的许多研究表明，学习的效果受许多因素影响。例如，动机因素。即使一个人具有学习能力和适当的动机，也不是想学什么就能学会什么。掌握新的行为模式还需要一定的客观条件，何况人的许多新行为型式的建立往往意味着必须破除旧有的、习惯的行为型式。一个人的习惯行为，作为他的生活方式或风格的一个组成部分，是在长期的生活中逐渐形成的，行为塑造法就能够促进这一过程。

行为塑造首先要确定最终要达到的目标，其次选定为实现最终目标所需要塑造的靶行为、选好塑造的起点和逐渐逼近最终目标应采取的步骤与每一步骤的子目标。此外，还需要确定达到每一个子目标的有效强化物或奖励。强化物可以是物质性的，也可以是社会性奖励，只要它们对个体有吸引力。这些操作程序可以概括为这样几个步骤：（1）确定具体的目标行为；（2）选择适当的强化物；（3）选择合适的起点行为；（4）设计塑造的步骤；

（5）在每个起始反应发生时应及时予以强化；（6）任何一步都不能强化太多次数；（7）如个体停止反应，就不要再执行规定的行为要求。

从以上的叙述中可以看到，行为塑造法主要涉及强化原则的应用，强化原则在新行为及习惯培育中的作用是值得肯定的。

案例阅读

对立的风格

亨利·亚当担任生产主管已有八年，他一层层升上来，是一位人所共知的严格的、勤勉的主管。简·威克担任生产主管大概也是相同的时间，也是一层层晋升上来的。但简是一名公认的和蔼的、勤勉的主管。在过去的几年中，在绩效评估中，这两位主管的部门都远远超过其他六个部门，尽管他们对待工人所采取的方法几乎是对立的。

亨利对他的方法做出了如下解释："对待工人的唯一方式就是在他们犯错误的时候一定要严厉起来。事实上，每隔一段时间我就会把他们集中起来训话，不论他们该不该承受训话，我只是要他们一直保持高度警惕。如果他们干得不错，我就告诉他们这就是为获得工资而应该做的。通过这种方法，我所需要做的就是来回巡视，而他们就开始发疯似地工作。"

简对她的方法做出了如下解释："我不认为不能对员工和善。相反，我认为如果工人干得不错，他们应该得到我的认可和关注。如果他们犯了错，我不会对他们勃然大怒。我觉得人人都会犯一些错误。而另一方面，我会不断地指出他们的错误，告诉他们应该怎么做。他们一旦做对了，我就会让他们知道。显然，我没有时间对每一个干得好的人都给予关注，但是我努力照顾到每一位干得不错的人。"

尽管亨利的部门与简的部门都位于产量业绩榜的前列，但人事记录表明，在亨利的部门离职率是简的部门的三倍，质量控制记录表明亨利部门在过去六年中只有两次达到质量标准，而简的部门在过去六年中只有一次没有达到质量标准。

资料来源：鲁森斯：《组织行为学》，11版，402页，北京，人民邮电出版社，2003。

思考问题

1. 基于学习理论，你如何解释有相似背景的两名主管对待人的不同方法？

2. 在本案例中，哪些是惩罚、正性强化和负性强化的例子？如果简使用一种强化方法，你将如何解释"我不认为不能对员工和善"？

3. 你如何解释在这两个生产部门中的绩效、离职率和质量结果？

4. 员工组织行为的塑造方式

在工作中，管理者应注意教导员工，使他们的行为对组织有利。为此，管理者需要通过循序渐进的方式指导个体的学习，塑造个体的行为。通常在组织中，管理者塑造员工行为的方式主要有四种：

（1）正强化或者积极强化。应用有价值的结果增加产生这种结果的行为重复出现的可能性，即对做出的行为予以奖励，例如员工提高产量，则给予加薪或晋升；员工干得好，管理者就表扬他。

(2) 负强化或消极强化。个体为中止或逃避不愉快而做出某种行为。例如，如果员工能保持工作场所的整洁，则管理者就停止对他的批评。

(3) 惩罚。设置令人不快的条件，以减少不良行为。对于员工的各种不良行为，如旷工、违反规章、不服从管理、损坏公物、不完成工作任务等，可采取惩罚而加以消除。惩罚应及时，应同错误性质相关联，应指出为什么给予惩罚。但是，惩罚的效果是有限的，惩罚并未说明什么是对的、值得鼓励的行为。此外，惩罚还会产生副作用，造成恐惧心理，伤害感情，损害上下级关系。因此，专家普遍认为，应多应用强化，少用惩罚措施，以避免破坏管理者与工人之间的和谐关系。

(4) 消退。对出现的某种行为不予强化，久而久之这种行为被判定为无价值而消退。例如，对员工的建议不予理睬，时间一长员工自然会停止提建议。

许多年前，埃默里（Emery）空运公司的管理层从节约经费的角度考虑，希望搬运工尽可能多地使用集装箱搬运货物。当问到搬运工使用集装箱装卸货物的利用率时，得到的答案都是一致的回答：90%，但公司通过分析发现，集装箱的实际使用率只有45%。为了鼓励员工使用集装箱，管理层建立了一项致力于反馈和积极强化的方案。他们指导每个搬运工用一张检查表记录每天的搬运量，包括使用集装箱的货物和没有使用集装箱的货物，在方案实施的第一天，集装箱的使用率就猛升到90%以上，并且一直保持这一水平。

另外，强化理论也可用于薪酬设计方面，通过可变的薪酬代替固定的薪酬，如记件或记时工资，以及按销售提成等，激发和改变员工的行为。

（三）认知学习理论与员工行为塑造

认知心理学家将学习看作是个体经验的重组，是个体内在认知结构的获得和建构的过程。因此，他们重视理解、内省、组织、发现、建构、创造等与学习密切相关的概念，提出了认知结构、指导发现、合作学习、交互作用、知识迁移等学习方法。其中，代表人物有格式塔学派的心理学家，以及皮亚杰、布鲁纳、奥苏贝尔、维果茨基等人。

格式塔学派认为学习是一种顿悟，内在认知的不平衡是学习发生的前提，因此重视动机在学习中的作用。皮亚杰的认知发展阶段理论把人的发展分为感知运动阶段、前运算阶段、具体运算阶段、形式运算阶段四个阶段，强调学习应与个体的认知阶段相对应，过高或过低的学习任务都是不适宜的。布鲁纳认为，最有效的学习是在指导下的发现学习，学习者主动地去探索和解决问题，而学习的过程中，最重要的不是学习知识本身，而是让学习者建立知识的结构，也就是知识的相互关系。维果茨基认为心理是外部活动内化的结果，强调外部的、人与人相互作用的外部活动对内在心理的意义，认为新学习的知识必须建构在已有知识的基础上。

（四）人本主义学习理论与员工行为塑造

以马斯洛、罗杰斯为代表的人本主义心理学家认为，行为主义和认知学派忽视了人类本身的情感、价值、态度等内在因素对学习的影响，使学习成为冷冰冰的由外在控制的行为和知识本身，因此，他们认为应该以学习者为中心，相信学习者的自我导向，只要提供恰当的理解、信任和信心，学习者就会主动投入地完成学习活动。学习的重心从指导者的控制、知识本身转向了人际关系、人际沟通等内容上。指导者应注重对学习者内在动机的激发，应该给他们提供安全、尊重、不批评、接纳的学习气氛。

在今天的组织管理中，人本主义理念已经非常广泛和深入，并导致了管理理念、管理手段等全方位的变化。

（五）社会学习理论与员工行为塑造

美国心理学家班杜拉提出的社会学习理论认为，人类的社会行为主要是通过观察模仿而获得的，观察模仿能力的强弱直接影响其行为习惯的快慢。因此，他认为人们不仅能在直接行为经验中学习，还可以通过观察其他人的行为而进行间接的或替代性学习。社会学习的关键在于榜样的影响力。

这一学习理论主张学习并不一定要有直接的亲身经验，人们很多行为的获得都是通过观察其他人的行为，如父母、同事、老师、影视演员、上司等。

在组织中，员工的许多行为都是通过观察其他的人获得的。例如，许多企业在培训新员工时都会让老员工演示正确的和错误的行为，以使新员工迅速掌握所需的技能。根据社会学习的理论，组织可以为员工树立榜样，使他们从榜样身上看到某种行为的价值，效仿榜样，从而起到鼓励正确行为的作用。

以上几种学习理论都可解释工作生活中特定的学习行为。相对而言，经典条件反射理论只能解释一些具体的、被动的行为；操作条件反射理论和社会学习理论则可以解释组织中主动的强化行为。社会学习理论可以视为是操作性条件反射理论的扩展，它为操作性条件发射的发生提供了条件，即榜样的力量和模仿。这些理论对于组织内成员学习的内容、方式都会产生积极的价值。

第二节　个体情意行为

毫无疑问，个体的知觉方式、决策能力、学习能力等对其工作完成质量和效率有重要影响作用。此外，个体在工作和生活中表现出来的情绪情感以及克服困难的决心，也直接影响着工作效率。情绪表达不当，面对困难任务缺乏坚强意志力，都会降低其绩效。但是，那些会带来消极情绪情感的工作压力与挫折，超出自己现有能力水平具有挑战性的工作任务，均无法避免。而运用正确手段，调适情绪，管理工作压力，能够帮助员工提升工作效率。

一、情绪、情感与意志

（一）情绪、情感与意志的内涵

情绪和情感是人对客观事物的态度体验及相应的行为反应。情绪分为心境、激情、应激三种。心境则是一种较平静、较持久的情感体验。激情是一种强烈的情感，它直接指向人或物。应激则是意外情况下人们的情绪反应。情绪可以划分为情绪感受和情绪表达。情绪感受是个体的实际情绪。情绪表达是符合社会要求的表达方式，是后天习得的产物。研究发现，人有六种基本情绪：愤怒、害怕、悲伤、快乐、厌恶和惊奇。情感又分为理智感、道德感和美感，是和人的社会观念和社会认知密切相关的态度体验，反映了人们的社会关系和社会需要。

意志是个体自觉地确定目的，并根据目的主动地调节自己的行为，克服各种困难，从而实现预定目标的心理过程。意志的品质可以归纳为自觉性、果断性、坚持性和自控性。人类的意志在调节自我方面有强大的力量。意志不仅能调节行动，还可以克服不良情绪，此外，意志也对认识活动有深刻影响。组织领导者应该具有坚定的意志品质，一个优秀的、有生命力的组织，经历的种种困难对组织领导、组织成员都是很好的锻炼机会。即使发展比较顺利的组织，领导者也要清醒地意识到意志在组织中强大的作用，主动提出目标，锻炼成员克服困难、完成目标的意志品质。

（二）情绪管理

员工以及管理者的不同情绪，对组织的发展往往会造成巨大影响。积极情绪可以驱动高绩效，可以让员工身心健康、精力充沛、注意力高度集中，可以使员工能够快速有效地处理遇到的各种难题，可以促使团队成员真诚合作，有利于减少成本，避免各种人际纠纷。消极不良的情绪是危机的根源，同时也会危害员工的身心健康。因此，作为一个管理者，必须要能敏锐地观察到员工的各种情绪，并加以引导。否则，人员关系的紧张、服务质量的降低、人员流动频繁、公司信誉下降、员工不满等状况都会大大降低工作绩效。

每个成功的管理者，不仅要认识到情绪与高绩效之间具有重大的关联性，还应掌握有效的情绪管理方法，把握和调节自己与员工的情绪。情绪管理的步骤可以分为五步：

第一步，明确问题，找到不良情绪的诱发源。组织中诱发不良情绪产生的常见因素依据职位的不同各有差异。高级领导主要是担忧组织的年度绩效。部门管理者主要是上下级关系需求的不同而产生的冲突、对组织经营管理活动的筹划以及对晋升的渴望。诱发一般员工产生不良情绪的因素则是多种多样，如工作压力、员工之间个性冲突、信心不足、担心落后于其他同事、急于取得进展、不肯听从领导意见、同事之间意见冲突导致相互怨恨等。

第二步，针对出现的问题，根据组织内部现有资源确定解决方案，以达到优化员工情绪健康、创建高绩效的目的。

第三步，确定最佳方法或几种方法的组合。具体方法有：倾听员工心声，建立宣泄室，或者鼓励员工看幽默漫画，让员工无危害地发泄不良情绪；安排主题旅游或者沙龙等减压活动；实行弹性工作制，合理安排工作时间；在公司中设立咖啡室或者茶室等，这些方法对成功解决员工不良情绪都大有帮助。索尼曾在公司开辟了一间宣泄室，让情绪不好的员工拳击挂有管理者图像的沙袋，以表达出自己的不满。这种做法的结果是公司里人际冲突和纷争大大减少，消极怠工现象也减少了，工作效率明显提高。

第四步，制定一个实施时间表，将方案付诸实践。

第五步，回顾并总结情绪管理工作，对其效果进行反思、评估、接受反馈，积累经验。

二、工作压力及其管理

在现代化社会，专业分工的细致，信息量的爆炸，城市化的竞争，使人们普遍产生压力感。在快速变化的时代，最普遍的个体压力源是当今不停变革的生活本身。当今技术、社会的变化目不暇接，如通信卫星、火星探测、器官移植、激光技术、弹道导弹、3D打印技术等。组织内的变革也毫不逊色，如结构再造、新型组织、并购、虚拟组织、团队建设等。这些都无一不要求个体做出变化来适应。同时，生活中发生的各种事件都会产生不同的压力，如配偶死亡、离异、个人意外受伤或患病等。这些变化越多，个人压力就越大；变化发生越快，压力就越严重。如果压力在个体可控的范围内，对工作效率有一定助益增长作用。若有长期的压力或过高的压力，轻则导致工作兴趣下降，重则带来一系列身体不良反应甚至抑郁、自杀、癌症等严重的身心疾病。因此，对管理者来说，了解工作压力的本质，有效避免工作压力过重所带来的身心疾病，对减少人员流失、减少员工疾病支出、提高工作效率和工作活力有十分重要的意义。

（一）压力的一般问题

1. 压力与压力反应

压力是个体对自我目标与实现目标的内外条件及困难的一种不愉快的心理反应。对大多数人来说，压力的存在不可避免。工作压力是指个人对工作环境中新出现的或不良的因素做出的反应。工作压力有积极的一面，也有消极的一面。某些新的工作状况能使人们感到兴奋和干劲倍增，而另一些情况则使人们受到威胁并感到不安。

塞勒提出了积极压力（Eustress）的概念。积极压力表现为一种愉快的体验，例如参加一个体育比赛，或是一场演出，都是一种积极的压力，可以增加人们的心理警觉，导致高级认知与行为表现。积极压力给个体提供创造性地完成某项工作的唤醒动机，是一种挑战，它引发积极应对，并促进个人的成长和职业发展。

2. 压力源分析

导致产生压力反应的外部因素称为压力源。压力的产生既有外部原因，也有内部原因。外部因素是外在要求；内部因素包括个人经验、个人能力、自信心、自我要求等个体特征。同样的压力源，不会导致相同的心理反应。

工作压力源比较普遍的是分为三类：工作环境压力源、组织压力源和个体压力源。当然，这些因素是否会导致压力感，还取决于个体差异，如个人的工作经验和认知特征等。

3. 压力的后果

压力的后果多而复杂。压力的积极后果包括自我激励、鞭策个体实现其目标。过度压力的后果是破坏性的、会妨碍工作效率的，甚至是危险的。压力太多或太少后果都不好。

从工作压力对个体身心健康影响的水平看，压力对个人的后果主要有四种表现：（1）产生职业倦怠。即个体面对压力形成的生理或心理的疲劳状态。（2）导致生理失调。工作压力会诱发疾病。（3）引起心理不适。过度的压力带来的心理反应包括不能集中注意力，记忆力衰退甚至丧失，不能做出好的决策，或完全拿不定主意、精神障碍、容易疲劳等。情感方面的后果包括紧张加重、性格发生变化、无助感增加等。行为方面的包括易出事故、强迫性行为、食欲减退、失眠、酗酒、发脾气等。（4）诱发心力衰竭。过分致力于追求不现实的工作目标而导致体力和脑力资源枯竭，产生过度的职业压力。

对于组织来说，适当的压力有时会促进组织内部的团结，提高工作效率。但过度的压力往往会给组织带来消极影响。工作压力对组织的影响主要表现在组织中的内部摩擦和工作成本增加两个方面。在过度压力下工作的员工常常不敢承担工作责任，情绪恶化甚至出现攻击行为。压力也会导致部门之间的摩擦，双方不和，影响正常工作的开展，摩擦严重时甚至会导致组织冲突。压力造成了决策质量降低、创造力下降，生产力和产品的质量品质降低。压力还造成精神的和身体的健康问题，带来医疗费用的增加、损失工作时间、员工离职、故意破坏、工伤赔付、质量事故等问题。所有这些问题最终使组织成本上升，竞争力下降。

（二）压力管理

指组织中采用一定的对策关注和处理压力。有经验的管理者，绝不会忽视离职或缺勤、绩效下降、产品质量下降或其他不能达到组织绩效的迹象和问题。但多数管理者寻找这些问题产生的原因时，倾向于归因为训练不够、设备问题、指导不够等。压力却较少被列在其中。因此，解决压力问题的第一步是不要拒绝它们的存在，要求有效的管理者能明察产生症状的原因，并采用适当的防范和管理组织压力的措施。

1. 压力的组织模型

在图 2—5 这个压力模型图中，上半部分描述了组织压力形成的过程及相关影响因素，下半部分描述了组织压力管理的内容。

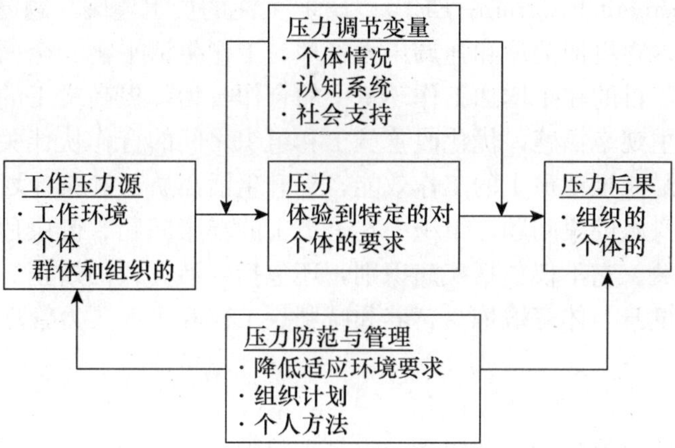

图 2—5　压力的组织模型

资料来源：徐世勇：《组织行为学》，109 页，北京，中国人民大学出版社，2012。

组织压力形成过程的基本过程是：工作压力源→压力→压力后果。在这个过程中，有一些重要的调节变量，它们分别在压力源→压力，压力→压力后果两个环节中起着深化或缓解作用。组织压力的管理，就是对这一过程进行有计划的干预。干预包括对工作压力源、压力产生的后果，以及对压力调节变量加以影响。

2. 压力管理的策略

工作压力管理通常包括三个部分：一是针对造成问题的外部压力源本身去处理，即减少或消除不适当的管理和环境因素；二是处理压力所造成的反应，即情绪、行为及生理等方面症状的缓解和疏导；三是改变个体自身的弱点，即改变不合理的信念、行为模式和生活方式等。

一套完整的工作压力管理方案应该包括压力评估、管理改进、宣传推广、教育培训、压力咨询等内容。压力评估就是运用科学、专业的方法和工具来测评员工的压力、心理健康水平、压力来源以及压力对组织的影响和结果，如工作满意度、缺勤、离职等。它是设计工作压力管理方案的基础。管理改进是工作压力管理方案的重要内容，其目的在于通过减少、消除造成工作压力的不合理的外部管理和环境因素，从而预防和减轻工作压力。宣传推广是工作压力预防的重要手段。它旨在增强员工压力管理意识，丰富其心理健康知识。具体形式包括手册、卡片、海报、网页、书籍等。教育培训就是向员工提供必要的职业压力管理培训，如时间管理、工作与生活协调、工作心理健康等方面的培训和讲座。专业的压力咨询可以为员工提供个人的压力管理建议，帮助他们解决与压力有关的情绪和心理问题。在整个工作压力管理方案中，核心是减轻员工的压力和心理负担对其造成的不良影响，使员工形成一种积极乐观的心态。目前，建立了许多组织压力防范和管理的计划，员工援助计划和健康计划就是其中的两类。员工援助计划（Employee Assistance Program，EAP）是组织从心理层面为员工甚至员工亲属设置的系统的、全面的援助和福利项目，对他们提供指导、教育、咨询，以解决员工的工作压力、职业枯竭、挫折、工作与生活冲突、职业发展等职业心理问题，从而提高员工的工作绩效和生活品质，使组织获得持久的、积极的、高效的整体效能。随着 EAP 的发展，目前已经延伸出了员工促进计划(Employee Enhancement Program，EEP)。EEP 关注的员工健康问题已不再只局限于单一的躯体和心理健康，它更加关注和强调压力管理、工作生活平衡、全面健康生活形态、员工人际关系管理等，目的在于增加工作环境中的合作行为，提高员工的身心健康水平，提高员工的适应性和主观幸福感，优化改善员工和组织之间的合作伙伴关系，促进员工的人际关系良性发展，最终推动员工的工作效能，提升生活品质。健康计划（Health Plan）侧重关注员工所有的身心健康问题，组织中凡是员工的健康问题、健康危险、消极的健康习惯，都与此计划有关。它不仅包括疾病识别，还包括生活方式的矫正。具体内容有：高血压的控制、戒烟、健身与体育锻炼、营养和减肥、工作和个人压力管理等。

三、工作挫折

挫折感是个体面对挫折的主观感受，它是失败带来的情绪反应。严重的挫折感会导致个体产生一系列消极的行为反应。

（一）挫折的含义和产生原因

挫折是指个人在某种动机推动下所要达到的目标行为受到无法克服的阻碍时产生的一种紧张状态与情绪反应。产生挫折的原因有客观原因和主观原因两类。客观原因包括自然环境因素和社会环境因素。严重的自然环境因素包括火灾、地震、台风、洪水等使人们无法达到预定目标的自然灾害类因素；轻微的自然环境因素如下雨无法去郊游、强噪声使人无法舒适地工作等。社会环境因素是指人在社会中受到政治、经济、法律、道德、宗教、风俗习惯等人为因素的影响而无法达到预期目标，例如人际关系紧张、工作岗位不合适、改革和革新措施带来的冲击过大等都可能引发挫折。主观原因指个人的生理与心理方面的限制，即个人生理上存在缺陷或能力上存在不足等，它使个人目标无法实现，从而产生挫折感。如盲人特别想成为一个出色的画家，个子矮小者特别想成为优秀的篮球运动员等。

（二）挫折的应对

在个人的生活和职业生涯中，总会经历种种或大或小的挫折，有些人能够从挫折中成长，有些人却可能因为某次的挫折而一蹶不振，现实的态度是要认识挫折。在经历挫折时，要注意积极应对，关注和调整个人情绪。在处理了个人的情绪后，要设法学会从中获得有益的启示，从挫折中获得经验，必要时寻找专业心理咨询与治疗帮助自己。

第三节 个体差异行为

个体之间的差异与生俱来。虽然组织会选择符合自己的价值观要求和用人标准的人选，但组织中不同的工作职位、不同类型的工作，对人的能力、性格、气质提出了针对性的要求。这种个体间在能力、气质、性格等方面不同于他人的表现，就是个体行为的差异性。了解个体行为差异的各种表现，尊重差异，是组织管理的出发点。

一、个体能力差异与应用

每一个组织都渴望人才，人才的最大特点是其具有管理者期望的能高效完成工作任务的能力。因此组织管理者需要了解能力，了解工作所需要的能力，找到最能有效完成工作的人。也有组织管理者相信，更多的能力需要在工作中培养，好员工是在组织发展的实践活动中教育和培养起来的。因此，管理者知道能力的内涵、类型、形成途径非常重要。

（一）能力的内涵

能力是直接影响活动效率，保证活动得以顺利进行的心理特征。能力与活动紧密联系。一方面人的能力总是在活动中形成和发展，并在活动中得到具体表现。另一方面从事某种活动又必须有一定能力作为条件和保证。离开活动，人的能力不仅无法形成和发展，而且也失去了能力存在的意义和作用；能力直接影响活动的质量和数量。能力高的人表现为付出时间和努力少而活动效果高，能力低的人表现为付出时间和努力多而活动效果差。先天素质影响能力的高低，它是能力形成的基础，会影响能力的表现，但素质不等于能力。

能力可以分为一般能力与特殊能力。一般能力是在不同的活动中表现出来的能力，包括注意力、记忆力、思维力、想象力、观察力等多个方面。特殊能力是在某种专业活动中表现出来的能力。根据能力的创造性程度，能力还可以分为模仿能力和创造能力。

（二）智力理论

智力就是一般能力，智力理论就是对人的一般能力的系统的解释和说明，关于智力的理论有多种观点。

1. 智力的因素理论

英国心理学家斯皮尔曼提出了世界上最早的智力理论，即智力的二因素论。他认为，智力由一般因素（g）和特殊因素（s）组成。一般因素是和各种活动都有关系的智力因素，特殊因素是和特定活动有关的智力因素。完成任何一项活动，既需要一般因素也需要特殊因素。

美国心理学家瑟斯顿在对智力测验的结果进行因素分析的基础上提出群因素理论，认为人类的智力是由七种彼此独立的基本心理能力（Primary Mental Ability）组合而成的。这七种因素是：（1）语词理解（V），理解语文含义的能力；（2）语词流畅（W），语言迅速反应的能力；（3）数字运算（N），迅速正确计算的能力；（4）空间关系（S），方位辨别及空间关系判断的能力；（5）联想记忆（M），机械记忆能力；（6）知觉速度（P），凭知觉迅速辨别事物异同的能力；（7）一般推理能力（R），根据经验做出归纳推理的能力。

美国心理学家雷蒙德·卡特尔运用多因素分析法对前两者的理论进行了分析，发现两种一般因素和三种较小的因素。他把两种一般因素称为流体智力（Fluid Intelligence）与晶体智力（Crystallized Intelligence）。另三种较小的因素分别是视觉能力、记忆检索、作业速度。卡特尔认为流体智力主要是在新环境中的适应性的表现，与教育无关；晶体智力是与教育有关的后天获得的与知识和技能密切相关的能力。在 25 岁前，人的流体智力和晶体智力都会随年龄增长而上升，但 25 岁后，晶体智力几乎就不再随年龄而变化，而流体智力在 30 多岁达到高峰后会有明显的下降。

2. 智力的层次结构理论

美国心理学家吉尔福特认为人类的智力是思维的表现，因此不能由某一个或某几个简单的因素组成。思维的过程包含了内容、操作、产品三个维度。每一维度内又包含了彼此不同的几个方面。内容是引起思维的源泉，包括视觉信息、听觉信息、符号、语义、行为五个方面。产品是思维的结果，包括单元、门类、关系、系统、转换、含义六个方面。操作是思维的形式，包括认知、记忆登记、记忆保持、发散思维、聚合思维、评价六个方面。人的智力由以上模块组成，共有 5×6×6＝180 种组合方式。

费农继承了伯恩特（1940）的“智力可能是按等级层次组织起来的”观点，提出了智力的等级层次理论。智力的最高层次是一般因素；第二层次划分为言语教育因素和操作机械因素两大主要的因素群；第三层次是小因素群，其中属于言语教育因素群的小因素群包括言语因素、数量因素、创造因素等，属于操作机械因素群的包括空间因素、机械因素、操作因素等。第四层是各种小因素群的具体表现，又被称为特殊因素。

3. 智力的过程理论

美国心理学家斯腾伯格提出了智力的三元理论，它包括智力的成分亚理论、情境亚理论和经验亚理论。智力的成分是人们在计划和执行一项任务时的心理机制，按照功能分为元成分、执行成分、知识获得成分，每种成分都具有持续性、困难性、执行的可能性三个重要属性。智力的情境主要指与个体生活相关的、对环境做出积极选择和适应的能力，同时人也在塑造着环境；智力的经验是指个体运用已有经验加工问题的能力，经验智力高的人在遇到新情况时，善于运用已有经验来解决问题，经验也是影响智力的重要成分。

加拿大心理学家戴斯等人探讨了智力活动中的信息加工过程，提出了人类智力的“计划—注意—同时过程—继时过程”智力模型，即 PASS 理论。PASS 是计划（Planning）、注意（Attention）、同时性加工（Simultaneous）、继时性加工（Successive Processing）四个过程的缩写。继时性加工的特点是按时间顺序逐一解决问题。言语操作和记忆属于继时性加工。同时性加工的特点是按空间关系同时考虑并解决多个问题。许多数学操作和空间问题的解决属于同时性加工。该理论将四个重要加工过程统一于一个模型之中，考虑到了智力活动的动态性与整体性。

4. 其他智力理论

美国心理学家塞西提出了智力的生物生态理论，主张智力活动或 IQ 水平依赖于情境，认为每一学科领域或职业领域的活动都有其独特的内容和方式。从事不同学科领域研究的人或不同职业领域工作的人在智力的活动方式上存在着差异。在不同的环境中，能力可能是以完全不同的方式表现出来的。

哈佛大学的心理学家加德纳提出了颇具影响力的多元智力理论。指出智力结构是由 7 个相对独立的智力组成的，每种独立的智力都有其特别的解决问题的方法。各种智力没有量的大小之分，只有质的差异区别。这七种智力分别是：言语—语言智力、音乐—节奏智力、逻辑—数理智力、视觉—空间智力、身体—动觉智力、自知—自省智力、交往—交流智力。后来加德纳又提出了一种自然智力，即人们认识世界、适应世界的能力，是一种在自然世界里辨别差异的能力。一些支持多元智力理论的研究者提出把精神智力或宗教智力作为一种新的智力类型加入到这一多元结构当中。但加德纳本人建议使用存在智力这一概念。研究者指出，所有的人都具有这些智力，但每个人极有可能促使自己某一种智力得到更好的发展。所以，研究人的智力质的差异，要比仅仅研究智力量的差异更有意义。多元智力理论对教育影响很大，是多元化发展的理论依据。

（三）情绪智力

近些年，随着人们对情绪情感在组织中的作用越来越重视，萨洛维和梅耶在 1990 年提出了“情绪智力”的概念。情绪智力（Emotional Intelligence）是指“个体监控自己及他人的情绪和情感，并识别、利用这些信息指导自己的思想和行为的能力”。1995 年，美国心理学家戈尔曼又进一步提出了情商（EQ）的概念，他认为情商包括五个方面的能力：了解自己情绪的能力、控制自己情绪的能力、以自己情绪激励自己行为的能力、了解别人情绪的能力、与别人友好相处的能力。梅耶认为，情绪智力包含对情绪的知觉、评价和表达的能力；用情绪促进思维的能力；理解和分析情绪的能力；调节情绪以促进情绪与智力发展的能力四个方面。

情绪智力会影响自身的工作绩效，也就是说情绪智力高的员工能够获得较高的工作绩效。可能是因为情绪智力高的员工，完成任务和处理人际关系的能力强。明智地利用情绪，可以使认知决策更准确，更好地吸收信息做判断并创造性地解决问题。并且情绪智力高的个体更倾向于采用考虑别人的和适应社会的方式行为，从而容易适应环境，建立广泛的协作关系。情绪智力还会影响领导者的管理效能。戈尔曼就情绪智力对企业管理的影响进行了研究。他特别指出，对企业领导来说，情绪方面的因素更为重要。处于有挑战性的高难度工作岗位的企业领导人通常都具有高于常人的智商，这时候，拥有高超情商能力便可使某些领导者在工作中更胜人一筹。他对表现优秀企业的调查显示，企业能够在同行业中拥有更为出色的表现，有 2/3 应该归功于企业家的情绪智力，只有 1/3 才可归结为他们的智力因素和专业科技水平。有研究者用沟通、组织、政治技能、远景规划、认知风格、情绪智力六种品质来评估从富兰克林到克林顿共 11 位美国总统的成败，结果发现，区分成功领导和不成功领导的关键品质是情绪智力。

（四）能力差异的表现

个体及个体间能力存在差异，其表现有以下几个方面：

（1）能力水平的差异。同一个体的不同能力发展水平存在着差异。不同个体的同一种能力的发展也是有差异的。能力基本上呈正态分布，非常优秀和非常差的人比较少，中间状态的人最多。

（2）能力发展的年龄变化。能力的发展与年龄的增长是不同步的。早期的能力发展快，到成年已经达到能力发展高峰。布鲁姆指出：7 岁前人们已经获得能力的 70%，剩下的 30%是在其余十几年的时间内获得的。因此早期的能力发展更为重要。

（3）能力表现的早晚差异。虽然大多数人的能力发展是同步的，但能力的表现有早晚差异。同样能力水平的人，有些人可能很早就表现出高水平的能力，而有些人可能到了一定年龄才显示出自己的才能，有些人还可能是大器晚成。从事不同学科的人，能力表现的最佳年龄阶段会有差异。

（4）能力表现的类型差异。主要指个体之间能力表现的差异。例如有些人的能力表现为知觉型，有些人则可能是表象型；有些人擅长记忆，有些人发散思维强，有些人集中思维好。

（5）能力的性别差异。如男女生理发育的差异一样，男女智力发展和类型也有差异，但总体水平无差异。例如女性的言语能力和听觉定位能力通常要好于男性，但男性的空间能力常常好于女性。

（五）能力差异在组织管理中的应用

能力是从事各种活动、适应生存所必需且影响活动效果的心理特征的总和。每个人都有自己的能力结构，都有各自的长处和短处。因此，对管理者而言，重要的是了解每个人能力差别和特长，使每个人的能力在工作中得到最大发挥。研究个体的能力结构和能力差异，有助于管理者量才用人，合理分工，在管理工作中达到知人善任、人尽其才、才尽其用的理想境界，提高组织活动的绩效。

为了达到高工作绩效，需要考虑两方面的问题：一是员工具有怎样的能力倾向，二是完成某种特定工作的需要具有怎样能力倾向的人。员工的工作绩效取决于两者间的相互作用。因此，测查员工的能力倾向很有必要。结合能力倾向测验的结果与日常的观察了解等其他方面的信息相互印证，可以比较客观、细致地了解个体的能力状况。

不同工作对员工能力倾向的要求不同。例如，从事科学理论研究需要有较强的推理能力；从事科学实验研究需要较强的计算能力；从事工程设计工作需要较强的空间想象能力；从事文艺创作工作需要较强的形象思维能力；从事对物的工作，包括工农业、建筑业等，主要需要实践操作能力；从事打字工作则需要有较高的知觉速度和手指灵活性；从事对人的工作，包括社会服务业、经营管理、教育卫生工作等，主要需要社会交往能力。

当员工能力与工作匹配不良、能力不能满足工作需要时，无论员工的态度多么诚恳或工作积极性多么高，最终的工作绩效还是很低。例如，一个缺乏推理能力的记者很难达到最低的工作绩效标准。

如果员工的能力远远超过了工作所需要的能力，员工会感到完成任务太容易，其成就感和满意度会降低，尤其当员工渴望施展自己才华的时候，会因工作的局限性而灰心丧气，从而影响其工作的积极性。

在安排员工工作时，还应考虑到个体间能力的互补和促进问题。有时要根据工作需要将相同能力的人组合在一起，这样能够保证工作过程和工作风格的持续性和一致性。有时要根据工作需要将不同能力类型的人相互搭配和协调，用其所长，避其所短，取长补短，提高组织工作效率。

为了提高管理的有效性，管理者要帮助员工全面认识自己的能力，定期进行培训，提升员工的能力。注意充分发挥个人的工作经验与能力，使员工的能力与承担的工作有效结合，提供并创造员工发挥能力的机会和条件，最大限度地发挥个人的潜能。

案例阅读

上不去、下不来的尴尬

张铁在一家跨国公司工作快三年了，带领的团队成员是公司的精兵强将。最近，他却遇到了棘手的事情。

两年前，市场总监张铁把小俞从山东分公司的市场部调到上海总部。小俞当时在山东分公司已经工作了快三年，人脾气很好，客户关系很熟，业绩也非常不错。总部这里正好有市场部的主管职位，把小俞调过来，还可以靠他帮带一批新员工。

小俞过来以后，的确带出了一批人，但也存在很明显的一些问题。他在执行层面的经验和能力很好，但作为主管的管理技能一般，有时员工做得有偏差，他还是免不了亲自返工。张铁把他送去参加了两次主管技能培训，但改善效果不是很明显。

两年下来，小俞的专业能力人人认可，但是员工觉得跟着他学不到东西。大家普遍认为小俞适合当干事，不太适合管事。

小俞也曾和张铁长谈了一次。他也承认自己不是个好主管，但他说："张总，我现在面对的矛盾是，我要是再回到一般员工吧，有点没面子；在管理的职位上做呢，管人真的太累；回山东老家吧，职位起码不能比主管低；在上海吧，就这样下去又不甘心。虽然也有猎头找我去做经理主管什么的，但我真的很不愿意离开公司，你看有什么其他的办法能安排我吗?"看着小俞信任和期待的眼神，张铁答应试试看。

一周过去了，张铁想了好几条对策，看来看去，对公司、对小俞能达到双赢的方案还真的没有：

——山东现在市场稳定了，管理层不会扩张，连员工都不增加了。派小俞回去做市场主管就意味着要挤掉别人，或是增加职位，不太可行；让小俞回山东做员工，等于打小俞的耳光，他在老家怎么抬头？也不行。

——对于上海市场主管的职位，小俞不是很称职，他自己也不喜欢管理别人，一定要想法子换，否则他很痛苦；但是让他做员工又不现实，那等于降职，会痛苦。

——其他部门好像也没什么主管级别却不管人的职位。

对于小俞这样管理潜力较小的员工，该怎么办？张铁觉得很为难。

资料来源：http://oxford.icxo.com/htmlnews/2007/05/11/1100989_0.htm。

思考问题

1. 如果你是张铁，你会怎么做？
2. 张铁在任命小俞时出现了什么问题？
3. 为了尽量避免这样的问题再次发生，管理者应该怎么做？

二、个体气质差异与行为

气质（Temperament）是个体表现在心理活动的强度、速度、灵活性与内外向性等方面的一种受先天遗传影响的稳定的心理特征。在组织管理中，个体的气质也是管理者要考虑的因素之一。

（一）气质的内涵

气质反映的是心理活动的动力方面的特征，强度、速度、灵活性等表现在活动中，使个体的所有心理活动都染上独特的色彩。气质是一种稳定的心理特征，依赖于个体的遗传素质和身体特点。相对于其他心理特征，它不易改变和变化，通常伴随着人的一生。气质具有先天性，刚出生的婴儿就表现出不同的气质特征，比如新生儿有的安静、有的敏感、有的执著，因此气质代表了人的先天性的活动类型特征。

（二）气质类型及其行为特征

关于气质类型的划分，许多研究者提出了各种各样的理论，比如：希波克拉提斯（约公元前500年）的体液说、贝尔曼（1922）的激素说、巴甫洛夫（1923）的高级神经活动类型学说、克雷奇默尔（1925）和谢尔顿（1940）的体型说、托马斯和捷斯（1970）的九维度气质理论，以及巴斯（1975）的活动特性说等。这里主要介绍前两种。

1. 气质的体液说

公元前5世纪，古希腊医生希波克拉提斯认为，人体有血液、黏液、黄胆汁和黑胆汁四种体液。后来，这一说法经古罗马医生盖伦补充，正式提出根据某种体液在人体中占优势，把气质分为四种。血液占优势的称为多血质（Sanguine），黏液占优势的称为黏液质（Phlegmatic），黄胆汁占优势的称为胆汁质（Choleric），黑胆汁占优势的称为抑郁质（Melancholic）。

这四种气质类型，其特征各不相同。多血质的人活泼好动，敏感，反应敏捷，善于交际，易接受新事物，情感外露，灵活性高，容易适应变化的生活条件。胆汁质的人热情直率，精力旺盛，脾气急躁，易于冲动，反应敏捷但准确性差，情绪外露但持续时间不长，有很高的兴奋性，行为表现不均衡，工作带有明显的周期性。黏液质的人安静稳重，反应缓慢，沉默寡言，善于克制自己，情绪不易外露，注意稳定，善于忍耐，沉着坚定，不尚空谈，埋头苦干。抑郁质的人行为孤僻，反应迟缓，多愁善感，体验深刻，情绪不外露，敏感。

用体液多少对人分类，简洁明了，这种分类名称一直沿用至今，但用它解释人的气质缺乏科学根据。日常生活中，确实能观察到每种气质类型的典型代表，但现实中的人十分复杂，某种单一气质类型的人很少。一般人都是某种气质类型特点较突出，同时又表现出其他气质类型的一些行为特点，是不同类型的混合，或介于某些类型之间。因此，通常不能说某个人具有某种气质类型，只能讲他符合某种气质类型。

2. 高级神经活动类型说

巴甫洛夫认为，大脑皮质的兴奋与抑制这两种神经活动过程具有三个基本特性：（1）强度，即神经细胞兴奋和抑制的工作能力和耐力；（2）均衡性，即兴奋和抑制在灵活性方面的相对均势或优势；（3）灵活性，即兴奋和抑制相互转换的速度。根据这三个维度，他把气质类型分为强而不平衡型、强而平衡的灵活型、强而平和的迟缓型和弱型四种。巴甫洛夫认为，人的气质是由人的高级神经活动类型决定的，高级神经活动类型是气质的生理基础，每种高级神经活动类型都对应着一种传统的气质类型。这种对应关系如表 2—3 所示。

表 2—3　　高级神经活动类型与传统气质类型的对应关系

神经活动的特性			高级神经活动类型	气质类型
强度	均衡性	灵活性		
强	不平衡		兴奋型	胆汁质
	平衡	不灵活	安静型	黏液质
		灵活	活泼型	多血质
弱			抑制型	抑郁质

资料来源：Pavlov, I. P.（1923）. *Twenty Years of Experience in Objective Study of Higher Nervous Activity*. Moscow：State Press.

（三）气质差异在组织管理中的应用

气质并不决定一个人的社会价值，无好坏之分，每种气质都有相适应的一些工作。这对组织管理工作有重要意义。

1. 正确认识气质类型

了解气质类型及其特征就可以大致判断出一个人的气质倾向。但是，现实生活中大多数人的气质类型都属于混合型，介于某几种典型特征之间，虽然从总体上看近似或者像某种气质，但其中又有一些其他类型的成分。所以，在判断一个人的气质类型时，不能勉强地、简单地将其归入某一气质类型中。

气质类型在实践中可以改变。由于人们受教育程度、身体状况、生活阅历和年龄等因素的影响，其固有的气质类型会发生不同变化。这也就是为什么“士别三日，当刮目相看”的原因之一。

气质类型本身并无优劣之分，每一种气质类型都有积极和消极的成分。例如，黏液质的个体表现迟缓、冷淡和缺乏活力是其不足，但这种气质的个体沉着、自制和毅力等方面的表现又是其他类型所不及的；再如，多血质的人既容易形成灵活、活泼开朗、善交际等品质，也可能养成肤浅、不踏实、不真挚等毛病；抑郁质的人具有深刻敏锐、洞察力强、精细的优点，但也可能是阴沉的、多愁善感的。

2. 正确认识气质与智力和成就的关系

气质不能决定一个人的智力和成就的高低。据研究，俄国的四位著名作家就是四种气质的代表，普希金具有明显的胆汁质特征，赫尔岑具有多血质的特征，克雷洛夫属于黏液质，而果戈里属于抑郁质。他们的气质类型各不相同，却并不影响他们同样在文学上取得杰出的成就。气质只属于人的各种心理品质的动力方面，它使人的心理活动染上某些独特的色彩，却并不决定一个人性格的倾向性和能力的发展水平。所以气质相同或相异的人，可以成为对社会做出重大贡献、品德高尚的人，某一职业领域的能手或专家，也可以成为一事无成、品德低劣的人；可以成为先进人物，也可以成为落后人物，甚至反动人物。

3. 气质与职业选择的关系

在复杂的工作环境中，不同气质类型的个体，总体上都能以不同的特点去适应工作的某一个方面。因此，组织管理部门可以根据人的气质类型鉴别人员，合理安排和分配工作，考虑气质类型的相辅和互补，做好人员配备。个人也可以根据自己的气质选择适合的职业，并注意气质行为表现的差异性对同事关系的影响。反过来，不同职业活动也可能会改变一个人的气质。

实践经验和研究结果表明，不同气质类型的人适应的职业有一定的差别。一般而言，四种气质类型中，胆汁质和多血质类型的个体，更适合于要求迅速、灵活反应的工作；黏液质和抑郁质类型的个体，更适合于要求细致而持久的工作。多血质的人适应的职业有政治家、外交家、商人、律师等。

多血质的人比其他类型的人能深入钻研，能使工作向前推进，可以出色地胜任管理工作。他们对新环境适应能力较强。对谁都能坦诚相待，能适应社会进步，用发展的眼光谋划、设计。因此，他们对经商、计划、广告一类职业的适应性很强。精力充沛、意志坚强、不达目的不罢休的多血质人，往往能在那些缺乏适应性就无法立足的领域内大显身手。对于简单、细致和琐碎的工作，以及缺乏竞争、刺激、只求细致的工作，多血质的人一般不感兴趣。

抑郁质的人内心有孤独倾向，遇到事情会把自己掌握的工作内容在头脑中组合、计算，确定方针，然后在这个范围内一个一个地去做，把问题处理好。在团体中遇事积极认真、努力、毫不懈怠，无论置身于怎样的岗位，只要肩负了责任，就以所从事的工作为荣，努力解决不太适应而造成的困难，并把它做好。如果从事企业一般的事务管理、记账、资金、统计、工资管理、教育培训等工作，比较容易成功。

胆汁质的人相信实实在在的事业，不相信虚的东西。其最外在的气质特征是外向性、行动性和直觉性，对周围发生的事态度常常是冷静旁观注视，比较适宜做记者、作家、图案设计师、策划、实业家、护士、企业中外勤工作、业务员、营销员等外向型的职业。胆汁质的人一般与细致性工作无缘。一部分胆汁质的人会不拘于眼前胜负，专注于行动，热情地向自己的权限挑战。胆汁质的人一旦就业，往往对本职工作不那么专注，喜欢跳槽，经常更换工作单位，渴望成为自由职业者。胆汁质的人对工作岗位的适应性也很强。

黏液质的人中大多数都能很好地利用协调性、积极性、社会性及感情稳定性表现自己的才能，发挥出卓越的能力。不论职位高低，都能在各自的岗位上占有重要位置。黏液质的人聪明，有较强的能力，处世精明，有出类拔萃的情报搜集能力。他们不仅能从事学术、教育、研究、医生等内向型的职业，而且可以活跃在政治家、外交官、商人、律师等外向型职业领域。

值得注意的是，气质的各种特性之间可以起互补作用，气质的某一种特点在工作或生活中某一方面表现出来可能会发挥积极作用，而在工作或生活中另一方面表现出来可能会起到消极作用。因此，不同气质对人的实践活动效率的影响也不能绝对化，只要充分了解自己的气质特征，扬长避短，同样也能做好工作。很明显，气质类型虽无优劣之分，但气质对实践活动的效率有影响。协调人的气质特征与工作，确实有利于充分发挥个体的潜力和提高实践活动的效率。

4. 气质与人际交往的关系

气质对于人的交往活动有一定的影响。在处理组织中员工之间的人际关系时，要注意气质行为表现的差异性对人际关系的影响。学会观察、分析周围员工的气质特征，并采取适当的方式与之交往，对于协调员工间的人际关系，有着不可忽视的作用。

多血质的人活泼好动，对周围事物态度积极，尤其喜欢接触新鲜事物，但易疏忽大意、轻率，兴趣易变，在与他们的交往中，要谅解他们那种忽冷忽热的态度，不必过分在意他们的粗心和轻率，多与之交流他们感兴趣的事物。多血质的人热情、乐于助人、和善、对他人多采取接纳的方式、很少防范别人，所以，只要不过分挑剔他们小节上的毛病，一般较易相处。

胆汁质的人热情、豪放、易冲动。他们有着易受诱惑的天性，常常充满激情地去实现承诺，并能克服在常人看来难以克服的困难。他们讲信用、重义气、正义感强、路遇不平拔刀相助，但他们自制力差，不善于控制自己的情绪，偶有不快，便拍案而起。对这种气质类型的人，要采取“以柔克刚”的方式，要保持平和的态度、轻柔的语气，不要激怒他们，尽量使双方交往在平稳、祥和的气氛中进行。

黏液质人做事深思熟虑，有涵养，尊重他人，他们一般喜怒不形于色，即使不高兴，外表看来依然平静，所以与他们接触，要仔细观察其内心真实感受，尊重他们的想法。黏液质人多喜静不喜动，不愿改变现状，在交往中，不要勉为其难。他们反应缓慢，但往往经过深思熟虑，因此，不应当轻视他们的观点和建议。

抑郁质的人敏感、多疑、脆弱，与其交往应注意方式，要多用委婉的语气，避免伤害他们的自尊心。对于一个强型气质的人，适当的打击可能会使其越挫越勇，而对弱型气质的人，则可能使他一蹶不振。因此，对抑郁质人要多用称赞、嘉许的方式，切不可对他们的弱点采取嘲笑、讽刺的态度。抑郁质的人容易疲惫、怕受强烈刺激，所以若有抑郁质的人在场，注意尽量不要大吼大叫。抑郁质的人易产生自卑心理，在交往中要多关怀他们，尊重他们，使他们摆脱疑虑和孤独感。

每种气质都有其积极方面和消极方面，了解他人的气质特点就会了解他人的行为表现，对预测他人在交往中的反应采取相应的对策、达成有效交往非常有用。

5. 自觉地进行气质的自我改造

气质具有较强的稳定性，但也具有可塑性，也会随环境、教育程度的变化而改变。因此在工作实践中每个人都应学会自觉掌握、控制自己的气质，发展气质的积极方面，限制并改变消极方面，努力培养自身良好的心理品质。

三、个体性格特点与行为

性格（Character）是个体在对现实的态度及其相应的行为方式中表现出来的稳定而有

核心意义的心理特征。表现在对自己、对别人、对事物的态度和所采取的言行上，是与社会关系最密切的人格特征。

（一）性格的内涵

一个人的性格与个体的态度和行为方式关系密切，它是个体稳定的具有核心意义的心理特征。

人们常讲，“性格决定命运”，人的性格有好坏之分。因为，性格特征具有社会文化价值。每种文化都试图塑造它所崇尚的性格。每种文化为了使自己延续下去和发展起来，都崇尚它所需要的性格。农业社会崇尚责任和服从的性格，因为在农业社会，人们必须按时播种和耕作，才能获得食物。渔猎社会的文化崇尚个人成就、独立和自信的性格，因为在渔猎社会，人们必须发挥高度的主观能动性和高超技艺，才能获取食物。

性格特征与个人的潜能发挥、心身健康密切相关。勇敢、坚毅、勤奋等优良性格，有助于个人潜能的发挥和事业上取得成就；怯弱、动摇、懒惰等不良性格，则会阻碍个人潜能发挥，使人一事无成。性格开朗、宽宏豁达，有利于心身健康；性格粗暴、孤僻忧郁，则不利于心身健康。

（二）性格理论

性格理论可以划分为特质论和类型论两大类。主张特质论的心理学家们总是根据某些特质来描述人的性格特征。人与人的性格差异也就表现为这些特质维度上的差异。特质心理学家关心如何在某些恰当有效的维度上来描述人的特点和表现。这类理论有奥尔伯特的特质论、卡特尔的特质理论、艾森克三因素理论和五因素模型等。主张类型论的心理学家把人的性格按照性格的主要特征划分为若干类型。这种理论主要有霍兰德的职业性格类型和迈尔斯—布里格斯的人格类型。

1. 奥尔伯特的特质论

奥尔伯特最早提出人格特质的概念。他把人格特质首先划分为共同特质和个人特质两类。所谓共同特质（Common Trait）是某一社会文化形态下，大多数人或一个群体所共有的、相同的特质，个体之间在共同特质上的差异表现为多少的不同。个人特质（Individual Trait）是个体身上独具的、代表个人独特行为的特质，包括首要特质、中心特质、次要特质三个方面。首要特质是能表现一个人特点的最典型、最概括性的特质，它影响一个人行为的方方面面。如林黛玉的多愁善感就是她的首要特质。中心特质是构成个体独特性的几个重要特质，每个人有5～10个。如林黛玉的清高、率直、聪慧、孤僻等。次要特质是个体的一些不重要的特质，往往只在特殊情况下表现出来，只有关系非常近的人才知道。如林黛玉对宝玉的玩笑、直白。

2. 卡特尔的特质理论

卡特尔把人格特质分为表面特质和根源特质两种。表面特质是从外部行为直接可以观察到的特质，它可能因为环境的改变而改变。根源特质是内在的、稳定的、构成人格结构的最重要的、最具区分性的特质。通过人格词汇的因素分析，卡特尔得出16种根源特质，具体包括乐群性、聪慧性、稳定性、恃强性、兴奋性、有恒性、敢为性、敏感性、怀疑性、幻想性、世故性、忧虑性、实验性、独立性、自律性、紧张性。根源特质在每个人身上都具有，只是量不同。

根源特质又可以区分为体质特质和环境特质两类特质。体质特质是由先天生物因素决定的，如兴奋性、情绪稳定性等。环境特质是由后天的环境因素决定的，如焦虑、有恒性等。

3. 艾森克三因素理论

艾森克在卡特尔研究的基础上，根据因素分析法提出的人格理论包括三个特质因素：（1）外倾性。表现为内、外倾向的差异。（2）神经质。表现在情绪稳定性上的差异。（3）精神质。表现为孤独、冷酷、敌视、怪异等负面人格特征。

4. 霍兰德职业人格类型

霍兰德基于人格特点与工作之间需要匹配的观点，提出了现实型（Realistic）、研究型（Investigative）、艺术型（Artistic）、社会型（Social）、企业型（Enterprising）和传统型（Conventional）六种人格类型。这六种人格类型中的每一种都有与其相适应的工作环境。

该理论指出，不同个体在人格方面存在着本质的差异；工作具有不同的类型；当工作环境与人格类型相互协调时，便会产生更高的工作满意度和更低的离职意向；当人格与职业相匹配时，便会产生最高的满意度和最低的流动率。

霍兰德用一个六边形来描述六种职业人格类型间的关系。在图 2—6 的六边形中，两个领域或取向越接近，则两者的性格类型差异越小，对角线上的性格类型特征之间的差异最大。

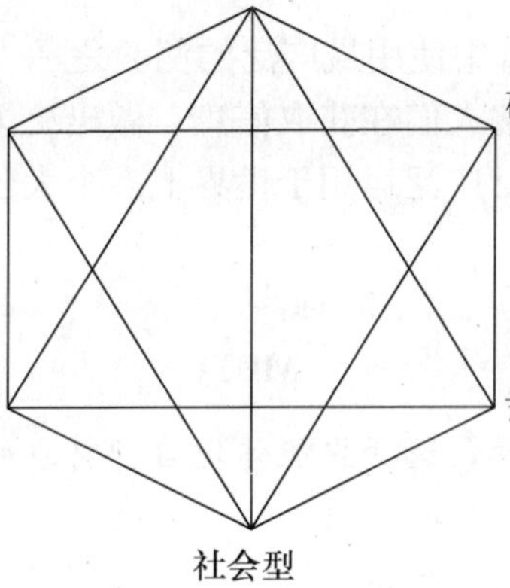

图 2—6　职业—人格类型之间的关系

资料来源：Holland, J. L. (1973). *Making vocational choices: A theory of careers* (Vol. 37). Englewood Cliffs, NJ: Prentice-Hall.

5. 迈尔斯—布里格斯职业人格类型

美国心理学家布里格斯及其女儿迈尔斯研制了迈尔斯—布里格斯类型指标（MBTI）。这个工具以瑞士心理学家荣格的内—外倾人格理论为基础，根据个体与世界的相互作用形式（外向或内向）、获取信息的方式（感觉或直觉）、做决定的方式（思考或情感）、做事的方式（判断或知觉）的不同，将其划分外向的（Extroversion，E）或内向的（Introversion，I）、感觉的（Sensing，S）或直觉的（Intuition，S）、思考的（Thinking，T）或情感的（Feeling，F）、判断的（Judging，J）或知觉的（Perceiving，P）八种类型：

（1）外向或内向：外向型的人性格开朗，更多关注外部世界的人和物，兴趣广泛，喜好社交和经验；内向型的人则安静、害羞。

（2）感觉或直觉：感觉型的人注重实际，偏爱程序化，并且注重细节；直觉型的人往往依赖不太显而易见的知觉来获得信息，关注宏观。

（3）思考或情感：思考型的人处理信息依赖的是逻辑的因果关系；情感型的人喜欢权衡事物对自己和他人的价值，依赖个人的价值观和情绪。

（4）判断或知觉：判断型的人喜欢控制，做事有条不紊、有秩序；知觉型的人对事物的变化持开放性的态度，以灵活、好奇的方式生活。

这 8 种类型两两之间相互组合，就扩展成为 16 种人格类型，具体如表 2—4 所示。

表 2—4　　MBTI 性格类型表

内倾感觉思考判断 ISTJ	内倾感觉情感判断 ISFJ	内倾直觉情感判断 INFJ	内倾直觉思考判断 INTJ
内倾感觉思考知觉 ISTP	内倾感觉情感知觉 ISFP	内倾直觉情感知觉 NIFP	内倾直觉思考知觉 INTP
外倾感觉思考判断 ESTJ	外倾感觉情感判断 ESFJ	外倾直觉情感判断 ENFJ	外倾直觉思考判断 ENTJ
外倾感觉思考知觉 ESTP	外倾感觉情感知觉 ESFP	外倾直觉情感知觉 ENFP	外倾直觉思考知觉 ENTP

MBTI 是在人员选拔和评价中使用最广泛的测验之一。它是一种迫选式、自我报告的人格测评工具，用于衡量和了解人们在获取信息、做出决策等方面的心理活动规律和不同人格类型表现。目前，该测验已广泛运用于世界上多个大公司。

测量工具

MBTI

请就下列题目进行单项选择，选择更能体现自身特点的选项。

1. 我宁愿（　　）。
   A. 解决一个新的、复杂的问题　　B. 做我以前做过的事情
2. 我喜欢（　　）。
   A. 独自在一个安静的环境中工作　　B. 处于活动现场
3. 我希望有个老板（　　）。
   A. 在决策时建立标准并遵照标准行事　　B. 考虑下属的特殊需要
4. 当我在做一个项目时（　　）。
   A. 喜欢完成和了结这一项目
   B. 常常将它悬在那儿，等待可能出现的变化
5. 做决策时，最重要的考虑因素是（　　）。
   A. 合理的思考、想法和各种资料　　B. 情感和价值观因素
6. 对于某一事项，我倾向于（　　）。
   A. 在决定如何做之前一遍一遍地仔细思考
   B. 马上着手开始工作，边做边思考

7. 在做一个项目时，我喜欢（　　）。
A. 尽可能地按照管理要求去做　　B. 尝试各种可能的选择
8. 在我的工作中，我喜欢（　　）。
A. 在同一时间内做多项工作，对每项工作都尽可能多地学习
B. 选择一项有挑战性并且可以使我很忙碌的工作
9. 我经常（　　）。
A. 列表格、做计划，明确何时做何事，尽量不改变原定计划
B. 避免做计划，让事项边进行，边工作
10. 在与同事讨论问题时，我常常很容易就（　　）。
A. 看到全貌　　B. 抓住细节
11. 当电话或手机铃声响起来时，我通常（　　）。
A. 认为是一次干扰　　B. 不觉得麻烦
12. 下面那个词更适合你？（　　）。
A. 分析的　　B. 情感主导的
13. 在工作时，我倾向于（　　）。
A. 稳定而连续的工作　　B. 突击性的、时有间断的工作
14. 当听到别人谈论某个话题时，我通常试图（　　）。
A. 把它套在自己的工作上，看看是否合适于自己
B. 评价和分析这一信息
15. 有了新想法，我一般（　　）。
A. 马上行动　　B. 喜欢对这一想法多一些思考
16. 做一个项目时，我喜欢（　　）。
A. 缩小范围，以便给出含义明确、界限清晰的定义
B. 扩大范围，把相关问题也一并考虑进去
17. 阅读时，我通常（　　）。
A. 将思路集中在所读的内容上　　B. 读出言外之意，并产生其他联想
18. 当必须马上做决策时，我倾向于（　　）。
A. 觉得不舒服，希望自己能够掌握更多的信息
B. 可能根据已掌握的信息做出决策
19. 参加会议时，我倾向于（　　）。
A. 一边发言，一边组织自己的思想　　B. 对问题通盘考虑之后才发言
20. 在工作中，我一般把大量时间花在下列哪类问题上？（　　）。
A. 想法　　B. 人员
21. 在工作中，我最容易被下列哪些人惹恼？（　　）。
A. 提出许多含糊、粗略的想法
B. 提出许多实际操作细节，因而导致会议时间延长
22. 我是一个（　　）。
A. 早起的人　　B. 夜猫子

23. 在准备一个会议时，我是哪种风格的人？（　　）。

A. 我乐意加入，并喜欢做出积极反应

B. 我喜欢充分准备，且通常先将会议内容列出提纲

24. 在会议中，我喜欢（　　）。

A. 显示出更丰富的情绪　　B. 集中于会议任务

25. 我更喜欢在什么样的企业里工作？（　　）。

A. 我的工作可以激发智慧　　B. 我认可它的目标和使命

26. 在周末，我通常（　　）。

A. 计划一下该做什么

B. 一边过日子，一边决策，看看会发生什么

27. 我更加（　　）。

A. 喜交往　　B. 爱沉思

28. 我更喜欢为（　　）的老板工作。

A. 充满新想法　　B. 现实的

29. 下面对我更有吸引力的词是（　　）。

A. 社交的　　B. 理论的

30. 下面对我更有吸引力的词是（　　）。

A. 独创的　　B. 实践的

31. 下面对我更有吸引力的词是（　　）。

A. 有组织的　　B. 能适应的

32. 下面对我更有吸引力的词是（　　）。

A. 活跃的　　B. 能专心的

评分方法：每题计 1 分，按照表 2—5 中的计分标准计分后，分别在表头所列的八组中圈出得分较高的四项，最后合成自己的 MBTI 类型。

表 2—5

I	E	S	N	T	F	J	P
2A	2B	1B	1A	3A	3B	4A	4B
6A	6B	10B	10A	5A	5B	7A	7B
11A	11B	13A	13B	12A	12B	8B	8A
15B	15A	16A	16B	14B	14A	9A	9B
19B	19A	17A	17B	20A	20B	18B	18A
22A	22B	21A	21B	24B	24A	23B	23A
27B	27A	28B	28A	25A	25B	26A	26B
32B	32A	30B	30A	29B	29A	31A	31B

资料来源：Myers-Briggs，I.(1962). The Myers-Briggs tyee indicator manual. *Education Testing Service*.

6. 五因素模型

塔佩斯等人用词汇学方法对卡特尔的人格特质进行再分析，发现五个相对稳定的人格

因素。后经学者进一步验证，最终形成了“五因素模型”。这五个特征是：(1) 开放性 (Openness)，显示出想象、审美、情感丰富、求异、创造、智能等特质。(2) 责任心 (Responsibility)，显示了胜任、公正、条理、尽职、成就、自律、谨慎、克制等特质。(3) 外倾性 (Extraversion)，表现为热情、社交、果断、活跃、冒险、乐观等特质。(4) 宜人性 (Agreeableness)，具有信任、直率、利他、依从、谦虚、移情等特质。(5) 神经质或情绪稳定性 (Neuroticism or Emotional Stability)，具有焦虑、敌对、压抑、自我意识、冲动、脆弱等特质。这五个特质名称的首字母组合在一起就成了“OCEAN”一词。

很多研究发现，五因素模型中的一些特质与工作绩效有着重要关系。对各行各业的人来说，责任心这个维度几乎可以预测所有职业的绩效。另外，责任心得分较高的个体，在与工作相关的知识水平上也会更高。这可能是因为责任心高的人在工作上会付出更多的努力，这种付出会影响其工作绩效。研究还发现，责任意识与组织公民行为之间有着相对较强的稳定关系。

(三) 性格特征对组织行为管理的影响

与能力、气质相比较，在人的个性心理特征中，性格具有更直接的社会意义。一个人的能力有大小，但如果有良好的性格特征，勤勤恳恳、兢兢业业，就会对社会做出贡献。不同的气质特点不会影响人对社会所做出的贡献。性格贯穿于人的全部行为之中，既表现出一个人对人、对事、对己的态度，又反映着他习惯性的行为方式，是一个人品德和世界观的具体标志、精神面貌的综合反映、社会本质的集中体现。性格特征直接影响着人际关系、活动效果，具有直接的社会意义。例如，热情、真诚、友善的人格特征有助于建立良好的人际关系；而冷酷、虚伪、狡猾却会使人际关系恶化。对组织、工作的忠诚使员工为组织做出积极的贡献；而损人利己则会给组织带来危害。可见，性格对组织管理活动的影响不可忽视。

1. 性格与工作行为的关系

在组织环境中，性格与员工的工作之间存在相关性。从管理意义上看，用个性可以预测个体的工作行为，但作用并不理想。研究结果表明，用人格量表对个体测出的分数与其行为之间的相关系数很少能超过 0.3 或 0.4，这样的数值意味着从统计学角度讲，人格只能解释个体之间行为变异量的 9%～16%。这也意味着工作绩效变异中的 85%～90%是不取决于个性因素的。因此一些研究者指出：“即使最好的人格测量对工作绩效的预测也相当有限。”

个性为什么对行为的预测程度这么低呢？这有多方面原因。首先，情境对行为的影响或限制作用非常大。在强情境限制的场合，严格的角色与规范要求人的行为模式中规中矩，几乎没有机会让个性特点来影响行为。而在情境限制性较低的场合，人格对行为的支配就很大。因此，要改善人格预测能力的一个方法是增加对工作情境的考虑，在那些有较高工作自主性或者角色要求与规范较少的情境下，人格才会发挥更大的作用。其次，企业组织不但具有较强情境限制性，而且不同工作之间存在很大差异，要提高预测的效度，就需要对具体的人格特质与具体的工作绩效之间进行点与点的匹配，这也就增加了问题的复杂性。此外，系数较低可能还与测量是否可靠有效有关。

就总体情况而言，性格与工作绩效之间呈现弱相关，但并不意味着性格研究无效。

因为不同组织之间或者一个组织内部，工作上的差异非常大，性格影响工作的程度也不同。例如，流水生产线上的工人的生产效率取决于流水线的节拍，性格在其中几乎没有地位。而结构化程度低的工作，即复杂的、规范化程度低的工作中，性格就有更大的影响余地。

组织的规范对其成员的影响作用并非对所有成员相同。一般说，规范对处在较低层次上的员工的行为影响大于对较高层次的员工的行为的影响。例如，规范对总经理的约束力要比一般员工少，其人格对工作行为的作用要大得多。德鲁克说："管理者做些什么，我们可以用系数化的方法分析出来。管理者应该怎么做，也是可以学来的。但是，在管理者的条件中，却有一项是无法教，也是无法学的；有一项是无法在后天习得，而必须是与生俱来的——那就是管理者的'素质'。但那不是一种天赋，那只是一种人格。高层管理者至少需要具备四种人格特质：'深谋远虑，务实，亲和，有开拓精神。'"柯林斯曾对美国的卓越公司做过长时间研究，他在其专著《优秀到卓越》中总结这些公司的管理经验时说："在挑选合适人才上，卓越公司看重的是品质好坏，而不是高学历背景、实际技能的掌握、特殊的知识和工作经验。不是说知识与技能不重要，而是觉得这些东西是可以教会的，而人格和价值观却或多或少是天生的。"

因此，了解性格差异在组织管理中的应用很有价值，但应该慎重。一般说，情境越相似，一个人的行为就越一致；情境越不同，则人的行为差异也越大。

2. 主要性格特质对组织行为的影响

从组织行为学的应用角度看，下面几种人格特质对组织管理工作有比较大的影响。

（1）控制点。

一个人感到自己的成功与失败的原因是在内部还是在外部（格洛弗，1970）。心理控制点研究，把人分成内控和外控两类。内控者认为自己是命运的主人，可以控制命运的进展。外控者相信命运是客观存在的，认为自己受命运的操纵，被外界的力量所左右，生活中所发生的一切均是运气和机遇的作用。

总体来说，内控者在工作上会干得更好，但这一结论在不同的工作中也存在差异。内控者在决策之前积极搜寻信息，对获得成功有强烈的动机，并倾向于控制自己的环境。而外控者则更为顺从，更乐于遵循别人的指导。因此，内控者在复杂的工作中做得很好，包括绝大多数的管理和专业技能的工作，因为这些工作需要复杂的信息加工和学习。另外，内控者也适合于要求创造性和独立性的工作活动。相反，外控者对于结构明确、规范清楚、只有严格遵从指示才会成功的工作，会做得更好。

（2）自尊。

有关自尊的研究发现，自尊与成功预期成直接正相关，自尊心强的人相信自己拥有工作成功所必需的大多数能力，与自尊心弱的人相比，自尊心强的人不太喜欢选择那些传统性的工作。

（3）自我监控。

自我监控指根据外部情境因素而调整自己行为的个体能力。高自我监控者在根据外部环境因素调整自己行为方面表现出相当高的适应性，他们对环境线索十分敏感，能根据不同情境采取不同行为，并能够使公开的角色与私人的自我之间表现出极大的差异。低自我监控者则不能以这种方式伪装自己，倾向于在各种情境下都表现出自己真实的性情和态度，因而在他们是谁以及他们做什么之间存在高度的行为一致性。研究证据表明，高自我监控者比低自我监控者倾向于更关注他人的活动，行为更符合习俗。奇达夫推断，高自我监控者会在管理岗位上更为成功，因为它要求个体扮演多重甚至相互冲突的角色；高自我监控者能够在不同的观众面前呈现不同的“面孔”。

（4）冒险性。

冒险是指一种接受或回避风险的倾向性。人们的冒险意愿各不相同。冒险对管理者作决策所用的时间以及做决策之前需要的信息量都有影响。比如，一项研究让 79 名管理者进行模拟人事练习，要求他们作出聘用决策。高冒险性的管理者比低冒险性的管理者决策更为迅速，在作出选择时使用的信息量也更少。有趣的是，两组的决策准确性是相当的。一般认为组织管理者属于冒险回避型，但存在着个体差异。认识这些差异并且根据工作的具体要求考虑冒险倾向性很有意义。比如，对于一名股票经纪人来说，高冒险性可能会导致更高业绩，因为这类工作需要迅速决策；相反，这种人格特质则可能成为一名从事审计工作的财会人员的重要障碍，最好安排低冒险性的人从事这种工作。

（5）A 型人格。

A 型人格的人总愿意从事高强度的竞争活动，并长期有种时间上的紧迫感。在组织中，A 型人工作十分勤奋，但 B 型人常常占据组织中的高层职位。最优秀的推销员常常是 A 型人格，但高级经理管理人员却常常是 B 型人格。原因在于 A 型人格倾向于放弃对质量的追求，而仅仅追求数量，然而在组织中晋升常常授予那些睿智而非匆忙，机敏而非敌意，有创造性而非仅有好胜心的人。

第三章

态度与价值观

利托斯让你娱乐责任有限公司（Lettuce Entertain You Enterprises，LEYE）是理查德·麦尔曼和杰瑞·奥佐夫于1971年在美国芝加哥创立的一个餐饮集团。目前LEYE在全美拥有近90家餐厅，向客人提供海鲜食品，以及意大利、希腊、西班牙等多个国家的风味食品，正成为美国风味餐厅的榜样。LEYE通过开发不同品种和风格的餐饮连锁店，已经把餐馆变成了剧院。然而，支撑这些餐厅的是一支快乐忠诚的员工队伍。麦尔曼经营的LEYE与麦当劳并驾齐驱，但它没有制定那些令人窒息的规章标准，而是一直努力激励它的4 000名员工。其餐饮业的繁荣是通过每个人的努力实现的，公平的股份、深入的员工培训、丰厚的福利、广泛的晋升机会，使得公司在保证员工忠诚度的同时维持了持续不断的创造性。

麦尔曼的做法正确吗？满意的员工能真正成为好雇员吗？满意的员工真的有更高的效率、忠诚性和服从性吗？本章将主要阐述价值观、态度和工作满意度等内容。

学习要点

1. 了解态度与价值观的一般概念和相关理论。
2. 理解组织承诺、组织公民行为与工作满意度的一般概念。
3. 掌握组织承诺与组织公民行为的结构及其影响因素。
4. 在管理实践中，掌握如何促进员工的组织承诺与组织公民行为。

第一节　态度与价值观

态度与价值观是影响人的行为的深层因素，是一个人喜欢或不喜欢做什么、愿意或不愿意做什么的根本原因。组织的核心价值观如果能够得到员工的认同，对组织中人的行为、组织的长远发展都会产生直接或间接的巨大影响。因此，组织管理者应了解并认识个体的态度和价值观，并学会运用这些因素提升管理水平。

一、态度

态度（Attitude）是个人后天经验中形成的、对事物和人的一种内在心理状态，是一个人对某一对象的内心感受，常常以“我喜欢……”“我讨厌……”“我支持……”“我反对……”等方式表达。态度会使人们对客观对象表现出积极、肯定的或消极、否定的倾向。组织行为学中主要关注员工对工作的态度。在此领域，工作满意度、工作参与、组织承诺是最重要的几个方面，后面将专门讲授。

（一）态度的结构与特性

1. 态度的结构

态度的心理结构由认知、情感和意向行为三个心理成分构成。认知是个人对某个对象的认识和理解。例如，“欺负弱者是错误的”。认知是态度的基础，是人们了解和判断事物的依据，只有当个人对一个事物有了一定的认识之后，才有如何对待这个事物的态度。情感是个人对某个对象的内心体验和评价，带有感情色彩和倾向性特征，这是态度中最核心的成分。例如，“我不喜欢干这活，因为太单调了”。情感同人的需要相联系。当外界事物作用于人时，如果符合人的需要，就会产生喜爱、尊敬、赞同和满意等肯定的态度；如果对象不符合人的需要，就会产生厌恶、憎恨、反对和失望等否定的内心体验。情感是在认知的基础上产生的，同时又可以调节认知过程。意向是个人对某个对象的行为趋向。意向就是打算做什么，准备对态度的对象采取什么行动，对人的行为有驱动和指导作用。它是态度的最高成分，是在认知和情感的基础上形成的。态度作为一种心理状态，存在于人的内心之中，通过人的表情、言论和行为表现出来。人的行为反映了一个人的态度。

态度的三种心理成分之间的关系复杂，一般情况下三者协调一致。如对工作的重要意义认知清楚，则情感上会热爱工作，表现在行为上是专心一致、认真负责，甚至废寝忘食。但三种成分之间也可能不一致，如有人说，“某一制度（政策）从道理上讲是正确的，但感情上我难以接受”。在这三个成分里，认知与事物直接联系，最容易发生变化，认知变化的积累可以导致情感的变化。

2. 态度的特性

（1）内隐性。态度本身无法直接测定，必须从个人的认知行为或与行为有关的表现中间接推断出来，因此，测定态度需要一定的中间变量。

（2）指向性。态度必须有态度主体（态度持有者）和态度客体（态度对象），即“谁”对“什么”有何种态度，比如，某员工对某经理的态度、某顾客对某商品的态度等。

（3）方向性。态度总是赞成或反对某一对象，并具有程度的差异，有时反映出态度的极端性，有时则反映出态度的中立性。

（4）复杂性。在一定条件下，个体的内心态度与外部行为并不一致。因为，它虽然包含行为倾向，但并非一定表现在行为上。它是一种内化的心理过程，会出现表里不一的现象。

（5）可变性。态度是可以变化的。一个冷淡的领导，可能因为某件事情中表现出的温情而使大家改变对他的看法，进而改变对他的态度。人们也可能因为某个推销员的做法而改变对某一产品的态度。正因为如此，在组织中应定期了解员工对组织的态度，以及时有效地修正管理中的问题，总结管理中的成绩。

（二）态度转变理论与应用

1. 海德的平衡理论

美国社会心理学家海德于 1958 年提出平衡理论（Heider's Balance Theory），这被认为是最早的认知一致性理论（Cognitive Consistency Theory）。该理论又被称为“P—O—X 理论”P 为认知主体，O 与 X 为处于一个单元中的两个态度对象。平衡理论假定 P—O—X 之间的平衡状态是稳定的，排斥外界的影响，不平衡状态是不稳定的，并会使个人产生心理上的紧张。当 P—O—X 之间的关系发生改变，恢复平衡状态时，这种紧张才能成功消除。该理论考虑的是一个人会在自己的认知架构内，组合彼此间对人和对物的态度。简言之，海德理论中的一致性就是人对他们与其他人之间的关系，以及与环境之间关系的看法。平衡理论各因素间关系的八种情况如图 3—1 所示。

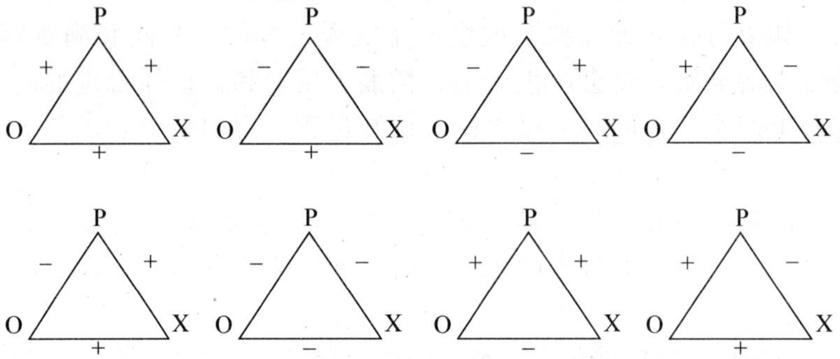

图 3—1　平衡理论各因素间关系的八种情况

资料来源：Heider，F.（1958）. *The psychology of Interpersonal Relations*（pp. 174）. New York：Wiley.

平衡理论涉及一个认知主体与两个态度对象之间的三角形关系。这两个态度对象称为处于一个单元的两个对象，它们由于彼此之间的类似、接近、相属而构成一体。通常，认知主体对单元中两个对象的态度趋向一致，如喜欢某人，则对某人的工作也赞赏；不喜欢某人，则认为他的朋友也不好。当认知主体对一个单元内两个对象看法一致时，其认知体系就呈现平衡状态，三角形中三边符号相乘为正；当对两个对象有相反看法时，就产生不平衡状态，三角形三边关系相乘为负。海德认为，人类普遍有一种平衡、和谐的需要。一旦人们在认识上有了不平衡性与不和谐性，就会在心理上产生紧张和焦虑，从而促使他们的认知结构向平衡与和谐方向转化。例如，喜欢某人，但对他的工作表现不能赞同，不平衡的结果会引起内心的不愉快和紧张，消除不平衡状态的办法是赞同他的工作表现，或不再喜欢此人。这就产生了态度转变的问题。不平衡状态会导致认知结构中的各种变化，所以，态度可以凭借这种不平衡的关系而形成和改变。

在企业管理中，可以采取一定的措施来改变员工对某人或某些实施方案的态度，尽力使员工的心理状态达到平衡，从而以积极的工作态度投入生产，提高工作效率。

2. 认知失调理论

1957 年，社会心理学家费斯廷格提出认知失调理论（Cognitive Dissonance Theory），主要用来解释态度和行为之间的联系。

费斯廷格认为，认知是指任何一种知识，包括思想、态度、信念以及对行为的知觉等认知元素。一般认知元素间发生矛盾，认知与行为的不一致，就会呈现出失调状态。认知失调是指一个人具有两个以上彼此互相矛盾的认知，从而产生不愉快的体验。例如，某员工付出了很大的努力，非常想把工作做好，但结果并不理想，此时认知与行为的失调会让他心情低落或烦躁；再如，某经理并不认为需要裁员，但上级的计划必须落实，这时也会出现认知失调。认知失调是个体可能感受到的两种或多种态度之间的不一致，也可能是行为与态度之间的不和谐。

失调的程度有差别，这取决于两个因素：其一，失调的程度同某一认知元素对个人生活的重要性成正比，如丢失一元钱与丢掉一份满意的工作造成的失调程度是不同的。其二，失调的程度取决于一个人所具有的不协调认知的数目与协调认知数目的相对比例。

认知失调是一种不愉快的情感体验，会驱使个体设法减轻或消除不协调状态，使有关的态度与行为的认知变得协调起来，因而具有动机作用。消除的方法主要有以下三种：(1) 改变行为，使行为符合态度的认知。(2) 改变态度，使其符合行为。(3) 引进新的认知元素，改变不协调状态。

费斯廷格指出，个体减少失调的愿望由三个因素决定：(1) 造成失调的要素的重要程度。如果造成不协调的因素相对来说不太重要，调整这种不平衡的压力就比较小。如果造成失调的因素很重要，调整不平衡的压力就很大。(2) 个体相信自己受到这些要素控制的程度。当个体感到这种不协调是一种不可控的结果，他们没有选择余地时，则不太可能改变自己的态度。例如，如果导致失调的行为来自老板的指示，那么减少失调的压力比自愿行为要小得多。尽管此时失调依然存在，但人们很容易把它合理化并做出解释。如果造成失调的因素是可控的，人们就容易通过改变态度来减少失调。(3) 个体在失调状态下的受益程度。奖赏会影响到个体减少失调的动机程度。如果与高度失调相伴随的是极高的奖赏，则失调产生的紧张程度就会降低。

认知失调理论可以帮助管理者预测员工在态度和行为改变方面的倾向性。例如，如果由于工作需要，员工被要求说或做与他们的个人态度相冲突、相矛盾的事情，他们倾向于努力改变自己的态度，以使他们的态度与言行相一致。

3. 功能理论

人们之所以持某种态度，是因为那种态度可以满足个人一定的心理需求。不了解这种需求，就无法改变受这种需求所支持的态度。据此，就可以针对个人的心理需求进行相应的工作，通过改变其需求，达到改变态度的目的。例如，若一个人的态度受知识需求所支持，则可以向他传播知识性的信息，以扩充知识，从而使他态度积极、肯定；如果一个人的心理需求是获得归属感，那接纳、融合的气氛就使他产生积极态度。

态度的功能理论关注态度所产生的心理动力，什么样的需要和动机影响着态度的评价表达，以及态度的结构成分比重是什么？人们为什么会要关注态度的形成？对这两个问题的回答就涉及对态度功能的考虑。

两个关于态度功能的经典模型对上述问题做出了回答。史密斯等学者（1956）提出，态度发挥的心理功能有三种：（1）客体评价功能，即对环境中客体的正性和负性属性进行总结。（2）社会调节功能，即认同个体所喜欢的人以及离开个体所不喜欢的人。（3）外在化功能，即保护自我抵制内心冲突。更为经典的模型是卡茨从需要满足的角度提出的态度功能理论。他认为态度能使人们对相似的事物产生相当一致的行为，人们持有某种态度是为了满足其自身的内在需求，如果外在的信息能够满足这种需求，它就更容易改变人们的态度。

综上，态度功能理论阐释了人们的态度会因目的的不同，而具有不同的心理功能：（1）调整功能。个体具有从外部环境获得奖励、避免惩罚的需要，而态度使人具有满足这种需要的功能。（2）价值表达功能。态度可以明确地显示自我的价值，具有积极的表现功能。（3）自我防御功能。态度既可以拒绝引起焦虑的外部事件，又可调节内部冲动。（4）知识功能。态度可以作为理解环境的一种手段，将它作为判断的标准或理解的参考系。持有一种态度可以依据不同的参照群体，来构建身份认同，从而表达个人的核心价值观并建立自我的身份。

4. 沟通改变理论

沟通改变态度理论（Communication and Attitude Change Theory）起源于心理学家墨菲关于对黑人态度的研究。他选择了一批白人作为被试，把他们分为实验组和控制组，对他们进行态度测量，证实他们对种族歧视的态度大体相同。随后，让实验组观看宣传黑人成就的电影、电视和画报，控制组则不参加这种活动。结果发现，实验组对黑人的态度发生了显著变化，而控制组的态度则没有变化。

沟通改变态度理论强调人容易受到周围环境和一些媒介的影响和鼓动。通过沟通，可以显著地改变对某些事物和人的态度。但要讲究沟通的技巧，才能取得良好的效果。

许多心理学家认为沟通对态度改变的影响依赖于沟通者、沟通过程和沟通对象三个因素。沟通者需要有良好的沟通能力，沟通过程要能充分了解对象的需要和动机，以其惯用的言语来传达。当然，即使这两个过程都做好了，还得看沟通对象的因素。例如，2008年发生的“5·12”汶川地震和1976年唐山地震相比，前者由于新闻传播渠道的发达，媒体开放、透明、自由地报道，不仅激起了国内大众的捐献热潮，也使国际援助突破以往，而唐山地震则以国家重建为主，民间的力量未能够充分利用。

在组织管理中，管理者可以通过与某些员工的对话来改变其态度，尽可能使其与管理者达成共识，进而在员工中产生更大的影响，从而方便管理。

5. 态度形成与变化阶段说

1961年，凯尔曼提出了这一学说，把态度的转变分为服从（Obey）、同化（Assimilation）和内化（Internalization）三个阶段。（1）服从阶段。这一时期表现为从表面上转变自己的观点和态度，会表现出一些顺从的行为，但这些行为是被迫的、不得已的，并未有真正的态度转变。(2) 同化阶段。表现为自愿接受他人的观点、信念、态度与行为，并使自己的态度与他人的态度相近。显然，这一阶段不是在外界压力下转变态度，而是自愿进行的。(3) 内化阶段。真正使一个人相信并接受新观点和新思想，并把其纳入到自己的价值体系之内，成为自己态度体系中一个有机的组成部分。

此外，德国心理学家库尔特·勒温还提出了参与改变理论（Participate in the Change Theory)，认为改变态度的方法，不能离开群体的规范和价值。个人在群体中的活动性质能决定他的态度，也会改变他的态度。其中包括主动型和被动型。实验证明，就某一对象，改变主动型人的态度要比改变被动型的容易得多，效果也比较明显。勒温主张在企业管理中，如果想改变员工的态度，提高工作效率，就要努力让员工积极参与某些活动。

也有人根据自我实现预言效应提出态度的预言实现理论。认为如果给一个人或一群人一种预定的看法，这种预定的看法就有可能实现。例如，某人被认为是一个有希望有作为的人，因此对他往往给予鼓励、支持，此人感受到之后，就会根据这种预示去发展。这说明，别人的预言，以及因此而采取的对待方式会影响一个人的心理，从而导致其态度的转变。称赞和鼓励会诱发产生上进动机；经常被人指责、歧视，则会导致消极、颓废、自暴自弃。

经典实验

个体在群体中的活动对改变态度的影响

勒温在他的群体动力研究中发现，个体在群体中的活动可以分为两种类型：一种是主动型的人，这种人主动参与群体活动，自觉地遵守群体的规范，另一种是被动型的人，他们只是被动地参与群体活动，服从权威和已制定的政策，遵守群体的规范等。

为了研究个体在群体中的活动对改变态度的影响，他做了如下实验。第二次世界大战期间，美国由于食品短缺，政府号召家庭主妇用动物的内脏做菜。而当时美国人一般不喜欢以动物的内脏做菜。勒温以此为题，用不同的活动方式对美国的家庭主妇进行态度改变实验，其方法是把被试者分成两组：一组为控制组，另一组为实验组。对控制组采取演讲的方式，亲自讲解猪、牛等内脏的营养价值、烹调方法、口味等，要求大家改变对杂碎的态度，把杂碎作为日常食品，并且赠送每人一份烹调内脏的食谱。对实验组勒温则要求她们开展讨论，共同议论杂碎做菜的营养价值、烹调方法和口味等，并且分析使用杂碎做菜可能遇到的困难，如丈夫不喜欢吃的问题、清洁的问题等，最后由营养学家指导每个人亲自试验烹调，结果控制组有3%的人采用杂碎做菜；实验组有32%的人采用杂碎做菜。

由此可见，由于实验组的被试者是主动参与群体活动的，他们在讨论中自己提出某些难题，又亲自解决这些难题，因而态度的改变非常明显，速度也比较快。而控制组的被试者由于是被动地参与群体活动，很少把演讲的内容与自己相联系，因而，其态度也就难以改变。基于这一实验，勒温提出了他的“参与改变理论”，认为个体态度的改变依赖于在群体中参与活动的方式。后来，这个理论在管理中得到广泛的应用，也取得了一定的成效。

资料来源：Lewin, K. (1952). *Group decision and social change*. In T. M. Newcomb & E. E. Hartley (Eds.), Readings in social psychology (pp. 459-473). New York: Holt.

（三）影响员工态度的因素

1. 原有态度体系的特点

态度的形成与转变有赖于员工个体原有态度体系的特点。个体从小形成的、后经社会实践反复强化的态度具有持久而稳定的特性，如果没有强有力的措施，很难轻易使其转变并形成新的态度。个体原有的态度越绝对、越极端，即原有态度与新态度之间的差异越大，越不易改变。原有态度所依赖的事实根据越多、越复杂，越不易改变。原有态度中三种心理成分的协调一致性越高，则态度越不易转变。原有态度满足欲望的数量越多，力量越强，价值越大，则态度越不易改变。

2. 知识与信息

个体掌握知识的范围、多少、深度，获得信息的广度、准确性等都会影响其态度的形成和转变。例如，员工对安全常识及忽视安全所造成的危害性的认识，将有利于形成其对安全生产的重视的态度，或者有助于其由轻视到重视的态度的转变。

3. 个体所属群体的影响

研究表明，当员工个体与所属群体的关系不融洽时，个体易形成与其他成员不相一致的态度；相反，当员工个体与所属群体的关系融洽时，个体易形成与其他成员类似的态度。

4. 社会文化

家庭、学校及社会教育、社会风气和习俗、社会文化背景对员工个体态度的形成与转变都会产生不同的影响。例如，封闭式的教育，有利于形成守纪律、循规蹈矩的态度，而开放式的教育和文化，则有利于形成富于开拓、思索和创新的态度。

5. 个性心理

个性心理对员工的态度影响非常广泛。个体的需要、动机、兴趣、理想、信念和世界观等个性倾向性和智力、性格、气质等个性心理特征都影响员工个体态度的形成与转变。个体对能满足自己需要、达成自己行为目标有利的事物，容易形成肯定性的态度；对不能满足自己需要，对自己实现目标不利的事物，则容易形成否定性的态度。个体对有兴趣的事物、对自己认为有价值的事物易形成肯定性的态度。个体的世界观，如幸福观、人生观、苦乐观、荣辱观等，制约着其对事物的认知因素，从而对其态度的形成与转变产生影响。建立在理想和信念基础上的态度则具有更强的稳定性等。智力水平较高的人，善于把握新信息、新动态，容易主动形成新态度，改变旧态度；而智力水平较低的人，则容易固执己见，墨守成规，其态度的改变是被动的。不同的气质类型对态度形成的速度和转变的难易有较大的影响。多血质的人态度稳定性较差，容易改变；黏液质的人态度稳定，不易改变；胆汁质的人态度不易改变；抑郁质的人更容易形成对某些有伤害有危险的事物的惧怕态度。独立性强的人不易受他人行为的影响，新态度形成较难；依赖性强的人态度稳定性较差，既容易形成，也容易改变。

此外，员工态度的形成与转变还受许多其他因素的影响，如个体的活动范围和交往对象、偶发性经验等。在这些众多因素的交互影响下，人们的态度就会不断地形成与转变。

（四）员工态度的转变

在不同的组织管理条件下，管理者对不同的员工应采用不同的方法来改变他们的态度，从而使员工的态度与管理者不相违背，达到提高生产效率的目的。具体而言，可以采用以下这些方法：

(1) 定期测量组织中员工的态度，掌握其态度状况。

在制订某一实施方案或确定某一项目后，通过问卷调查等方式测量员工的态度，从而对其反应有个大致的了解，以便根据情况确定工作内容。

(2) 加强对员工的培训，通过宣传、教育、说服等方式改变组织员工的态度。

针对员工的不同反应程度，在组织中做大量有针对性的宣传工作，从而改变人们的偏见及一些不恰当的信念，这是组织管理工作的一项重要任务。宣传必须先了解员工的需要、动机、爱好等主观心理状态，有的放矢，才能取得良好效果，否则收效甚微，甚至会产生逆反心理，强化了原有态度。通过与个别员工交换意见、谈心的个别说服方式，也可以改变他们的态度。特别是有威信的人、权威人士的说服在中国文化背景下会更有效。

(3) 还可以采取其他相应措施，使员工的态度与组织一致。

如引导员工参加实践活动，实践活动给人以亲身感受，具有说服力。勒温指出，让员工积极参与是一种有效的改变态度的途径。制定规章制度，利用组织章程、规则可以有效地改变员工的态度，这是从服从到内化的过程。注重用多种形式激励员工，对员工的贡献及时给予评价和反馈，这样能够不断促进和强化个体的态度向高绩效组织所需要的方向转变，建立良好的组织氛围。组织氛围是员工对直接影响其工作的环境的各个方面的感知。当组织氛围积极向上时，人们受到激励，并对自己从事的工作感到兴奋和满足；当组织氛围消极时，人们则相对感到压抑和愤怒。

在具体的态度改变过程中，管理者既要结合态度改变理论和具体的实施方法，又要深入了解本组织的特点和组织成员的需要，以及组织中可利用的资源，有针对性地改变员工的态度，使其符合生产和管理的要求，提高生产效益。

二、价值观

（一）价值观的内涵

价值观（Value）是主体对客观事物、自身及社会的意义或重要性进行评价时所持的原则、信念和标准。价值观是一个人思想意识的核心，它决定着动机的性质、方向和强度，是个人的思想和行为的根本。价值观通常以两种对立的方式呈现：什么是对的，什么是错的；什么可以，什么不可以，没有中间状态。

价值观代表了人们相对稳定的最基本的信念和判断。价值观是人们衡量自己行为与目标时的参照点与选择标准，是个人行为选择的起主导作用的终极原因。价值观是个性中最稳定和持久的因素。通常人们的价值观在很早期就已经形成。父母、老师、亲戚、朋友都可能是影响个体价值观形成的对象，特别是那些对个体非常重要的人物。

就其内容而言，价值观就是关于价值的观念。价值就是人们平常说的“好坏”。当人们对任何事物说“好”、说“坏”的时候，头脑里必定有关于这件事“好坏”的某种信念、标准和期待，从而对于事情的好坏抱有一定的基本态度。“价值观”就是人的“好坏观”，即人们关于什么是好、什么是坏，怎样是好、怎样是坏，以及自己向往什么、追求什么、舍弃什么、拥护什么、反对什么等的观念、思想、态度的总和。

任何人的价值观都不是凭空产生和改变的。它反映了人的生存方式、生活条件和实践经历等特征。价值观总是和人的现实状况相联系，地位、条件、经历不同的人，价值观不同。

价值观最重要的功能就是成为人们心目中的评价标准系统，也因此成为影响人们态度和行为的根本因素。人们关于任何价值的信念、信仰和理想一旦形成，就会成为人们心目中用来衡量事物价值轻重、权衡得失取舍的“天平”和“尺子”。人们用这样的天平和尺子去称量、评判一切人和事物，从而得出自己的态度和选择。

案例阅读

惠普的企业价值观

惠普公司创建伊始，创立者们就明确了其经营宗旨：瞄准技术与工程技术市场，生产出高品质的创新性电子仪器。在这一经营宗旨指导下，休利特与帕卡德建立起共同的价值观和经营理论，并将其同时体现在他们聘用与选拔公司人才中。他们对公司员工大力灌输企业宗旨和企业理念，使之成为惠普公司的核心价值观，即企业发展资金以自筹为主，提倡改革与创新，强调集体协作精神。在此基础上，公司逐渐形成了具有自己鲜明特色的被称为“惠普模式”的企业文化，即一种更加注重顾客、股东、公司员工的利益要求，重视领导才能及其他各种惠普激发创造因素的文化系统。在这一文化系统中，惠普模式注重以真诚、公正的态度服务于消费者，在企业内部提倡人人平等与人人尊重。

在实际工作中，提倡自我管理、自我控制与成果管理，提倡温和变革，不轻易解雇员工，也不盲目扩张规模，坚持宽松的、自由的办公环境，努力培育公开、透明、民主的工作作风。惠普的企业价值观及其在此之上所采用的经营方式极大地刺激了公司的发展，有力促进了公司经营业绩的增长。进入 20 世纪 90 年代，惠普公司重点发展计算机，时至今日，它已成为全球最大的电脑打印机制造商。在这种“更高更好”的企业价值观推动下，惠普在 90 年代又得到了空前发展。收入进一步加快，从 1992 年的 16 亿美元，增加到 1997 年的 428 亿美元。

惠普公司的发展历程与骄人业绩从实践上证明了：强有力的企业价值观是企业取得成功的新的“金科玉律”。

资料来源：戴恩民：《纵横天下价值文化为先——惠普的价值管理》，载《中外企业家》，2003（7）。

思考问题

1. 企业价值观对公司的发展有什么影响？

2. 你认为在公司管理中该怎样建立和维护企业价值观?

(二)价值观的分类

1. 斯普朗格的价值观分类

德国的哲学家和心理学家斯普朗格在其《人的类型》一书中提出，个体面对生活中许多事情，经常要作出哪些对自己重要、哪些不重要这样的判断。一个人的哲学观就是建立在个体作出判断时所持的价值观或基本信念基础之上。理解一个人所持的价值哲学，正是掌握这个个体本质的最佳途径。他研究了人的价值观，将其归为六种类型：(1) 理性价值观 (Theoretical)，以知识和真理为中心，强调通过理性批判的方式发现真理。(2) 经济价值观 (Economic)，以有效实惠为中心，强调功利性和实务性，追求经济利益。(3) 审美价值观 (Aesthetic)，以形式、美、和谐为中心，强调对审美、对美的追求。(4) 社会价值观 (Social)，以群体他人为中心，强调人与人之间的友好、博爱。(5) 政治价值观 (Political)，以权力地位为中心，强调权力的获取和影响力。(6) 宗教价值观 (Religious)，以信仰教义为中心，强调经验的一致性及对宇宙和自身的了解。实际上，一个人并非只具有一种类型的价值观。六种类型在不同的人身上有着不同的配置。

根据斯普朗格关于价值观的观点和分类，奥波特、费农和林德赛共同开发了一个以其名字命名的价值观研究量表 (Allport-Vernon-Lindzey Study of Values)，测试这六种主要的价值观类型。1960 年对量表进行了修订，20 世纪六七十年代在西方应用得非常广泛。后来，理查德·科普曼等人再次更新了该量表，使其更加符合现代的情况。

2. 罗克奇的价值观分类

罗克奇的价值系统理论认为，各种价值观是按一定的逻辑意义联结在一起的，它们按一定的结构层次或价值系统而存在，价值系统是沿着价值观的重要性程度的连续体而形成的层次序列。在他的价值系统中，将价值观分为两大类型：(1) 终极价值观 (Terminal Values)，指个人希望达到的终极存在状态。它是个人价值和社会价值，用来表示存在的理想化终极状态和结果，是一个人希望通过一生而实现的目标。(2) 工具价值观 (Instrumental Values)。指个体为实现终极价值观，达到理想化终极状态所采用的行为方式或手段，主要是道德或能力。终极价值观不易改变，工具价值观易于改变。例如，某个人的终极价值观是“舒适的生活”，工具价值观是“能干”，其工具价值观可能会被当事人放弃而改为“欢乐”。1973 年，罗克奇编制了价值观量表 (Rokeach Values Survey)，用“按重要性排序”的方法来测量人的价值观。

测量工具

罗克奇价值观调查表

这是国际上广泛使用的价值观问卷，由罗克奇于 1973 年编制。它包含终极性价值和工具性价值各 18 项，每种价值后都有一段简短的描述，见表 3—1 中括号里的文字。施测时，让被试按其对自身的重要性将两类价值系统分别排序，最重要的排第 1，次重要的排第 2，依此类推，该量表可测查不同价值在不同的人心目中所处的相对位置，或相对重要性的程度。它把各种价值观放在整个系统中进行研究，体现了价值观的系统性和整体性。

表 3—1

终极价值观		工具价值观	
1	舒适的生活（富足的生活）	1	雄心勃勃（辛勤工作、奋发向上）
2	振奋的生活（刺激的、积极的生活）	2	心胸开阔（开放）
3	成就感（持续的贡献）	3	能干（有能力、有效率）
4	和平的世界（没有冲突和战争）	4	欢乐（轻松、愉快）
5	美丽的世界（艺术和自然的美）	5	清洁（卫生、整洁）
6	平等（兄弟情谊、机会均等）	6	勇敢（坚持自己的信仰）
7	家庭安全（照顾自己所爱的人）	7	宽容（谅解他人）
8	自由（独立、自主的选择）	8	助人为乐（为他人的福利工作）
9	幸福（满足）	9	正直（真挚、诚实）
10	内在和谐（没有内心冲突）	10	富于想象（大胆、有创造性）
11	成熟的爱（性和精神上的亲密）	11	独立（自力更生、自给自足）
12	国家的安全（免遭攻击）	12	智慧（有知识、善思考）
13	快乐（快乐的、休闲的生活）	13	符合逻辑（理性的）
14	自尊（自重）	14	顺从（有责任感、尊重的）
15	社会承认（尊重、赞赏）	15	礼貌（有礼的、性情好）
16	真挚的友谊（保持亲密关系）	16	负责（可靠的）
17	睿智（对生活有成熟的理解）	17	自我控制（自律的、约束的）

资料来源：Vinson, D. E. , Munson, J. M. , & Nakanishi, M. (1977). An investigation of the Rokeach value survey for consumer research applications. *Advances in consumer research*, 4 (1), 247-252.

3. 施瓦茨的价值观分类

施瓦茨等人提出了人类基础价值观理论，划分出了十种基础的价值观类型：(1) 成就(Achievement)，指根据社会标准，通过实际的竞争所获得的个人成功，例如成功的、有能力的、有抱负的、有影响力的。(2) 仁慈 (Benevolence)，指维护和提高那些自己熟识的人们的福利，例如帮助、原谅、忠诚、诚实、真诚的友谊。(3) 遵从 (Conformity)，指对行为、喜好和伤害他人或违背社会期望的倾向加以限制，例如服从、自律、礼貌、给父母和他人带来荣耀。(4) 享乐主义 (Hedonism)，指追求个人的快乐或感官上的满足，例如愉快、享受生活。(5) 刺激 (Stimulation)，指生活中的激动人心、新奇和挑战性，例如冒险、变化的和刺激的生活。(6) 权力 (Power)，指社会地位与声望、对他人以及资源的控制和统治，例如社会权力、财富、权威。(7) 安全 (Security)，指安全、和谐、社会的稳定、关系的稳定和自我的稳定，例如家庭安全、国家安全、社会秩序、清洁、互惠互利。(8) 自我导向 (Self-direction)，指思想和行为的独立，选择、创造、探索，例如创造性、好奇、自由、独立、选择自己的目标。(9) 传统 (Tradition)，指尊重、赞成和接受文化或宗教的习俗和理念，例如接受生活的命运安排、奉献、尊重传统、谦卑、节制。(10) 普遍性 (Universalism)，指为了所有人类和自然的福祉而理解、欣赏、忍耐、保护，例如社会公正、心胸开阔、世界和平、智慧、美好的世界、与自然和谐一体、保护环境、公平。

施瓦茨指出，人的价值观结构和体系是一个动态性的连续体，这十种价值观彼此相容或对立，呈现为一个环状结构。他认为价值观具有动态变化性，在不同的情境和条件下，目标的相对重要性不同，对人们的生活和行为起着引领作用。在此分类基础上，施瓦茨还研究了这些价值观类型之间的结构关系，编制了“施瓦茨价值观量表”（Schwartz Values Survey，SVS），试图描绘出一个世界范围的价值观地形图，把各个文化标识在地图相对的位置上。施瓦茨也检测了第十一种基础性价值观，即精神性（Spirituality），但发现它并不存在于所有的文化中。

4. 格雷夫斯的价值观类型

行为科学家格雷夫斯对企业组织内各级各类人物做了大量调查，用七个层次来描述人的价值观与生活形态。按照表现形态的不同，把价值观归纳概括为七种类型：（1）反应型（Reactive）。该类型的人十分少见，往往并未意识到自己和周围的人是作为人类而存在的，总是按照自己的基本生理需求做出反应，而不考虑其他条件。（2）部族型（Tribalistic）。该类型的人依赖性较强，服从权威与传统习惯，并喜欢处于友好而专制的集体中。（3）自我中心型（Egocentrism）。该类型的人是典型的个人主义者，比较自私，为了获得自己希望的利益而愿意不择手段，服从权力。（4）一致型（Conformity）。该类型的人难以接受不同的意见，希望别人与自己之间有更多的一致性，喜欢任务明确的工作。（5）操纵型（Manipulative）。该类型的人喜欢通过操纵别人和控制周围的事物来达到自己的目的，喜欢影响别人，向往地位和权力，追求成就感和进步感。（6）社交型（Sociocentric）。该类型的人十分重视人与人之间的和睦与友爱，看重工作群体的和谐关系，强调被人喜欢以及良好的人际关系甚于自己的发展，注重人与人之间关系的平等。（7）存在型（Existential）。该类型的人能容忍不同的意见与观点，喜欢具有创造性、无拘无束的工作，喜欢接受挑战，强调自己的成长和发展，对于金钱和职位的晋升不是很看重，并敢于批评僵化的政策体制等问题。

5. 罗宾斯代际分类的价值观

罗宾斯关注到不同工作群体之间的价值观差异，指出不同时代的人群具有独特的价值观。他将工作群体每隔20年分为一代。20世纪50或60年代进入工作岗位的人，工作勤奋努力、认可现状、保守忠诚，以退伍军人为代表；20世纪60年代中期到80年代中期进入工作岗位的人，不信任权威，看重成就和忠诚，强调物质生活，以婴儿潮一代为其代表；1985年至2000年进入工作岗位的一代人，不喜欢规则，看重灵活性，注重工作与生活的平衡，X世代为其代表①；2000年后进入工作岗位的人，自信，自我依赖，喜欢团队工作，被称为下一世代。因此，组织管理者要关注工作中不同群体的需要和价值观的差异。

---

① X世代是1991年之后大为流行的一个生活形态名词。它来自于1991年作家道格拉斯·柯普兰（Douglas Coupland）出版的同名小说《X世代：速成文化的故事》。在小说当中，柯普兰将20世纪50年代后期和60年代之间出生的世代，定义为X世代。也就是过去称为婴儿潮世代的下一世代。

在中国，有研究者（张永忠等，1988）将工作中的人群划分为三类：（1）“文革”前一代，指1960年前出生的人；（2）“文革”一代，指20世纪六七十年代出生的人；（3）改革开放一代，指1980年之后出生的人。这三类工作群体不仅因为成长教育及福利制度的差异有所不同，而且在价值观上亦有极大的差异，值得管理者关注。一些新兴的工作领域，也许只有一代人或两代人，但在另一些企业或机构，三代人甚至四代人同时存在，在管理手段和方式上应有所不同。在中国本土企业中，价值观相对容易沟通，但随着企业经营的国际化，外资企业、合资企业等企业组织中产生的文化价值观的差异，是引起管理者注意的重要问题。

案例阅读

星巴克公司的文化和价值观

星巴克是一家价值驱动型的企业，公司内有一套被广泛接受的原则。这家公司总是把员工放在首位并对员工进行大量的投资。这一切来得绝非偶然，全都出自于首席执行官的价值观和信念。舒尔茨曾说道：“我想建立的公司能给人们带来主人翁意识并能提供全面的医疗保险，最重要的是，工作能给他们带来自尊。人们普遍认为该公司是一家能给他们带来自尊的公司，能尊重他们所做的贡献，不管员工的受教育程度如何和工作地点在哪里。”公司坚信若把员工放在第一位的话，将带来一流的顾客服务水平，换言之，有了对服务相当满意的顾客后，自然会有良好的财务业绩。

为了加强及推动公司的文化，公司实施了一系列的报酬激励计划。对于全职和兼职员工（符合相关标准），公司给提供卫生、牙科保险以及员工扶助方案、伤残保险。此外，一家叫工作解决方案的公司帮助处理工作及家庭问题。这种情况在零售行业里并不常见，大多数企业不会为兼职员工的福利支付成本。尽管支付兼职员工福利的成本增加了公司的总福利成本，但平均福利成本和对手相比仍然很低。尽管投资巨大，但公司仍支付大量红利。那些享受到这些福利的员工对此心存感激之情，因而对顾客服务得更加周到。

而且，所有的员工都有机会成为公司的主人。公司在1991年设立了股票投资方案，允许以折扣价购买股票。蚕豆方案是每年提供一定的期权，总金额是基本工资的14%。那些达到最低工作量的兼职员工两个方案均可享受。满足下列条件的员工可以得到期权：从4月1日到整个财政年度末在公司工作，这期间至少有500个工作小时，到一月份发放期权时仍在公司工作的员工。由于星巴克公司的股价持续不断地上涨，给员工的期权价值就很大了；更重要的是，配合公司对员工的思想教育，使得员工建立起自己是公司股东的想法。

资料来源：舒尔茨，霍华德：《价值观塑造星巴克》，载《商业评论》，2009（12）。

思考问题

1. 星巴克公司的企业价值观是什么？
2. 这种企业价值观能够给企业带来怎样的利益？

第二节 组织承诺

承诺就是允诺或答应他人自己一定如何去做，要达到什么样的行为目标。作为个体的心理现象，组织承诺和态度、激励一样，对于个体在组织中的行为有明显影响。

一、组织承诺的内涵

组织承诺（Organizational Commitment）主要指个体投入组织并认同组织的程度，是一种心理状态。它“隐含了员工对于是否继续留在该组织的决定”（艾伦和梅耶，1990）。它与“员工忠诚度”的概念比较相似。组织承诺能够反映员工与企业之间的心理契约（Psychological Contract），它对员工的离职率和缺勤率具有较好的预测能力。

组织承诺这个概念最早是由美国社会学家贝克尔提出的。贝克尔把组织承诺看成是员工随着对组织投入的增加而不得不继续留在该组织的一种心理现象。他提出了“单方面投入理论”来解释员工的组织承诺现象，认为员工对组织的承诺是随着员工对组织的“单方面”投入的不断增加，从而产生的愿意全身心投入到组织中的情感。随着员工对组织在时间、精力甚至金钱方面的投入的不断增加，员工自身就会感到，如果一旦离开所在的组织，就可以面临着各种福利方面的损失，例如信贷担保、津贴和退休金等。不仅如此，随着员工离开原来的组织，他们原先在该组织中花费大量时间和精力建立和发展起来的各种技能也可能随之失去用武之地。贝克尔认为，员工对组织的承诺是基于自身经济利益考虑的，一是离职所带来的损失，二是缺乏可供选择的工作机会。这两方面的损失将随着员工在企业服务时间的增加而增加。因此，越是在企业内服务时间长的员工越不愿意离开企业。

加拿大学者艾伦和梅耶对组织承诺进行了一系列实证研究。他们认为，组织承诺是体现员工和组织之间关系的一种心理状态，隐含了员工对于是否继续留在该组织的决定。这个定义中的“员工和组织之间的关系”是一个很复杂的关系，它既包含了员工对组织文化、组织中的人员、领导、制度、流程、目标、价值观、氛围等各方面的认同，也包含了员工对自我现状，包括身体、智慧、技能、学历、住址、薪酬、晋升、奖励、公平、前途、发展、培训甚至家庭等的认知，还包括员工对这两者关系之间的匹配性评估。梅耶指出，广义的承诺是一种束缚力，它使个体稳定地表现出和一个或多个与目标相关的行为。因此，根据目标不同，承诺也表现出多种多样的形式。贝克尔提出了承诺指向（Commitment Direction）的概念，以说明成员向谁（目标）承诺。这些目标不仅包括有形的对象，例如组织、职业和工会等，而且包括抽象的对象，例如绩效等。与组织承诺一样，其他承诺形式，如职业承诺、上司承诺和外部承诺，也会对组织中的个体行为产生显著的影响。职业承诺（Occupational Commitment）有助于理解职业化群体中的个体行为。当某个组织能够提供员工所需要的职业发展条件的时候，职业承诺和组织承诺往往能够达到一致。例如，某个员工对于软件工程师这个职业有强烈的偏好，他有着很高的职业承诺，如果在一家公司里他可以得到非常好的职业发展条件，如加入技术非常领先的项目、身处鼓励创造力的环境等，那么这名员工就会对这家公司形成很高的组织承诺，这样职业承诺和组织承诺就表现出了一致性。有时，职业承诺和组织承诺也并不一致。有的人职业承诺高，组织承诺低，而有的人则恰恰相反。例如，在西方国家职业化程度高的运动队中，队员普遍职业承诺很好，兢兢业业地打比赛，通过自觉的刻苦训练保持竞技水平。但是其中有的队员的组织承诺却很低，隔一段时间就要换运动队。对于他们来说，保持自己在职业上的竞技状态是最重要的，为哪个队打比赛就显得不那么重要了。在对知识型员工进行管理时，也会发现知识员工的组织承诺较低，但职业承诺较高，二者不相一致。为了管理知识型员工，组织应该提供支持性的条件，通过满足他们的特殊需求来达到职业承诺和组织承诺的一致。当承诺指向直接上级时，称作上司承诺（Superior Commitment）。同职业承诺一样，职业承诺和上司承诺有时也并不一致。有人职业承诺高，上司承诺低，而有人恰恰相反。在中国文化中，员工有更高的上司承诺。因为，中国人往往把承诺人格化，会给承诺的对象找到一个具体的代表人物。例如，在封建社会中，效忠族长就是效忠整个家族，效忠皇帝就是效忠朝廷。而在西方文化中，人们把信守承诺、履行承诺看作是很自然的法则，因此他们更重组织承诺。相对于内部承诺，当承诺指向组织外的组织或客户时，称为外部承诺（External Commitment）。麦克尔罗伊提出这个概念，将组织承诺扩展到了员工对其他组织的承诺，但这与原来研究的组织承诺概念的内涵显然已经不同。

二、组织承诺的结构模型及测量

有关组织承诺结构的研究，就是探索组织承诺的组成要素及要素间的相互关系。组织承诺结构的探索，经历了单因素到多因素，学者提出了不同的模型。其中，艾伦和梅耶的三因素模型影响最大。

（一）组织承诺的结构模型

艾伦和梅耶将组织承诺先从单因素发展到双因素理论，1990 年又将双因素理论发展到三因素理论，并开发了相应的测量工具，对后来组织承诺的结构研究产生了极大影响。

组织承诺三因素结构模型，包括感情承诺（Affective Commitment）、持续承诺（Continuance Commitment）及规范承诺（Normative Commitment）三个维度。感情承诺是指组织成员被卷入组织、参与组织社会交往的程度，它是个体对一个组织的情感，是一种肯定性的心理倾向，它强调的是员工对组织的感情。员工之所以留在组织内是由于情感而非物质利益的考虑。持续承诺主要指员工看重并保持自己在组织中的位置，从而保持住自己在组织中的各种福利待遇。员工通过权衡，认知到一旦离开组织将失去现有价值的附属利益，如奖金或退休金，因而继续停留在组织中，带有被迫的成分。这种承诺建立在经济原则的基础上，具有浓厚的交易色彩。规范承诺指员工因道德义务或忠诚性而觉得应当继续留用在组织中的意愿。

三因素组织承诺模型得到了后来研究者多次实证验证，研究结果都证明了三因素结构模型的正确性。同时，该模型还得到了其他文化中数据的支持。例如普赖斯收集了两个韩国样本，在两个样本上，组织承诺的三因素结构模型也得到验证。但也有研究发现三因素模型存在一定问题，三因素组织承诺测量结果表明它并没有表现出良好的会聚效度和区分效度。

在艾伦和梅耶的三因素模型基础上，凌文辁等人系统分析了国内外关于组织承诺的理论研究，探讨了中国员工组织承诺的结构，提出了一个五因素结构模型。他们认为，中国企业职工的组织承诺由感情承诺、规范承诺、理想承诺、经济承诺和机会承诺五个因素构成。在时隔五年后的研究中，结果再次体现了五因素模型。特别是理想承诺这一国外学者研究中没有包含的因素，调查结果表现稳定。这一模型结构对于指导国内企业的员工管理实践具有更现实的意义。

（二）组织承诺的测量

随着组织承诺理论的发展，组织承诺测量工具也在不断发展。目前，用来测量组织承诺常用的测量工具有波特等人设计的组织承诺问卷（OCQ）、艾伦和梅耶的量表。

OCQ 由 15 个测量项目组成，以一个总得分来反映雇员对组织的承诺程度。后来一些研究表明 OCQ 中的 6 项负向问题容易负荷于另外一个因子上，它们测量的可能是离职意向。因此目前许多学者在测量组织承诺时，使用的都是 OCQ 中的 9 项正向问题组成的简化量表。

艾伦和梅耶根据自己的三因素模型，编制了感情承诺量表（ACS）、持续承诺量表（CCS）和规范承诺量表（NCS），用来测量组织承诺。

测量工具

组织承诺问卷

下面列出的是代表员工可能持有的、对他为之工作的公司或组织所感受到的一系列表述。每一个表述后面有 7 个选项，它们分别表示的意义是：①非常反对；②比较反对；③有一点反对；④既不反对也不赞成；⑤有一点赞成；⑥比较赞成；⑦非常赞成。根据你对目前工作的特定组织的亲身感受，请选择每一个表述下的 7 个备选项之一，以表明你对这句表述的赞同或者不赞同的程度。

1. 为了有助于这个组织获得成功，我愿意付出比一般的期望更多的努力。 ① ② ③ ④ ⑤ ⑥ ⑦
2. 我和朋友谈及这个组织时，把它描述为一个非常值得为之工作的组织。 ① ② ③ ④ ⑤ ⑥ ⑦
3. 我对于这个组织没有什么忠诚度。 ① ② ③ ④ ⑤ ⑥ ⑦
4. 为了使这个组织的工作得以开展下去，我愿意接受几乎任何类型的工作任务。 ① ② ③ ④ ⑤ ⑥ ⑦
5. 我发现我的价值观和组织的价值观非常相似。 ① ② ③ ④ ⑤ ⑥ ⑦
6. 我自豪地告诉别人，我是这个组织的一部分。 ① ② ③ ④ ⑤ ⑥ ⑦
7. 只要工作类型相似，我就能在另外一个组织中工作得更好。 ① ② ③ ④ ⑤ ⑥ ⑦
8. 在工作绩效方面，这个组织确实把我激发到了最佳状态。 ① ② ③ ④ ⑤ ⑥ ⑦

9. 我目前所处环境的非常小的变化都会导致我离开这个组织。	① ② ③ ④ ⑤ ⑥ ⑦
10. 我非常高兴我在当时抉择时选择了这个组织而不是其他组织。	① ② ③ ④ ⑤ ⑥ ⑦
11. 一直留在这个组织不会有太多收益。	① ② ③ ④ ⑤ ⑥ ⑦
12. 我经常发现很难赞同这个组织关于员工的重要事情的政策。	① ② ③ ④ ⑤ ⑥ ⑦
13. 我确实很关注这个组织的命运。	① ② ③ ④ ⑤ ⑥ ⑦
14. 对于我来说，这是可能选择的组织中最好的一个。	① ② ③ ④ ⑤ ⑥ ⑦
15. 在我这方面，决定在这个组织工作肯定是一个错误。	① ② ③ ④ ⑤ ⑥ ⑦

其中第 3、7、9、11、12、15 的表述为反向计分题目，在计分时需要反向计分。

资料来源：Angle，H. L. & Perry，J. L. （1981）. An empirical assessment of organizational commitment and organizational effectiveness. *Administrative science quarterly*，*26* （1），1-14.

三、组织承诺在管理中的重要性

首先，组织承诺的回报是有一定时滞的，那些进行高承诺管理实践、注重培养员工情感承诺的公司，从长远看会获得更好的经济回报。

其次，一个组织的制度在实际运作中总有漏洞和死角，情感承诺高的员工会为组织的利益着想，自觉地采取积极的行为完成工作任务。

在高度不稳定的环境中，组织可能无法对它最忠诚的员工提供雇佣保障，因此期望员工像 20 世纪 70 年代那样对组织高度承诺是不合理的。但是，假如能使员工明白，组织目标和他们的个人目标（如职业或个人事业目标）紧密相关，那么员工也会为组织目标努力工作。例如，有的员工对自己的职业有高度的承诺，如果给他们安排能够增强他们职业技能的工作，不管组织承诺如何，他们都会努力地工作。NBA 的篮球运动员高度职业化，经常在各支球队之间流动。一般来说，职业承诺比组织承诺更能影响他们在球场上的表现。

在新环境下，市场化程度很高的职业群体，如职业运动员、IT 技术工程师等，持续承诺可能会变得更低。通过增加员工持续承诺的办法，来降低离职率的做法在这些群体中效果可能并不好。对于这样的员工，企业应该注重建立员工对组织的情感承诺。一方面通过满足他们的职业承诺，进而建立起情感承诺；另一方面要重视组织文化的建设，通过组织对个体价值观的同化作用，来建立牢固的情感承诺。

四、组织承诺的形成过程与机制

1977 年，学者斯蒂尔斯提出了组织承诺的前因结果模式。他分析了组织承诺的形成过程，研究了组织承诺与一些变量间的相关性，认为可以通过某些变量来预测组织承诺。在他提出的预测模型中，预测变量主要包括个人特征（Personal Characteristic）、工作特性（Job Characteristic）和工作经验（Work Experience）三个方面。其中，个人特征包括年龄、成就动机与教育程度；工作特性包括挑战性、反馈与工作完整性；工作经验则包括团体态度、对组织的信赖程度与个人重要性等。他认为组织承诺的结果，或称为效标变量，主要包括留职意愿、出勤率及工作绩效。

1982 年，斯蒂尔斯又对该模式进行了改进，认为预测变量有个人特征、有关角色的特征、结构的特征、工作经验四类；效标变量有工作绩效、核心员工任职时间的长短、怠工情形、缺席情形、人事异动率五类。改进后的模式如图 3—2 所示。它定性说明了组织承诺的前因与结果的关系，为改善企业绩效、核心员工的留职管理提供了一种定性分析工具。

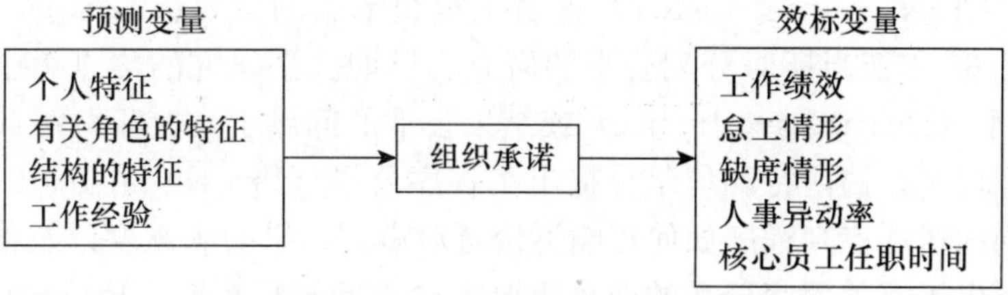

图 3—2　组织承诺前因变量与结果变量示意图

资料来源：Steers，R. M. (1977). Antecedents and outcomes of organizational commitment. *Administrative science quarterly*，*22* (1)，46-56.

后来，马帝厄等人采用元分析方法，把影响组织承诺的相关因素分为个人特征、激励、工作满意感、工作绩效、工作压力、工作特征、团队和领导关系、组织特征八类。每一类又分出不同的变量，从而使组织承诺的前因变量更加繁多。

科恩在他的元分析文章中，提出了影响组织承诺的两个模型：个体模型和组织模型。个体模型主要关注个体变量，如性别、年龄、受教育程度、工龄和婚姻状况对组织承诺的影响；组织模型主要关注组织中角色相关的、结构的和工作经验等变量对组织承诺的影响作用。他的研究发现，不同的职业样本中，两个模型的影响因素不同。这两个模型各自具有理论上的清晰性和层次性，但缺乏完整性。

有的研究从不同角度探讨了组织承诺的形成过程。他们根据员工职业的发展，把组织承诺的形成过程分为三个阶段：就业的起始时期、参加工作的早期、职业生涯的后期。认为在第一阶段，个人信念、价值观等个人特点对组织承诺有重大影响；在第二阶段，工作与职务性质、领导风格等工作经历影响很大；在第三阶段，由于职务流动性等因素，组织承诺加速变强。

已有的大部分研究认为，组织承诺是在社会交换原则基础上形成的。组织为员工提供理想的工作环境，员工就对组织形成承诺。组织承诺与理想的工作环境呈正相关，与不理想的工作环境呈负相关，但实际情况要更复杂。组织承诺也像工作满意感一样有一个自然发展的过程。艾伦和梅耶提出的归因过程、回顾性文饰作用（Retrospective Rationalization Effect)、期望满足、人—职匹配等机制都可以用来解释情感承诺的形成，但是对于持续承诺和规范承诺的形成机制还不是很清楚，有待于进一步研究。

五、影响员工组织承诺的因素

一般认为，影响组织承诺的变量可以归纳为三类：组织因素、工作因素和员工个人因素。

（一）组织因素

影响组织承诺的组织因素，主要指组织基本特征，包括组织支持感、组织可依赖性、组织公平感、管理层对新观点和新思想的接纳程度、集体工作精神等。根据组织支持理论，当组织积极友好地对待员工时，员工就会感到较高的组织支持，进而会影响员工对组织的承诺。很多研究都证明，组织支持感能够显著影响员工的组织承诺水平。菲森伯格提出了互惠规范和交换理论，认为当员工感觉到组织对他关心、支持和认同时，员工就会有很好的表现。

组织公平（Organizational Justice）是员工组织承诺的重要影响因素。国外对组织公平的研究始于1965年亚当斯对分配公平的研究。早期公平研究的焦点集中在分配的"结果"，即分配公平（Distributive Justice）或结果公平的问题上。鉴于分配公平忽略了分配结果之前的分配程序，锡博特和华尔克提出了程序公平（Procedural Justice）的概念。他们通过研究不同的司法审判程序如何影响诉讼者对审判结果的满意度以及他们对审判过程的公平知觉，提出了有关程序公平的两个重要概念，即过程控制（Process Control）和决策控制（Decision Control）。利文萨尔针对分配程序和分配过程的属性，提出了关于程序公平的六个标准：（1）一致性原则；（2）避免偏见原则；（3）准确性原则；（4）可修正原则；（5）代表性原则；（6）道德伦理原则。

分配公平和程序公平由此成为组织公平研究的两个最基本的维度。随后，毕斯和牟格又提出了互动公平的概念（Interactional Justice）。互动公平关注的是在程序实行过程中程序的执行者对待员工的态度、方式等对员工的公平知觉的影响。格林伯格又将互动公平分解成为两个部分，即人际公平（Interpersonal Justice）和信息公平（Informational Justice）。人际公平反映的是员工被那些与执行程序和决定结果有关的当权者以礼相待和尊重的程度；信息公平是指向员工传递有关信息，解释为什么采取某种分配程序和为什么是这样的分配结果的程度。

福尔杰和科诺夫斯凯发现，公平判断能够影响个体的组织承诺。斯威尼和麦克法林等研究者指出，跟分配公平相比，程序公平应该能够更好地预测组织承诺。主要原因是当员工认识到利益分配的程序是公平的时候，他们会觉得自己以后应更好地为组织服务。科尔基特等人的研究也证实了程序公平与组织承诺之间有显著的正相关。

除了组织支持感和组织公平感之外，组织文化、组织制度、领导行为及人—职匹配（Person-Organization Fit）对组织承诺也有影响。

（二）工作因素

影响组织承诺的工作因素，主要是指职位的明确程度、工作的意义、工作的挑战性、工作内容的丰富化、目标的明确度、目标难度等方面。艾伦和梅耶选取刚进入公司的新员工为研究对象进行了调查，结果发现，工作经历，比如满意感、工作的挑战性等确实会影响到感情承诺。1997年，艾伦和梅耶在另一个研究中也发现，满意感、工作的挑战性等会影响感情承诺。威纳、马丁等人探讨组织承诺与工作满足的关系时，发现组织承诺与工作满足呈正相关。我国台湾的一些学者发现工作自主性与组织承诺呈正相关，即工作自主性越高，则成员的组织承诺也越高。波德萨科夫等人从工作自主性、分配公平性、角色模糊、角色冲突、角色负荷等方面实证检验了与感情承诺的关系，结果显示，它们之间有较强的相关性。另外的研究也证实，组织承诺与工作满意度、工作投入、组织和任务反馈的效用认知呈正相关，与更专业的工作、角色压力、工作紧张度呈负相关。还有研究表明，组织承诺与权力和员工工作的成功、对晋升机会的认知、员工的收入水平、工作投入和员工对工作安排灵活性的满意度呈正相关，与专制的人事管理、离职倾向和员工的流失呈负相关。

（三）员工个人因素

影响组织承诺的员工个人因素有五个方面：一是个人在组织内的投入和付出因素，指个人在组织内的工作年限、工作努力程度等。工作年限或服务年限是个人在组织内最重要的时间坐标，表示一个雇员在这个组织中的经验指数的变化，因而可以称为组织年龄(Organizational Age)。关于工作年限与组织承诺之间的关系研究表明，雇员的组织承诺水平随着服务年限呈先升后降的趋势。国内的研究证明，员工的组织承诺随着服务年限是一个先增后降、再增再降的周期性变化过程。对于工作经历与组织承诺的关系，目前用需要—满意和社会交换理论、认知和谐理论这两种理论可以解释。二是个人在组织内的回报因素，指个人在组织内的地位及薪酬、荣誉等组织给予个人的各种奖励及认同因素。里茨尔与特赖斯认为，工资报酬、员工地位、责任感、工作自由度以及升迁的机会等都会影响员工的承诺行为。但相对来说，员工年龄、工作年限是两个更为重要的因素。波特等人发现，组织承诺水平的高低与上级、同级对员工的评价以及员工自己对于工作、报酬、提升的评价呈明显的正相关。即越是承诺高的员工，其上级、同级员工对其评价也较好，员工本身对于自己的工作、报酬乃至提升机会的评价也高，反之则低。艾森伯格根据“互惠规范”与“交换理论”，提出员工承诺的关键在于员工所感受到的来自于组织单位方面的支持，进而提出组织支持感（Perceived Organizational Support，POS）理论，即当员工感觉到组织对其很关心、支持、认同时，员工就会有好的表现。从交换理论的角度来看，组织的关系、支持、认同就是对员工工作的一种回报。费朗西斯科等人探讨了文化差异对组织承诺的影响。调查研究结果发现，中国员工的组织承诺与他们的职位有关，而与员工在组织中的工作年限无关。三是个人特征因素，包括年龄、性别、学历、相貌、身体素质等。谢尔登、斯蒂尔斯等人的研究均发现年龄与组织承诺呈正相关。艾伦和梅耶（1993）认为，年老的员工更有可能对企业产生情感承诺，原因包括对自己的工作更满意，在企业中的职位更高，在认识上会为自己留在企业进行辩护。四是人格特征因素。艾伦和梅耶(1990）指出，员工的个性特点对规范承诺产生显著影响。研究表明，当员工的情境决策效能较高时，主动型人格（Proactive Personality）能够正向影响员工的工作结果变量，例如工作满意度、情感承诺和工作绩效；而当员工的情境决策效能低时，主动型人格具有负向的预测作用。研究发现，控制点不仅与员工的工作绩效相关，而且与很多工作态度变量，例如工作满意度和组织承诺都显著相关。内控的员工往往报告具有高的工作满意度和组织承诺。研究表明，自我效能感对工作绩效和工作态度都有显著影响，是影响组织承诺的一个人格变量，与组织承诺呈正相关。五是其他个人因素，如性别、婚姻等。

另外，影响组织承诺的因素还有社会因素，主要包括社会的政治、经济、法律环境以及舆论导向五个方面。

六、组织承诺对个体行为影响及培养途径

（一）组织承诺对个体行为影响

组织承诺的个体行为结果包括离职（Turnover）、缺勤（Absenteeism）、工作绩效等。

组织承诺与员工离职具有密切关系。梅耶等人发现：组织承诺的不同因素和离职的相关程度不同。情感承诺和离职行为的相关性最强，规范承诺次之，而持续承诺和离职行为的相关性最弱。传统上学者们认为，员工对工作不满意会造成离职意向的增强，进而发生离职行为。多数研究发现情感承诺与离职的相关性比工作满意度与离职的相关性要强。

梅耶等人发现情感承诺和持续承诺与工作绩效之间存在不同的关系。上级对个人工作绩效的评价与他们的情感承诺水平呈正相关。但对于持续承诺来说，这种关系却是负相关，较高的持续承诺是与低水平的绩效评价相联系的。规范承诺和情感承诺关系密切，而且都与绩效正相关，但是和情感承诺相比，规范承诺的作用是短暂的，一旦个体认知到行为已经符合规范了，规范承诺对行为的影响程度就会减弱。组织承诺的不同因素对工作绩效表现出不同的作用。情感承诺高的员工认为他们的工作包括的内容更广，甚至包括一般被认为是正式的岗位要求之外、不属于分内的工作。因此，情感承诺高的员工比情感承诺低的员工更可能在心理上觉得应该完成的工作更多。不同组织承诺类型的员工对工作的投入情况有很大差别。以情感承诺为主的员工更容易主动接受指派的工作，就会基本上无须考虑地投入地去完成工作。以规范承诺为主的员工，会花时间考虑完成这项工作能在多大程度上回报组织曾给予的恩惠。而以持续承诺为主的员工会花较多的时间去计算完成工作的得与失，从而采取自己认为最“经济”的方法去完成工作。

组织承诺的三因素之间产生的作用不平等。个体因期望而产生的情感承诺会使他们产生更强的依附组织的倾向。现实组织中大量的时间会对人的行为产生影响。当个体以情感承诺为主时，他们受到的影响会比较小，从而能够专注于自己的工作，有稳定的行为表现。而以持续承诺或规范承诺，尤其是持续承诺为主的个体，则更可能会偏离束缚，表现出和承诺不一致的行为。例如，企业在经营上遇到困难采取降薪策略时，以情感承诺为主的员工会保持自己的工作绩效，与企业共渡难关；以持续承诺或规范承诺为主的员工会降低工作质量，甚至离职。因此，与持续承诺和规范承诺相比，情感承诺和更广泛的结果变量有显著的相关关系，且相关程度更高。

在现实组织中，每个人都是组织承诺多因素的混合体。近年来，有些研究者开始重视组织承诺可能带来的负面影响。日本学者山内（2008）认为，组织情感承诺过高的个体往往伴随着高水平的工作压力、经常性的工作—家庭冲突、焦虑，甚至存在“过劳死”的现象，因此要特别关注这一群体的心理和身体健康。不仅组织承诺对个体有负面影响，过高的职业承诺或上司承诺同样可能带来不利的影响。

（二）培养员工组织承诺的途径

组织承诺可以对员工的行为产生显著影响，尤其是情感承诺高的员工能够表现出更好的工作绩效。那么，组织在日常管理实践中可以通过哪些途径来建设和培养员工的情感承诺呢？通过对一些著名企业在这方面管理实践的总结，可以归纳出以下几种主要途径。

1. 通过招聘甄选合适的员工

对于那些希望和员工建立起长期稳定关系的组织来说，招聘时要注意鉴别那些有频繁跳槽经历的人，详细考察他们离职的原因。因为在这类群体中，有相当一部分人很难对一个组织建立起稳定的承诺关系，他们或者是为了追求一种多变的生活，或者是通过频繁的跳槽来达到薪酬的不断增加。另外，要考察应聘者和组织之间价值观的匹配程度。个体和组织之间的价值观取向差异大，个体进入组织后，会觉得很难适应，就不能建立起对组织的情感承诺。招聘时至少应该做到组织的核心价值观不致令个体反感。这样个体进入组织后，还可以通过各种社会化的策略来进行价值观同化。

还有的企业通过现实工作预览的方法来甄选那些可能建立高情感承诺的员工。面试官会在面试中将本组织的价值观通过一些具体的事例告诉应聘者，尤其是如实告诉他们将要面临的挑战，这样，一些应聘者会通过自我判断退出，最终进入组织的员工借助这种方式对组织也有了比较切实的了解和期望。这种方法有助于他们更快地适应组织中的生活，进而为建立高情感承诺打下基础。

2. 通过内部晋升来培养情感承诺

偏重从内部晋升是一些组织培养员工情感承诺常用的方法。在这些组织的升迁标准中，明确地要求员工全身心地融入到组织文化中去。这样，那些在组织中工作多年，对组织有深厚情感的员工会有更大的机会得到晋升，而且他们晋升后，又起到将组织的理念进一步传承下去的中坚作用。

3. 通过培训和宣传来培养感情承诺

在员工刚进入组织的半年之内，对周围的事物最敏感，接受新事物的可能性也最大。因此一些组织在新员工加入组织不久就会开展细致的新员工培训活动，向新进入的员工输送组织的价值观、行为规范和历史传统。抓好这一阶段的培训工作，员工对组织的情感承诺就会有大幅度的提升。

迪士尼公司在培训新员工时，用一套专门的术语来营造氛围、培训新人。在培训中，员工是“演员”，顾客是“贵宾”，群众是“观众”，职务是“角色”，职务说明是“剧本”，当班是“在舞台上”，等等。在这种特殊的培训中，员工在好奇中接受了迪士尼灌输的理念，既“让大家快乐”，也使他们成为了真正的迪士尼人。

利用宣传公司理念的活动来培养员工的情感承诺也是常被采用的一种途径，具体的方法非常丰富。例如日本的很多公司常利用齐唱公司歌、齐颂公司理念的方法来培养员工对公司的归属感；联想公司将员工符合公司理念的优秀行为表现制成漂亮的幻灯片、卡片，通过公司内部网络在全体员工中传阅，公开表扬这些员工的具体行为，同样也起到了培养员工情感承诺的作用。

4. 通过沟通和支持来培养组织承诺

对大多数员工而言，对组织的情感承诺是通过具体的人来建立的，因此组织中上下级间，以及同事之间的沟通和支持就非常重要，其中组织中各级领导对待下属的言行尤其重要。领导采用正确的沟通方式，让下属感受到来自领导的工作支持，就会增强员工的情感承诺。相反，糟糕的沟通和领导方式会大大损害员工的情感承诺。

第三节　组织公民行为

成功的企业离不开主动工作、积极进取的员工。员工的努力程度和主动精神对组织绩效会产生深远影响。管理者除了使员工认真完成职责范围内的工作任务外，还要激励他们主动承担一些岗位描述要求的职责范围以外的责任和工作，这就是组织公民行为。

一、组织公民行为的概念

组织公民行为（Organizational Citizenship Behavior，OCB）是指“在组织正式的薪酬体系中尚未得到明确或直接的确认，但就整体而言有益于组织运作成效的行为总和”。（奥根，1983，1988）1997 年，奥根把 OCB 与博尔曼等人于 1993 年提出的“关系绩效”概念相联系，重新定义了 OCB，指出 OCB 是一种“有助于保持和改善那些支持任务绩效完成的社会和心理的行为”，目前这已经成为组织行为学领域研究的前沿问题和研究热点之一。

为了更好地理解组织公民行为，下面对一些相关概念作介绍。

（一）角色内行为与角色外行为

卡茨和卡恩把工作绩效区分为角色内行为（In-role Behavior）和角色外行为（Extra-role Behavior）。这两种行为的区分标准是看该行为是否是组织正式工作规范里所要求的行为。角色内行为指的是正式的、工作规范要求的行为，也就是组织所规定依据此进行绩效评估的行为和工作标准。所以，角色内行为与工作报酬或升迁发展有直接的关系，角色外行为指的是超出工作规范要求之外的行为。

（二）任务绩效与关系绩效

鲍曼和莫托威德罗根据坎贝尔的研究架构，将工作绩效分为任务绩效（Task Performance）和关系绩效（Contextual Performance）。任务绩效指通过直接的生产活动、提供材料和服务，对组织的技术核心所做贡献的行为。关系绩效指在任务绩效之外，其他与核心技术没有直接关系，但有助于支持技术核心运作的组织、社会、心理等环境的行为表现，其涵盖范围较广，包括自愿的行为、组织公民行为、组织奉献精神以及与特定任务无关的行为，如自愿承担额外的工作、帮助同事等。它能够促进组织内的沟通，对社会沟通起润滑作用，降低紧张的情绪反应，可以促进任务绩效，从而提高整个组织的有效性。可以看出，任务绩效更多的是角色规范内的行为，而关系绩效很少会包括在成员正式工作规范之内。

在有关研究中，组织公民行为与关系绩效经常被交叉使用，但它们是有区别的。例如，关系绩效更多的是一些与特定工作无关的行为，比如合作、热心、遵守组织程序与规定、认同组织目标等。总体而言，组织公民行为与关系绩效的主要区别在于：（1）关系绩效不要求该行为是角色外行为或是自发性行为。（2）关系绩效不理会该行为是否得到了组织正式的或是间接的报酬回报。

（三）组织自发性

乔治和布里夫把组织自发性（Organizational Spontaneity）定义为“成员自愿表现出

来的有利于组织有效运作的角色外行为”，有五种形式：帮助同事、保护组织、提出建设性意见、自我发展、传播良好意愿。它与组织公民行为的相同之处在于都是“成员自愿的行为”，“均有利于组织的有效运作”。不同之处在于组织公民行为强调“这些行为并没有得到组织中正式的报酬系统直接或明确的回报”，而组织自发性没有这个限制，不关注行为者的个人动机。例如，一个组织的制度规定用金钱奖励那些提出节约成本建议的成员，那么提出合理建议这种行为就不会被认为是组织公民行为，但却是属于组织自发性。

（四）亲组织行为

亲组织行为（Prosocial Organizational Behavior）是指包括组织公民行为在内的较为宽泛的助人行为。这些行为由组织的一位成员表现出来，是组织成员在完成其组织角色任务时发生的指向个人、群体或者组织的行为，行为的目的是提高行为对象如个人、群体或组织的福利。例如，帮助同事掩盖工作上的问题，这个做法对这位同事个人有好处，但对组织整体缺乏积极意义。这种行为是亲组织行为，却不是组织公民行为。因此，亲组织行为可能对组织有利，也可能对组织不利，同时它可能是角色内行为，也可能是角色外行为。

二、组织公民行为的维度

目前使用较多的是七个维度的划分方法，这七个维度分别是：助人行为、运动家道德、组织忠诚、组织遵从、个人首创性、公民道德和自我发展。

(1) 助人行为（Helping Behavior）是 OCB 中最重要的一个维度，指自发地帮助同事，预防和解决与工作相关问题的行为，包括利他主义行为、保持和谐、善意调解、鼓舞团队士气、礼貌、人际互助，帮助同事、人际促进等。

(2) 运动员精神（Sportsmanship）指个体对别人造成的不便不仅不抱怨，而且仍然保持积极态度，为了团体利益甘愿牺牲一些个人兴趣和喜好，不轻易否决别人的意见等。

(3) 组织忠诚（Organizational Loyalty）包括忠诚于组织，保护组织和对组织的发展有良好意愿，支持和维护组织的发展目标、敬业精神等。组织忠诚有利于促进组织发展，保护和维护组织免于受到外来的威胁和损害，而且在组织处于逆境时个体对组织仍然保持着高度承诺。

(4) 组织遵从（Organizational Compliance）是指个体不仅接受组织的规章制度和程序并加以内化，而且在行为中严格认真地遵守，即使在没有他人在场的情况下也是如此。

(5) 个人首创性（Individual Initiative）是一种职务外行为，它包括自愿并创造性地从事与工作相关且超出了组织要求的行为。个体愿意承担额外的工作责任，以极大的热情和努力持续工作，同时也积极激励组织中的其他人。这种行为最大的特点就在于其自愿的创造性，也有人将它称为责任心，提出建设性意见，自愿承担工作任务，工作奉献等。

(6) 公民美德（Civic Virtue）也被称为组织参与、保护组织等，指员工作为组织中一个“公民”应有的美德行为，包括对组织的工作感兴趣，节约组织资源，保护组织财产，愿意参加组织的各项活动，参与组织战略计划制定，监控来自环境的威胁和机会等。

(7) 自我发展（Self Development）即员工主动利用业余时间，通过各种形式来开发自己的潜能，自愿接受组织提供的培训机会，来学习相关工作知识和技能，以求对组织的发展做出更大贡献。

三、组织公民行为的动机分析

早先对 OCB 动机的研究都着重积极的内涵。它被假定源于个体自身想要的影响力，例如心情、认同感、责任心；或工作团队需要的影响力，例如领导支持、黏性；或组织需要的一些因素，例如心理上的和谐、稳定的环境等。虽然奥根强调组织公民行为的水平不会影响组织对个体的奖惩，但是已有研究表明，企业主管在绩效考核时，会考虑员工的“角色外行为”。主管往往认为组织公民行为多的员工是好员工，认为他们更有奉献精神。所以许多员工会把组织公民行为作为其获得奖励或升迁的一种工具。最近的研究也表明，当个体认为这些行为会有奖励时，他们是最有可能关注 OCB 的。例如，雇员在提升决定前更可能关注 OCB，当他们得到提升后，比起其他雇员，他们仍关注 OCB，但更有可能会减少他们的 OCB。这就要求必须更多地重视组织公民行为的动机。

（一）利他动机

按照奥根的定义，组织公民行为是一种有利于组织的角色外行为，是一种无私的利他的奉献行为。员工基于无私利他动机（Altruistic Motivation）的组织公民行为整体上有利于提高企业绩效。出于利他动机的组织公民行为可以提高组织的效率。例如，帮助新员工或落后同事熟悉工作环境、掌握工作技巧的利他行为使得同事提高了生产效率，还可以使企业拥有的资源充分投入生产活动之中。具有责任意识的员工，能自觉主动地完成工作任务，使组织资源得到充分利用，营造良好团队工作氛围。员工通过合作，体现出运动员精神和公民美德行为，增强了团队精神、道德感和凝聚力，减少了团队成员之间的冲突和矛盾，有效协调了团队成员和工作群体之间的活动。

（二）印象管理

博利诺提出，除了社会交换动机之外，组织公民行为的产生还可能是出于印象管理的动机。印象管理（Impression Management）是指个体通过一定的方式，影响或控制别人形成对自己印象的过程。一些学者指出，公民职责和印象管理行为二者之间比较模糊。在印象管理行为研究中，也已经研究了一些带有消极内涵的变量，例如，谋权政治家，追求名利和自我检控。研究是否自私的动机，借助像印象管理可能会帮助解释为什么雇员会关注一些额外的 OCB。

（三）破坏他人形象

研究者发现，个体的某些行为其实有时在努力破坏其他人的形象。例如，帮助他人的行为。如果一个员工给一个同事很多的协助，受到帮助的这个同事可能会被组织中的其他成员看作缺乏能力。同样，员工可能志愿参与一些额外的任务或者长时间工作，试图让同事认为自己不是很好。因此，在这些情况下，员工可能确实关注 OCB，以至于被同事认为是不亲切的。

（四）其他一些潜在的动机

比如，内疚和亲社会行为之间的正向关系。员工可能关注特定的 OCB 是因为他们已经确定 OCB 能补偿他们的内疚。例如，一个员工加班来完成工作，可能不是因为他忠心或特别有责任心，而是因为他感觉吃一顿 2 小时的午餐或花几小时上网非常内疚。

此外，个体可能关注 OCB 是因为他们是无私的或对他们的角色职责不满意，或者是因为对个人生活的不满足。霍克希尔德（2003）的研究表明，许多员工为了避免在家中生活，在工作上确实花了很多额外的时间。没有社交机会的员工，或那些婚姻困难的员工会长时间地工作或承担额外的责任，因为这样做似乎要比其他的选择要好。

概括地讲，在研究相关 OCB 中好的倾向或令人满意的因素时，应该承认公民责任可能也是自私动机的一个方面。应该把 OCB 研究的范围扩大，包括对更多的自我服务动机（Self-service Motivation）的研究。另外，通过扩大动机的研究的类型，能够更好地解释这些行为。

四、组织公民行为的前因变量

组织公民行为的实证研究中关注较多的前因变量主要有四类：员工特性、任务特性、组织特性和领导者行为。

（一）员工特性

早期关于员工特性的研究集中在组织公民行为的两个领域：一个是一般意义上的“道德”因素，奥根和瑞安将其视为员工满意度、组织承诺、可感知的公平感和可感知的领导支持。另一个是奥根和瑞安提出的各种类型的支配权因素，例如，尽职尽责、正向情感和负向情感等，它们被认为是对 OCB 间接起作用的因素。角色感知也和一些 OCB 维度显著相关，角色模糊和角色冲突都和员工热情、文明礼貌和运动员精神显著负相关，但是和尽职尽责与公民美德却不相关。性别对 OCB 有无影响尚未取得研究证据。金德发现，感情因素的介入和观点的采纳会影响到助人行为和文明礼貌，并且这些特征都与女性相关。金德认为男性似乎比女性更多地履行尽职尽责行为。

（二）任务特性

任务反馈、任务常规化和任务令员工内在满意，这三种任务特性的形式都与 OCB 中员工热情、文明礼貌、尽职尽责、运动员精神和公民美德五个方面显著相关。任务反馈和让人内在满意的工作任务与 OCB 正相关，而任务常规化与 OCB 负相关。

（三）组织特性

组织的形式、组织的灵活性、顾问或员工的支持以及和领导之间的距离与 OCB 都没有一致相关。但是，团队凝聚力却与 OCB 的五个方面显著正相关，可感知的组织支持与员工热情显著正相关。在领导控制之外获取的报酬与员工热情、文明礼貌、尽职尽责显著负相关。

（四）领导者行为

变革型领导者行为，都与 OCB 的五个方面呈正相关。领导交换理论中员工热情与总体的 OCB 正相关。领导在影响 OCB 的因素中扮演着重要角色，除了少数例外，几乎所有的领导者行为和 OCB 的关系都是显著的。

五、组织公民行为的结果变量

组织公民行为研究中涉及的一些结果变量主要集中在两个方面：（1）OCB 对管理绩效评价及相关人事管理决策的影响；（2）OCB 对组织效能和组织绩效的影响。

在绩效主观评价中，OCB 比工作绩效占更大比例，其中利他主义行为、公民道德和运动员精神维度对绩效评价的贡献最为显著。阿维拉等人的研究表明，在对电脑销售业务员的最终业绩评价中，销售绩效占 12%，OCB 占 48%。麦肯齐等人以 261 个保险公司的保险代理人作为被试，发现 OCB 在其总体业绩评价中所占的比例高达 44%。波德萨科夫等人综合了这个领域的 11 项研究，元分析表明，在总体绩效评价中，任务绩效仅占 9.5%，OCB 则占 42.9%，将两者效果合并则占总体绩效评价的 61.2%，排除方法因素引起的误差仍然可以解释 46%。在绩效主观评价研究中，OCB 指标主要来自于关系绩效的测量。同样，波德萨科夫综合了在此领域内的 8 项研究，元分析表明，在主观绩效评价中，职务内行为占 9.3%，而关系绩效占 12%，将两者效果合并则可以解释绩效评价中 42%的变异。

尽管所有研究者都相信 OCB 可以增强组织绩效，增进组织管理效能，但对这一假设进行直接验证却比较困难，这方面的研究也较少。综合已有研究结果发现，OCB 与组织的工作绩效、产品质量、小组的工作量都存在显著相关；OCB 与组织中的浪费行为、操作效率、客户抱怨、客户满意感、工作质量等变量也有密切关系。在 OCB 的各个维度中，又以助人行为对组织总体绩效的贡献最为显著。这些研究有效地支持了奥根关于 OCB 影响组织绩效和组织管理效能的假设。

六、组织公民行为在管理实践中的应用

组织公民行为对组织绩效有积极影响，这是由于员工在感受到来自组织的关心和支持以后产生回报组织的强烈愿望，并会转化为员工工作中发自内心的责任感和巨大的创造力，这些正是组织发展的原动力。员工们表现出组织公民行为的前提是他们有很强的组织认同感、信任感和忠诚感。如果员工们对企业不认同和不信任，就会很少主动付出额外努力追求组织的有效性，推动企业的成功和发展。所以，为提升员工的组织公民行为，组织应该改进人力资源管理，营造良好的环境以提高管理绩效。具体措施如下所述。

（一）扩大工作分析的内容

尽可能将包括工作行为本身和担任该工作的员工在知识、能力、经历和个性等方面令人满意的内容都纳入工作分析的范围之中。这些范围的确定，会使组织在人员甄选、任用、薪酬福利、晋升培训等人力资源管理活动中找到决策依据。

（二）建设企业文化

影响 OCB 的若干变量，包括员工满意度、组织公平、组织承诺、领导行为等，归根结底都是对组织文化的反映和结果。建立长期的组织文化方能够较好地引导组织公民行为。根据霍夫施泰德的研究结果，如果个人着眼于长期，就会比较重视美德，注重长期回报，为了融入组织或参照群体中，势必要遵守组织或参照群体的规范，从而较易实施组织公民行为。相反，短期导向者为了得到立即的回报必须要凸显自己，不大注重群体规范或伦理，也不会遵循不是立刻就能得到眼前利益的组织公民行为。组织可以通过培训等方式，向那些短期导向的员工传播、灌输组织文化、组织核心价值观，使其接受、认同组织文化，达成组织认同，可以形成“我和组织是一体”的感觉。

（三）采用 360 度多源评价机制

这一机制能够强化个体组织公民行为。在中国文化背景下，出于印象管理动机的组织

公民行为并不鲜见，这种行为往往只会表现在上级领导面前，且在达到目的之后组织公民行为水平就会下滑，对组织效能的促进比较有限。为了避免高估印象管理动机较强的个体的组织公民行为，管理者在评价下属时，有必要建立 360 度多源评价机制，从直接上级评定、同行评定、下级评定、自评多渠道收集个体组织公民行为信息，以获得全面、准确、充实的背景信息。

（四）实施外在和内在激励相结合的薪酬支付方式

外在薪酬主要指为员工提供的可量化的货币性价值，如基本工资、奖金、股票期权等。内在薪酬是指那些给员工提供的不能以量化的货币形式表现的各种奖励，如对工作的满意度、吸引人的公司文化、良好的人际关系、相互配合的工作环境，以及公司对个人的表彰等。外在薪酬与内在薪酬各自具有不同的激励功能。这样做，使员工感受到组织对自己的关心和支持程度，增强组织认同感，满足员工高层次的精神需求，从而导致组织公民行为的发生。

总之，若想要成为高绩效、具有竞争力的组织，组织除了在资金、设备、技术等方面进行投入之外，组织中员工的工作态度和行为也是决定组织成功与否的关键因素之一。除了员工角色的工作行为外，员工若是在组织中能够有主动、创新等超过角色内要求的自发性工作行为表现，如组织公民行为，将有利于组织更有效率地运作。

案例阅读

“五朵金花”和沃土

2005 年“五一”前后，随着“五朵金花”的故事相继被各大中央媒体报道，王英杰、王广兰、张玉珠、葛丽玲、严鸿的名字迅速传遍了祖国大江南北。盛开于沈阳鼓风机（集团）有限公司设计部平均年龄只有 36 岁的这“五朵金花”，用她们纤细的双手，克服重重难关主导设计制造出了我国首台 4 万立方米流量空气压缩分离装置，打破了长期以来国外的市场垄断，填补了我国大型空气压缩机产品的空白，改写了这类产品依赖进口的历史，并因此荣获了全国五一巾帼奖和全国五一劳动奖章。

当人们把鲜花和掌声纷纷投向“五朵金花”时，她们这样回应：“能取得这样的成绩，是我们摊上个好企业，企业才是我们成长的沃土，只有植根于这个企业，我们才能发芽、成长！”五朵金花的代表全国先进女职工王英杰说：“没有企业的人才培养战略，没有企业舍得花钱为我们创造学习条件，就没有我们的今天。”

据王英杰透露，五朵金花中，王广兰、葛丽玲、严鸿是正规大学毕业生，她和张玉珠只是中专、技校的底子。是企业多年来搭建的人才成才平台，使她们在岗位上成才。张玉珠技校毕业后，先是被分配到车间当工人，两年后考取了企业职工大学，由于成绩优异，被分配到设计部工作；王广兰获得了企业提供的进入东北大学英语强化班的学习机会；葛丽玲接受过企业技术软件方面的专门培训；严鸿在进入企业与美国 GE 合资的公司并经过培训实习后，由于成绩突出被留用。

王英杰说，我们的企业就是大学校，在员工培训方面既舍得花钱，又舍得花时间，还会针对每一个员工进行不同程度的培训。

资料来源：刘玮：《满足员工需求》，189 页，北京，中国经济出版社，2007。

思考问题

1. “能取得这样的成绩，是我们摊上个好企业，企业才是我们成长的沃土，只有植根于这个企业，我们才能发芽、成长!”这句话对管理者有什么启示?

2. 要加强员工对组织的承诺，组织可以从哪些途径入手?

第四节 工作满意度

工作满意度（Job Satisfaction）或工作满意感通常是指员工在组织内工作过程中，对工作本身及其工作环境、工作状态、工作方式、工作压力、挑战性、工作中的人际关系等有良性积极情感的程度。一般说，个人工作满意感高，意味着他对自己的工作持有积极的态度，有较多的正向评价，总体上喜欢自己的工作。

工作满意度在多个方面影响着人们的工作和生活。组织管理者关心员工的工作满意度，是因为员工工作不满意，会带来工作的低效率、高缺勤率和员工的高流动率，为组织带来严重损失。员工关心工作满意度，是因为工作本身是其主要的生活内容，员工要求从这一过程中得到公平的待遇，愉悦的享受，获得个人生活的满足。社会关心工作满意度，是因为每个人对工作满意与否影响着其身心健康及家庭生活。高的工作满意度也是保持社会稳定的重要因素之一。

一、工作满意度的测量

测量工作满意度可以诊断组织潜在的问题，找出企业员工出勤率波动、离职率增加、工作效率低下的原因并估计组织变化对员工的影响，促进组织内部的有效沟通。

史密斯提出了工作满意度的测量步骤：是否有必要进行员工态度调查；了解调查的对象是什么；确定材料和用途；设计调查；组织调查；处理结果；使用结果；善后工作。收集的资料可以经常进行比较、反馈，然后解决问题，也可进行总体调节。

对于工作满意度的测量，有两种使用最广泛的手段。其一是单一整体评估法。只要求个体回答一个问题，如“如果你把所有因素考虑在内，你对自己的工作满意吗?”要求根据自己当前实际对工作的满意状况，做出回答。其二是用大量工作要素组合而成的综合评价法。首先需要确定工作中的关键要素，然后询问员工对于每一项要素的感受。这些要素典型的包括：工作性质、监督与控制、当前收入、晋升机会和同事关系。通过标准化的量表来评估这些要素，累加数据得到工作满意度的总分。似乎后一种方式对工作满意度的评估更为精确，比较研究的结果表明前者与后者同样有效。

工作满意度的测量实际上是一种态度衡量。测量的具体工具有职务描述指数、明尼苏达满意度问卷、洛克的工作满意度量表、面孔量表、员工调查表、工作诊断调查表、工作满足量表等。

职务描述指数（Job Description Index）由史密斯于1969年编制。量表要求描述工作、监督、报酬、晋升、同事共五方面内容。每项内容有若干问题，用“是”与“否”进行回答。

洛克的工作满意度量表共有9个分量表或维度，共36个问题，每个分量表对应4个问题，每个问题按6级计分。9个维度主要测查十个方面：工作本身、报酬、提升、认可、工作条件、福利、自我、管理者、同事和组织外成员。

明尼苏达满意度问卷（Minnesota Satisfaction Questionnaire）有100个题目。简式共有20个题目，涉及一般满足、内在满足、外在满足等部分，包括对报酬、升职机会、同事等的满意度和认识等。在每道题后的满意度分为5级回答，结果经累加后与常模进行比较。

面孔量表是由库宁（1955）创造的一种满意度评价方法。它是用不同快乐程度的5种面部表情作为评定级别，从5个方面评价，要求在一系列不同表情的面孔上进行选择。

二、影响工作满意度的因素

（一）承担的工作心理挑战性的高低程度

有一定心理挑战性的工作能够为员工提供使用自己的技术和能力的机会，能够为他们提供多种形式的任务，使其拥有支配一定资源的自由度，并能够对他们的工作提供反馈。但是，挑战性过低的工作使人感到厌烦，挑战性太强的工作往往会使人产生挫折和失败的感觉。中等挑战性的条件下，大多数的员工将会感到愉快和满意。

（二）公平的报酬

通常，影响工作满意度除了绝对报酬的多少，还包括分配制度和政策。分配制度和晋升政策能让员工觉得公平、透明，并与他们的期望一致，就会使员工产生对工作的满意感；反之，满意度就会下降。此外，社会比较问题也会影响到与报酬相关的满意度。一是与社会上的同行相比，如果高于社会平均，满意度就高；反之，满意度就低。二是宏观条件下与职业安全感相比较，如果经济增长速度减缓，社会失业率高，那么只要能保住工作，即便是收入低一些，满意度也会很高。

（三）支持性的工作环境

良好的工作环境是员工更好地完成工作的基本条件之一。工作环境既包括员工工作的物理环境，如工作地点、设施是否安全和无污染，不会损害员工的身体健康，工作地点的温度、灯光是否适宜，办公设施是否完善等；同时还包括工作的社会环境，如上班路程距离的远近、交通通讯是否方便、优质商业服务设施等。梅奥的照明实验就是想通过改善工作环境提高员工对工作的满意度。

（四）融洽的员工关系

员工关系对工作满意度的影响，主要表现为员工与上司的关系和与同事的关系。除了获得收入或实现个人价值，人们工作还希望从中获得满足感、归属感。因此，一个支持性的环境和融洽的员工人际关系对提升员工工作满意度至关重要。形成和谐人际关系的关键在于组织文化和领导行为。如果领导对下属公正、友好和善解人意，鼓励员工参与并奖惩严明，那么就易形成相应的组织文化和良好的人际氛围，提高员工的工作满意度。

（五）人格和工作的匹配

根据霍兰德的研究，员工高度的满意度源于该员工的人格与其从事的职业能够高度匹配的结果。因为，当人们的人格特征与其选择的职业相一致时，他们会发现自己有合适的才能和能力来适应工作的要求，并且在这些工作中可能获得成功。同时由于这些成功，增加了其自我效能感，从而提高了工作中的满意度。因此，在安排员工的工作时要注意其人格特征与工作特征的匹配。

三、工作满意度与员工绩效的关系

在人们的经验之中，会认为高的工作满意度应该带来高的工作绩效，但许多研究表明，工作满意度与工作绩效之间并不存在简单而直接的联系。如有研究结果指出，高水平的工作满意度并不能反映高水平的工作绩效，同样，满意度也不是高绩效的结果。但也有研究者发现，在高绩效员工身上通常表现出高工作满意度。赫茨伯格和毛斯纳则研究指出，人们经常提出的积极工作态度有利于提高生产率。

过去的研究表明，50%～80%的员工对工作是满意的。也就是说，人们不可能期待组织中的每个员工都有高工作满意度。此外，过高的满意度数据也可能隐含了另外的问题，比如，年龄因素的影响。人们会发现，相对于年轻人来说，年长者的工作满意度可能更高。这不仅因为他们在职更久，更有经验，而且可能是因为年龄的原因，他们更愿意选择满意现状而不是批评现状。

工作满意度与工作绩效有四种组合情况：

（1）满意度高，工作绩效低。

员工追求的满意同企业追求的高效率之间没有必然联系。员工的满意可能由很多与绩效无关的因素引起，如工作自身的有趣、轻松，或者由于人际关系较融洽或者有很满意的工资，或追求一些自己认为有价值的东西，而这些并不一定为企业创造更高的价值。例如公司中有一些人，他们的权利之大和工资之高使其产生了很高的工作满意度，但他们的工作绩效不一定高，不能为公司创造价值。

（2）满意度虽低，绩效却很高。

有时候员工并不满意，如领导采用鲨鱼式管理，工作气氛压抑，员工埋头苦干，没有沟通，或者员工工作压力很大。但是，他们却有很高的绩效，主要原因是员工必须用很高的绩效来摆脱各种压力。心理学研究也表明，人们摆脱不满的愿望，比获得满意的愿望更强烈。

（3）满意度低，绩效也低。

这种情况会让组织和员工都很不满。员工可能对组织的很多状况不满，如报酬分配政策不公平、工作环境差等，而组织对员工的绩效及工作态度也不满等。

（4）工作满意感和绩效都很高。

对于员工和组织，这是一种都比较理想的状态。实现的关键是组织在促进员工努力完成各自任务的同时，要设法不断满足员工多样而又不断变化的需要。

1972 年，格林对有关争论作了综合述评，提出关于工作满意度与工作绩效之间的关系，实际上存在三种主要观点：

第一，满意度为因说。即因为有高工作满意度，才有高工作绩效。提出此观点的是 20 世纪 30 年代的“人际关系学派”。该说法认为只要通过为员工提供良好的工作环境，包括物理环境和社会环境，来提高其工作满意度，就能提高员工的工作绩效。一些研究成果支持了此观点，认为与个体水平相比，如果在组织整体水平上收集满意度和生产率，不难发现拥有高满意度的员工的组织比那些低满意度的员工组织生产率高。这些实验研究虽然证明了工作满意感强，职务吸引力大，缺勤与离职更少，但未能获得工作满意度与工作绩效之间存在因果关系的证据。

第二，绩效为因说。即因为有高绩效，才能带来高的工作满意度。劳勒和波特认为奖酬是产生满意感的直接因素，而非绩效。满意感只是绩效所导致的间接结果。绩效不同会带来不同的报酬，进而产生不同的满意度水平。国内有些学者研究也支持这一说法，认为归因是工作绩效和工作满意度的中间变量。

第三，第三变量为因说。即可能有另外的因素同时影响到工作绩效和工作满意度。切尔林等人认为，工作满意度与工作绩效两者之间并无固定关系，而是按已有绩效付给奖酬才导致了随后一阶段的绩效，又诱发了高满意度感。试验结果表明，获得奖金的被试的满意度远远大于未获奖金的被试的满意度。而且，那些获得了与绩效相关的奖金的被试，其绩效远远大于未按绩效高低付酬的被试。这进一步表明，排除奖酬影响后，满意感与随后的工作绩效毫不相干，证明满意感不能改善随后的工作绩效。

以上三种观点从不同角度阐述了员工的满意度与工作绩效的关系，一些得到证明达成的共识是：满意感随绩效呈正相关；满意感可降低缺勤率与离职率；满意感通过发放奖酬可以提高；按现有绩效的高低发给相应的奖酬，能改善随后的绩效。事实上，工作满意度与工作绩效之间的关系及极复杂，不存在单一的关系，其深层次的规律还有待进一步探索。

四、管理实践中对工作满意度的改善

管理者对工作满意度的关注，主要集中在工作满意度对工作绩效的影响上。人们普遍认为，提高员工的工作满意度，可以提高员工的工作热情，降低人员流失率和缺勤率，从而提高工作效率和组织的竞争力。所以，组织高层管理者就竭尽全力研究如何提高员工的工作满意度。通常，员工对工作表达不满意的方式多种多样，如图 3—3 所示。

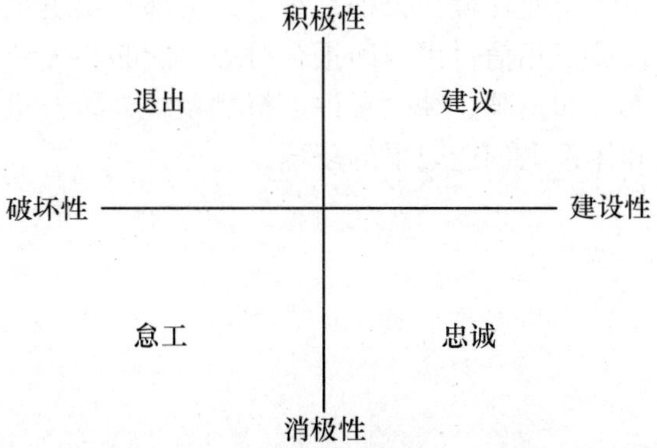

图 3—3　对工作不满意的表达方式

资料来源：Farrell, D. (1983). Exit, voice, loyalty, and neglect as responses to job dissatisfaction: A multidimensional scaling study. *The Academy of Management Journal*, *26* (4), 596-607.

在图 3—3 中，按照建设性与破坏性和积极性与消极性两个维度，将满意的状况区分为四个方面：(1) 退出：具体行为表现为调动、离职或辞职。这些行为会使组织遭受经济损失，增加人事成本，还会造成各种不良影响，如士气低落、工作效率水平下降。(2) 建议：采取积极性和建设性的态度试图改善目前的环境。包括对自己不满的原因，提出改善工作的建议，与上下级讨论问题。(3) 忠诚：消极地乐观期待环境的改善。面临外部压力时为组织美言，相信组织和管理层会做出“正确的事”。(4) 怠工：消极地听任事态发展，结果使问题得不到解决，甚至更坏。包括长期缺勤和迟到，降低努力程度，增加错误率，消极怠工，甚至出现偷盗行为。缺勤使工作不满的突出表现。研究中，退出和怠工行为包括在绩效变量之中。但是这一模型补充了员工的其他反应方式，如建议和忠诚。这些建设性行为能使个体容忍不愉快的情绪或者重新恢复满意的工作条件。由退出—建议—忠诚—怠工所构成的理论框架有助于理解对工作不满意的后果。

面对员工的满意度降低，出现懈怠行为，管理者如何采取有效措施呢？

第一，结合员工需求与组织目标，尽量满足员工需要。员工的种种需求得不到组织的重视和满足，是造成员工工作满意度不高的关键因素。此时，组织应该尽量将组织目标和员工需求结合统一起来，使其感到与组织同舟共济，从而让员工在达到自己的需求同时，也实现了组织目标，实现双赢。

第二，使员工参与决策，增加员工归属感。通过参与，可培养员工对组织的使命感、归属感和认同感，满足其自尊和自我实现的需要；还可使员工充分发挥主观能动性，积极探索工作中遇到的困难，与组织内部人员沟通。

第三，建立良好的沟通渠道。畅通无阻地上下沟通，不同层次的员工畅所欲言，可以产生积极轻松的工作气氛，起到振奋员工士气的作用。通过沟通，能够及时肯定、奖励或赞赏员工的优秀行为，直接调动员工的积极性。有效沟通中，各种信息相互传递，能够启发员工共同思考，互相学习，往往能迸发出新的创意或思想。

第四，重视员工培训。学习和创新，能够使组织持续、稳步发展，并提高员工的工作效率，从而增强组织对员工的认可程度，增强员工的工作满意度。员工通过培训，能够更新自己的知识，提高竞争力，满足自我提升的需要，从而增加了对工作的满意程度。

第五，创造公平竞争的企业环境。公平是每个员工都希望组织具备的特点之一。公平可以使员工踏实工作，使员工相信付出与回报会对等，能够心无杂念地专心工作。公平体现在组织管理的各个方面，如招聘、绩效考评、报酬系统、晋升机会、辞退、离职等。因此，组织要从管理制度和体系上创造公平的环境。

第四章

激励行为

组约人寿保险公司在每个季度结束时都会把全勤员工的姓名放在滚筒中。一般情况下，公司的7 500名员工中大约有4 000人的名字会被放在滚筒中。开始抽奖时，首先抽出的10个名字可获200美元的奖励，而后的20个名字可获100美元的奖励，最后的70个名字可获得一天的休假。年终时，还对那些全年全勤的员工再进行一次抽彩活动，前两名员工可获得1 000美元奖励，其后的10名员工可获得5天的休假。在该措施实施了10个月后，缺勤率比往年同期下降了21%。

纽约人寿保险公司使用抽彩法来激励员工，从而降低了员工的缺勤率。在组织中，激励员工的措施和方式很多，如给股权、期权，增加工资，给予休假，外出培训，考察学习，以及一些精神性的激励，把事迹写进组织宣传册，举行专门的仪式由高层领导出面给优秀员工颁奖，口头表扬，等等。如何以最恰当的激励方式，让员工表现出更优秀的绩效行为，这是组织管理者和领导者都关心的问题。本章将详细讲述与激励相关的内容。

学习要点

1. 了解需要与动机的含义、种类及相关理论。
2. 理解激励的含义和基本模式。
3. 掌握内容型、过程型、综合型激励理论。
4. 在实践中应用所学的激励理论，以改变员工的组织行为，从而提高组织绩效。

第一节　需要与动机

组织管理中一个重要的内容就是使组织内的员工产生和维持与组织目标相一致的工作积极性。积极性的激发、维持与员工的需求和动机密切相关。认识和理解人的需要和动机，有助于管理者预测员工的行为，提出改进工作方式的有力措施。

一、需要的含义与种类

（一）需要的含义

从生理学上讲，需要（Need）是指个体生理上的一种匮乏状态，如缺乏维生素、矿物质、水分以及食物营养等。这种匮乏状态如果达到体内均衡作用必须调节的程度时，个体就会感到需要的存在。在心理学中，需要还表示心理上的匮乏状态。诸如，友爱的需要、归属感的需要、被人尊重的需要等。

需要是有机体内部的一种不平衡状态，表现在有机体对内部环境或外部生活条件的一种稳定的需求，并成为有机体活动的源泉，是个体活动的最基本的动力因素。需要既可能表现为生理的不平衡，也可以表现为心理的不平衡。对人而言，生理的不平衡相对比较简单和容易满足，但心理的不平衡则复杂多样，难以简单地满足。在组织管理中，无论是报酬的分配还是工作分工，都应考虑个体的心理需要。

（二）需要的种类

按照需要的起源，可以将需要分为自然需要（Natural Need）和社会文化需要（Social and Cultural Need）。自然需要也称为生理需要（Physiological Need），主要指为了维持人的基本生存所必需的需求，包括对饮食、运动、休息、睡眠、排泄等生理的需要，反映了人类的生物自然方面的要求。人类自然需要的满足方式不同于动物，如饮食需要，人类可以通过各种工具做出美味的佳肴，同时人类进食还要考虑社会习俗和礼仪。社会文化需要主要是指劳动需要、交往需要、成就需要等，它反映了人类社会的要求。

按需要指向的对象可以将需要分为物质需要（Material Need）和精神需要（Spiritual Need）。物质需要的对象指向社会的物质产品，并以占有这些产品为满足标准。精神需要的对象指向的是社会的各种精神产品。物质需要与精神需要有紧密的联系。比如，人在追求物质产品时，常有审美的需要。精神需要又常以物质需要为载体。

从上述分类中可以看到，需要有先天的，也有因后天环境或教育导致的，不仅使人产生某些需要，更影响着人满足需要的方式。就像日常生活中的一日三餐，有些人吃饱就行，有些人则要求吃好；有些人只要有东西吃就行，有些人则讲究用餐的环境、气氛、味道、营养、颜色、形态等。

二、动机的含义与种类

（一）动机的含义

动机（Motivation）是由一种目标或对象引导、激发和维持个体活动的内在心理活动过程或内部动力。它体现了个体朝向目标的努力和坚持的活动历程。动机不能直接观察，但可以通过外部行为间接推断。动机要有目标，目标转化为内在动力，指明个体行为的方向。行为可由需要引起，也可由环境因素引起，但往往是内在条件和外在条件交互影响的结果。在某一时刻最强烈的需要构成最强的动机，而最强的动机决定行为。

动机具有激活功能、指向或选择功能、维持和调整功能。激活功能指动机能够推动个体产生某种活动，使个体由静止状态转为活动状态，体现了个体的能动性。指向功能是指动机能使个体的行为指向某个特定目标。在维持和调整功能中，维持功能表现在行为的坚持性方面，而调整功能表现在个体通过行为反馈，调整自己的行为，使之更接近目标。

（二）动机的种类

一个人行为的动机可能多种多样。动机一般分为生理性动机（Physical Motivation）和心理性动机（Mental Motivation）两大类。生理动机与身体的生理需要有关。这些动机是生来就具有的，可称为原始性动机，或生物性动机，包括饥饿、渴、性、睡眠、温冷、解除痛苦等。心理性动机与心理和社会需要有关。这些动机是经过学习获得的，可称为继发性动机、社会性动机等，包括友谊、爱情、亲和、归属、认可、独立、成就、赞许等。

根据各个动机在个人的多种动机中所处地位，以及动机在行为中所起的作用不同，可以把动机区分为主导动机（Dominant Motivation）和从属动机（Subordinate Motivation）。前一类动机表现得强烈而稳定，起主导作用，后一类表现得微弱并处于从属辅助地位。

动机的这种分类只具有相对意义。行为虽是由动机决定的，但并不是绝对的一对一的关系，相同的动机可能表现为不同的行为，相同的行为有时也可能是由于不同的动机导致产生的，行为的背后可能同时隐藏着不同的动机。一种行为可能满足人好几种动机，一种动机也可能导致多种行为发生。

动机是很复杂的个性因素。动机之间可能出现冲突。诸如“既希望A，又希望B”的动机冲突称为双趋冲突（Approach-Approach Conflict），“既不希望A，又不希望B”的动机冲突被称为双避冲突（Avoidance-Avoidance Conflict），“既希望A，又不希望B”的动机冲突被称为趋避冲突（Approach-Avoidance Conflict）。

（三）动机与行为效果的关系

通常情况下，良好动机会产生良好的行为效果，不良动机产生不良效果。实际生活中，行为效果与动机往往并不一致，还受到诸如能力、机遇等其他因素的影响。在工作情境中的研究表明，动机与工作效率之间是一种倒U形关系，如图4—1所示。

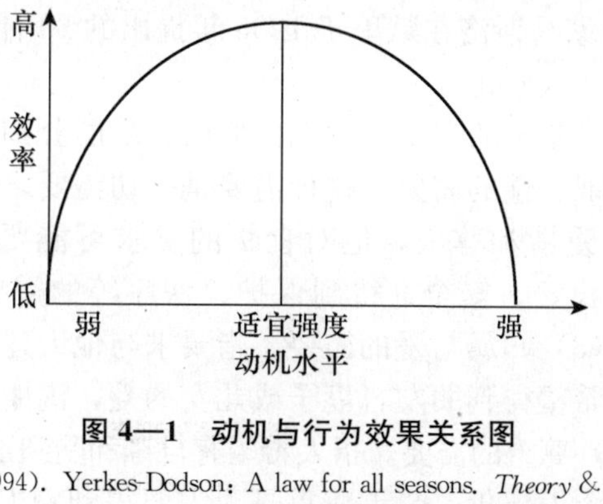

图4—1　动机与行为效果关系图

资料来源：Teigen，K. H.（1994）. Yerkes-Dodson：A law for all seasons. *Theory & Psychology*，4（4），525-547.

图4—1中的曲线表示，动机强度处在中等水平时，工作效率最高，动机过低或过高都不利于任务的完成。每种活动都有最佳动机水平，但是相对于不同个体，各种活动的最佳动机水平不同。另外，动机的最佳水平随着任务性质的不同而不同，比较容易的任务，动机最佳水平相对较高，而任务越难，动机最佳水平越低。这被称为耶克斯—多得森定律（Yerkes-Dodson Law）。

三、需要与动机的关系

需要是动机产生的基础。当某种需要没有满足时，它就会推动人们去寻找满足的对象，从而产生了动机。但并不是所有的需要都能转化为动机。需要转化为动机必须满足两个条件：第一，需要必须有一定的强度。第二，需要转化为动机还要有适当的客观条件，即诱因的刺激。有机体向往、追求的目标称为“诱因”（Incentive）。心理学家把凡是能引起个体动机并能满足个体需求的外在刺激，包括人、事、物、情境等统称为诱因。诱因具有诱发或激起有目标指向的行为的作用。获得诱因，就使个体的某种行为倾向得到巩固和加强。

当需要引发的内驱力指向某种特定的目标、诱因或强化物时，个体就形成了动机。需要动机与行为关系示意图如图 4—2 所示。

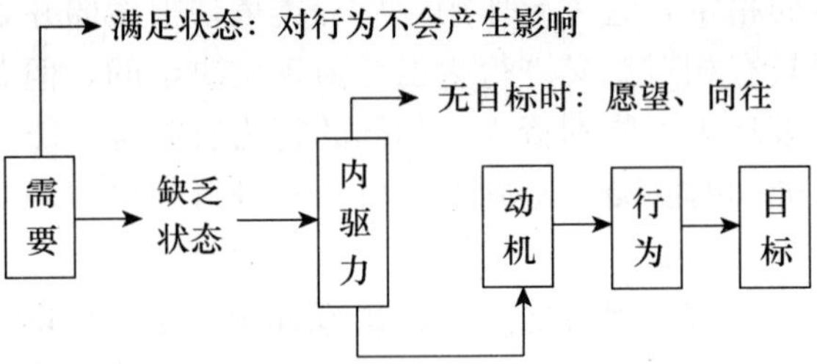

图 4—2　需要、动机与行为关系示意图

资料来源：Cofer, C. N. & Appley, M. H. (1964). *Motivation: Theory and research* (pp. 546). New York: Wiley.

四、需要与动机的理论与应用

目前，解释人的需要及行为动机本质及其产生机制的理论很多。如马斯洛的需要层次理论、赫茨伯格的双因素理论。

（一）需要层次理论

1943 年，美国心理学家马斯洛在默里于 1938 年提出的 20 种人的需要分类基础上提出了需要层次理论，后经过几次修正。

该理论认为人有五种最基本的需要。它们由低层到高层分别是：(1) 生理的需要。指对食物、水分、空气、睡眠、性的需要。这种需要是一切需要之中最占优势的需要。如果一个人缺少食物、安全、爱情和尊敬，他对食物的要求可能要比对其他需要更为强烈。(2) 安全的需要。指人对稳定、安全、得到保护、秩序等的需要。如果生理需要得到满足，就会出现安全需要。(3) 归属与爱的需要。指要求与他人建立感情联系的需要，如结交朋友、追求爱情等。他希望得到朋友、妻子或儿女的爱，渴望同人们建立感情联系，要求在群体中有归属感。(4) 尊重的需要。指人希望有自尊和受到别人的尊重。自尊是人希望对自己有肯定的、稳定的个人评价，受人尊重是人需要得到别人的尊敬、表扬、注意、重视、赞赏等。(5) 自我实现的需要。指人追求实现自己的能力或潜能得到充分发挥的需要。

人类的这五种需要按照需要的强度和优势从低到高，构成了不同的层级，如图 4—3 所示。需要层次越低，力量越强，随着层次的上升，需要力量在减弱。通常先要满足低级需要，然后才能满足高级需要。有时，高级需要产生之前，低级需要只要部分满足就可以了。也就是说，一个需要的出现往往是在另一个更占优势的需要已经满足之后。每一种需要的产生是与其他需要是否满足相联系的。

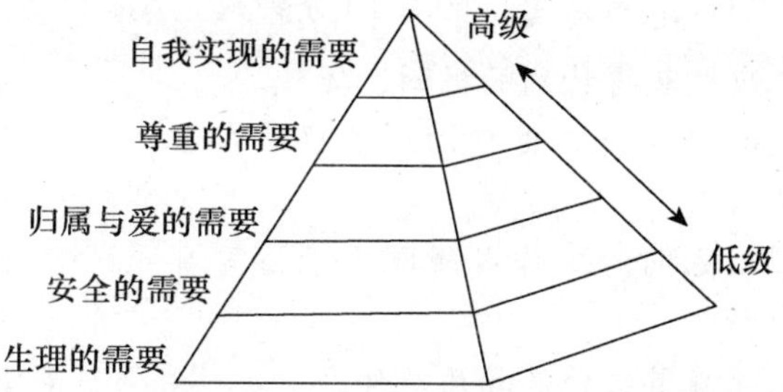

图 4—3 马斯洛需要层次图

资料来源：Maslow，A. H.（1943）. A theory of human motivation. *Psychological Review*，*50*（4），370-396.

其中，生理需要和安全需要属于低级需要，也叫做缺失需要，它的满足与健康的关系非常密切。其他的需要属于高级需要，又叫做成长需要，它的满足可以使人更健康，更有活力。研究发现，20%的高级需要控制企业 80%发展的优秀员工；80%的低级需要控制企业 20%发展的普通员工。

马斯洛还指出，在个体不同发展年龄阶段，有主导性需要，如图 4—4 所示。

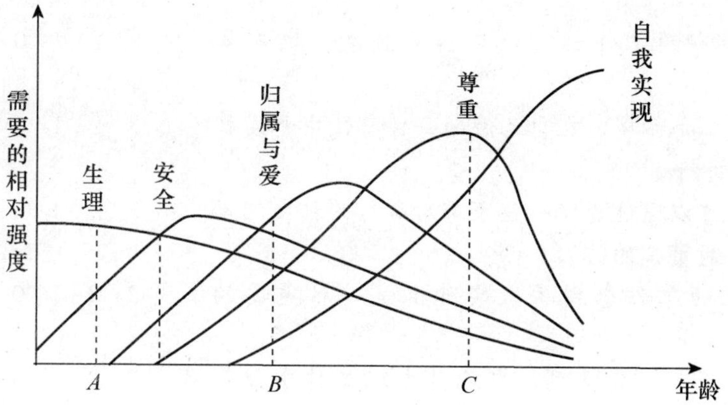

图 4—4 主导需要与年龄之间的关系

资料来源：俞文钊：《管理心理学》，3 版，103 页，大连，东北财经大学出版社，2008。

此外，马斯洛还提出：（1）任何有动机的行为都是许多基本需要同时表现出来或得到满足的途径。一个典型的行动总有一个以上的动机。（2）一切生物体的行为状态都受动机支配。（3）对动机的分类必须解决动机的特殊性或普遍性的等级问题。（4）动机分类必须以目标为依据。（5）动机理论必须以人类为中心而不是以动物为中心。（6）动机理论并不等于行为理论。动机只是行为的决定因素中的一种。虽然一切行为差不多都是有动机的，但一切行为也总是受生物、文化和情境条件所决定。

测验介绍

个体需要类型调查

下面的各个陈述有 7 级可能的反应，从 3～－3 分别表示“非常同意”到“非常不同意”，请在7级反应中最符合你自己观点的那种反应相对应的数字上画圈。例如，如果你“非常同意”，请在数字“3”上面画圈。要求10分钟内完成。

1. 工作出色的员工应该获得特别的报酬、提升。 3 2 1 0 −1 −2 −3
2. 更好的工作描述有助于员工更确切地了解对自己的工作要求是什么。 3 2 1 0 −1 −2 −3
3. 有必要提醒员工，他们的工作成绩取决于公司有效竞争的能力。 3 2 1 0 −1 −2 −3
4. 上司应该非常关注雇员工作的物质条件。 3 2 1 0 −1 −2 −3
5. 上司应该努力在员工中发展一种友好的工作氛围。 3 2 1 0 −1 −2 −3
6. 超标准的工作绩效获得上司的私人赞赏，对员工来说是很有价值的。 3 2 1 0 −1 −2 −3
7. 冷漠的管理方式会挫伤员工的感情。 3 2 1 0 −1 −2 −3
8. 员工希望看到自己的实际技能和能力能够在工作中发挥作用。 3 2 1 0 −1 −2 −3
9. 公司的退休福利制度和股权计划是留住员工的重要因素。 3 2 1 0 −1 −2 −3
10. 几乎所有的工作都可以变得更刺激、更有挑战性。 3 2 1 0 −1 −2 −3
11. 很多员工都希望，在自己做的每件事情中都发挥出最好水平。 3 2 1 0 −1 −2 −3
12. 管理层可以通过资助一些下班后举行的社交活动来表达对员工的关心。 3 2 1 0 −1 −2 −3
13. 为自己的工作感到骄傲实际上是一种重要的回报。 3 2 1 0 −1 −2 −3
14. 员工希望可以感觉到，自己是本职工作中最优秀的。 3 2 1 0 −1 −2 −3
15. 非正式工作群体中的关系质量相当重要。 3 2 1 0 −1 −2 −3
16. 针对个人的激励性奖金可以改善雇员的绩效。 3 2 1 0 −1 −2 −3
17. 对员工来说，与高层管理层的接触很重要。 3 2 1 0 −1 −2 −3
18. 一般来说，员工喜欢自己制定工作计划，在最少的监管下做跟工作有关的决策。 3 2 1 0 −1 −2 −3
19. 工作中的安全感对雇员来说是重要的。 3 2 1 0 −1 −2 −3
20. 工作中有好的设备对雇员来说是重要的。 3 2 1 0 −1 −2 −3

计分规则：

各种需要包括的题目分别为：生理的需要为1、4、16、20；安全的需要为2、3、9、19；归属与爱的需要为5、7、12、15；尊重的需要为6、8、14、17；自我实现的需要为10、11、13、18。将各个题目的得分相加得到各种需要的总分值，然后填入下面的表格，就可以看到自己对马斯洛需要层次理论中的5种需要的相对重视程度。

	−12	−10	−8	−6	−4	−2	0	2	4	6	8	10	12
生理的需要													
安全的需要													
归属与爱的需要													
尊重的需要													
自我实现的需要													

用得少　　　　　　　　　　　　　　　　用得多

资料来源：鲁森斯：《组织行为学》，王垒等译，230～232页，北京，人民邮电出版社，2003。

（二）双因素理论

1959年，美国心理学家赫茨伯格和他的助手们在美国匹兹堡地区对203名工程师、会计师进行了调查访问。访问主要围绕两个问题：（1）在工作中，哪些事项让他们感到满意？并估计这种积极情绪持续多长时间。（2）有哪些事项让他们感到不满意？并估计这种消极情绪持续多长时间。赫茨伯格根据对这些问题的回答材料，着手研究哪些事情使人们在工作中快乐和满足，哪些事情造成不愉快和不满足。结果发现，使职工感到满意的，都属于工作本身或工作内容方面的因素；使职工感到不满的，都属于工作环境或工作关系方面的因素。他把前者叫做激励因素（Motivator Factor），把后者叫做保健因素（Hygiene Factor）。

保健因素的满足对职工产生的效果类似于卫生保健对身体健康所起的作用。它从人的环境中消除有害于健康的事物，虽不能直接提高健康水平，但有预防疾病的效果；它不是治疗性的，而是预防性的。保健因素包括公司政策、管理措施、监督、人际关系、物质工作条件、工资、福利等。当这些因素恶化到人们认为可以接受的水平以下时，就会产生对工作的不满意。但是，当人们认为这些因素很好时，它只是消除了不满意，并不会导致积极的态度，这就形成了某种既不是满意，又不是不满意的中性状态。

那些能带来积极态度、满意和激励作用的因素被称为“激励因素”，这包括：成就、赏识、挑战性的工作、增加的工作责任，以及成长和发展的机会。如果这些因素具备了，就能对人们产生更大的激励。从这个意义出发，赫茨伯格认为传统的激励假设，如工资刺激、人际关系的改善、提供良好的工作条件等，都不会产生更大的激励；它们能消除不满意，防止产生问题，但这些传统的“激励因素”即使达到最佳程度，也不会产生积极的激励。按照赫兹伯格的意见，组织应该认识到保健因素是必需的，不过它一旦使不满意消除或达到中性状态以后，就不能产生更积极的效果。只有“激励因素”才能使人们有更好的工作成绩。

赫茨伯格及其同事以后又对各种专业性和非专业性的工业组织进行了多次调查。他们发现，由于调查对象和条件的不同，各种因素的归属有些差别，但总体来看，激励因素基本上都是属于工作本身或工作内容的，保健因素基本都是属于工作环境和工作关系的。但是，赫茨伯格注意到，激励因素和保健因素都有若干重叠现象，如赏识属于激励因素，基本上起积极作用；但当没有受到赏识时，又可能起消极作用，这时又表现为保健因素。工资是保健因素，但有时也能产生使职工满意的结果。

赫茨伯格修正了传统的关于满意与不满意的观点。传统的观点认为，满意的对立面是不满意。赫茨伯格认为这是不正确的，满意的对立面是没有满意，而不是“不满意”；不满意的对立面是没有不满意，而不是“满意”；满意与不满意是质的差别，而不是量的差别。

赫茨伯格认为，不是所有的需要得到满足都能激励起人的积极性，只有那些被称为激励因素的需要得到满足才能调动人们的积极性。不具备保健因素时将引起许多不满，但是具备时并不一定调动强烈的积极性。另外，具备激励因素时会引起强烈的积极性和满足，但缺乏时却并不会引起很大的不满。

激励因素是以工作为核心的。也就是说，激励因素是在进行工作时发生的。由于工作本身就有报酬，所以指向工作时也就有可能调动内在的积极因素。倘若报酬是在指向工作之后，或是在离开工作场所之后有意义或有价值，则在进行工作时即使有积极性，也只能提供极少的满足。

保健因素和激励因素可以转化。例如员工的工资、奖金，如果同其个人的工作绩效挂钩，就会产生激励作用，变为激励因素。如果两者没有联系，奖金发得再多，也构不成激励。一旦减少或停发，还会造成员工的不满。因此，有效的管理者，既要注意保健因素，以消除员工的不满，又要善于把保健因素转变为激励因素。

赫茨伯格的双因素理论同马斯洛的需要层次论有相似之处。他提出的保健因素相当于马斯洛提出的生理需要、安全需要、感情需要等较低级的需要；激励因素则相当于受人尊敬的需要、自我实现的需要等较高级的需要。当然，他们的具体分析和解释是不同的。但是，这两种理论都没有把“个人需要的满足”同“组织目标的达到”这两点联系起来。

对赫茨伯格的双因素理论的正确性，有些西方行为科学家表示怀疑。有人做了许多试验，也未能证实这个理论。赫茨伯格及其同事所做的试验，被有的行为科学家批评为是他们所采用方法本身的产物：人们总是把好的结果归结于自己的努力，而把不好的结果归罪于客观条件或他人身上，问卷没有考虑这种一般的心理状态。另外，调查对象的代表性也不够，事实上，不同职业和不同阶层的人，对激励因素和保健因素的反应是各不相同的。实践还证明，高度的工作满足不一定就产生高度的激励。许多行为科学家认为，不论是有关工作环境的因素或工作内容的因素，都可能产生激励作用，而不仅是使职工感到满足，这取决于环境和职工心理方面的许多条件。

满意因素与不满意因素比较如图 4—5 所示。

双因素理论告诉人们：采取了某种激励机制的措施以后并不能一定就带来满意；满足各种需要所引起的激励深度和效果是不一样的；要调动人的积极性，不仅要注意物质利益和工作条件等外部因素，更重要的是用一些内在因素来调动人的积极性。

（三）ERG 理论

1972 年，耶鲁大学的奥尔德弗把马斯洛的需要层次理论修改为生存需要（Existence)、关系需要（Relatedness)、成长需要（Growth）三大类。生存需要与生理需要和安全需要相对应，主要指与机体生存条件有关的基本需求，如报酬、福利、安全条件等。关系需要与归属需要和部分尊重需要相对应，指人与人之间建立友谊、信任、尊重和建立良好人际关系、交往的需要。成长需要与部分尊重需要和自我实现需要相对应，指个人自我

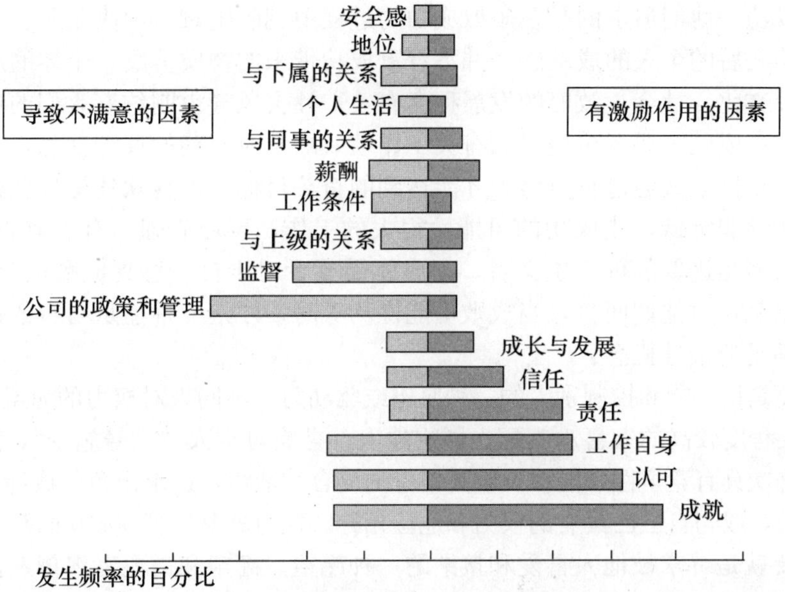

图 4—5 满意因素与不满意因素比较

资料来源：Herzberg, F. (1968). *One more time: how do you motivate employees?* (pp. 46-57). Harvard Business Review.

发展与自我完善的需要。这三种需要的内在联系如图 4—6 所示。它不仅说明了需要的递进，也说明了需要受挫的情形。

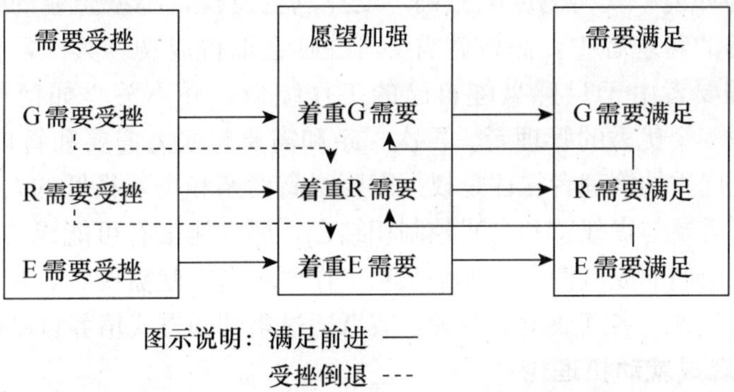

图 4—6 生存 (E)、关系 (R)、成长 (G) 三种需要的联系

资料来源：Alderfer, C. P. (1972). *Existence, relatedness, and growth: Human needs in organizational settings* (pp. 147). New York: Free Press.

(四) 麦克利兰的成就需要理论

美国哈佛大学心理学家麦克利兰采用系统、客观、有效的方法，研究了人的高层次需要与社会性动机，1964 年提出了著名的"三种需要理论"。他认为个体在工作情境中有三种重要的动机或需要：(1) 成就需要 (Need for Achievement)，即争取成功希望做得最好的需要。(2) 权力需要 (Need for Power)，即影响或控制他人且不受他人控制的需要。(3) 亲和需要 (Need for Affiliation)，即建立友好亲密的人际关系的需要。

麦克利兰认为，具有强烈成就需要的人渴望将事情做得更为完美，提高了工作效率，获得更大的成功。他们追求的是在争取成功的过程中克服困难、解决难题、努力奋斗的乐趣，以及成功之后的个人的成就感，并不看重成功带来的物质奖励。个体的成就需要与其所处的经济、文化、社会、政府的发展程度有关；社会风气也制约着人们的成就需要。麦克利兰发现，高成就需要者希望得到有关工作绩效的及时明确的反馈信息，喜欢设立具有适度挑战性的目标，或通过自身努力才能达到的奋斗目标，不喜欢凭运气获得成功，不喜欢成功的可能性非常低，或成功的可能性很大的工作，事业心强，有进取心，敢冒风险，比较实际，大多是进取的现实主义者。高成就需要者对于自己感到成败机会各半的工作，表现得最为出色，对他们而言，当成败可能性均等时，才是一种能从自身的奋斗中体验成功的喜悦与满足的最佳机会。

权力需要是指影响和控制别人的一种愿望或驱动力。不同人对权力的渴望程度也有所不同。权力需要程度较高的人喜欢支配、影响他人，喜欢对别人“发号施令”，注重争取地位和影响力。喜欢具有竞争性和能体现较高地位的场合和情境，追求出色的成绩，但目的是获得地位和权力，或与自己已具有的权力和地位相称。权力需要是管理成功的基本要素之一。

亲和需要就是寻求被他人喜爱和接纳的一种愿望。高亲和需要者渴望友谊，喜欢合作而不是竞争的工作环境，希望彼此之间的沟通与理解，他们对环境中的人际关系更为敏感。有时，亲和需要也表现为对失去某些亲密关系的恐惧和对人际冲突的回避。亲和需要是保持社会交往和人际关系和谐的重要条件。

在大量研究的基础上，麦克利兰对成就需要与工作绩效的关系做了一个十分有说服力的推断。首先，高成就需要者喜欢能独立负责、可以获得信息反馈和中度冒险的工作环境。他们会从这种环境中获得高度的激励。麦克利兰发现，小型企业的管理者和在企业中独立负责一个部门的管理者中，高成就需要者往往会取得成功。其次，在大型企业或其他组织中，高成就需要者由于只感兴趣自己的工作绩效，并不关心如何影响别人去做好工作，因而不一定是一个优秀的管理者。再次，亲和需要与权力需要和管理的成功密切相关。麦克利兰发现，最优秀的管理者往往是权力需要很高而亲和需要很低的人。如果一个大型企业的管理者的权利需要与责任感和自我控制相结合，那么他很有可能成功。最后，可以对员工进行训练来激发他们的成就需要。如果某项工作要求高成就需要者，那么，管理者可以通过直接选拔的方式找到一名高成就需要者，或者通过培训的方式培养自己原有的下属。

（五）阿特金森成就动机理论

美国心理学家阿特金森提出的成就动机（Achievement Motivation）理论，把个人的成就动机分为追求成功的需要（Motive to Approach Success）和力求避免失败的需要（Motive to Avoid Failure）两类。由于这两种需要的相对强度在个体身上表现各不相同，这样，个体也就被分为成就定向者（Achievement-oriented）和失败定向者（Failure-oriented）两种类型的人。成就定向者喜欢冒险，挑战成败机会参半的工作，对太难或太容易的工作都没有兴趣。失败定向者不愿意承担风险，他们只对非常容易的工作或极难的工作有兴趣，以此来维持积极的自我形象。成就定向者比失败定向者在完成容易任务过程中坚持的时间要长。

阿特金森认为，生活使人面临难度不同的任务，他们必然会评估自己成功的可能性。成就定向者旨在获取成就，并选择有所成就的任务。当他们预计自己成功的可能有50%的把握时，这种情况最有可能发生。如果他们认为成功完全不可能，或胜券在握，动机水准反而下降。反之，失败定向者当预计成功的机会大约是50%时，则会回避这项任务。他们往往选择更易获得成功的任务，以使自己免遭失败；或者选择极其困难的任务，这样即使失败，也可以为自己找到合适的借口。

阿特金森用一个公式来描述成就动机和成就行为倾向之间的关系。这个公式为：$Ts=Ms\times Ps\times Is$。公式中的 Ts 表示成就行为倾向，Ms 表示成就动机，Ps 表示成功的可能性，Is 表示成功的诱因价值。个体的成就动机越高，个体所表现出的成就行为倾向就越大。Ps 和 Is 是一种相反关系，即成功的可能性越大，成功的诱因价值越小。

阿特金森同时指出，避免失败的动机使个体会产生一种避免失败的行为倾向，它同样用了一个公式来表示这种情形：$TAF=MAF\times PF\times IF$。公式中的 TAF 表示避免失败的倾向，MAF 表示避免失败的动机，PF 表示失败的可能性，IF 表示失败的诱因价值。

阿特金森所做的套圈实验（1960）指出，只有在成败机会参半的情形下，成功的诱因价值才最大，被试者会努力去追求。避免失败动机高的人比成就动机高的人更容易做出不现实的职业选择。

测量工具

成就动机量表

成就动机量表（Achievement Motivation Scale，AMS）由挪威心理学家伊斯曼和尼盖德于1970年编制。中文版本为叶仁敏和挪威的海格特威特于1988年合作译制，并于1992年在大学生和中学生样本中进行了修订。该测验的前15道题目是追求成功维度，后15道题目是避免失败维度。每个题目有四个选项：①非常不符合；②有些不符合；③有些符合；④非常符合。分别对应着1，2，3，4分，最终得分是把30道题目的得分相加。

指导语：请你仔细阅读每一个题目，对照自己的实际与句子描述的情况，对其符合程度做出判断，并在每个句子后面的四个序号上选择一个数字画“√”。例如：“我喜欢独自工作”，如果很喜欢独自工作，但又害怕一个人做事，换句话说你对独自工作有矛盾心理，这不奇怪。但你要记住，这里仅仅要你回答是否喜欢独自工作，而不是问你是否害怕，因此选择④并在其上面画“√”，表示非常符合。

1. 我喜欢在我没有把握解决的问题上坚持不懈地努力。 ① ② ③ ④
2. 我喜欢新奇的、有困难的任务，甚至不惜冒风险。 ① ② ③ ④
3. 给我的任务即使有充裕的时间，我也喜欢立即开始工作。 ① ② ③ ④
4. 面临我没有把握克服的难题时，我会非常兴奋、快乐。 ① ② ③ ④
5. 我会为那些能了解自己有多大才智的工作所吸引。 ① ② ③ ④
6. 我会被有困难的任务所吸引。 ① ② ③ ④
7. 面对能测量我能力的机会，我感到一种鞭策和挑战。 ① ② ③ ④
8. 我在完成有困难的任务时，感到快乐。 ① ② ③ ④
9. 对于困难的活动，即使没有什么意义，我也很容易卷进去。 ① ② ③ ④
10. 能够测量我能力的机会，对我是有吸引力的。 ① ② ③ ④

11. 我希望把有困难的工作分配给我。 ① ② ③ ④
12. 我喜欢尽了最大努力才能完成的工作。 ① ② ③ ④
13. 如果有些事不能立刻理解，我会很快对它产生兴趣 。 ① ② ③ ④
14. 对于那些我不能确定是否能成功的工作，我会被吸引。 ① ② ③ ④
15. 对我来说，重要的是有困难的事情，即使无人知道也无关紧要。 ① ② ③ ④
16. 我讨厌在完全不能确定会不会失败的情境中工作。 ① ② ③ ④
17. 在结果不明的情况下，我担心失败。 ① ② ③ ④
18. 在完成我认为是困难的任务时，我担心失败，即使别人不知道也一样。 ① ② ③ ④
19. 一想到要去做那些新奇的、有困难的工作，我就感到不安。 ① ② ③ ④
20. 我不喜欢那种测量我能力的场面。 ① ② ③ ④
21. 我对那些没有把握胜任的工作感到忧虑。 ① ② ③ ④
22. 我不喜欢做我不知道能否完成的事，即使别人不知道也一样。 ① ② ③ ④
23. 在那些测量我能力的情境中，我感到不安。 ① ② ③ ④
24. 当接到需要有特定的机会才能解决的问题时，我会害怕失败。 ① ② ③ ④
25. 那些看起来相当困难的事，我做的时候很担心。 ① ② ③ ④
26. 我不喜欢在不熟悉的环境中工作，即使无人知道也一样。 ① ② ③ ④
27. 如果有困难的工作要做，我希望不要分配给我。 ① ② ③ ④
28. 我不喜欢做那些要发挥我能力的工作。 ① ② ③ ④
29. 我不喜欢做那些我不知道能否胜任的事。 ① ② ③ ④
30. 当我碰到我不能立即弄懂的问题时，我会焦虑不安。 ① ② ③ ④

资料来源：Nygard, R. & Gjesme, T. (1973). Assessment of achievement motives: Comments and suggestions. *Scandinavian Journal of Educational Research*, *17* (1), 39-46.

（六）动机系统理论

该理论是由苏联心理学家提出的，其基本观点如下所述。

首先，认为动机是与满足某些需要有关的活动动力。动机的不同起因导致动机所表现的需要的种类不同、动机所采取的形式不同，以及动机赖以实现的活动的具体内容不同。复杂的活动是由几种同时起作用的相互影响的动机所推动的。这些就构成了多个分支的动机系统。

其次，指出动机系统由兴趣、信念、意图三个部分组成。兴趣是个体的认识需要的情绪表现。它是经常推动认识的机制，是个体积极地寻找满足他所产生的认识和了解的需要的途径和方法。信念是激励个体根据自己的观点、原则和世界观去行动的、被意识到的需要的系统。以信念的形式表现的需要的内容，是关于自然环境和社会环境的知识以及对这些知识的某种理解。当这些知识形成有序和有内在组织的观点体系时，就可以被看做是个体的世界观。意图是行为的直接动因，其中表现出对生存和发展条件的需要，它能够在较长的时期内维持个体活动的积极性。意图往往以企图、幻想、热情、理想等不同的心理形式表现出来。

最后，认为个体的动机系统除了有意识的动机系统外，还有无意识的动机系统。它们共同构成了个体完整的、有层次的动机系统，二者之间彼此联系、相互转化。在未被意识的动机系统中，具有重要意义的心理形式是定势和意向。

第二节 激励模式

采用各种措施和方式，激发员工的工作动机，产生高效的工作行为，提高工作效率，是每一个管理者追求的目标之一。但是在实践过程中，不恰当的管理方式或无效的方法，不但没有起到激励作用，反而往往挫伤的员工的积极性。了解并科学地运用激励手段，让员工自觉自愿地为组织做出贡献，对管理者尤为必要。

一、激励的含义

激励（Motivation）的英文词是由拉丁文“moveve”转化而来的，意为“推动”。激励主要指激发人的动机，使人有一股内在的动力，朝着所期望的目标前进。因此，激励也可以说是调动积极性的过程。

所谓激励，就是组织根据职位评价和绩效考评结果，设计科学的薪酬管理系统，以一定的行为规范和惩罚性措施，借助信息沟通，来激发、引导和规范组织员工的行为，以有效实现组织及其员工个人目标的系统活动。

二、激励的特征

有效的激励会点燃员工的激情，促使他们的工作动机更加强烈，让他们产生超越自我和他人的欲望，并将潜在的巨大的内驱力释放出来，为组织的远景目标奉献自己的热情。

激励的特征主要表现为：（1）激励的目的是通过设计科学的薪酬管理系统，来满足企业员工的各种外在性需要，从而实现企业目标及其员工个人目标。（2）激励的实现方法是奖励和惩罚并举，既要对员工表现出来的符合企业期望的行为进行奖励，又要对不符合企业期望的行为进行惩罚。（3）科学的激励工作是一项系统性很强的工作，它贯穿于企业员工工作的全过程，包括对员工个人需要的了解、个性的把握、行为过程的控制和行为结果的评价等。因此，企业工作的全过程都要考虑到激励效果。激励工作需要耐心。赫兹伯格说，如何激励员工呢？答案是“锲而不舍”。（4）信息沟通贯穿于激励工作的始末，从对激励制度的宣传、企业员工个人的了解，到对员工行为过程的控制和对员工行为结果的评价等，都依赖于一定的信息沟通。通畅、及时、准确、全面的信息沟通，可以增强激励机制的运用效果和工作成本。

三、激励在组织中的作用

组织建立科学的、能适应当前形势需要的激励制度，具有吸引优秀人才、开发员工潜能和造就良性竞争环境等作用。

具体而言，有效的激励机制会起到三个方面的作用：（1）吸引人才。激励是吸引人才最有效的手段，当人力市场出现严峻竞争时，激励机制有助于提高组织的吸引力和凝聚力。（2）激励人才。通常，组织发展路径与个人职业发展路径可能是两条交叉的直线，而激励机制能够协调目标，能够增加重合度。有了明确的激励目标才能给人才以持久的动力，保持积极性。（3）保留人才。激励机制在调动员工的积极性同时，增加了人才的跳槽成本，对人才的流动有一定抑制作用。

同时，组织要认识到对怀有远大理想的核心员工除了薪酬福利、职业发展、感情留人等方式外，是否能运用行之有效的长期激励方式直接关系到核心员工的长期保留以及未来组织的战略规划部署。

激励的出发点是满足组织成员的各种需要，即通过系统设计适当的外部奖酬形式和工作环境，来满足企业员工的外在性需要和内在性需要。激励的最终目的是在实现组织预期目标的同时，也能让组织成员实现其个人目标，即达到组织目标和员工个人目标在客观上的统一。

案例阅读

海尔集团的激励机制

“海尔”集团从一个名不见经传的濒临破产的小企业成为世界一流的大企业，它成功的秘诀就是激励机制的运用和发展。集团通过建立在科学基础上的激励机制，充分调动员工的积极性，从而为企业的成长和发展带来良多的益处。

“海尔”集团在正负激励方面做得比较成功，比如，海尔集团开始宣传“人人是人才”时，员工反应平淡。他们想：我又没受过高等教育，当个小工人算什么人才？但是当海尔把一个普通工人发明的一项技术革新成果，以这位工人的名字命名时，在工人中很快就兴起了技术革新之风。比如工人李启明发明的焊枪被命名为“启明焊枪”，杨晓玲发明的扳手被命名为“晓玲扳手”。这一措施大大激发了普通员工创新的激情，后来不断有新的命名工具出现，员工的荣誉感得到极大的满足。对员工创造价值的认可，是对他们最好的激励，及时的激励能让员工觉得工作起来有盼头、有奔头，进而也能激发出员工更大的创造性。另外，“海尔”集团每月还对所有的干部进行考评，考评档次分为表扬与批评。表扬得 1 分，批评减 1 分，年底二者相抵，达到负 3 分的就要淘汰。同时，通过制定制度使干部在多个岗位轮换，全面增长其才能，根据轮岗表现决定是否升迁。

改编自：蒋燕，苏慧文：《详解海尔的员工激励方式》，载《经营与管理》，2010（7）。

思考问题

海尔在公司管理中为激励员工采用了哪些措施？

在现代市场经济中，人是决定一个企业组织成败的最关键因素。要想搞好一个企业，应提高劳动生产率，增加经济效益，最重要的是调动员工的积极性。而要提高员工的积极性，就离不开激励。艾柯卡认为，企业管理无非就是调动员工积极性。哈佛大学的威廉·詹姆斯在一次员工激励调查研究中发现，按时计酬的员工只能发挥 20%～30%的能力，如果给予激励，他认为他们的能力可以发挥到80%～90%。通过激励可以把组织所需要的人才吸引过来，提高组织的凝聚力。激励可以协调员工目标和组织目标的不一致，以达到二者的和谐统一。激励可以充分调动员工的积极性、主动性，提高员工的工作效率和业绩。通过激励还可以进一步激发员工的创造性和革新精神，从而大大提高一个人的工作绩效。

四、激励的基本模式

（一）激励模式一：需求第一模式

这个模式中的基本组成包括：刺激（内外诱因）、个体需要、动机、行为、目标、反馈等。心理学家认为，所有人的行为，都是打算达到一定的目的和目标。这种“目标—目的”行为又总是围绕着满足需求欲望进行的。一种未得到满足的需求是调动积极性的起点，是引起一系列导向行为的初始动机，因为未得到满足的要求会造成个人内心紧张，导致个人采取某种行为以满足需求来解除或减轻其紧张程度。由于这一活动是针对某一目的，目的达到时，需求满足，激励过程亦告完成。可见，激励过程是以未能得到满足的需求开始，以需求得到满足而告终，这便构成了需求第一的激励模式。

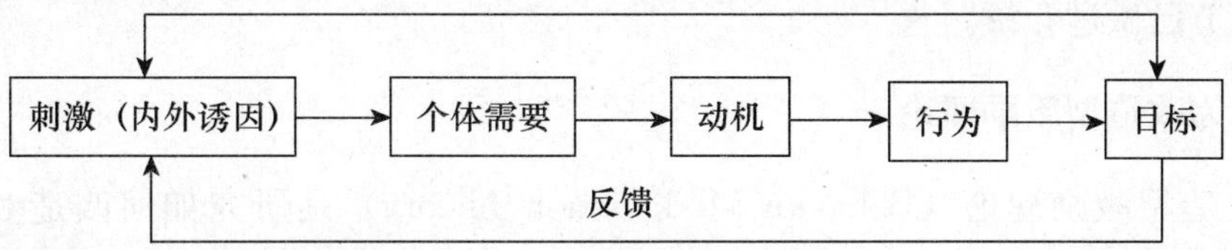

图4—7 需求第一的激励模式

资料来源：Kesselman, G. A., Hagen, E. L., & Wherry, R. J. (1974). A factor analytic test of the Porter-Lawler expectancy model of work motivation. *Personnel Psychology*, *27* (4), 569-579.

该模式表明，人们总有不同强度的多种需要、愿望和期望，使他感到内心紧张，这些需要、愿望或期望指导的、特定的、目标明确的行为将会化解与消除紧张。当需求得到满足后，新的需求将会反馈到下一循环中去。

（二）激励模式二：多阶段激励模式

该模式的基本组成包括：未满足的需要、紧张心理（愿望、驱动力）、动机、目标导向、目标行为、需要满足，紧张解除、产生新的需要和反馈等。这种激励模式是一种多阶段的激励模式。一方面以绩效自评满足自豪感，另一方面以他人评价给予经济奖励。当重新评价的需要未能得到满足时，激励过程仍需重复进行。激励过程虽与目标达成与否紧密相关，但目标达成之后的绩效评价与奖惩对于激励对象的满足程度影响也很大。

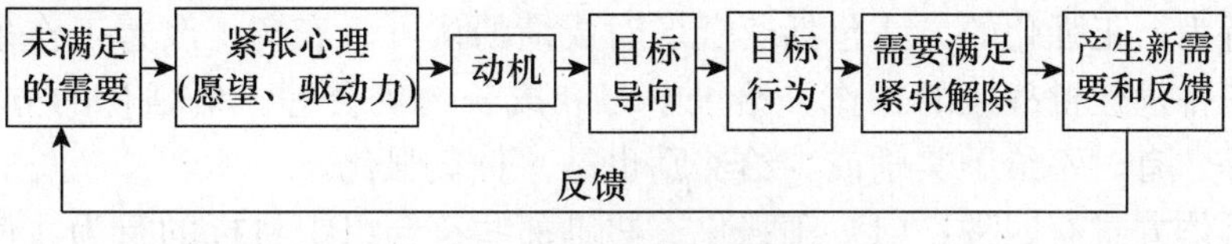

图4—8 多阶段的激励模式

资料来源：Kesselman, G. A., Hagen, E. L., & Wherry, R. J. (1974). A factor analytic test of the Porter-Lawler expectancy model of work motivation. *Personnel Psychology*, *27* (4), 569-579.

第三节　激励理论

自 20 世纪 20—30 年代以来，管理学家、心理学家和社会学家们就从不同的角度研究了应怎样激励人的问题，并提出了许多激励理论。对这些理论比较流行的分类是按其所研究的激励侧面的不同及其与行为的关系不同，把各种激励理论归纳和划分为内容型、行为改造型、过程型激励理论和综合激励模式。

一、内容型激励理论

内容型激励理论（Content Theory）是以研究需要为主要内容的激励理论，它着重研究激励的原因与起激励作用的因素的具体内容。其中，最有名的是马斯洛的需要层次理论、奥尔德弗的 ERG 理论、麦克利兰的成就需要理论和赫茨伯格的双因素理论等。这些理论在前一节已做过介绍。

二、行为改造型激励理论

行为改造型激励理论（Behavior Modification Theory）是研究如何改造和转化人们的行为，使其达到目标的一种理论。这里主要介绍斯金纳的强化理论（Reinforcement Theory）。

1938 年，斯金纳在《有机体的行为》一书中提出了强化理论。该理论认为人的行为是其所获刺激的函数。如果这种刺激对他有利，则这种行为就会重复出现；若对他无利，这种行为就会减弱直至消逝。所谓强化就是增强某人先前某种行为重复出现次数的一种权变措施。人类从事的众多有意义的行为都是操作性强化的结果。该理论认为，在操作条件作用的模式下，如果一种反应之后伴随一种强化，那么在类似环境里发生这种反应的概率就增加。

斯金纳区分了两种强化类型：正强化（Positive Reinforcement，又称积极强化）和负强化（Negative Reinforcement，又称消极强化）。当在环境中增加某种刺激，有机体反应的概率增加，这种刺激就是正强化。当某种刺激在有机体环境中消失时，反应概率增加，这种刺激便是负强化，是有机体力图避开的那种刺激。在组织管理中，正强化就是奖励那些组织上需要的行为，从而加强这种行为；负强化就是惩罚那些与组织不兼容的行为，从而削弱这种行为。正强化的方法包括奖金、对成绩的认可、表扬、改善工作条件和人际关系、提升、安排担任挑战性的工作、给予学习和成长的机会等。负强化的方法包括批评、处分、降级等，有时不给予奖励或少给奖励也是一种负强化。

强化的具体方式有四种：（1）正强化。奖励那些符合组织目标的行为，使其得到进一步的加强，增强其重复出现的次数。（2）惩罚。当员工出现一些不符合组织目标的行为时，采取惩罚办法，以使这些行为少发生或不再发生。惩罚是力图使所不希望的行为逐渐削弱，甚至完全消失。（3）负强化。强调事前规避。对已经出现的违规行为加以惩罚，使意欲违规的员工从中深刻地意识到组织规定的存在，从而加强对自己行为的约束。(4) 忽视。对已出现的不符合要求的行为进行“冷处理”，达到“无为而治”的效果。

斯金纳的强化理论强调了行为同其后果之间关系的重要性，但它只讨论了刺激和行为的关系。它对人的行为的影响，是通过行为的后果反馈给行为主体这种间接方式来实现的。人们可根据反馈的信息，主动适应环境刺激，不断地调整自己的行为。这种观点主张对激励进行针对性的刺激，只看员工的行为和结果之间的关系，没有突出激励的内容和过程。

管理者可以运用强化理论来影响、加强或改变职工的行为，通过强化手段，营造一种有利于组织目标实现的环境和氛围，以使组织成员的行为符合组织的目标。但要注意几点：第一，要按照职工的不同需要，采用不同的强化物。第二，及时的信息反馈。第三，奖惩结合，以正强化为主。

三、过程型激励理论

过程型激励理论（Process Theory）着重研究动机的形成和行为目标的选择。这类激励理论有：弗鲁姆的期望理论、豪斯的激励力量理论、洛克的目标激励理论、亚当斯的公平理论等。

（一）弗鲁姆的期望理论

美国著名心理学家和行为科学家维克托·弗鲁姆于 1964 年在《工作与激励》一书中提出了这一理论。该理论通过考察人们的努力行为与其所获得的最终奖酬之间的因果关系来说明激励过程，并以选择合适的行为达到最终的奖酬目标。这种理论认为，当人们有需要，又有达到目标的可能时，积极性才能提高，并指出激励水平取决于期望值和效价的乘积，用公式表示为：

激励水平高低＝期望值×效价($M=E\times V$)

公式中的激励是指激励水平的高低。它表明动机的强烈程度，被激发的工作动机的大小，即为达到高绩效而做的努力程度。后来激励又被分为外在激励和内在激励两类。期望值（Expectancy）是指人们对自己的行为能否导致所想得到的工作绩效和目标的主观概率，即主观上估计达到目标的可能性。期望值可以用言语报告、实际选择和决定来推测。期望值包括两个方面：一是个体经努力后能达到组织目标的概率；二是组织目标能实现个人目标的概率。期望值是这两个概率的乘积，最大值为＋1，最小值为 0。效价（Valence）是指人们对某一目标的重视程度与评价高低，即人们在主观上认为目标的价值大小。效价有正负之分。个人对于各种结果，喜欢的为正效价，无所谓的为零效价，个人不喜欢的则为负效价。效价值介于从最喜爱的＋1，经过漠视的 0，到最不喜爱的－1 之间。一个人的努力大小是达到目的的期望值和该目的效价的函数。效价和期望值呈反比关系。

除了期望值和效价这两个影响因素，影响激励水平的因素还有工具性、结果绩效和报酬、能力和选择。图 4—9 是期望理论模式图。

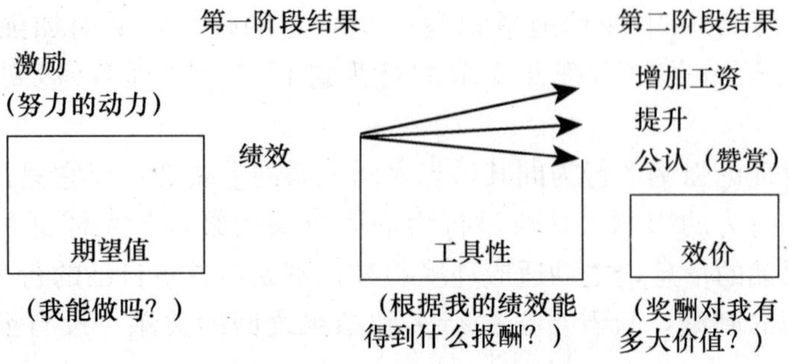

图 4—9 期望理论模式图

资料来源：https://wikispaces.psu.edu/display/PSYCH484/4.+Expectancy+Theory。

弗鲁姆认为，作为激励手段的目标有两个层次：第一层目标是工作标准或劳动定额；第二层目标是达到工作标准后所能得到的奖酬。因此，期望值也有两层含义：一是达到工作标准可能性的大小；二是达到工作标准后得到奖酬的可能性大小。

作为员工来说，一般是把实现第一层目标当作实现第二层目标的工具或手段。于是，弗鲁姆又提出了第三个影响因素，即工具性（Instrumentality），它也被称为关联性，是指工作绩效与所得报酬之间的联系，如图 4—10 所示。即只有当工作绩效与奖酬紧密关联，工作取得绩效就一定会得到相应的奖酬时，目标才有激励作用，员工才会有积极性。

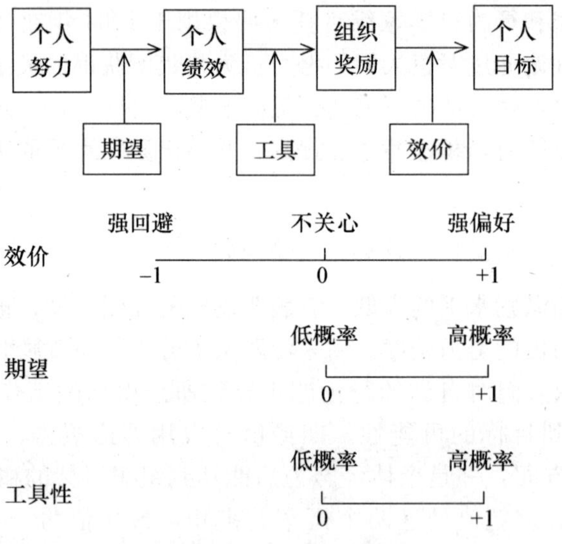

图 4—10 期望的工具性

资料来源：同图 4—9。

所以要激励员工更好地工作，管理者应主要抓三件事情：第一，明确做什么工作给什么奖酬；第二，使员工认识到这种奖酬与工作绩效有联系；第三，使员工相信只要努力工作，绩效就能提高。

期望理论强调：第一，实际绩效（P）是激励（M）和个人能力（A）乘积的函数，即 $P=A\times M$。要把一个人想要做什么的积极性（激励）和他能够做什么（能力）联系起来。第二，激励水平的高低，即干某项工作的内在动力的大小是第一阶段结果即完成工作任务的效价（V_j）和能否完成任务的期望值 E 的函数，用 $M=V_j\times E$ 表示。第三，第一阶段结果既是完成工作任务的效价（V_j）又是第二阶段结果，即完成工作任务后能取得各种奖酬增加工资、提升、承认等的效价（V_k）与关联性（L_k）的函数，用 $V=f(V_k\times L_k)$ 表示。

期望理论不仅是激励理论的重要发展，从某种意义上说，它还是对其他激励理论的一种整合。作为行为科学家，弗鲁姆强调外在因素，如酬金对员工的控制性，深深影响了组织管理相当长的时间。但这种手段易让员工与工作之间形成冷冰冰的金钱关系，操作不好或过于强调也可能影响组织气氛、工作热情。

在组织管理中，期望理论给人们提供了许多启示：(1) 它强调应让员工清楚地认识到个人努力—个人成绩—组织奖励之间的关系。管理中绩效和奖酬应有清晰明确的对应关系。这一理念在国内目前已被许多组织机构采用，使管理工作科学、公正、透明。但也要注意这种管理方式给员工可能带来高工作压力和缺乏团队合作精神。(2) 它关注工作激励与效价和期望值的关系。管理者应了解员工的期望值和效价的差异，有针对性地调动员工工作的积极性。此外，效价和期望值的反比关系也让管理者要根据工作要求、目前条件等实际因素调整效价和期望值的恰当值。因为激励值最大为 1，因此，效价为负时，期望值降低甚至为 0 最好；当效价为 0 时，期望值宜低不宜高。

（二）洛克的目标设置理论

洛克提出的目标设置理论（Goal-Setting Theory）以激励中有效的设置工作行为的目标为理论出发点，认为目标是动机的决定力量，要高标准才有最高的成就。不过这个目标一定要是自觉提出的，而且要求具体。目标的设置有三个基本点：目标的具体性（指目标的内容明确）、目标的难度、目标的可接受性（指员工对目标的认可态度）。如果只是提出笼统含混的目标，结果就不会像提出具体指标时那样取得应有的成绩。目标设置理论图示如图 4—11 所示。

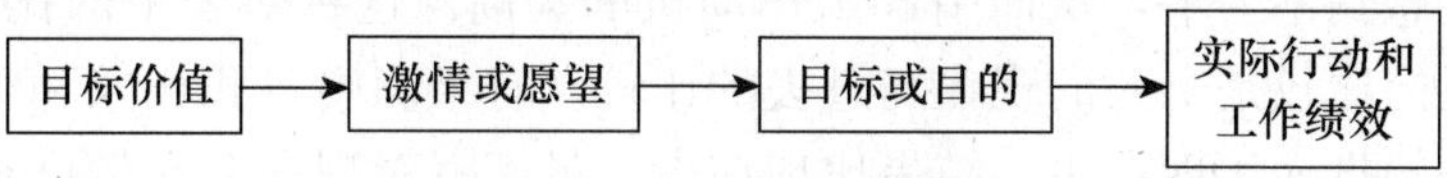

图 4—11　目标设置理论图示

资料来源：Locke, E. A., Shaw, K. N., Saari, L. M., & Latham, G. P. (1980). *Goal setting and task performance: 1969—1980*. Maryland Univ. College Park Coll. of Business and Management.

在组织管理中应用目标设置理论时，要保持目标的专一性，要明确规定达成目标与工作绩效提高的直接联系；工作目标要具有一定的难度和特征，但不是越难越好；在可能的情况下，使行动者参与工作及行为目标的设置；设置的目标要保持一定的可接受性，使行动者能够理解它的执行；对于达成目标及其行为提供公平的竞争机会；目标的达成时间不要过长以免目标需求及动机的减弱；目标行为一定要具体；要及时对目标行为给予反馈。

（三）亚当斯的公平理论

公平理论（Equity Theory）又称社会比较理论，它是美国行为科学家约翰·斯塔希·亚当斯提出来的一种激励理论。该理论从奖酬角度着手，侧重于研究工资报酬分配的合理性、公平性及其对职工生产积极性的影响。公平理论图示如图 4—12 所示。

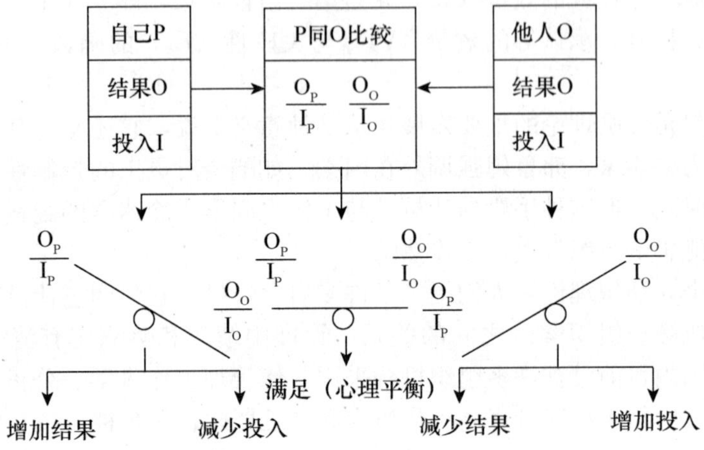

图 4—12　公平理论图示

资料来源：Adams，J. S.（1965）. Inequity in social exchange. *Advances in experimental social psychology*，2，267-299.

在图 4—12 中，一个 O 指结果（Outcome），也就是报酬，包括工资、奖金、津贴、晋升、荣誉地位等；另一个 O 指他人（Other）。I 指投入（Input），指的是贡献，包括工作数量与质量、技术水平、努力程度等。P 指个人（Person）。O_p 指个人所得到的报酬；O_o 指他人所得到的报酬，I_p 指个人的投入，O_p 指他人的投入。

公平理论认为，工作动机的激发和保持，实际上是个体寻求平衡、维持平衡的过程。员工会将自己的工作投入和工作结果与他人进行比较。如果发现他人比自己投入少或结果多，自己就会感到不公平，从而引起工作动机的下降；如果发现他人比自己的投入多或结果少，自己也会感到不公平，从而引起工作动机的提高。这种对公平的比较既有纵向的，也有横向的。纵向比较是个人的现在与过去的比较。有组织内自我比较和组织外自我比较之分。如果过去的投入比现在多，结果比现在少，员工就对现在会比较满意。横向比较是把自己的付出和报酬与同一时间其他人的付出和报酬相比较，包括组织内他比和组织外他比。

公平理论让人认识到，工作动机的激发不仅是外在强化的结果，也是一种社会化的、人际间的比较的结果。因此，在动机激励中，不仅仅要考虑用什么报酬和奖励方式作为手段，也必须考虑员工之间的平衡，科学地建立奖酬金的差异，才有利于激发组织中每个人的工作动机。

四、综合激励模式

行为主义激励理论强调外在激励的重要性，而认知派激励理论强调的是内在激励的重要性。综合性激励理论则是这两类理论的综合、概括和发展，它为解决调动人的积极性问题指出了更为有效的途径。

（一）豪斯的激励力量理论

豪斯提出的激励力量理论，用一个模式把上述几类激励理论综合了起来，把内、外激励因素都归纳进去。其公式是：

$$M=V_{it}+E_{ia}(V_{ia}+E_{ej}V_{ej})$$

公式中的下标：i 表示内在的，e 表示外在的，t 表示任务本身的，a 表示完成。公式中其他符号的意义分别为：M 代表某项工作任务的激励水平高低，即动力的大小。V_{it} 代表对该项活动本身提供的内在报酬效价，它引起的内激励不计任务完成与否及其结果如何，故不包括期望值大小的因素，也可以说期望值最大是 1，所以可不表示。E_{ia} 代表对进行该项活动能否达到完成任务的期望值，也就是主观上对完成任务可能性的估计。进行这种活动时，人们要考虑自己完成任务的能力，以及客观上存在的困难等。V_{ia} 代表对完成任务的效价。$E_{ej}V_{ej}$ 代表一系列双变量的总和。这些双变量中的 E_{ej} 代表任务完成能否导致获得某项外在报酬的期望值；V_{ej} 代表对该项报酬的效价。在估计 E_{ej} 时，人们考虑完成任务后，有多大把握得到相应的外在报酬，如加薪、提级和表扬。

如果取消公式中的括号，把 E_{ia} 乘入，则公式变为：

$$M=V_{ia}+E_{ia}V_{ia}+E_{ia}E_{ej}V_{ej}$$

在上面这个公式中，V_{ia} 代表工作任务本身的效价，即工作对工作者本人有用性的大小。只要本人做那种工作感到有很大乐趣，很有意义，那么完成工作任务的期望值就为 1，即完成任务的主观概率是百分之百，所以不必再乘 1。因此，这一项也代表做这件工作本身的内激励。$E_{ia}V_{ia}$ 代表任务的完成所起的内激励作用。$E_{ia}E_{ej}V_{ei}$ 代表各种报酬引起的激励效果之和，其中引入两项期望值是因为前者是对完成任务可能性的估计，后者则仅是对完成任务与获得奖酬相联系的可靠性的估计。在整个公式中，前两项属于内在激励，第三项属于外在激励。三者之和代表了内、外激励的综合效果。

（二）波特和劳勒的综合型激励模式

波特和劳勒于 1968 年提出了新的综合型激励模式，将行为主义的外在激励和认知派的内在激励综合起来。

在这个模式中含有努力、绩效、个体品质和能力、个体知觉、内部激励、外部激励和满足等变量。它把激励过程看成外部刺激、个体内部条件、行为表现、行为结果相互作用的统一过程。一般人都认为，有了满足才有绩效。而他们则强调，先有绩效才能获得满足，奖励是以绩效为前提的，人们对绩效与奖励的满足程度反过来又影响以后的激励价值。人们对某一作业的努力程度，是由完成该作业时所获得的激励价值和个人感到做出努力后可能获得奖励的期望概率所决定的。很显然，对个体的激励价值越高，其期望概率越高，则他完成作业的努力程度也越大。同时，人们活动的结果既依赖于个人的努力程度，也依赖于个体的品质、能力以及个体对自己工作作用的知觉。

波特和劳勒的激励模式还进一步分析了个人对工作的满足与活动结果的相互关系。他们指出，对工作的满足依赖于所获得的激励同期望结果的一致性。如果激励等于或者大于期望所获得的结果，那么个体便会感到满足。如果激励和劳动结果之间的联系减弱，那么人们就会丧失信心。

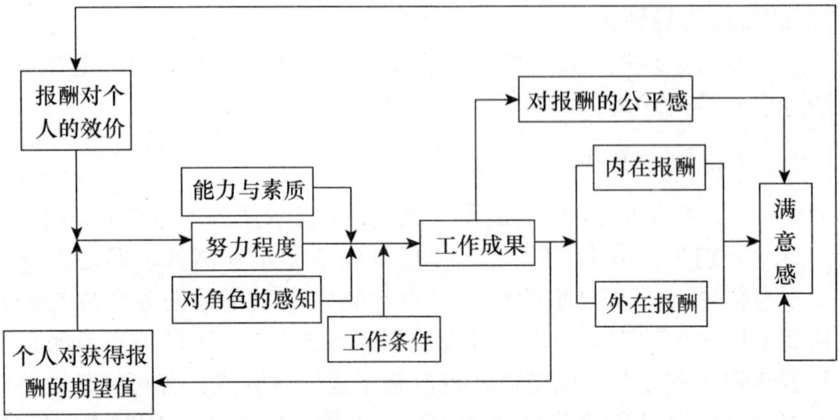

图 4—13 波特和劳勒的综合型激励模式图

资料来源：Porter, L. W., & Lawler, E. E. (1968). What job attitudes tell about motivation? *Harvard Business Review*, *46* (1), 118-127.

这种激励综合模式联合考察内、外激励的综合效果，突出了努力程度、工作成果绩效、报酬和满意感四个变量之间的有机联系。把整个激励过程联结为一个有机的整体。

从模型中可以看到，激励不是一种简单的因果关系，要使激励产生预期效果，就必须考虑到奖励内容、奖励制度、组织分工、目标设置、公平考核等一系列的综合因素，还要注意个人的满意度在激励中的反馈。个人的努力及其程度取决于奖励价值、个人察觉出来的努力和受到奖励的概率；个人达到的绩效取决于努力程度、个人能力大小及对任务的了解、理解程度的深浅；个人所应得的奖励应当以实际达到的工作绩效为标准，剔除主观评估因素；个人对奖励满意与否及程度取决于受激励者对所获报酬公平性的感觉，个人满意与否及程度会反馈到下一个任务的努力过程中。

基于此理论，波特和劳勒提出了改进管理者激励工作的几个步骤：（1）判断出每个人想要的结果。（2）确定组织目标需要怎样的业绩表现。（3）确认这个业绩是可以达到的。（4）把个人想象的结果和组织所需的工作表现相联系。（5）对各种冲突、矛盾的预期情形作全面的分析。（6）确保优厚的报酬。（7）确保整个制度的公平性。

案例阅读

他们到底需要什么？

帕特·利弗勒是美国中西部一家中型制药厂中负责生产和运作的副总裁。帕特拥有化学博士学位，但是在这些年中，他从来没有亲自参与过研究和开发新产品的工作。从学校毕业以后直接进入了管理工作。公司并不存在员工离职的问题，但是对于帕特和其他高层管理人员而言，很明显，自己的员工仅仅是在 8 小时的时间内完成分内的工作，他们并没有充分发挥自己的潜能。帕特对于这样的情况非常失望，因为面对日益增长的成本，公司解决这个问题的唯一途径是提高员工的工作效率。

帕特请来了人力资源部门的经理卡门·洛佩兹。面对一大堆图表，帕特说："我们的员工到底怎么啦？我们的薪酬调查的报告结果表明我们的薪水在同类行业中已经是最高的了，我们的条件是非常优越的，但是我们的员工还是不能得到激励，他们到底需要什么？”卡门回答：“我已经告诉你和总裁不止一次了，仅仅有钱、环境和福利还是不够的。员工需要其他的因素来进行激励。同时，我也秘密地进行了一些随机的调查，他们告诉我他们非常沮丧，不论他们多么努力地工作，他们得到同样的薪水，与他们那些吊儿郎当的同伴相比，他们晋升的机会也是相等的。”帕特回答道：“很好，你是激励方面的专家，我们应该在这个方面怎么做？我们必须提高他们的绩效！”

资料来源：鲁森斯：《组织行为学》，王垒等译，199页，北京，人民邮电出版社，2003。

思考问题

1. 用马斯洛、奥尔德弗和赫茨伯格的内容理论来解释这个组织所遇到的“激励问题”。人力资源经理卡门提到的除了薪水、环境和福利以外的“其他因素”是指什么？

2. 用过程激励理论来解释这个公司员工的激励问题。基于那些保密的调查的结果，你可以猜测一下这个公司员工的期望、效价以及不公正是什么。帕特应该如何应对？

3. 如果你是这个公司的人力资源经理，你应该如何回答帕特的最后一个问题？

第四节 激励在组织中的实践

随着经济全球化的推进和知识经济的迅猛发展，人力资源的开发程度成为制约组织发展的关键因素。激发组织员工潜能，最大限度地发挥员工的主观能动性和创造力，调动员工的工作积极性，促进组织目标和个人目标的“双赢”，是开发人力资源的重要途径。这一工作的关键就在于组织是否具有一个良好的员工激励机制。

一、行为激励的原则

根据前述的各种激励理论，在对员工进行激励时应关注以下原则。

（一）物质利益原则

人们的工作活动，都是直接或间接地和物质利益联系在一起的，物质利益除了经济方面的重要作用外，还有人的安全、自尊等不可缺少的依据。因此，在员工的物质利益未得到充分满足时，对员工的激励应注重物质利益原则；即使在个人的物质利益已被认为充分满足之后，也不应忽视物质利益的激励作用。

（二）公平原则

根据公平理论，人们是需要公平的，而公平是在比较中获得的，人们注重的不只是所得的绝对量，更注重的是可比的相对量。因此，管理者应充分考虑一个群体内以及群体外相关人员激励的公平性。“按劳分配”的原则就是为了体现公平性，但公平理论中的公平与“按劳分配”相比，则更多考虑的是个人的主观感受，考虑人与他人的关系，因而显得更加实际。

（三）差异化和多样化原则

差异化就是针对不同的个人采用不同的激励方式。多样化就是不拘泥于一种方式，视情况不同灵活运用多种激励方法。激励的本质就是满足个人的需要，而人的需要又是多种多样、不断发展变化的，因而激励方式也就必须是多种多样、彼此有差异的。事实证明，只有在激励工作中坚持差异化和多样化原则，才能保证激励的有效性。

二、有效激励的要求

运用各种激励理论来激发组织成员的积极性，是领导者和管理者的重要职责，也是实现组织目标的必要前提。为使激励取得效果，在激励过程中必须遵循以下要求。

（一）奖励组织所需要的行为

美国著名管理学家米切尔经过 20 年的调查和研究，总结出这样一条规律，即人们会去做受到奖励的事情。因而把奖励组织所需要的行为称为“现代行为管理的基本原则”。根据在激励方面组织常犯的错误，拉伯夫提出，组织应特别注意奖励这 10 种行为：奖励彻底解决问题，而不是奖励只图眼前见效的行为，以确保组织的长远利益；奖励承担风险而不是回避风险的行为；奖励善于用创造力而不是愚蠢的盲从行为；奖励果断的行动而不是光说不做的行为；奖励多动脑筋而不是一味苦干；奖励使事情简化而不是使事情不必要的复杂化；奖励沉默而有效率的人，而不是奖励喋喋不休者；奖励有质量的工作，而不是匆忙草率的工作；奖励忠诚者而不是跳槽者；奖励团结合作者而不是相互对抗者。

（二）按劳分配，利用差别

组织激励的一个重要原理是利用个人收益的差别，向组织成员传递组织期望的行为的信息。利益的差别可以推动竞争。心理学实验显示，竞争可以增加 50%甚至更多的心理创造力。利益差别也是体现公平的一个方面。因此，各级管理者必须通过考核员工的行为及绩效的差别，奖勤罚懒、奖优罚劣，切忌搞平均主义。

在利用利益差别激励下属时，必须明确指出下属的贡献或不足，使之心服口服。为了避免造成员工间的矛盾，应按预先规定的工作标准来衡量员工的实际表现。

（三）掌握好激励的时间和力度

激励在不同时间进行，其作用与效果有很大差别。超前激励可能会使下属感到无足轻重，迟到的激励会失去激励应有的意义。激励何时该用、何时不该用，要根据具体情况具体分析。根据时间上快慢的差异，激励时机可分为及时激励与延时激励；根据时间间隔是否规律，激励时机可分为规则激励与不规则激励；根据工作的周期，激励时机又可分为期前激励、期中激励和期末激励。激励时机存在多种形式，不能机械地强调一种而忽视其他，应根据多种客观条件灵活选择并加以综合运用。

激励力度也与激励效果有极为密切的联系。超量激励和欠量激励不但起不到激励的真正作用，有时还会起反作用。比如，过分优厚的奖赏会使人感到得来全不费工夫，丧失了发挥潜力的积极性；过分苛刻的惩罚可能导致员工破罐破摔的心理，挫伤下属改善工作的信心；过于吝啬的奖赏会使员工感到得不偿失，多干不如少干；过于轻微的惩罚可能导致员工产生无所谓的心理，不但不改掉毛病，反而会变本加厉。

（四）激励时要注意考虑员工个体需要的差异

人有不同的需要、不同的价值观与奋斗目标，因此激励手段的选择及应用也要因人而异。例如，有的员工家庭收入不高，奖励就可以是奖金；收入很高时，奖励就可以是一张运动年卡或高尔夫球票，这不仅是物质奖励，更同时兼顾了对员工的关爱、社会地位等需要。管理者在进行激励时，要定期对人们的需要进行调查，分析不同年龄、性别、职务、地位、受教育程度的员工的需要，实行“弹性报酬制度”，在总激励费用不变的前提下，对不同的员工，给予不同的激励，获得更好的激励效果。

（五）要建立系统的激励策略体系

激励策略在空间上要相辅相成，在时间上要相互衔接，形成“综合激励管理”的格局和积极的良性循环，最大程度地、持续地为组织提供动力。

根据员工积极性变化的规律，设计激励系统时，可以按照考察分析、教育培训、目标管理、组织引导、考评奖惩五个步骤进行。考察分析是深入、细致、持续地全面了解员工的群体需要和个体需要。教育培训是向员工解释和说明激励计划，让员工了解认可计划的内容，认同计划的意义，把个人的行为与计划结合起来。目标管理是实施计划的过程，这时要关注计划的落空，又要留意目标落空时出现的种种现象和问题。组织引导是针对目标管理中出现的各种问题的调整、教育、补充、完善、引导。考评奖惩是落实激励计划的物质和精神奖励。

三、在组织中如何进行激励

激励机制的不断创新是组织不断提升管理水平的重要内容。组织只有建立全方位的激励机制，并在组织管理实践中，随客观形势的变化而不断地进行创新与完善，才能最大限度地激发员工特别是核心员工的潜能与工作热情。那么如何在组织中进行激励呢？

第一步：肯定员工的合理化建议或工作成绩。当员工提出一项建议或完成一项工作时，都想得到认可。因此当员工提出建议和完成一项工作的时候，管理者就要肯定他的作为和贡献。得到肯定以后再从他的建议或工作的偏差中去进行指导、修正，力求完美。避免打压员工，认为他的想法或建议有问题时就马上说不行，必须得按自己的想法来做。一旦打压，员工便不会再提出什么建议。

第二步：设法排除员工遇到的限制和障碍。当员工在工作中受到了一些外力因素限制或工作遇到障碍时，管理者帮助解除这些限制和障碍员工会非常感动。这个感动会变成强大的激励，组织也因此会收到好的回报。

案例阅读

沃尔玛的员工激励

多年来，沃尔玛公司都使用一种相对宽松和直接的方式来激励员工，以保持他们的忠诚度。公司主要是通过给员工股权来激励他们。比如，一名员工在1970年公司股票上市时，用1 650美元买了100股，到1993年时，他拥有股票的价值就是350万美元。但员工的正常薪水并不高。

20世纪70年代后期到80年代这段时间里，沃尔玛的股票每年都上涨不少。公司通过利润分享计划建立了养老基金，基金中大部分的钱投资于购买公司的股票。这样，养老基金也随着公司股票价格而上涨，员工们受到很大的激励，对公司非常忠诚。公司拥有了零售业界最忠诚最积极献身的员工。公司一直被员工和业界认为具有非常优越的工作环境。

然而到了90年代，情况开始发生变化。首先，虽然公司仍然利润相当高，但公司的发展减缓，收入和利润已经没有太大的增长，从而导致了沃尔玛股票价格的下跌。1993年，公司股票每股的价格是30多美元，到1995年年底，就只有20美元左右了。股票的下跌大大削减了养老基金和员工的个人股票价值。结果，公司长期拥有的员工忠诚度开始下降，工作动机开始减弱。

1992年公司的创立者山姆·沃尔顿去世以后，公司文化也开始发生一些微妙的变化，这使问题更加严重。公司新的管理层试图保持原有的经营方式以及与员工之间的关系，但不少主管人员缺乏领导魅力，也不能坚持沃尔顿过去倡导的与员工个人接触的管理方式。另外，新来的员工也无法从老一辈公司领导那里受到教育和感染。除了忠诚度和工作动机方面的问题以外，沃尔玛还面临因经济危机引发的其他问题。比如说，在避免工会组织不利于公司的集会方面，自1991—1993年，整个公司只出现过三次工人集会，但现在由于对养老金和其他激励越来越不满，工会组织各种集会并取得胜利的机会越来越多，1994年一年就出现过四次。

等待着沃尔玛的将是什么呢？每个人都在猜测。虽然沃尔玛作为一个雇主的形象受到了负面的影响，但大多数专家从一个雇员的角度来看，仍然认为它是该行业最好的公司之一。而且，公司现在还是在赢利，管理层也坚信股票价格会再次上升。因此，他们相信员工还是会对公司满意的，也会为公司继续做贡献。但也有人认为，出现的问题对公司已经造成损害，沃尔玛将不会再度拥有它曾代表过的优越工作环境的形象。

资料来源：何文成：《沃尔玛公司的全面激励》，载《企业改革与管理》，2010（8）。

思考问题

1. 用什么激励理论能最恰当地解释沃尔玛发生的问题？
2. 如果在当前的困难情况下，由你来管理沃尔玛，你将如何来激励员工？

第五章

群体行为

王强是某大学二年级的学生，暑假在家乡的一个工厂找到了一份兼职工作，他被安排到一个工作小组中，这个小组负责给货车装卸原材料和成品。

工作一周之后，王强吃惊地发现同组的工人极其消极怠工，经常站在一旁闲聊，甚至在工作时间跑到其他地方躲起来。王强发现经常只有他一个人在装车，而其他人则站在一边袖手旁观。王强向他们抱怨时，他们的反应是，如果他不想干就赶紧走，但如果他敢向上级抱怨，他将会后悔。两周后，当王强再一次向他们抱怨时，一个年长的工人对他说："小伙子，如果你在这里工作的时间和我们一样长，并且一直会在这里工作下去，你也会和我们一样。"

这些工人组成了一个小群体，它属于什么类型的群体？这个群体形成的原因是什么？为什么王强没有被这个群体接受？你同意那个年长工人的话吗？本章将对这些与群体行为相关的内容进行介绍。

学习要点

1. 了解群体的发展阶段以及不同类型正式群体与非正式群体的特点。
2. 理解正式群体结构中不同变量的概念以及非正式群体的概念。
3. 掌握群体决策的方法。
4. 在组织中正确应用非正式群体的效用以提高组织绩效。

第一节 群体概述

在组织当中，群体可能是同一班组的成员，同一项目团队的成员，也可能是下班后因业余爱好而聚集在一起的一群人。研究组织当中群体的形成与发展，以及组织中群体的心理与行为特点，是组织行为学中的重要内容之一。

一、群体行为的基础

群体（Group）是指两人或两人以上的集合体。群体中的成员为了实现某个特定目的，相互作用、相互依赖，形成一种组合。他们遵守共同的行为规范，在情感上互相依赖，在思想上互相影响，而且有着共同的奋斗目标。该定义包含了三方面的意思：群体中的成员拥有一定的规范，在行为上互相制约；群体中的成员互相影响，互相依赖，彼此感到他们联系在一起，是一个整体；为完成共同的目标，群体中的成员会分工协作，贡献自己的力量。

群体具有这样一些特征：群体成员的目标具有一致性、群体成员具有群体意识、群体成员是有机结合而不是松散的、群体自身具有相对独立性。

卢桑斯认为在组织行为学的研究中，群体通常被作为一个可对其进行分析的重要的社会学单元。当进行动力学分析时，对于群体的研究就特别有价值。当群体这个概念被运用到组织行为的研究时，其焦点是包括正式和非正式工作群体在内的成员互动。

美国社会心理学家霍曼斯指出，构成群体的四个要素为活动、相互作用、感情、群体规范。

二、群体的类型

社会心理学家考察群体时，曾各自从不同的角度对它进行分类。例如，美国的卡茨从群体的社会功能角度把群体划分为：（1）为创造社会财富而形成的生产性群体；（2）为维护特定社会而存在的养护性群体，如教育机构、宗教群体、医疗康复机构等；（3）政治性群体，如国家机构、政党、军队、工会、社会团体等；（4）为创造社会知识财富、发展科学技术而形成的适应性群体，如科研部门、艺术组织等。

按照不同的标准，群体可以划分为不同的类型。

（一）按照群体规模分类

根据群体规模的大小，可以把群体划分为大型群体和小型群体。在大型群体中，群体成员之间以间接的方式联系在一起，如通过群体的目标、各层组织机构等。在小型群体中，由于人们之间有直接的接触，因此，心理因素的作用相对来说要大于它在大型群体中的作用。反之，大型群体中社会因素比心理因素有更大的作用。

（二）按照构成群体的原则和方式分类

根据构成群体的原则和方式的不同，把群体可以划分为正式群体和非正式群体。正式群体是由组织正式文件明文规定的，群体的成员有固定的编制，有规定的权利和义务，有明确的职责分工。工厂的车间、班组、科室，以及党团组织、行政组织等都是正式群体。正式群体的组织比较确定、职能关系明确、行为受目标制约。比如，决定于组织结构和行政体系的命令型群体和决定于组织结构和工作任务的任务型群体。非正式群体是组织中没有正式规定的群体，其成员之间的相互关系带有明显的情绪色彩，他们可能是因为住得近、有共同的兴趣、能互相满足需要而结成伙伴。例如，工厂里的足球队、棋队的形成就是因为这些人有共同的活动兴趣。非正式群体无正式结构，无明确关系，自然形成。比如，那些自建房形成的群体，同一小区的业主，这些由共同利益下的特定目标而形成利益型群体，以及由共同旅游爱好和兴趣为导向而形成旅友友谊型群体等，都是非正式群体。

（三）按照群体的开放程度分类

根据群体的开放程度的不同，可以把群体划分为开放群体和封闭群体。开放群体经常更换成员，成员来去自由。封闭群体的成员则比较稳定。另外，封闭成员间的等级关系严明，而开放群体中成员的地位和权力不稳定。开放群体由于人员不稳定，所以不适合长期的任务，但因为经常输入“新鲜血液”可以吸收新思想和新人才，对周围环境的适应性比较强。开放群体和封闭群体适合于不同类型的活动。例如，对于长期规划，封闭群体更有效；对于发展新思想和新产品，开放群体更有效。

（四）按照群体对其他群体产生的作用分类

根据群体对社会上其他群体或个人所发挥的作用或产生的影响不同，可以把群体划分为参照群体和一般群体。参照群体（Reference Group）也称为标准群体或榜样群体，它是人们心目中向往的群体。个人把该群体的目标、规范、价值作为自己行为的参照标准和指南，以此推动并激励自己努力按照其规范约束自己。参照性群体的特点是：个体了解群体中的其他人；个体认为自己是这个群体的一员，或者渴望成为这个群体的一员；个体感到群体中的成员对自己很重要。应该注意的是，个人所参加的群体并不一定是其心目中的参照群体。作为管理者，必须要了解和发现人们心目中的参照群体，使正确、健康的群体规范转化为个人的行为标准。一般群体则是与参照群体相对而言的，它是指那些客观存在并活动于社会上，但其标准和目标不足以成为人们行为标准和规范的群体。

（五）按照群体的目标分类

根据群体的不同目标，可以把群体划分为职能群体、工作任务群体、兴趣和友谊群体。其中，职能群体的成员关系是由组织结构规定的，包括上下级关系。它一般涉及完成正在进行的工作任务，属于正式群体。比如，财务经理得到会计人员、财务分析员、计算机操作人员和秘书的支持。工作任务群体的成员关系是按照完成特殊工作任务的目的来建立的，它可以是短期的，也可以是长期的，一般也属于正式群体，比如计划项目工作组、特别工作组等。兴趣和友谊群体的成员关系是由于年龄、政治信仰或兴趣所形成的。它的目标同组织目标可以一致也可以不一致。它可以是正式群体，也可以是非正式群体，比如工会、社会群体等。

三、群体的发展阶段

任何一个现实的、具体的群体都处于一定的发展水平上或阶段中。西方社会心理学家分析群体形成水平时使用的主要参数是：群体存在的时间、群体中所形成的支配和服从关系、群体沟通的数量、群体成员相互选择的数量等。苏联社会心理学家在分析群体的发展水平时，主要考虑的两个因素是共同活动内容对人际关系的中介水平和共同活动内容的社会意义。

有关群体发展的阶段理论主要有五阶段模型和间断—平衡模型两种。

（一）五阶段模型

这个模型认为，群体的发展要经过形成阶段、震荡阶段、规范化阶段、执行任务阶段、中止阶段五个阶段。各个阶段各自具有的特点不同。

第一阶段：形成（Forming）。这个阶段群体的目的、结构、领导都不确定，群体成员各自摸索群体可以接受的行为规范。当群体成员开始把自己看作群体的一员时，这个阶段就结束了。

第二阶段：震荡（Storming）。这是群体内部冲突阶段。群体成员接受了群体的存在，但对群体加给他们的约束，仍然予以抵制。而且，对于谁可以控制这个群体，还存有争议。主要矛盾是竞争领导角色和目标冲突，如目标的相对优先次序、责任分配、领导关于任务的引导和指示等方面。这个阶段结束时，群体的领导层次就相对明确了。

第三阶段：规范化（Norming）。在这个阶段中，群体内部成员之间开始形成亲密的关系，群体表现出一定的凝聚力。工作行为发展为信息分享，积极地进行一些需要妥协的决策；成员制定了团队的操作规则，凝聚力形成，合作与责任分担成为共识。这时会产生强烈的群体身份感和友谊关系，当群体结构稳定，群体对于什么是正确的成员行为达成共识时，这个阶段就结束了。

第四阶段：执行任务（Performing）。在这个阶段中，群体结构已经开始充分地发挥作用，并已被群体成员完全接受。群体成员的注意力已经从试图相互认识和理解转移到完成手头的任务。成员显示他们能一起熟练并有效地达到目标，每个成员都接受和理解自身角色，成员也学会何时独立工作，何时相互帮助。

第五阶段：解体（Adjourning）。对于长期性的工作群体而言，执行任务阶段是最后的一个发展阶段，而对暂时性的委员会、团队、任务小组等工作群体而言，因为这类群体要完成的任务是有限的，因此，还有一个中止解散阶段。在这个阶段中，工作任务完成，群体开始准备解散，高绩效不再是压倒一切的首要任务，注意力放到了群体的收尾工作。这个阶段，群体成员的反应差异很大，有的很乐观，沉浸于群体的成就中；有的则很悲观，惋惜在共同的工作群体中建立起的友谊关系不能再像以前那样继续下去。

简单讲，形成阶段就是走到一起，成为一员；震荡阶段是内部冲突，领导确立；规范化阶段是达成共识，形成凝聚力；执行阶段是完成任务，实现目标；中止阶段是准备解散，新的开始。每个阶段分别面临的任务就是首次会议，中期危机，新的突破，转变调整，遗留善后。

运用这一模型解释群体形成时，人们大多都会假设随着群体从第一阶段发展到第四阶段，群体会变得越来越有效。虽然这种假设在一般意义上可能是成立的，但使群体有效的因素远比这个模型涉及的因素复杂得多。例如，在某种情况下，高水平的冲突可能会导致较高的群体绩效。此时，就可能会发现这样的情况：群体在第二阶段的绩效超过了第三和第四阶段。同样，群体并不总是明确地从一个阶段发展到下一个阶段。事实上，有时几个阶段同时进行，比如震荡和执行阶段。群体甚至可能回归到前一个阶段。因此，即使是这个模型的最强烈的支持者，也没有假设所有的群体都严格地按照五阶段或四阶段发展。

（二）间断—平衡模型

如前所述，所有的群体并不是都严格地按照五阶段或四阶段发展，但有的研究者认为，在群体如何形成和变化的方式上确实存在一些明显一致的地方，于是提出了间断—平衡模型（Punctuated Equilibrium Model）。

这种模型认为，以接近中间的某个时间作为分水岭，群体发展的过程基本上可以划分为两个平衡阶段，在第一阶段中群体运行的方式与第二阶段有着明显的不同。

在第一个阶段，群体的运行处于一个平衡阶段。群体首先界定任务、确定目标，并且这些在第一阶段中不太容易发生改变。即使有的群体成员有新的想法提出，大多也不会被付诸行动。当群体发展到它的寿命周期的中间阶段时，就进入到效率更高的第二阶段——新的平衡阶段。这时，群体成员感到时间的压力和完成任务目标的紧迫，他们认识到必须迅速采取行动，必须对原有的运行方式做出某些改变。于是群体就放弃旧的思维方式，采纳新的见解。这一阶段发展到最后，以最后冲刺迅速完成任务而宣告结束。

研究者们发现，无论是寿命周期很短的群体，还是寿命周期较长的群体，其发展过程都会遵循这样的规律。可以想象一下，假如有一个项目小组在工作时，如果完成项目的时间限制在5周，那么前两周则会比较平静地度过，到了中间阶段，群体会采取积极的变革行动，后面的阶段表现出更好的绩效水平，而最后一次项目会议则往往比其他几次会议时间更长，很多问题都得到了最后的解决。

案例阅读

群体运行机制的创立与应用

沃尔玛创始人山姆·沃尔顿创立了一种群体运行机制。

在20世纪90年代初，从周一到周三，大约30个地方主管都要去调查9家沃尔玛商店和6家竞争对手的商店。他们搜集了一篮子的商品，对比它们的价格。1991年，沃尔玛制定了售价要低于同一区域主要竞争对手8个百分点的策略。他们的参观调查就是要了解这一低价策略的实际执行情况。

如果地方经理所做的工作是正确的话，他们所要观察的是什么呢？不仅仅是价格，他们要观察货物是怎么摆放的，消费者在购买些什么，商店的外观、氛围如何，竞争对手采取了哪些新的措施，雇员的反应如何，等等。

请注意，沃尔玛在地方管理者和现场执行之间经过了多少层过滤？答案是零。零信息过滤的意义何在？时间和质量。没有延迟，没有扭曲，没有怀疑。这种见识从何而来呢？实践出真知。星期四的早上，沃尔顿召开了一次4个小时的会议，与会的还有约50个经理。他们中有考察商店的地方经理、物流主管，还有广告部主管。也许这个会议会做出某地区需要10万件羊毛衫上架的决定。同时还决定，那些羊毛衫不需要运往东北，出于那里并不太冷或者其他一些原因，也许库存还需要调整一下。

通过这次会议，信息得到了交换和整合，决策得以落实，每一个与会者的大脑里都有了一幅关于生意的全局图，而且能感受到就在不到一周之前发生的竞争。人们直接从顾客和第一线员工那里得到了未经过滤的消息。

沃尔顿的群体运行机制使它的优先级从5万英尺级变为50英尺级，在这里，人们协同一致地工作。同时，还增强了责任感。如果在讨论中有人没有做好准备，马上就能被看出来。

1999 年 1 月，迪克·布朗当上了 IT 服务业的巨人——电子数据系统公司（EDS）的 CEO 后，在公司内部就运用了群体运行机制，让优先业务取得了成功。其中最重要的一项是每月 1 次的“执行会议”——一个包括来自全球约 100 个 EDS 业务主管的电话会议。在会议中，每个单位的月成果和自年初的累积成果都要被讨论到，这跟他们以往讨论的问题大不一样。

起初，很多参与者并没有真正认识到年收入、保证金和市场占有率所反映出来的业务紧迫性。布朗通过电话会议来强调它们的重要性。每次会议开始，他都要总结一下过去 1 个月或者该年度的亮点。接着，CFO 分析月赢利和年赢利，并和公司的目标进行比较。然后 COO 把销售成果介绍一遍。把成果公开和反复共享，可以建立一种内在的责任感。这样很快就可以知道谁做得好，谁需要帮助。在接下来的问答环节，布朗通过确认对话是否公正、简明和富有建设性来把团队讨论的基调确定下来。如果业务水平显著下降，他会对相应的主管刨根问底。

布朗每两周都要给 EDS 的每个人发电子邮件，他称其为“发到 EDS 全球团队”。让他们了解公司的一些特别成就，同时讨论公司在优先业务里所处的状态。

群体运行机制包括在业务方面的聆听、学习和培训，同时也使共同目标得到加强，决策得到制定。其他的一些群体运行机制建立在组织的另一些地方，用于帮助资深的团队确定实现优先业务的机会。例如“资深主管会议”，约 130 人每 3 年聚一次头，目的是对业务进行总体的考查，同时强调通过公平、建设性的对话这样一种新的渠道取得收获。

到 1999 年年底，EDS 实际上已经削减了 10 亿元的成本，有效地简化了自身的运作，并变得更加以客户为本了。公司把自身的关注点转移到吸引和留住有天赋的人身上，对公司自身的成长、客户满意度以及责任感的关注也日益增强。从此，EDS 变得日益壮大。

资料来源：山姆·沃尔顿：《促销的本质》，苏州，江苏文艺出版社，2012。

思考问题

1. 本案例中，群体运行机制取得成功的关键是什么？
2. 如何根据自己组织的具体情况运用群体运行机制？

（三）群体形成的实际原因

除了从理论上解释群体的形成和发展阶段外，加入和形成一个群体也存在一些实际的缘由。例如，组织中的雇员可能出于经济、安全或社会方面的原因而形成一个群体。从经济方面讲，员工们为了完成一个按照群体奖励计划付酬的项目，或为了联合起来要求更高的报酬，就需要形成一个群体。从安全方面讲，参加一个群体给个体提供了一个联合体来对抗不平等的待遇。“人多力量大”这句话很适合描述这种情况。但个体加入或形成群体最主要的实际原因是，群体可以满足大多数人内在的强烈的社会需要。员工通常都有非常强烈的亲和需要，这个需要通过属于一个群体或成为团队的一员得到满足。梅奥的研究揭示了亲和动机对于组织中的个人的行为有重要的影响。

四、群体结构

工作群体是有结构的。群体结构是指由群体中成员的地位与角色的不同构成。绝大多数群体的结构都是有层次的，每个成员有一个与其地位相当的角色，这种角色规定着成员对其他成员的态度和行为。一个群体一旦形成，其内部各个成员之间就形成了以地位为主要内容的相互关系，同时也出现了分化过程，构成了一个地位—角色差异系统。这个地位—角色系统，规定着其内部成员的态度与行为。研究表明：群体的地位—角色系统具有相对稳定性。

由于群体组成成分的不同，群体结构有同质性和异质性之分。同质性是指群体成员在性别、年龄、个性、职位、专业、经验等方面都比较接近。异质性则是指群体成员在上述各方面都存在着显著的不同。企业对工作群体是采用同质性结构还是异质性结构，首先取决于工作的性质。一般认为，对于简单的工作，连续的工作，需要合作才能完成的工作，以及必须很快完成的工作，采用同质性结构效果较好。对于复杂的工作，必须并行完成的工作，创造性的工作，以及不需要很快完成的工作，采用异质性结构效果较好。譬如，新产品开发小组一般就是采用异质性的结构，小组成员来自市场、设计、开发、生产、销售等不同部门。企业的领导和决策委员会一般也应该采用异质性结构，这样，各方面的知识和意见可以取长补短，有益于做出正确决策。其次取决于管理能力。一般来说，在同质性结构中，由于群体成员在很多方面都比较接近，因此容易沟通，冲突会少一些。而在异质性结构的群体中，由于各成员在很多方面差别较大，沟通上就会有一些潜在的困难。而处理这些潜在的沟通和冲突问题，需要管理者具有相应的管理能力。否则，群体是很难协调发展下去、取得良好绩效的。

群体结构对群体工作时的心理气氛、和谐程度、凝聚力和工作成效都有深刻的影响。群体结构塑造着群体成员的行为，使人们有可能解释和预测群体内部大部分的个体行为以及群体本身的绩效。那么，群体结构包括哪些变量呢？主要包括：正式领导、角色、规范、地位、群体规模、群体构成。

（一）正式领导

即明确的正式领导。几乎每个工作群体都有一个正式领导。他们的头衔可以是部门经理、部门主管、工头、项目领导、任务小组领导或委员会主席。群体领导对群体绩效具有巨大影响。

（二）角色

在群体中所有的群体成员都扮演着一种角色。在这里，角色是指对占据群体中特定位置的个体所期望的一系列行为模式。如果每个人都只选择一种角色，并可以长期一致地扮演这种角色，对角色行为的理解就会很简单。实际情况则是，不管是上班时，还是下班时，人们都要被迫扮演多种不同角色。因而，要理解一个人的行为，关键是弄清他现在扮演什么角色。

正因为一个人扮演着多种角色，使得角色具有多面性。例如，某公司的一名工厂经理，他在工作中要扮演多种角色。比如，在公司里他要扮演的角色有该公司的雇员，公司的中层管理人员、电子工程师等。下班后，他要扮演的角色有丈夫、父亲、儿子、女婿等。其中许多角色相互兼容，有些可能相互冲突。如最近公司的一项新任命要求他调往别处，但其家人却非常希望他留在本地。他的工作角色要求，应该在丈夫和父亲角色要求面前让步。组织中的每个人都在扮演多种不同的角色，人们的行为随着扮演的角色的不同而不同。也可以说，不同群体对个体的角色要求不同。为此，心理学家曾做了大量有关角色的实验来解释这一问题。有名的如斯坦福大学的心理学家津巴多做过的“看守与囚犯”实验。

经典实验

津巴多的“看守与囚犯”实验

这个实验也被称模拟监狱实验。他招收了21位本科生作为志愿者，让他们体验监狱生活。在实验中，这些人扮演看守或犯人。在此之前，这21个人都经过了性格测试，被评定为情绪稳定、成熟守法的人。通过扔硬币的方式，10个人被派去当囚犯，11个人做看守，共进行两周实验。“犯人”们在一个星期天的早晨被“逮捕”了，戴上手铐，在警局登记名册，然后被带入“监狱”。一切模拟得和真实情况无异，“看守”们还制定了一些规则：“犯人”在进餐、休息和熄灯后必须保持沉默；他们必须按时就餐；彼此之间称呼号码，要管“看守”叫“长官”；等等，触犯任何一项条例都将遭到惩罚。

这本来就是一场游戏，但出人意料的是，“看守”和“囚犯”很快变得像现实中的一样。“看守”们认为“囚犯”都是危险的，对他们态度严厉；而“犯人”也把“看守”看成施虐狂，暗地里心存反抗，在几天之后，“犯人”们当真组织了一次反叛活动，但被“看守”们残酷地压制了。自此，“看守”们又制定了更多的规则来约束“犯人”，甚至想方设法折磨他们。在实验进行到中途的时候，大多数人表现出头脑混乱，不管是“犯人”还是“看守”。有一位“看守”在实验前是一个和平主义者，不喜欢攻击别人，但在实验的第5天，他竟然开始肆意处罚“犯人”，只因他讨厌这个人。他在日记中坦率地写道：“囚犯（416）不吃这种香肠，我决定强行让他吃，我让食物从他脸上流下来……我为逼迫他吃东西而感到内疚，但是，他不听话会让我更加恼火。”到实验的第5天，实验者不得不宣布实验结束，以保护所有人。

这个实验让人们大吃一惊。在实验中，那些十分正常的年轻人竟会如此轻易地被激发起施虐行为。它表明，正常的、健康的、受过教育的年轻人在“监狱环境”的团体压力下能够迅速地发生角色转变。

这一实验备受争议，虽然最后被迫停止，但实验本身却发人深省。

资料来源：Zimbardo，P. G.，Haney，C.，Banks，W. C.，& Jaffe，D.（1974）. The psychology of imprisonment：Privation，power，and pathology. *Doing unto others*：*Explorations in social behavior*，61-73.

在理解群体角色时，角色同一性、角色知觉、角色期待、角色冲突、角色培训这些概念非常重要。角色同一性（Role Identity）是指对一种角色的态度与实际角色行为的一致性，即表现与需求的一致。人们如果清楚地认识到环境条件需要他们作出重大改变，他们就能够迅速地变换自己所扮演的角色。例如，当工会的办事员得到提升，成为基层管理人员时，他们的态度在随后的几个月中，就会发生变化，从亲工会转向亲公司的管理阶层。

但如果后来形势发生变化，他们又降到原来的位置，那么他们的态度也会改变，又开始亲工会。角色知觉（Role Perception）是指一个人对于自己在某种环境中应该作出什么行为反应的认识，是对期望的行为反应。人们作出某种行为反应，是以自己对于别人希望自己怎样做的解释为基础的。人们的这些认知主要来自于自己周围的多种刺激，如朋友、书本、电影、电视等。角色期待（Role Expectation）是指别人认为你在一个特定环境中应该作出什么样的行为反应。个人的行为方式在很大程度上由自己作出行为反应的背景所决定。当角色期待集中在一般的角色类别上时，就成为角色定式或角色刻板印象了。在工作场合，心理契约（Psychological Contract）这个概念可以更好地考察角色期待。在雇主和雇员之间，存在一种不成文的约定。这种心理契约规定了双方的期待，也就是雇主对雇员，以及雇员对雇主的期待。正是这种心理契约规定了每个角色的行为期待。当个体面临多种角色期待时，角色多面性和角色一致性之间发生冲突，就可能产生角色冲突（Role Conflict），即如果个体服从一种角色的要求，那么就很难服从另一种角色要求。在极端情况下，可能包含这样的情境：个体所面临的两个或更多的角色期待相互矛盾。角色冲突会增强个人内部的紧张感和挫折感。面对角色冲突，个体可以作出多种行为反应。比如，个体可以采取一种正规的、官僚式反应。这样，角色冲突就可以依靠能够调节组织活动的规章制度来解决。此外，个体还可以采取其他行为反应，比如退却、拖延、谈判等。角色冲突的类型表现为角色内部的冲突、角色之间的冲突、角色—人之间的冲突。在组织群体中，群体成员的角色种类有领导、群众、上级、下属员工、同事等。当组织成员新任某一角色，或出现角色冲突时，可以通过角色培训，即学习如何扮演角色和进入角色，使其快速适应新的环境和新的工作岗位，或消除冲突。

（三）地位

地位（Status）是指人们对群体成员之间的社会性排序，是群体成员的威望和影响力的等级，是群体成员的身份系统。员工在群体中的地位对群体有重要意义。在群体中居于更高地位，往往是个体行为的直接目标。地位还有助于解释群体成员的某些行为，当一个人认为自己的地位和组织给予他的待遇不相符时，就会有地位矛盾产生。

群体成员的地位部分地取决于其角色的重要性。那些工作行家、在维持关系方面比较出色的人在群体中的地位都会很高。另外，地位也部分地取决于成员对群体价值观和总的规范的遵守程度。缺少能力者、屡犯规范者其地位都不会高。

个体在群体中的地位可以区分为正式地位和非正式地位两种。正式地位是指组织正式给予的，如组织授予的正式头衔或某种优于他人的待遇。非正式地位是通过教育、年龄、性别、技能、经验等特质非正式获得的。任何东西只有被其成员认为与地位有关，它就具有地位价值。非正式地位不一定不如正式地位重要。在不同组织中，认定地位的因素是有区别的。

（四）群体规模

群体规模就是指群体的大小。一般说，小群体完成任务的速度比大群体快；但在群体参与解决问题过程中，大群体则比小群体表现得好。如果群体成员要面对面交流，规模最大时为 12 人。20 世纪 20 年代，德国心理学家瑞格尔曼做了一个“拉绳子实验”，来比较个体绩效和群体绩效，从中可以看出群体规模对群体绩效的影响。

经典实验

瑞格尔曼的“拉绳子实验”

法国农业工程师马克西米利安·瑞格尔曼（Maximilian Ringelmann），在早期研究中发现，拉绳子的人越多，人均出力越少。这就是著名的“拉绳子”实验。

这一实验经常被称为“瑞格尔曼效应”。这一效应分析了在拉绳过程中，单个人在群体中的表现。研究发现，一个人单独拉绳时的拉力为63公斤，3个人拉绳时每人的平均拉力为53公斤，8个人一起拉时每个人的平均拉力为31公斤。3人群体产生的拉力只是一个人的2.5倍，8人群体产生的拉力还不到一个人拉力的4倍，即群体规模越大，群体成员的生产力反而降低了。

当瑞格尔曼让越来越多的人参与拉绳时，他发现尽管总体拉力增加，但每个成员施加的平均拉力减少，这与团队合作时成员更卖力的传统理论相悖。瑞格尔曼将其归因于当时所谓的“社会惰性”（Social Loafing），即一个群体或团队往往会“隐藏着”缺少个人努力的现象。研究发现，在不同文化背景下，社会惰性的表现不同。

随着组织规模的增大，个体在完成组织任务时的努力将减小。这即是社会惰性现象。“拉绳实验”中出现的情况，说明人都有与生俱来的惰性，单枪匹马地独立操作，能竭尽全力，到了一个集体，则把责任悄然分解、扩散到其他人身上。这是集体工作时存在的一个普遍特征。

这一实验说明了团队规模与社会惰性这一现象。社会惰性现象可以用责任分散理论来解释：随着组织规模的扩大，个体对组织的贡献越难分清，个体对努力完成组织任务的责任感就越小。社会惰性现象也可以用贡献模糊理论来解释：由于组织中其他成员的存在，个体会感到自己的贡献可有可无或大小无关紧要，因此付出的努力就少了。

资料来源：Kerr, N. L., & Bruun, S. E. (1981). Ringelmann Revisited Alternative Explanations for the Social Loafing Effect. *Personality and social psychology bulletin*, 7 (2), 224-231.

除了前面提及的四种变量，还有群体规范和内聚力，这些内容将在后面的章节中介绍。

第二节　群体动力

群体动力是指群体中人和环境两方面的诸多因素相互作用的过程与活动的方向，以及群体内部成员间关系的变化和协调过程，主要涉及群体规范、群体压力、群体内聚力、群体士气等。

一、群体规范

大家是否曾经注意到这些现象：在高尔夫球场上，当一方的合作伙伴上场时，他们不能相互交谈；在公共场合，雇员不能批评他们的老板。这正是群体规范在起作用。规范就是群体成员共同接受的一些行为标准。如把烟头自觉扔到烟灰缸里，在阅览室里人们不大声说话、静默阅览，等等。这些现象都是规范在约束着人们的行为。几乎所有的群体都形成了自己的规范。

群体规范（Group Norms）就是群体未成文的、指导群体成员行为的非正式准则。群体规范让群体成员知道自己在一定的环境条件下，应该做什么，不应该做什么。从个体角度看，群体规范意味着在某种情境下群体对一个人的行为方式的期待。群体规范被群体成员认可并接受之后，它们就成为以最少的外部控制影响群体成员行为的手段。不同的群体、社区，群体规范也不同，但不管怎样，所有的群体都有自己的规范。

群体规范有正式规范与非正式规范，但组织中的大部分规范是非正式的。在大多数工作群体中，规范可以划分为四种类型：第一类与群体工作绩效方面的活动有关，如成员应完成多少任务、应当付出多大努力、不要偷懒等。第二类是群体成员仪表形象方面的，如成员应如何着装、不要穿拖鞋等。第三类是非正式的社会约定。如关于人际交往时，应和哪些人交往、不能和谁走得太近等。第四类与资源分配有关，如哪些人的收入应多一些、晋升机会可以轮流等。

群体规范能够维持和巩固群体、指导与矫正群体行为、树立评价标准、产生群体动力等作用。具体讲，群体按照规范的要求来确定行动的标准，它界定了群体成员的行为范围，因此，能够维持和巩固群体。由于每个群体成员必须按照群体规范运作完成群体目标和个体目标，这样就规划了一个人在群体中的行为方式。每个群体都试图评价其成员行为的效果，群体规范就是这个标准尺度之一。群体规范可以起到某种督导行为的作用，它对个人行为的监督和评价使得每个人的行为都试图按照完成群体目标的方向发展，从而推动群体发展的进程，成为群体成员之间的互动力量。随着群体的发展变化以及外部组织和社会环境的作用，群体规范也在不断调整，以保证完成这些作用，对人的行为产生影响。与群体其他成员相比，地位较高的成员具有较大的偏离群体规范的自由。人们似乎对地位较高的社会成员的不合乎规范的行为更宽容一些。规范对处于地位系统中较低层次的成员影响最大。

一般来说，群体规范是在群体成员掌握使群体有效运作所必需的行为的过程中逐步形成起来的。当然，群体中的一些关键事件可能会缩短这个过程，并能迅速强化新规范。大多数群体规范是通过以下四种方式中的一种或几种形成的。一是群体成员所做的明确的陈述，这名群体成员通常是群体的主管或某个有影响力的人物。例如，群体领导可能具体地强调，在上班时不得打私人电话或者喝咖啡，休息的时间不得超过10分钟。二是群体历史上的关键事件。这种事件通常是群体制定某种重要规范的起因。比如，在工作中，一个旁观者离机器太近而受了伤，从这以后，群体就有了这样的规范：群体成员应时时注意，除操作者之外，任何人不得进入离机器5英尺之内的地盘。三是私人交谊。群体内部出现的第一个行为模式，常常就为群体成员的期望定下了基调。比如，学生中的友谊群体的成员在第一次上课时，就坐在一起。如果以后上课时，有人占了“他们”的座位，他们就会感到恼怒。四是过去经历中的保留行为。来自于其他群体的成员在进入一个新群体时，会带来在原群体中的某些行为期望。这就可以解释，为什么工作群体在添加新成员时，喜欢吸收那些原来的背景和经验与现在群体相近的成员，因为这种新成员所带来的行为期望，与现在群体中已存在的行为期望可能比较一致。美国心理学家谢里夫（1936）的实验说明了群体规范的形成过程。

群体并不是为每一种可能出现的情境都制定规范，群体主要制定一些对自己很重要的规范。那些能促进群体的生存，能增加群体成员行为的可预测性，能够减少群体成员中令人尴尬的人际关系问题，允许群体成员表达群体的中心价值观，澄清代表群体身份的标志等的规范，往往会受到群体的重视从而得到制定。

20 世纪 60 年代后期，美国学者皮尔尼克（1966）认为群体的规范与组织的利益有直接关系。他提出了“规范分析法”用来改进群体工作效率。这种方法包括三项内容：一是明确规范内容。要了解群体已形成的规范，特别要了解起消极作用的规范，并听取对这些规范进行改革的意见。二是制定规范剖面图将规范进行分类，如图 5—1 所示。每一类定出理想的给分点，这种理想的给分点与实际评分的差距，成为规范差距。三是进行改革。最上层的群体开始改革，逐级向下。考虑该规范对组织绩效影响的大小，从而确定优先改革的规范项目。

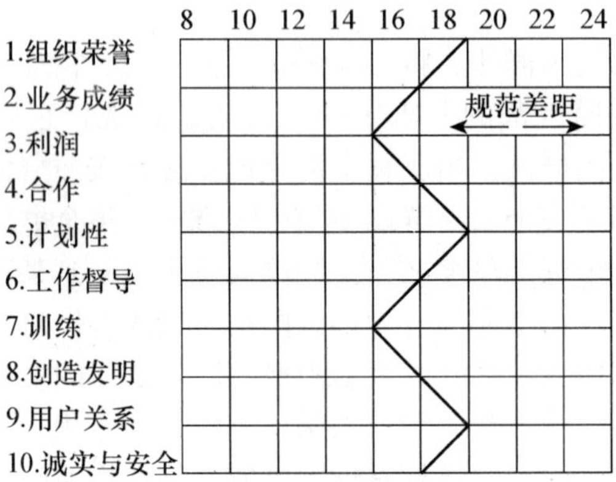

图 5—1　某群体规范剖面图

资料来源：Pilnick, S., Elias, A., & Clapp, N. W. (1966). The Essexfields concept: A new approach to the social treatment of juvenile delinquents. *The Journal of Applied Behavioral Science*, 2 (1), 109-125.

皮尔尼克认为，这种群体规范改革的优点在于不是针对个人，而是针对整个群体，因此群体成员易于接受。美国的一些企业实行规范改革曾收到了较好的效果。

二、群体压力

作为群体的一个成员，个体肯定渴望被群体接受，这样，他就会倾向于按照群体的规范做事。大量事实表明，群体能够给予其成员巨大压力，使他们改变自己的态度和行为，与群体标准保持一致。

群体压力（Group Pressure）是指当一个人在群体中与多数人的意见或行为不一致时，所感受到的心理压力。群体压力实际上是个体的一种心理感受，不同的个体在同一个群体中感受到的心理压力不同。每个群体成员在群体中都不可能完全按照自己的意志去行动。只有当个体行为符合群体的目标和要求时，群体才能发挥支持个体行为的作用。通常，群体总是或多或少地对个体行为产生一定约束，这种约束使个体感到一种压力。

群体压力产生的心理基础，一般是当事人群体归属、社会交往以及安全、尊重等需要。因为，人们一般都害怕受到所在群体的冷落、孤立、排斥和唾弃。

（一）从众行为

从众（Conformity）行为是指个体在群体压力的作用下，在知觉、判断、信仰和行为上表现出来的与群体多数成员相一致的现象。从众行为一经产生，就会产生与群体行为保持一致的倾向，表现出与其他人一样的行为，而且在信仰上也改变原来的观点，放弃原有的意见。

个体并不一定接受他们所在的群体给予他们的从众压力。人们通常参加多个群体，而这些群体的规范是不相同的。在有些情况下，这些规范还可能互相矛盾。那么，个体会遵从自己认为很重要的群体的规范，这些群体可能是他们现在已经参与的，有可能是他们希望以后能够参与的。这种个体认为很重要的群体是参照性群体。从参照性群体的定义也可以看出，不是所有的群体都给予其成员相同的从众压力。

群体对于成员的从众压力，对于群体成员个人判断和态度的影响，在阿西（1951）的经典实验中得到了充分证明。

经典实验

阿西的群体压力实验：一个人的少数对一致的多数

由若干名大学生组成的群体被集中在一间教室里，参加一个知觉测试。实验者告诉他们会看到一些长度不同的线条，他们要做的就是比较同长度的线条。实验者把两张画有垂直的黑色线条的白卡片固定在房间前面的黑板上。在右边的卡片上有三条不同长度的线，其中一条与左边的标准线条等长，要求被试从三条线中选出与标准线条等长的那条线，如图 5—2 所示。画有线条的卡片尺寸为 17.5 英寸×6 英寸。这些线条的宽度都是 3/8 英寸，线条的下端离卡片的下沿是 2.5 英寸。标准线条画在卡片中央，而对照线条则相互距离 1.75 英寸。线条编号则用黑色字体表示，长度为 3/4 英寸，在每条线下面 1/2 英寸处直接标出。

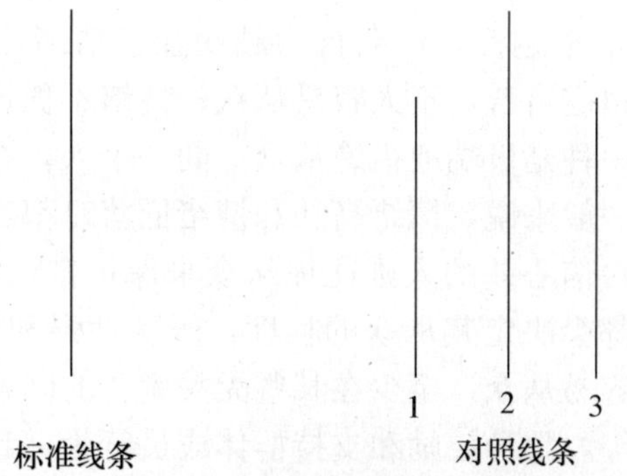

图 5—2 标准线条的比较

下面是对被试的指导语：

"这是一项辨别线条长度的试验，你可以看到前面有一副白色卡片。左边有一条线，右边有三条不同长度的线，它们依次标有1、2、3。右边有一条线与左边的标准线条长度相等——每一组中你都要指出哪条线是等长线。你要用相应的线条编号表述出你的判断，像这样的比较共有12次。因为线条数目不多，并且你们人数也很多，我将把你们所有人都召集在一起，依次说出你们的判断，并把你们的判断记录在预先准备好的表格里。请尽可能准确。我们从左到右开始吧。"

在实验者当中，有7人为被试，其中第6人为真正的被试，其余6人为阿西安排的实验助手，实验目的是考察群体压力对从众行为的影响。实验者每次给他们呈现一组卡片，共50组，每组两张，其中一张画有一条标准线，另一张画有三条直线，编号分别为1、2、3，其中一条同标准线一样长，要求被试判断，比较线中哪条与标准线一样长。在判断前两组材料时，大家都选择同一条比较线，第6号真被试很容易地做出了正确的判断。比较第三组材料时，实验助手们开始按事先安排故意做出错误的判断，真被试越来越犹豫不决，因为他每次判断都是在听了前5人的判断之后，他感到很困惑。

实验结果发现：自己独自判断时正确率超过99%的被试，跟随大家一起做出错误判断的总比率占全部判断的37%。75%的真被试至少有一次屈从了群众压力，做了从众判断。阿西所获得的结果表明，多次实验中大约35%的被试选择了与群体中其他成员的回答保持一致，也就是说，他们在明知自己的答案是错误的情况下，还是报告了错误的答案，从而与群体保持一致。

阿西实验的结果也表明，群体规范能够给群体成员形成压力，迫使他们的反应趋向一致。人们都渴望成为群体的一员，而不愿意与众不同。进一步展开这个结论，也可以说，如果个体对某件事的看法与群体中其他人的看法很不一致，他就会感到有很大的压力，驱使他与其他人保持一致。

资料来源：Asch, S. E. (1951). Effects of group pressure upon the modification and distortion of judgments. *Groups, Leadership, and Men*, *S*, 222–236.

影响从众行为的因素主要有个人因素和环境因素。其中个人因素主要包括智力、情绪稳定性、自信心、个性特点、人际关系等。一般而言，智力优秀的人具有较强的独立判断能力，不轻易从众。智力水平越低，从众行为越明显。情绪比较稳定、能够自我控制的人，面临群体压力时能够镇定自若，不太容易从众；情绪不稳定的人表现出两种极端的情况：一种是极易从众，另一种是极端地拒绝从众。同一个人，在不同的情绪状态下，也会表现出不同的从众倾向，一般来说，情绪高涨和情绪低落时都容易表现出从众行为。自信心强的人一般不易从众，自信心差的人则往往从众来保护自己的利益。一个人的价值观、态度、服从性和受暗示性都会决定其从众的程度，服从性强和受暗示性强的人容易从众。通常人际关系比较好的人容易从众，至少在某些无关紧要的问题上是如此。环境因素则主要有群体气氛、群体规模等。那种鼓励和支持群体成员行为一致性的群体，比较容易引发从众行为；鼓励个性和独立性的群体，不容易出现从众行为。群体规模的大小、人数多少对于个体是否从众，也是一个重要的制约因素。此外，影响从众行为的环境因素还有群体的竞争性、群体凝聚力和群体目标等。在管理过程当中，要充分利用从众行为的积极作用，警惕和防止从众心理、从众行为的消极作用。领导者在作决策时，要防止在“表面一致”的情况下，匆忙地作出决策。重视并善于倾听不同的及反面的意见。

(二) 顺从行为

顺从（Compliance）或依从、服从（Obedience）是指个体为了符合群体或他人的期望和赞许而表现出的符合外部要求的行为。这是一种个体在群体的压力下，只在表面上表现出与群体其他人保持一致的行为，但内心却仍然坚持个人意见的现象。

顺从行为产生的原因主要有：为了获得别人的赞许、为了实现群体的目标、为了保持原有的良好人际关系、权力服从等。

经典实验

米尔格兰姆的权力服从实验

社会心理学家米尔格拉姆（S. Milgram）于1963年在美国耶鲁大学进行的顺从试验，是社会心理学领域最具影响力的实验之一。

米尔格拉姆通过公开招聘的方式，以每小时4.5美元的价格招聘到40名志愿者，他们包括教师、工程师、职员、工人和商人，平均年龄在25岁～50岁。实验者告诉被试，将参加一项研究惩罚对学生学习影响的实验。要求两人一组，用抽签的方式决定其中一人当学生，另一人当教师。教师的任务是朗读关联词，学生的任务是记住这些词，然后教师呈现这些词，让学生在给定的四个词中选择两个正确的答案，如果选错了，作为惩罚，教师就按电钮电击学生。事实上，研究者事先已经安排了每次抽签的结果：总是真正的被试作为教师，而作为学生的却是实验者的助手。实验过程中当学生的假被试和当教师的真被试被分别安排在不同的房间。学生的胳膊上绑上电极，被绑在椅子上，以便在记忆词汇发生错误时被教师惩罚。教师与学生之间通过声讯方式进行联系。教师的操作台上每个电键都标明了电击的严重程度，从“轻微”的15V到“致命”的450V。这些电击实际上都是假的，但为了使教师相信整个实验，让其接受一次强度为45V的电击作为体验。

实验中，每当学生出错，主试就命令教师施与电击，而且要加大强度；随着电击强度的增加，学生也由呻吟、叫喊、怒骂逐渐到哀求、讨饶、踢打，最后昏厥。若被试表现犹豫，主试则严厉地督促他们继续实验，并说一切后果由实验者承担。

结果显示：在整个实验过程中，当电压增加到300V时，只有5人拒绝再提高电压，当电压增加到315V时，又有4人拒绝服从命令，电压为330V时，又有2人表示拒绝；之后，在电压达到345V、360V、375V时又各有1人拒绝服从命令。共有14人（占被试的35%）做出了种种反抗：拒绝执行主试的命令。另外26个被试（占被试的65%）服从了实验者的命令，坚持到实验的最后，尽管他们表现出了不同程度的紧张和焦虑。

资料来源：Milgram, S. (1965). Some conditions of obedience and disobedience to authority. *Human relations*, *18* (1), 57-76.

三、群体内聚力

群体内聚力也叫群体凝聚力（Group Cohesiveness），它是指群体成员间相互吸引并愿意留在群体中，以及群体成员相互影响的程度。它是维持群体行为有效的一种合力。内聚力的高低，在很大程度上决定着群体行为的效率和效果。

通过认识群体内聚力与效率之间的关系，可以了解高低不同水平的凝聚力的积极作用和消极作用。内聚力与工作效率之间的关系相当复杂，一个关键的中间变量是群体的态度与群体的正式目标，或群体所属的组织的重视目标之间一致的程度。研究表明，内聚力高的群体比内聚力低的群体更有效。内聚力与群体效率的关系比较复杂，不能简单地说内聚力高就好。首先，内聚力高既是高生产率的起因，又是结果。其次，二者的关系受群体绩效规范的影响。

群体内聚力与群体效率相互影响。群体成员之间的友好关系有助于降低紧张情绪，提供一个顺利实现群体目标的良好环境。正如前面指出的，顺利地实现群体目标，以及群体成员作为成功群体的一份子的感觉，有助于提高群体成员对群体的忠诚感。例如，篮球队教练大多喜欢团队工作，他们相信，如果团队要赢得比赛，成员必须学会合作。教练中流行的术语有“这个球队没有个人”，“我们同生死，共命运”。这种观点的另一方面是取胜会强化友谊关系，提高内聚力。也就是说，成功的绩效导致成员间吸引力的提高。

另外，人们认识到，内聚力与群体效率的关系取决于群体的绩效规范。如果群体的绩效规范比较高，比如，高产出、高质量、积极与群体外的员工合作，那么内聚力高的群体就比内聚力低的群体效率高。但如果一个群体的内聚力很高，绩效规范却很低，群体效率通常比较低。如果群体内聚力低，但绩效规范高，群体效率会比较高，不过还是比不上内聚力和绩效规范都高的群体。如果内聚力和绩效规范都低，群体效率肯定低于一般水平。群体内聚力、绩效规范、工作效率三者的关系如图 5—3 所示。

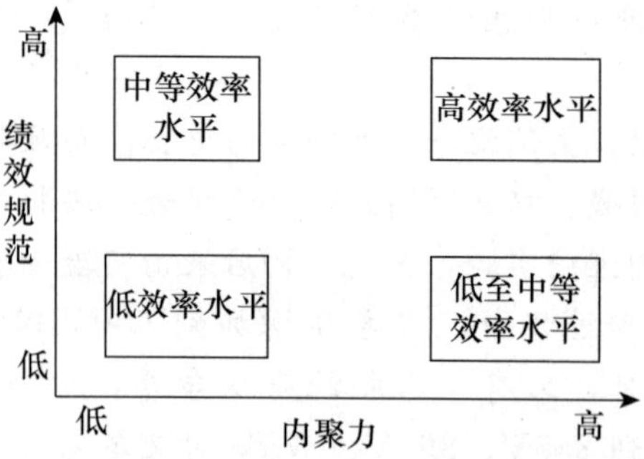

图 5—3　群体内聚力、绩效规范、工作效率三者的关系

资料来源：Mullen, B., & Copper, C. (1994). The relation between group cohesiveness and performance: An integration. *Psychological bulletin*, *115* (2), 210-218.

心理学家沙赫特（1951）的研究证明，仅仅靠群体的内聚力，不一定提高工作效率，加上积极的诱导，才能有助于工作效率的提高，如图 5—4 所示。

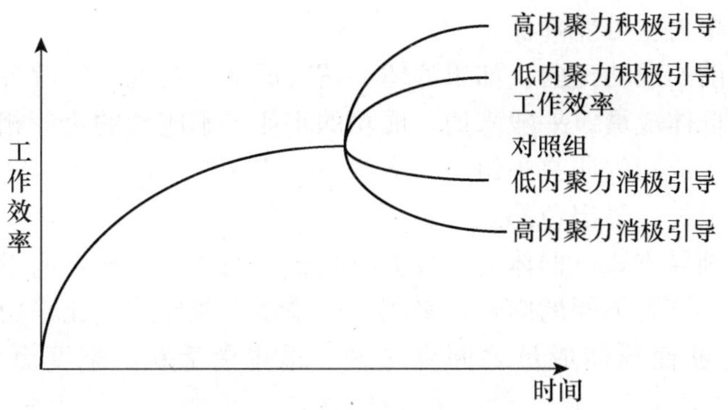

图 5—4 群体内聚力、积极/消极引导、工作效率三者的关系

资料来源：Schacter，S.，Ellertson，N.，McBridc，D.，& Gregory，D.（1951）. An Experimental study of cohesiveness and productivity. *Human Relations*，4，229-238.

研究也发现，群体内聚力总受以下若干因素的影响：

第一，群体成员在一起的时间。群体成员在一起的时间长短，影响相互间的内聚力。如果在一起的时间比较多，相互间就会更加友好，会自然而然地相互交谈，做出反应，相互打招呼，并进行其他交往活动。而这些相互作用通常又会使群体成员发现大家共同的兴趣，增强相互之间的吸引力。群体成员在一起的机会取决于他们之间的物理距离。与住宅距离较远的群体成员相比，距离近的成员之间关系更加密切。住在同一个小区，同在一个停车场停车，共用一个办公室的人更容易形成内聚力较高的群体，因为他们之间的物理距离最小。例如，研究发现，同一个组织的文秘人员中，任何两个人之间的相互交往的多少完全取决于他们办公桌之间的距离。

第二，加入群体的难度。进入一个群体越困难，即“高门槛”，这个群体的内聚力就可能越强。要进入一所一流的医学院，就要经过激烈的竞争，这种竞争就导致医学院一年级学生班级的内聚力很强。为了进入医学院，他们具有一些共同的经历：申请、书面考试、面试、等待最后的结果。正是这些共同经历增加了他们之间的内聚力。

第三，群体规模。各种研究证实，群体规模越大，群体内聚力就越小。随着群体规模的增大，群体成员之间的互动变得更困难，群体保持共同目标的能力也相应减弱。随着群体规模的增大，群体内部产生小集团的可能性也相应增大，这种小集团通常会降低群体的整体内聚力。

第四，群体成员的性别构成。研究发现，女性的内聚力高于男性。其原因尚不清楚。一个比较合理的假设是，与男性相比，女性与自己的朋友、同事、伙伴竞争较少，而合作较多，这样就有助于增强女性群体内聚力。

第五，外部威胁。群体受到外部攻击时，群体内部通常会加强合作。比如，中国举办奥运会，奥运火炬在境外传递时，传递活动在一些国家受到一些人的干扰和阻挠，中国人，尤其是海外华人的内聚力明显增高，一起批评和谴责这些背离奥运精神的行为，并以各种和平的、文明的方式，表达自己的主张，支持奥运。但当群体成员认为他们的群体无力应付外部攻击，群体作为安全之源的重要性就会下降，群体内聚力就很难提高。另外，如果群体成员认为外部攻击仅仅是因为群体的存在引起的，只要群体放弃或解体就能终止外部攻击，群体内聚力就可能降低。

第六，群体以前的成功经验。如果群体一贯有成功的表现，它就容易建立起群体合作精神来吸引和团结群体成员。一般来说，成功的企业与不成功的企业相比，更容易吸引和招聘到新员工。对于成功的研究小组、知名大学和常胜的 NBA 运动队也同样如此。它们很容易就会招聘到最好、最出色的人才。

第七，群体的领导方式。群体的领导们有其各自的领导方式，而不同的领导方式又会对群体内聚力的大小产生不同的影响。采用“民主型”领导方式比采用“专制型”和“放任型”领导方式能够使群体成员之间更友爱，思想更活跃，态度更积极，群体内聚力更高。

群体内聚力很难准确地进行测量和评价。通常，采用问卷调查法、数量分析法两种方法进行评价。使用问卷调查法，就是根据群体内聚力的定义，从群体的目标状况、成功的行为、工作绩效、人际吸引力、成员满意度、群体地位等方面来编制成问卷，由群体成员回答。通过问卷测量、评价群体的一般状况，说明群体内聚力的高低。当采用定量的方法评价群体的内聚力时，常用的是美国心理学家伊多奇发明的这个公式：

$$\text{群体内聚力}=\frac{\text{群体成员实际相互选择的数目}}{\text{群体成员可能相互选择的数目}}$$

用这个公式计算出的分数值在 0 和 1 之间。数值越大，说明群体的内聚力越强。一般而言，在评价群体内聚力时，同时使用上述两种方法。第一种方法能够比较详细地给出内聚力的具体表现；第二种方法可以从总体上对群体的内聚力给出一个定量的描述。这种描述特别有利于不同群体间进行比较。

四、群体士气

史密斯将群体士气定义为“对某一团体或组织感到满意，乐意成为该团体中的一员，并协助达成团体目标”的一种态度。

认为，一个士气高昂的群体具有以下七种特征：（1）群体的团结来自内部的凝聚力，而非起因于外部的压力；（2）群体内的成员没有分裂为互相敌对的小群体的倾向；（3）群体本身具有适应外部变化的能力，并具有处理内部冲突的能力；（4）群体成员之间具有强烈的认同感和归属感；（5）群体内每一成员都明确掌握群体的目标；（6）群体内成员对其目标及领导者，都抱肯定支持的态度；（7）群体内成员都承认群体的存在价值，并具有维护它继续存在的意向。

研究了群体士气与工作效率的关系。他认为群体士气与工作效率的关系可能出现三种情况，具体表现如图 5—5 所示。（1）士气高、工作效率高。这是由于员工在组织里既获得了满足感，又体会到组织目标与个人的需要相一致，正式组织与非正式组织的利益相协调，使员工无所顾忌地去实现组织目标。（2）士气高、工作效率低。这是由于员工在群体里虽然获得了满足感，但组织目标却不能与个人的需要相联系，于是出现了所谓的“和和气气地怠工”的现象，而缺乏紧张工作的气氛。如果出现高士气的群体与组织目标相抵触，则可能构成生产的障碍。（3）士气低、工作效率高。这是由于管理者过分强调物质条件和金钱刺激，使员工暂时获得了某些物质需要而达到较高生产率。然而由于忽略了员工的心理需求，生产率高的情况也只能是暂时的。

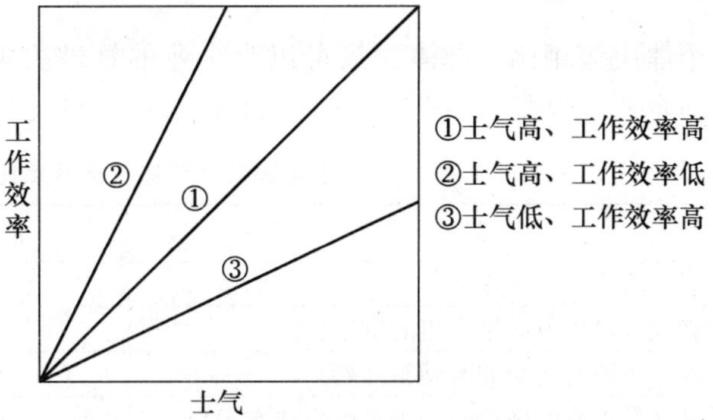

图 5—5　群体士气与工作效率的关系

资料来源：Davis，J. H.（1969）. *Group performance*. MA：Addison-Wesley.

保持高昂的士气是组织中提高工作效率不可缺少的必要条件。要提高员工的士气，就必须注意影响员工士气的这些因素：（1）对组织目标的赞同。士气是群体中成员的群体意识，是一种与个人成败和群体成就相关的心理，当个人的目标与群体的目标协调一致时就会产生。这时，个体对组织有强烈的认同感，愿意为达成组织的目标而努力。（2）合理的报酬。在组织当中，作为一种经济报酬，金钱有时代表了员工在组织中的成就和贡献。同工同酬，以工计酬，公平合理，就能提高员工的工作积极性。反之，会引起不满而降低士气。（3）对工作的满足感。对工作的满足感增长有利于提高士气。例如，个人对所从事的工作感兴趣，也适合他的能力，这种满足感必然会提高其士气。因此，安排工作时要尽可能根据员工的能力、兴趣、受教育程度和专长，使其能够扬长避短，展示其才华和能力，从而鼓励士气。（4）领导风格。一个领导的管理风格对下级的工作精神的影响极大。凡是士气高的群体，其领导者都比较民主，乐于接受别人意见，善于体谅员工甘苦。（5）同事间的关系和睦。一个士气高的群体，其成员间的凝聚力很强，很少出现彼此冲突、埋怨、敌对现象。（6）良好的意见沟通。领导与下级或下级与上级之间，如果沟通受阻，皆可能引起员工的不满而影响士气。单向沟通只是上级命令下级，而没有给员工反映意见的机会，日久易产生抗拒心理、降低士气。多让员工有参与决策或群体讨论的机会，这种双向沟通有利于提高员工的积极性。（7）良好的工作心理环境。工作中员工的心理挫折少、焦虑低、充满自信，能够很好地满足其自尊需求，这样的工作心理环境也有利于提高员工的士气。

第三节　群体决策

个体决策是指个体做出决定的过程，前面已作过介绍。群体决策是指由群体中多数人共同进行的决策。它一般是由群体中的个人先提出方案，而后从若干方案中进行优选。

一、群体决策的概念与特点

与个体决策相比，群体决策可以为企业的管理决策带来工作过程和工作结果上的便利，提高企业的效率。表5—1是对两种决策特点的比较。

表5—1　　个体决策与群体决策特点比较

特点	群体决策	个体决策
果断性（作出决策的速度）	慢	快
责任明确性（对决策后果承担的责任）	不明确	明确
决策成本（决策时耗费的时间与经费）	多/高	少/低
决策质量（是否有准确诊断和丰富的备选方案）	佳	一般
一贯性（前后不矛盾）	佳	差
可实施性（执行的难易程度）	佳	一般
开放性（不受个人偏见支配的程度）	佳	差

群体决策能够在采取行动之前较为及时地发现判断上的失误，最大限度地避免错误决策的制定。一般说，如果问题有多个部分，成员掌握着不同而又互补的信息或技能，并能够在问题解决过程中合在一起，那么群体决策要比个人决策效率更高。

群体决策能够体现多方面的代表性，决策过程中可以实现信息的横向和纵向交流，有助于员工较好地掌握决策的内容和任务要求，统一思想，执行和落实决策。同时，群体决策可以增强员工之间及上下级之间的相互了解和信任，可以提高员工承担任务、接受压力的自觉性。

群体决策为执行决策的人员提供了参与决策的机会，使执行决策的人员知道决策的来龙去脉，同时满足了主人翁的心理。这样不仅有助于提高对决策的理解，而且，有利于增强员工的价值观念，提高员工的积极性、创造性和工作信心。

比较而言，群体决策的优点可以简化为这几个方面：（1）参与者增多，可以提供更多的信息和知识；（2）更多的异质性，会使观点多样化；（3）更高的可接受性，提出的方案更容易让大家接受；（4）更坚实的合法性。不利之处表现为：（1）浪费时间；（2）决策的确认有压力；（3）容易被少数人主宰；（4）责任模糊不清。效率和效能都要求，精确的群体决策会趋向于更精确，会超越个人决策的速度，更具创造性，易接受性。

经典实验

勒温有关个体在群体活动中态度改变的实验

为了研究个体在群体中的活动对改变态度的影响，美国心理学家勒温曾经做了一个美国家庭主妇对食用动物内脏的态度转变的实验。

20世纪40年代，美国经济萧条，食品短缺，美国政府想方设法动员人们改革膳食习惯，不要丢弃动物内脏，鼓励公众食用动物内脏。开始，经济学家、营养学家做了大量的宣传，但收效甚微。当时勒温带领学生对这一宣传活动进行研究后发现：家庭主妇对不受欢迎的食物，扮演着犹如守门人的角色。除非家庭主妇决定将动物内脏推销给她的家人，否则，她的先生和孩子是不可能吃到的。于是，勒温进行了家庭主妇改变膳食习惯的实验研究。

实验题目：不同的活动方式对美国家庭主妇改变吃动物内脏态度的影响。

实验方法：把参加红十字会的一批美国家庭主妇分成6个小组，每组13～17人。这些被试再分为两组：一个为控制组，另一个为实验组。控制组采用演讲的方式，由专家亲自讲解动物内脏的营养价值、烹调方法及口味等，要求他们改变对动物内脏的厌恶态度，把动物内脏作为日常食品。而对于实验组被试，勒温则组织她们开展讨论，让家庭主妇与专家一起民主讨论和集体研究膳食问题，如组织讨论，共同研究动物内脏的营养价值、烹调方法及口味等，并且分析使用动物内脏做菜时可能遇到的困难，如丈夫不喜欢的问题、清洁问题等，最后由营养专家指导每个人亲自试验烹煮。

实验结果：实验结果发现，控制组有3%的人采用动物内脏为菜，实验组有32%的人改变了态度，采用动物内脏为菜。

资料来源：Lewin, K. (1943). Forces behind food habits and methods of change. *Bulletin of the national Research Council*, *108*, 35-65.

二、群体决策的原则

社会心理学家的研究发现了一些群体决策的图式。基于个体成员在群体中的最初地位，这些原则或规则可以预测群体决策的结果。这些方式包括：

（一）少数服从多数方式

这是最常用的规则。群体作出决策主要依据团队中大部分所支持的观点。当并不存在客观正确的决策时，经常使用这样的规则来指导决策。

（二）实事获胜方式

在这个原则中，需要提供更多的信息，大家对不同的观点都要进行讨论。群体最后找到一个客观正确的途径。比如，一个群体决定是否采用测试的成绩作为选拔员工的标准，他们进行决策所依据的信息是：这样的测验成绩是否能够预测员工的实际绩效。

（三）2/3多数方式

这个原则主要是在陪审团制度中运用。陪审团中2/3以上的陪审员同意的判决就是最终的判决。

（四）首先转换的方式

在这个原则下，群体决策倾向于采纳反映任何群体成员的观点首先发生转变的决策。比如，一个汽车生产群体就产品的设计是否需要改变均分成两派。当两派中任何一个成员改变自己观点的时候，另一个观点就被采纳了。

除了这些方式之外，还有其他一些现象，如现状维持倾向，即当一个人或群体面临决策的问题时，他们拒绝进行改变，坚持已有的目标或者计划。这也会影响群体决策。

面对这些起作用的决策方式，决策者一定要注意减少或者消除这些因素的影响，使决策更加有效。

三、群体决策的方法

要实现有效的群体决策，不仅要科学地准备、提出方案、不断评价与完善方案，还要掌握一些群体决策的方法。

（一）名义群体技术

名义群体是指由一组成员构成，只能通过书面进行交流，而不能够进行言语交流，这种群体叫名义群体。研究发现，就思想的数量、想法的新异性、想法的质量而言，名义群体优于真实群体。

作为一项群体决策的技术，纯粹的名义群体方法被命名为名义群体技术（Nominal Group Technique）。群体成员围着圆桌坐下，此后的程序是：（1）成员首先各自无声地想出自己的观点并写下来。（2）每个成员按顺序谈出自己的观点，不进行讨论，其观点被归纳并记录在黑板或贴在墙上的纸上。（3）所有人发言后，大家对这些观点进行分类并评价。（4）各人独立进行投票，将各种观点按优劣顺序排列。最后通过数学排序方式产生群体决策结果。

（二）头脑风暴法

头脑风暴法（Brain Storming）由美国创造工程学家奥斯本（1957）提出。这种方法旨在克服互动群体中阻碍创新想法的从众压力。它运用激发想法与观念的过程，鼓励人们提出各种备选方案，杜绝任何对这些观念的批评意见。

在典型的头脑风暴讨论中，6～12 人围坐在一张桌子旁，群体领导者用清楚明了的语言讲明问题，然后，在较长一段时间里大家自由发言，尽可能想出各种解决问题的办法。记录小组成员提出所有办法，以备而后进行讨论与分析。无论这种想法是引人深思的还是稀奇古怪的，在这段时间里，任何人不得对各种方案做出评价。而且，它鼓励成员进行“与众不同的”的思考。

头脑风暴法的实施应遵循四个规则：拒绝裁判性的思想和评论；欢迎“随心所欲”；要有数量；寻求联合和改进。

在实施这种方法时，还应注意：（1）人员选择。一个小组包括具有各种经历的人是有帮助的。尽量使非常活跃的成员和非常沉静的成员保持平衡。（2）男女混合的小组往往更有效果，特别是讨论有关消费者的问题，更是如此。（3）虽然气氛不是太重要，但最好有一种无拘无束的愉快气氛。（4）小组的大小范围为 4～12 人，最好 6～9 人。（5）新手可以参加小组，但必须适当地学习这种方法的用法。（6）指定专人记录产生的观点。可以使用录音笔，也可以用一块黑板，使观点直观化。通常，最好不要让公司内部职位级别悬殊的人员在一起参会讨论。

案例阅读

联邦快递头脑风暴法

在离田纳西州曼菲斯城区 102 千米的一所大学校园会议室中，25 个 FedEx 主管正在讨论如何提高会议效率，但情绪并不高昂。网络操作高级主管里查德说：“我们仅仅是一次次地集会，看起来什么都没做。”他的同事苏珊表示赞成，认为“会议只是形式而已，特别当有很多有支配性人格的人在场时，会议几乎没有效率”。

但这次会议与往常不同，感觉上也不一样。首先，会议场所是采用电子计算机软硬件技术的电子会议室。会议主持人马考维兹是集体思维咨询公司的创始人，这家公司专门从事集体会议设计。她坐在房间前方大屏幕下的电脑工作台边。其他电脑工作台在房间中呈U形分布，供每个参与者使用。

会议程序设计谨慎。这也是会议能按照计划进行的一个原因。会议使用了软件技术，几乎没有什么离题、闲话和异议。马考维兹提出一个议题项目，要求讨论，参与者立即开始。

会议由电子注册登记开始。软件提供了一个“情绪量表”，让参与者回答问题“FedEx是否有太多会议”，用1～10级计分。结果不会马上出现在屏幕上，直到每个人回答完毕。结果表明：会议并不受欢迎，有许多令人尴尬的10分出现在屏幕上。接下来是头脑风暴法。马考维兹要求参与者识别会议越来越糟糕的原因。人们将观点输入电脑后同时显示在大屏幕和个人电脑终端。每项观点的详细说明也需输入电脑。这个过程持续了5分钟，共产生35项合理而有趣的有关会议的观点。10分钟的现场讨论最终缩减为22项。

然后是表决时期。马考维兹用1～10的等级量表对22项观点作出评定。“1”表示“恼人的，但未成为工作的障碍”，“10”为“工作的障碍”。结果排在首位的原因是“会议议程不当”，共得86分，平均分7.82。软件允许以不同方式排列22项观点，同时也允许参与者将自己的排列和群体一致认可的顺序做比较。40分钟的电子会议，马考维兹一直在做调整。其中一位参与者称：“我所在的群体要用三个会议才能做成这些事。”

最后会议又持续了50分钟，更多的新观点被输入到电脑之中。节制但有针对性的讨论使成员都获得一种真正的成就感。“电话并没有消除面对面交流的需要，”马考维兹总结说，“技术不会取消会议。但它能使会议更有效。”

资料来源：Matson，E.(1996). Have I died and gone to meeting heaven. *Fast Company*，April/May，page 125.

思考问题

1. 联邦快递是如何实施头脑风暴法的？
2. 实施头脑风暴法应注意哪些事项？

（三）德尔菲法

这一方法是在20世纪40年代由赫尔姆和达尔克首创的。1946年，兰德公司首次用这种方法用来进行预测，后来该方法被迅速广泛采用。

德尔菲法（Delphi Technique）依据系统的程序，采用匿名发表意见的方式，即专家之间不得互相讨论，不发生横向联系，只能与调查人员发生关系，通过多轮次调查专家对问卷所提问题的看法，经过反复征询、归纳、修改，最后汇总成专家基本一致的看法，作为决策的结果。这种方法具有广泛的代表性，较为可靠。

德尔菲法的实施步骤：（1）组成专家小组。专家人数的多少，可根据决策问题的大小和涉及领域的宽窄而定，一般不超过20人。（2）向所有专家提出所要决策的问题及有关要求，并附上有关这个问题的所有背景材料，同时请专家提出还需要什么材料。然后，由专家做书面答复。（3）各个专家根据他们所收到的材料，提出自己的意见，并说明自己是怎样利用这些材料的。（4）将各位专家的第一次判断意见汇总，列成图表，进行对比，再分发给各位专家，让专家比较自己同他人的不同意见，修改自己的意见和判断。也可以把各位专家的意见加以整理，或请身份更高的其他专家加以评论，然后把这些意见再分送给各位专家，以便他们参考后修改自己的意见。(5) 将所有专家的修改意见收集起来，汇总再次分发给各位专家，以便做第二次修改。收集意见和信息反馈一般要经过三四轮，在向专家进行反馈的时候，只给出各种意见，但并不说明发表各种意见的专家的具体姓名。这一过程重复进行，直到每一个专家不再改变自己的意见为止。逐轮收集意见并为专家反馈信息是德尔菲法的主要环节。(6) 对专家的意见进行综合处理。

德尔菲法成功的关键是使用匿名方法，这样成员就不需要考虑面子问题，可以更加灵活地思考问题，从别人的观点中受益，可以使群体迅速达成共识，而参加人员不受地域限制，覆盖众多领域的专家。但是，该方法的成效取决于参与专家的质量水准。

(四) 电子会议

最新的群体决策方式将名义群体法和尖端的计算机技术结合起来。这种方法被称为电子会议 (Electronic Meetings)。

与会者围坐在马蹄铁形桌子的周围，他们面前除了电脑终端外，什么都没有。问题陈述给与会者后，他们通过电脑输入自己的答案。个人评论以及集体投票表决结果，都显示在屋子内的一个大屏幕上。其优点是匿名、诚实和迅速。缺点是想出最好建议的人得不到应有的奖励。前文“联邦快递头脑风暴法”案例中出现的就是电子会议。

四、影响群体决策的因素

影响群体决策的因素多种多样，比如，心理定势、自尊、自信与观点表达、合理化动机、从众行为、权威效应与小团体意识、风险转移与责任扩散。另外，座次的安排对群体决策也会有影响。下面主要介绍“群体转移”现象和群体思维。

(一)“群体转移”现象

群体转移 (Group Shift) 也称风险转移，是指在群体决策和处在群体内部的成员个体决策两者之间，更倾向于做出冒险性决策的机会。在讨论可选择的方案进行决策的过程中，群体成员倾向于夸大自己最初的立场和观点，在某些情况下谨慎态度占上风，形成保守转移，但在大多数情况下，容易向风险转移。

事实上，这与群体极化 (Group Polarization) 现象是一回事。这种现象最早是由斯托纳 (1961) 在群体讨论中发现并提出的。群体极化是指在进行群体决策时，人们往往会比个人决策时更倾向于冒险或保守，向某一个极端偏斜，从而背离最佳决策。在阐述论点、进行逻辑论战时，一些成员变得具有防御性。当他们面对挑衅时，态度会变得更为固执甚至走向极端。在某些情况下，群体决策偏向保守一端；但在更多的情况下，群体决策偏向冒险的一端，比个体决策更倾向于冒较大风险。这种倾向意味着与个人单独行动相比较，群体成员更愿意拿组织资源去冒险。虽然风险决策会有较高的回报，但是失败的决策常常带来灾难性的后果。在群体讨论中，往往会出现这种现象。即群体讨论会使群体成员的观点朝着更极端的方向转移，这个方向是讨论前他们已经倾向的方向。因此，保守的会更保守，激进的会更冒险。群体讨论会进一步夸大群体的最初观点。

群体决策的冒险水平要高于个体决策冒险的平均水平。这种在群体决策中冒险水平增加的现象就是所谓的“冒险转移”现象。如果一个群体中有许多谨慎的管理者讨论一个问题，这个群体最终的决策会更谨慎。相反，一个倾向于冒险的管理者群体，会产生更冒险的决策。

对于为什么会出现冒险转移现象，人们有多种解释。目前，用来解释风险转移的假说有：领导人物作用的假设、社会比较作用的假设、效用改变的假设、“文化放大”假设。比如，有些学者认为，在群体决策讨论中，群体成员相互之间变得更加熟悉了，随着他们相处得越来越融洽，他们会变得更加勇敢和大胆。另一种看法是，现代社会崇尚冒险，我们敬慕那些敢于冒险的人，群体讨论激励差异向别人表明自己至少与同伴一样愿意冒险。责任分散的假设则认为群体决策分散了责任。群体决策使得任何一个人用不着单独对最后的选择负责任，因为没有一个成员能够承担全部责任，所以人人都倾向于更冒险。事实上，群体转移可以看作是群体思维的一种特殊形式。

（二）群体思维

群体思维（Group Think）是指由于从众的压力群体对不寻常的、少数人的或不受欢迎的观点得不出客观的评价。群体思维会严重损害群体绩效。在群体就某一问题或事宜的提议发表意见时，有时会长时间处于集体沉默状态，没有人发表见解，而后人们又会一致通过。通常是组织内那些拥有权威、说话自信、喜欢发表意见的主要成员的想法更容易被接受，但其实大多数人并不赞成这一提议。之所以会这样，因为群体成员感受到群体规范要求共识的压力，不愿表达不同见解。这时个体的思辨及道德判断力都会受到影响而下降。这种情形下做出的群体决策往往都是不合理的失败的决策。当一个组织过分注重整体性，而不能持一种批评的态度来评价其决策及假设，这种情况就会发生。

最初的群体思维理论是由贾妮斯提出并进一步扩展的。随后，贾妮斯运用群体思维概念解释了一些美国历史上失败的高层政治和军事决策事件。

群体思维现象有多种表现。如群体成员把他们所作出假设的任何反对意见合理化。不管事实与他们的基本假设的冲突多么强烈，成员的行为都是继续强化这种假设。对于那些时不时怀疑群体共同观点的人，或怀疑大家信奉的论据的人，群体成员对他们施加直接压力。那些持有怀疑或不同看法的人，往往通过保持沉默，甚至降低自己看法的重要性，来尽力避免与群体观点不一致。好像存在一种无疑义错觉，如果某个人保持沉默，大家往往认为他表示赞成。换句话说，缺席者就被看作是赞成者。

导致群体思维的情境因素有：群体面临一个需要做出重大决策的处境，而且事件非常紧急；群体的凝聚力很强；群体有一种与外界隔离的趋势；领导者对于决策已有倾向性并会积极地说服和命令群体的其他成员。

“群体思维”现象的存在是群体决策的缺陷。从组织行为学和人力资源管理学的角度分析，可以采用技术手段克服。因此，在实际工作中，各级决策者要通过学习，注意防范。组织内部要建立必要的决策机制加以克服，以科学和创新的精神提高领导决策的质量和效能，从而更好地服务于组织发展的进程。其中，预防或减少群体思维的一个有效方法是在群体决策时指定一位成员专门对其他人的论点提出质疑，对其他人的逻辑提出挑战，并提供一系列建设性批评意见。这种方法保证了群体决策时保持理性的、清晰的思路。另外一些用来防止群体思维的措施包括轮流引入新成员，邀请局外人参与，在最终决定前作一个暂停，给成员最后一个机会来确定并说出自己的保留意见等。

第四节　非正式群体及其行为

非正式群体与正式群体的划分，是由美国心理学家梅奥（1949）在霍桑实验中最早提出来的。作为群体的一种主要类型，非正式群体在组织中有着重要作用。

一、非正式群体概述

（一）非正式群体的定义

非正式群体（Informal Group）是人们在活动中自发形成的，未经任何权力机构承认或批准而形成的群体。它是人们在充分交流信息的前提下，以相同或相近的兴趣、爱好、价值观和习惯等为联系纽带而自然形成的，没有固定组织形式的社会交往群体。例如，几个人都喜欢篮球，在平时打篮球的过程中形成的群体，就属于非正式群体。非正式群体的存在是基于人们社会交往的需要。非正式群体没有明确确定权利和义务关系。非正式群体的目的是实现这一群体及其成员的利益。

（二）非正式群体的特征

非正式群体的基本特征是自发性、内聚性和不稳定性。在群体中成员具有交叉性，有自然形成的核心人物，具有排他性。

非正式群体经常在正式群体内产生，但也会在正式群体外形成。正式群体内总有非正式群体。人们在工作生活中存在着各种需要，这些需要有的可以在正式群体内获得满足，有的则不能在正式群体内获得满足。为了满足个人需要，个人会在正式群体内外与他人交往，形成各种亲密关系，最后形成非正式群体。

（三）非正式群体的类型

有研究者把非正式群体分为三类：

（1）情感型，即一些员工因共同的感受而形成的非正式群体。比如，当组织的部分员工因对决策层有某些不满时，这些不满的情感交流，就会形成抵触的非正式群体。

（2）兴趣型，即因对某一项非工作内容和活动有同样的兴趣而形成的非正式群体。

（3）追求型，即某些员工为追求一些工作之外的目标而形成的非正式群体。

（四）非正式群体的成因

非正式群体的形成比较复杂，形成是自发的，其形成原因可归纳为组织内成员个人因素以及组织因素两方面。

1. 组织内成员个人方面的因素

非正式群体由个体构成，但其并非个体的简单聚合，而是由两个或两个以上相互作用、相互依赖的个体，为了实现某一特定目标而组成的集合体。它作为一种个体的有机结合体，一经形成便会对其所属个体和所在组织产生深刻影响。

从个人层面分析，其形成原因主要有两个方面：一方面，组织内部分成员在某一方面或某些方面的一致性，使其更有可能自发组成相互作用、相互依赖的集合体。这种一致性主要表现为：(1) 兴趣、爱好或性情一致；(2) 价值观相似；(3) 经历和社会背景相近；(4) 目标利益一致。另一方面，从人的自然与社会双重属性来看，作为组织内成员的个体，相同或相似的价值观念、情感、道德、兴趣等因素能提高个人之间的协调度，减少因人际关系不协调产生的心理紧张，增加人与人之间的“共同语言”，这些人容易自发形成非正式群体。

2. 组织方面的因素

从组织结构方面看，正式组织难免会介入以情感为基础的价值系统。在组织实际运转中，成员的思维倾向受情感因素的影响，情感渗入到规范中，并且使之成为组织层级制结构运转的重要基础。除了组织中明文规定的制度，维系组织成员的情感因素在组织运转中也发挥着重要作用。

从组织内部冲突方面看，组织中的行政权力和非行政权力有时是相互渗透的。行政权力通过横向的职能设置和纵向的管理层级得到分配。非正式群体领袖具有较高的个人魅力或专长，成员对他的依从度较高，在一定种程度上，非正式群体赋予非正式群体领袖类似于行政权力的地位。对于有权力欲和非行政权力而又没有得到组织行政权力的人来说，非正式群体领袖地位同样可以激发其成就感。

(五) 非正式群体的作用与管理

非正式群体对正式群体有积极的、正面的影响。它可以满足成员心理上的需求和鼓舞成员的士气，创造一种特殊的人际关系氛围，促进正式群体的稳定；它能够弥补成员之间在能力和成就方面的差异，促进工作任务的顺利完成；它可以用来作为改善正式群体信息沟通的工具。

同时，非正式群体也有一些消极作用。在组织发展中，非正式群体可能会抵制变革、滋生谣言、阻碍努力、操纵群众。非正式群体往往会变成一种力量，刺激人们产生抵制革新的心理。在非正式群体中，谣言极易牵强附会，以讹传讹，信以为真。工作人员在其工作上特别尽力，必然受到非正式群体中其他成员的特别关注，这样使人不敢过分努力。有些员工居然成了非正式群体的领袖，常利用其地位，对群众施以压力从中操纵。在有些时候它可能会和正式群体发生冲突，影响组织成员间的团结和协作，妨碍组织目标的实现。面对这些问题，在管理非正式群体时一定要注意。正式群体的领导者应善于因势利导，最大限度地发挥非正式群体的积极作用，克服其消极作用。总之，非正式群体的利弊在于如何运用。管理者若能体会其所发生的影响，设法找寻那些具有影响力的非正式领袖，使之与机构目标相结合，会产生良好的功用。

二、组织中非正式群体的效应

(一) 非正式群体与正式群体关系的互补性

非正式群体与正式群体在组织中具有互补性，它们相互作用、相互补充。非正式群体产生非正式关系，通过情感的联系和融洽的关系来解决群体成员之间的问题，而正式群体着力建立并维护正式关系，通过正式的制度管理来解决组织成员之间的问题，两者各有特点，优势互补。

（二）非正式群体效应的作用形式

1．协作意愿

组织提供给组织成员的诱因与能够从他们身上获得的协作意愿总有一定的距离。一方面，组织特定时期具体的诱因组合受当时组织成员的需求和追求制约。另一方面，正式组织能够作为激励手段使用的诱因类型有限，很多处于心理层面的因素不可能像报酬、地位那样能够被正式群体运用。但能够通过非正式的方式达到目标。在组织结构形成过程中，非正式群体的作用往往不可或缺。总体来看，对于协作意愿而言，正式群体以纵向的激励为主，非正式群体则以横向的影响为主。

2．组织目标

组织目标是在不同的个人目标基础上综合提炼、上升而成的，它首先是非正式的，然后才是正式的。同时，组织目标的调整和改变，直接来自于大部分组织成员观念和追求的改变，间接地来自于时代变迁和社会一般价值观念的影响。非正式群体正是这种变化的中介。另外，个人目标与组织目标永远存在差异，在正式群体中未能实现的个人目标可以在非正式群体中找到合适的方式体现出来。有领导欲望的个人可能在某一非正式群体中成为部分人的领袖，从而实现正式组织中未能体现的价值，找到实现某些个人目标的途径。

3．信息沟通

正式群体通过组织结构、制度规范、业务流程等结构框架，拥有明确的信息沟通渠道、程序和规范。同时，组织中存在着的大量非正式的沟通方式，补充、完善其正式信息沟通，从而起到积极的作用。另外，非正式群体间的沟通又成为偏离组织共同目标、弱化协作意愿、形成非正式群体派系、消解组织力量的途径，从而产生消极的作用。

（三）非正式群体对其成员的效应

组织成员是非正式群体形成的基础，成员自发加入非正式群体后，非正式群体会对群体内的成员产生一定的作用和影响。对非正式群体对其成员的效应的具体分析包括以下五部分。

1．成员共享信息

非正式群体灵活的信息传递结构使得群内交流非常活跃，是组织内最大的信息源。当群内某一成员获得某信息时，会转告群内其他人。传递信息的效率由信息类型和群体类型决定，有些关系到个人利益和荣誉的关键信息在追逐利益型和紧密控制型群体中传播较慢，且一般都保留在群体内而不外露。对于群体内成员而言，它们有可能更早地获得或者是更多地获得一些重要信息。组织内各个非正式群体拥有相似的信息传递方式，结果是各群体内的成员都能获得自身所在非正式群体内的共享信息。

2．成员需求的满足

组织成员有各种需求，有些需求通过工作本身可以得到满足，但还有一些则很难从正式群体中获得，因为正式群体是按照明确的规章制度运行的，尤其是那些正式群体中的一般或低层人员，常有被忽视和被边缘化的感觉。非正式群体则往往会打破在正式群体中存在的原有层级关系，能够提供成员间彼此了解和密切联系的机会，成员之间彼此相对平等。非正式群体成员之间的这种非工作关系和自发关系，能够满足成员的归属感、安全感和友情等方面的需求，并且通过这种亲密、无明显等级与规范的人际关系，营造出一种和谐、平等的氛围。

3. 成员独立性的丧失

非正式群体的凝聚力通常由群体决策和行为的一致性体现。群体内某成员的意见与群体思维不一致时，其他成员会怀疑该成员对群体的不忠。在从众压力下，为了保持自身与群体在观念及行为上的一致，非正式群体成员常常会自觉或不自觉地隐瞒自身真实想法去迎合非正式群体，因此，尽管有时群体决议是个别决策人物不合理的决定，即使群体成员有各自不同的看法，也不会主动提出。另外，当群体决策有悖于群体内某成员的利益时，迫于群体的压力，其不得不牺牲自我利益去成就群体利益，否则其只有退出该群体。非正式群体内成员在潜规则的作用下，经常会受到从众影响，从而丧失自身独立性。

4. 成员角色冲突的产生

员工是组织成员，同时也可能是一个或几个非正式群体内的成员，需要扮演两个或两个以上的角色，履行一定的角色义务，承担相应的责任。当非正式群体目标与组织目标存在差异时，容易造成员工的角色冲突，使其处于矛盾的状态中，不能很好地履行自己对企业组织应尽的义务和责任，或者使得组织成员对组织的关心减少，降低工作兴趣，对组织成员造成一定的负面效应。

5. 群体成员不作为

非正式群体相对于其成员而言，是一个公共组织，公共组织必然存在着公共物品，公共物品的存在则会导致“搭便车”问题的存在。“搭便车”问题使部分群体成员不作为。若没有一套有效的激励措施去约束“搭便车”行为，使得全体成员共同努力采取行动，则会产生新的不公平。

（四）非正式群体对组织内其他成员的效应

除了非正式群体的成员外，非正式群体还会对组织内、该群体外的成员产生一定的影响和作用，非正式群体对这些“局外人”的效应主要表现在以下几方面：

1. 信息不对称

信息是一种重要资源，它往往牵动着相关利益者的利益。非正式群体内的其他成员为了维护该群体的利益就有隐藏信息的动机，而不顾这一信息能够增进组织的收益。另外，由于非正式群体相对于正式群体而言，具有信息传递速度以及准确性方面的优势，同样会导致信息的不对称问题。

2. 地位不公平

大多数情况下，非正式群体的潜规则与组织的显规则不一致，甚至冲突对立。例如，对成员的任用问题上，正式组织的显规则是崇尚能力优先，而非正式群体的潜规则是按人关系的亲疏来进行决策。

3. 竞争力两不均衡

由于非正式群体的影响，非正式群体内的某个成员与群体外的某个成员之间的竞争就会变成该非正式群体与群体外该成员力量的抗衡，这样，不属于任何非正式群体的成员相对于其竞争对手而言就处于相对劣势地位，造成竞争力量的不均衡。

案例阅读

劳动力多元化和小群体

阿伦森是洛杉矶市的一个投资经纪人，现在，她仍对一件事情记忆犹新。那件事情是在她和另外4位同事与一个重要的客户进行激烈谈判之后的休息间隙发生的。他们当时正在边走边讨论应该作出什么样的反应，谈话突然中断了，她的伙伴们溜进了男士休息室，当他们出来的时候，“他们已经决定应该怎么办了”。这件事又一次提醒阿伦森，她是男性所主宰的专业领域中的一个女人。

“我办公室的许多男同胞周末经常一起出去聚会，交流信息，他们甚至互称对方的绰号。”阿伦森说，“他们不是有意识地歧视我，但确实是在歧视我。”

穆尼兹是洛杉矶市保险公司的索赔处理人，他注意到，背景相近的人喜欢待在一起工作。“在工作中，我最好的朋友来自墨西哥。你可以看到，拉丁美洲的人聚在一起，越南人聚在一起。”穆尼兹说，他和他的朋友用西班牙语交谈，“我们觉得这样能够更好地表达自己想说的意思。不过，我很小心，不使自己做得很过分，因为有的时候，那些不说西班牙语的人会认为我们在谈论一些他们应该知道的重要事情。”

工作场合形成一些小群体是非常自然的，通常也不难理解，但它们素来很排外。尽管现在许多人强调多元化意识，但美国公司对这种小群体现象仍无力控制。

除了工作内容，企业和学校很相像，人们根据年龄、婚姻状况、性别、社会地位，而不是外貌、运动能力、与异性的关系划分成小群体。

而且，在工作场合，小群体对你的影响可以和在学校中一样大，它们不仅能够决定你和谁一起吃午餐，和谁一起聊天，而且能够影响你的工作分配、晋升、薪水等关键问题。和学校中的小群体不同的一点是，在毕业时，学校中的小群体就解体了，但工作中形成的小群体则不是那么容易就能解体的。

资料来源：Robbins，S. P. (1996). *Organizational Behavior*（*7th Edition*）.（pp. 317）. Englewood Cliffs，NJ：Prentice Hall.

思考问题

1. 案例中所讲述的各种小群体是如何形成的？
2. 这些小群体的形成对于组织是好事还是坏事？

第六章

沟通行为

李强是一家大型建筑工程公司的部门管理者，其职责之一是审查合同，并保证公司能收回每一份合同中的收益。李强手下有 16 名员工，他们的经验相差很大，不过他们的职位相当。

最近，李强的部门在一份合同上出现了严重错误，导致公司工程完成后损失了 15 万元人民币。调查后他发现这是由于一个缺少经验的员工在签订合同时遇到了麻烦，但他并未去找李强，而是请教了另一个有经验的员工，然而他得到的指导却是错的。

今天早晨李强来到办公室，就收到上司发来的邮件，邮件内容如下："我发现，由于你部门的失误，导致公司在合同上至少要损失 15 万元人民币，我认为你个人应对此事负责。我不能允许我手下的管理者出现这种无知的行为，我要求你立刻对此事做出解释，并说明你对此事的处理意见。"

在此案例中，出现失误的员工由于没有及时与其上司李强进行沟通交流，导致公司损失；李强的上司由于不了解实情，把责任都推到李强身上，对于这种情况，李强应该如何处理？李强需要如何回应上司发来的邮件？又将如何对其下属的失误行为进行处置？本章将主要阐述组织中的人际关系和沟通行为。

学习要点

1. 了解人际关系以及组织沟通的一般问题。
2. 理解沟通的功能与原理。
3. 掌握人际交往的原则，人际关系的测量方法，人际与组织沟通的技巧及测评方法。
4. 应用沟通技巧提高沟通效能。

第一节 人际关系

人际关系（Interpersonal Relationship）是人们在交往过程中建立和发展起来的人与人之间的关系，是人们依靠某种媒介，通过个体交往形成的信息和情感、能量和物质交流的渠道。人际关系实质上是一种社会关系，它包含在社会关系体系之中，丰富的社会关系内容会通过各种复杂的人际关系表现出来。

一、人际关系的一般问题

（一）人际关系的类型

按照不同的标准对人际关系可以划分出不同的类型。

依发生交互关系范围的大小，比如人数的多少，可以把人际关系分为六类：（1）两人之间的关系，如夫妻、朋友等。（2）个体与群体之间的关系，如个人与家庭、员工与班组的关系等。（3）个体与组织之间的关系，如个人与企业、与国家机关的关系等。（4）群体与群体之间的关系，如财务部门与营销部门之间的关系等。（5）群体与组织之间的关系，如企业的足球俱乐部与企业的关系等。（6）组织与组织之间的关系，如企业与企业之间的关系或企业与机关事业单位的关系等。

依个体对他人的关系，可以把人际关系分为三类：（1）逊顺型。特征是朝向他人。属于这一类型的人在与他人相处时表现为谦让、随和，比较尊重对方意见，能够容人之短。但对自己要求比较严格，愿意把方便让给别人，处处表现有合作的意向，可以和各种类型的人相处。（2）进取型。特征是对抗他人。这种类型的人好胜心强，喜欢与别人比高低，总想超过或压倒对方，爱挑别人的毛病，也喜欢自我表扬，竞争意识较强。（3）分离型。特征是疏远他人。这种类型的人不大喜欢与他人交往，待人处事比较冷淡，不懂得关心别人，也不期望别人关心自己。在群体中常被认为性情孤僻，但这种人不损害他人，也没有对抗他人的意向。

（二）人际关系的特点和功能

美国心理学家舒尔茨（1965）指出，人际关系的特征即人际关系的需求，可以分为三类：（1）容纳的需要。指希望与别人来往结交、建立并维持和谐关系的欲望。基于这个动机产生的人际行为特征是交往、沟通、容纳、归属、参与等。这种人倾向于在所有时刻与人在一起，要求归属于某个组织。与此动机相反的人际关系反应特征是独立、退缩、疏远、排斥、忽视等，这种人宁愿在群体外单干，喜欢隐居独处。（2）控制的需要。这是建立、维持在权力和影响方面的需要的欲望。基于这种动机所产生的人际行为特征是运用权力和权威影响、控制、支配、超越和领导别人。与此相反的人际关系反应特征是受人支配、追随他人、抗拒权威、忽视秩序。（3）情谊的需要。这是与别人建立感情的欲望。基于这种动机所产生的人际行为特征是喜爱、亲密、同情、友好、热心、照顾等。与此动机相反的人际关系反应特征是冷淡、厌恶和憎恨。

关于人际关系的功能，许多学者提出了不同的认识。迪维图（1983）认为，人际关系至少有四个方面的功能：减轻寂寞、寻求刺激、满足需求、增进自我了解。这也正是人们为什么选择发展人际关系的原因。韦斯（1974）认为人际关系可以提供个人下列六种需求的满足：依附、社会整合、价值的保证、可靠的同盟、得到指导、抚慰。舒尔茨（1965）则认为人们通过人际交往，可以满足爱、归属和控制这三种重要的人际需求，即它们必须在与人互动中才能得到满足。

（三）影响人际关系的因素

影响人际关系的因素有多种，主要包括人际因素、社会因素、组织文化因素、个性品质因素等。下面分别具体介绍。

1. 人际因素

影响人际关系的人际因素主要包括人与人之间的空间距离、交往频率、态度相似性、外表吸引力等。

空间位置接近的优势是影响人际交往的有利条件。人与人之间在空间位置上越接近，就越容易形成彼此之间的密切关系。空间距离的接近，使双方相互交往、相互接触的机会增多，彼此之间就容易熟悉。俗话说“远亲不如近邻”就是这个意思。在其他因素的作用下，时空接近可能成为维持良好人际关系的必要条件。不过，空间距离也可能成为产生人际关系障碍的客观原因。

交往频率也是影响人际关系的主要人际因素。交往是人际关系的基础，人们只有在交往中才能彼此了解、相互熟悉，进而相互帮助、建立友谊。交往的频率越高，越容易形成共同的语言、态度、兴趣、经验等。反之，则可能产生冷落感，以致感情疏远。“鸡犬之声相闻，老死不相往来”，自然不能建立亲密的人际关系。不过，交往频率过繁，也可能破坏对方的工作和生活秩序，引起反感，正像人们所说的“久聚难为别，频来亲也疏”。1967年，美国哈佛大学社会心理学教授米尔格兰姆对“小世界现象”（Small World Phenomenon）做了一个著名的实验。这个实验发现，世界虽然很大，但是如果将每个人自己的人际关系网络考虑进去，人与人之间的距离其实很小，进而提出了“六度分离”（Six Degrees of Separation）理论，认为任何两个素不相识的人中间最多只隔着6个人，也就是说，只用6个人就可以将两个陌生人联系在一起。

经典实验

小世界现象

在20世纪60年代，美国哈佛大学社会心理学教授米尔格兰姆通过设计一个连锁信件实验，提出了著名的六度分离理论，大意为任何两个欲取得联系的陌生人之间最多只隔着6个人。当年，米尔格兰姆给内布拉斯加州奥马哈市随意选择的300多人发信，要求他们把各自的信寄给波士顿市一个独一无二的“目标”人，分别由每个人独自联系。米尔格兰姆告诉每个发信人有关目标人的信息，包括姓名、所在地、职业，如果发信人不认识这个目标人，他们把这封信寄给他们认为有可能认识目标人的熟人。以此类推，形成了发信人的链条，链上的每个成员都力图把这封信寄给他们的朋友、家庭成员或同事熟人，以便使信件尽快到达目标人。米尔格兰姆发现，有60个链条最终到达目标人，链条中平均步骤大约为 6，米尔格兰姆由此得出结论：任意两个人都可以平均通过 6 个熟人联系起来。这就是六度分离理论的产生经过。

资料来源：Milgram, S. (1967). The small world problem. *Psychology today*, *2* (1), 60-67.

态度相似性也影响人际交往。人与人之间如果对具体事物有相同或相似的态度，有共同的语言、理想、信念和价值观，就容易产生共鸣、同情、理解、支持、信任和合作，从而形成亲密的关系。

外表吸引力是人际吸引的最初动力。有些人外表相貌好看，别人喜欢多看几眼，首先在目光交流中接纳了他们；有些人长相一般甚至不大好看，自然就难以吸引别人注意。无论男性还是女性，大家都喜欢长得好看的人。相貌不凡的人，更容易得到赞扬和追求；但也可能由于听到赞扬性的话过多，使他们不易形成正确的自我意象，表现为看不起其他人，使人际关系不好。而相貌一般的人，可能经常被大家忽视，也容易产生自卑，而对人际关系敏感。

2. 社会因素

人际因素都是一些比较主观的因素，社会因素则是影响人际关系的客观外在因素。社会经济发展水平、人们的生活方式及价值观念、社会风气、道德风尚等都直接或间接地影响人际关系。一般说，社会经济文化繁荣、人民生活富足、社会风气好，人际关系就密切；相反，如果社会经济文化落后、人心不稳、金钱至上、道德沦丧、你争我夺，人际关系就恶化。

3. 组织文化因素

组织文化因素对人际关系有导向作用。一个组织是强调做好工作，实现组织目标，重视政绩和能力，鼓励通过扎实工作和勤劳创新来获得组织认可，实现自我价值，还是强调搞好关系，形成和气的团体，靠拉票、联系感情来获得认可，对人际关系的作用是不同的，也直接影响了人们处理人际关系的方式。

4. 个性品质因素

在群体中，一个性格开朗、活泼，心胸开阔、坦荡，性情和善、宽厚，富有同情心，能体谅他人的人，更容易受到其他成员的欢迎，因而也容易同他人建立良好的人际关系。相反，一个性格孤僻、古怪、固执、自高自大、目空一切，或敏感多疑，或感情贫乏、麻木不仁的人，就难以与他人形成良好的人际关系。

（四）人际关系的确立和发展

任何人际关系的确立，都要有三个必要条件或前提，即人际关系的主体——人、人际需要和人际接触或互动。确立的人际关系还需要发展。人的生产、物质生产和精神生产是人际关系发展的动力。从人际关系的历史进程和发展趋势看，人际关系发展趋势可以归纳为六强六弱：(1) 社会性增强，自然性减弱；(2) 自主性增强，依附性减弱；(3) 平等性增强，等级性减弱；(4) 开放性增强，封闭性减弱；(5) 合作性增强，分散性减弱；(6) 复杂性增强，单一性减弱。

二、人际交往的原则

每个人都希望有一个美好的人际关系网络。虽然人与人之间的关系纷繁复杂，不同的人有不同的要求，期望各不相同，交往动机也有着巨大差别，但是心理学家仍然从最一般的方面总结出了四条人际交往的心理学原则。

（一）平等原则

这是人际交往的首要原则。无论是公务还是私交，彼此之间都没有高低贵贱之分，要以朋友的身份进行交往，才能深交。切忌因工作时间短、经验不足、经济条件差而自卑，也不要因为自己年轻、美貌而趾高气扬。这些心态都会影响人际关系的顺利发展。

（二）互利原则

这是指交往双方的互惠互利。人际交往是一种双向行为，有“来而不往，非理也”的说法。只有单方获得好处的人际交往是不能长久的。所以要双方都受益，不仅是物质的，还要有精神的，所以交往双方都要注意付出和奉献。

（三）信用原则

交往离不开信用。信用指一个人诚实、不欺骗、信守诺言。古人讲，“一言既出，驷马难追”。现代人讲交往要以诚实为本。不要轻易许诺，一旦许诺要设法实现，不要失信于人。朋友之间，也要言必信、行必果，不卑不亢，取得别人的信赖。

（四）相容原则

主要指心理上的相容，即人与人之间的融洽关系，与人相处时的容纳、包含，以及宽容、忍让。要主动与人交往，广交朋友，交好朋友，不但交往与自己相似的人，还要交往与自己性格相反的人，求同存异、互学互补，这样才能更好地完善自己。

案例阅读

做我自己的事情

丽塔为老板工作了11年。一天喝完咖啡后，她的朋友萨拉问她：“为老查理工作怎样？”丽塔回答道：“我想还可以，他经常不管我，我或多或少可以做些自己的事情。”然后萨拉说：“噢，你在同一份工作上干了11年，你做得怎么样呢？你可能会被提升吗？如果你不介意的话，我想说我没有看到你做的事情与公司运作有关。”丽塔回答道：“首先，我确实不知道我做得怎么样。查理从来没有告诉过我，但是我一直抱着没有消息就是好消息的态度。至于我做的是什么以及会对周围的运作有什么贡献，当我开始做些对公司运作很重要的工作的时候，查理会含混不清地说一说，但是仅此而已。我们从来没有很好地交流过。”

资料来源：鲁森斯：《组织行为学》，11版，王垒，姚翔，童佳瑾译，257页，北京，人民邮电出版社，2009。

思考问题

1. 分析丽塔最后的陈述：“我们从来没有很好地交流过。”经理和下属的沟通状况在本案例的工作关系中是怎样的？

2. 沟通是一个动态的人际过程。本案例中描述的情境是否证实了这个观点？

三、人际关系的测量方法

人际关系的测量方法有社会测量法（Sociomery Method）和参照测量法（Reference Measurement Method）两种。自“霍桑实验”揭示了群体人际关系对劳动效率的重要影响以来，人际关系受到了研究者们的广泛重视，并得到了大量详尽的研究。人际关系的这两种测量方法便是这一研究领域的重要成果之一。

社会测量法是由美国社会学家与心理学家莫雷诺（1934）于20世纪30年代首创的。它是根据群体每个成员彼此间所做出的好恶选择，对群体内部的心理结构和成员间的心理距离加以分析，以了解人们相互间的好感或反感等情绪关系，以及在群体中最受欢迎和最不受欢迎的人与孤独者。这种方法是测量群体，尤其是小群体中人际关系的方法，采用问卷的形式，测定群体中人们之间的好感、反感、冷淡等情绪关系，并用图表或团体社会测量指数来表示人们之间的相互关系。

社会测量法首次将人们心理上的结合数量化，但它只揭示了人们情绪方面的好恶，并不能揭示人们的选择动机，而这却是人际关系中进行选择的心理机制。群体中最受欢迎的人并不一定是最能发挥作用的人。从这一点出发，苏联心理学家彼得诺夫斯基提出了参照测量法。这种方法是让群体成员在相互评价的基础上，自由地选看别人对自己的评价，选择数量不超过1/10，以确定群体中真正的“中心人物”。彼得诺夫斯基认为，可以用这种方法来揭示在团体中真正发挥作用的权威人物。

四、建立与改善工作人际关系的途径

通过人际关系的测量，当发现人际关系存在问题时，就需要采取一定的措施加以改善。下面主要介绍相互作用分析理论和建立在这一理论基础上的人际关系改善途径。

（一）相互作用分析理论简介

相互作用分析（Transactional Analysis）理论又称为人际关系心理分析理论，是由柏恩纳（1966）在《人们玩的游戏》一书中提出的。这种理论认为，把个人的“自我”划分为“父母”（Parent）、“成人”（Adult）和“儿童”（Child）三种比重不同的心理状态。取这三个状态的第一个英文字母就是相互作用分析理论的简称——PAC理论。这三种状态在每个人身上都交互存在。父母状态以权威和优越感为标志，通常表现为统治、训斥、责骂等家长制作风。当一个人的人格结构中P成分占优势时，这种人的行为表现为凭主观印象办事、独断独行、滥用权威，这种人讲起话来总是“你应该……”、“你不能……”、“你必须……”。成人状态表现为注重事实根据和善于进行客观、理智的分析。这种人能从过去存储的经验中，估计各种可能性，然后做出决策。当一个人的人格结构中A成分占优势时，这种人的行为表现为：待人接物冷静，慎思明断，尊重别人。这种人讲起话来总是：“我个人的想法是……”儿童状态有像婴幼儿的冲动，表现为服从和任人摆布，一会儿逗人可爱，一会儿乱发脾气。当一个人的人格结构中C成分占优势时，其行为表现为遇事畏缩，感情用事，喜怒无常，不加考虑。这种人讲起话来总是“我猜想……”、“我不知道……”。

根据PAC理论分析，人与人相互作用时的心理状态有时是平行的，如父母—父母，成人—成人，儿童—儿童。在这种情况下，对话会无限制地继续下去。如果遇到相互交叉作用，出现父母—成人、父母—儿童、成人—儿童状态，人际交流就会受到影响，信息沟通就会出现中断。最理想的相互作用是成人刺激—成人反应。

（二）根据相互作用分析改善人际交往

在人际交往中，我们可以运用相互作用分析的理论原理，改善我们的人际交往。

首先，要肯定他人。人们在与他人的交往中寻找肯定。肯定的定义为对另一个人表示认可的任何行为，它适用于各种类型的认可，例如人们之间身体上的、语言的和非语言的接触。在多数工作中，表示肯定的主要方法是采用语言表述，如“上个月你有极佳的销售记录”，采用行为方式肯定的例子如在背部轻拍一下和有力的握手等。

其次，通过避免使用惩罚性的家长—儿童式的交互作用，人际交往通常会收到更好的效果。举个例子，用一种成人的问题解决型谈话方法对待迟到的员工，主管可能说：“早晨好，玛丽。你今早遇到什么麻烦了？有我可以帮忙的地方吗？”这样的对话将降低该员工今后迟到的可能性。

需要说明的是，有条件的肯定和无条件的肯定是有区别的。当员工操作正确或者避免了问题的发生时，管理者表示的就是有条件的肯定。如销售经理可以向员工保证：“如果你多卖出3份保险，我就给你加薪。”无条件的肯定的提出与任何行为都没有联系，比如“你真是一个优秀的员工”。虽然无条件的肯定可以使人感觉很舒服，但这些肯定可能使员工感到困惑不解，因为它们没有指出如何得到更多的肯定。如果主管们在行为校正框架中，即奖酬由有效行为决定的过程中，给予更多的肯定，他们将得到更好的结果。

（三）组织中的工作人际关系建立

在组织工作中，主要的人际关系类型可以分为三类：与上司的关系、与同事的关系和与客户的关系。这三类工作人际关系的建立有着不同的技巧和策略。

1. 建立与上司的良好人际关系

在工作中，要与上司建立良好的人际关系，对待上司要“先尊重后磨合”。任何一个上司，包括部门主管、项目经理和管理代表，干到现在的这个职位，至少有某些过人之处。他们丰富的工作经验和待人处世的方略，都是值得学习和借鉴的，我们应该尊重他们精彩的过去和骄人的业绩。但每一个上司都不是完美的，所以在工作中，唯上司命是听并无必要，但也应该记住，给上司提意见只是本职工作中的一小部分，尽力完善、改进、迈向新的台阶才是最终目的。要让上司心悦诚服地接纳你的观点，应在尊重的氛围里，有礼有节有分寸地磨合。不过，在提出质疑和意见前，一定要拿出详细的足以说服对方的资料计划。

2. 建立与同事的良好人际关系

在工作中，与同事建立良好人际关系是组织中人际交往的基础。与同事相处要“多理解慎支持”。在工作组织中，与同事相处久了，对彼此之间的兴趣爱好、生活状态，都有了一定的了解。作为同事，无理由苛求别人为自己尽忠效力。在发生误解和争执时，要换位理解别人的处境，千万不要情绪化，泄露别人的隐私。任何背后的议论和指桑骂槐，最终都会在贬低对方的过程中破坏自己的形象，而受到旁人的抵触。同时，对工作要拥有挚诚的热情，对同事则必须选择慎重地支持。支持意味着接纳他人的观点和思想，而一味地支持只能导致盲从，也会滋生拉帮结派的嫌疑，影响公司决策层的信任。

3. 建立与客户的良好人际关系

在对待自己的客户时，总的原则是待人热情、友善、耐心、真诚。

与客户初次见面时可运用“三三三”的法则。在前 30 秒中，用良好的外在形象主导建立与客户的交往等。在 3 分钟内与客户进行一些言语交流和一些肢体方面的接触。通过语言交流，双方开始互相问好、寒暄、自我介绍，肢体方面的接触是握手，这可以加强与客户之间的联系。在 30 分钟左右的时间，除了与客户一般性的言语交流，还要进入一个话题，跟客户有一些专题性方面的交流。

另外，与客户进行交往时，还应记住要善于倾听，善于提问，善于引导，不打断别人，绝不争论；能够记住并随时叫出客户的名字；关心客户；顾及客户的感觉。根据这些技巧就能在短时间内建立一个良好的人际关系。

案例阅读

某跨国石油公司裁员中的沟通

1998 年年底，某跨国石油公司因在中国的业务进展不顺利，为降低成本，力争 1999 年收支平衡，进行了大规模的改革和机构调整，其中措施之一就是裁员。为了保证裁员工作的顺利进行，使得留下的人员对公司继续保持信任和归属感，也要使离开的人员正确理解此次裁员工作的必要性，减少在社会上对公司造成的不良影响，公司采取了积极的沟通方式——在公司内部网上发布“员工通信”，提前三个月把公司的改革信息循环逐渐地传递给公司员工。

油品业务部门是公司在中国雇用员工人数最多的部门，约占总员工人数的 70%，油品部门任何的改动对整个公司的运作都有举足轻重的作用。从开始薪露裁员苗头到真正实施才 3 个月，每次发布这种信息大部分是由公司东北亚集团上任才 3 个星期的油品部门部董事贺先生以第一人称通报工作进展情况的方式来传递信息，其中该跨国公司的董事会主席和油品业务首席执行官分别发布过改革的信息。当裁员的信息日趋明朗后，公司贺先生的个人网页开通，其中有一个公开的英语“论坛”，员工可以不经过审查以匿名方式登录论坛发表自己意见。在论坛开通半个月后即正式实施裁员的半个月前，由公共事务部针对员工提出过的和可能提出的疑问采用一问一答的形式在论坛上发表。

半个月后，由各部门的经理单独与每位员工见面，通知各人具体的去留安排。同时，公司成立转职中心，向员工提供心理辅导和再就业技能的培训服务，并备有电话、电脑和复印设备，供员工准备应聘资料，公司派专人开始与其他外资公司和猎头公司联系，协助员工寻找新的工作，转职中心持续工作 2 个月后关闭。

结果却不尽如人意。在网上公开论坛，员工虽然可以自由发表意见，但英语是唯一的语言，由于语言障碍，很多人无法恰当地倾诉心中的不满，公开论坛成为发泄私愤的地方，全然没有起到正常的沟通作用。后有人向媒体发表看法，经公司的努力，虽未对公司造成很坏的影响，但不愿看到的事还是时有发生。

公司高估了本地员工对解聘冲击的承受力。由于中国的社会保障制度体系尚不完备，从高收入到没收入，心理承受能力脆弱，必然会产生激动的、对立的情绪。虽然公司为员工做了很多工作，留下来的员工认为公司只是为其提供了一份职业，公司难保有朝一日不会撤离中国，缺少对公司长远发展的认同感。结果裁员完成后，公司的稳定受到一定冲击。

资料来源：陈国海，方华，刘春燕：《组织行为学》，219～220页，北京，清华大学出版社，2006。

思考问题

1. 公司裁员的结果不理想，沟通出了哪些问题？
2. 从该案例看，裁员过程中应当如何做好跨文化沟通？

第二节　人际沟通

组织成员间、上下级之间，由于工作的需要，彼此需要进行信息交流，沟通各自的观念、思想和情感，这就是人际沟通。它是组织中成员间建立关系和持续维护其有效联系的过程，是人际关系中的一个重要方面，对组织成员的行为有重要影响。

一、沟通的定义

在组织行为学文献中，大部分对“沟通”（Communication）的定义强调运用符号传递信息的意义。比如，强调沟通是一种非视觉的理解，是隐秘的。沟通也是一种包含行为交换的人际程序。尼克森（1999）发现很多人的沟通是建立在他人与自己具有相同的知识水平的假设基础上的。沟通除了作为一种人际程序以外，还有其他意义。费雪（1974）强调沟通的行为意义，他指出一个人所表现出的行为——人际沟通交流是用以影响他人并对他人产生效应的唯一方式。

二、沟通的功能

罗宾斯（2008）提出，在群体或组织中，沟通有四种主要功能：控制、激励、情绪表达和信息。

沟通可以通过几种方式来控制员工的行为。员工们必须遵守组织中的权力等级和正式指导方针。比如，他们要首先与直接上级主管交流有关工作方面的不满和抱怨，要按照工作说明书工作，要遵守公司的政策法规，等等，通过沟通可以实现这种控制功能。另外，非正式沟通也控制着行为。比如，当工作群体中的某个人工作十分勤奋，并使其他成员相形见绌时，其他人会通过非正式沟通的方式控制该成员的行为。

沟通是通过下面这些途径来激励员工的：明确告诉员工做什么，如何来做，没有达到标准时应如何改进。具体目标的设置、实现目标过程中的持续反馈以及对理想行为的强化这些过程都有激励作用，而这些过程又都需要沟通。

对很多员工来说，工作群体是主要的社交场所，员工通过群体内的沟通来表达自己的挫折感和满足感。因此，沟通提供了一种释放情感的情绪表达机制，并满足了员工的社交需要。

沟通的最后一个功能与决策角色有关，它为个体和群体提供决策所需要的信息，使决策者能够确定并提供各种备选方案。

三、沟通的过程

沟通的意图，即“传递信息”。沟通发生在信息源与接受者之间。信息首先被编码，然后通过媒介物传送至接受者，由接受者将收到的信号转译回来。这样信息的意义就从一个人那里传给了另一个人。图 6—1 描述了沟通过程（Communication Process）。

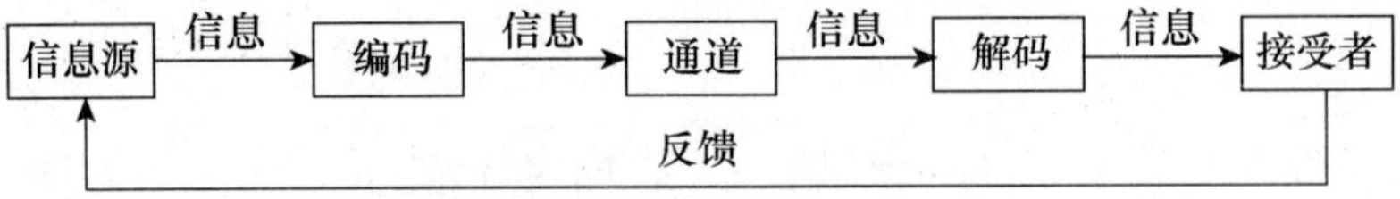

图 6—1　沟通过程模型

资料来源：斯蒂芬·P·罗宾斯，蒂莫西·A·贾奇：《组织行为学》，12 版，李原，孙健敏译，310 页，北京，中国人民大学出版社，2008。

这一模型包括七个部分：（1）信息源；（2）编码；（3）信息；（4）通道；（5）解码；（6）接受者；（7）反馈。下面分别介绍。

信息源（Source）是希望同另一方进行沟通的个人、群体或组织。在群体和组织沟通中，个人往往以组织的名义发送信息。信息源负责准备信息、解码并将其输入传送媒介。在某些案例中，接受者会对信息源进行选择，例如决策者选择可靠的和有知识的信息。组织沟通中常见的信息源是管理者向员工发布指令。

编码（Encoding）是将信息由理念或思想转化为供传输的符号的过程。这些符号可能是字词、数字、图像、声音或物理姿态和运动。信息源在对符号进行编码时必须确保接受者能够适当地进行解码，也就是说，信息源和接受者必须对符号赋予同样的意义。

信息（Message）事实上是经过信息源编码的物理产品。比如：说出的话是信息，写出的内容也是信息，面部表情、身体动作都是信息。

通道（Channel）是指传送信息的媒介物，它由信息源选择。信息源必须确定何种通道是正式的，何种通道是非正式的。正式通道由组织建立，它传递那些与工作相关的活动信息，并遵循着组织中的权力网络；另外一种信息形式，如个人或社会的信息，在组织中通过非正式通道传递。

解码（Decoding）是信息接受者解释信息含义的过程，接受者运用知识和经验来解释信息的符号。接受者赋予符号的含义可能同信息源的意图一样，也可能不一样。如果两者间不一样，沟通就会失败，导致误解。例如，员工语言不通或对其中某个词不理解，那么他所掌握的含义就会和发送者不一样，导致错误的工作或不工作。

接受者（Receiver）是信息指向的客体，可能是个人、群体或组织的代表。接受者决定是否对信息进行解码、是否努力理解这一信息和是否作出回应。此外，期望的接受者可能根本没有收到任何信息，而不期望的接受者却可能收到信息，这取决于信息源所采用的媒介和符号以及接受者的注意。

反馈（Feedback）是接受者对信息的反应。反馈对信息的传送是否成功以及传送的信息是否符合原本意图进行核实，可以确定信息是否被理解了。

四、沟通的形式

沟通的三种基本方法是书面沟通、口头沟通和非言语沟通。在具体实践中，各种沟通方法通常结合在一起。沟通中到底采用哪种方式，取决于受众、信息的性质以及转换的成本这些因素的影响。

（一）书面沟通

人际活动中存在着大量的书面沟通（Written Communication）。书信是个人间正式的沟通形式，通常涉及组织之外的个人。组织内部最常见的书面沟通形式是备忘录（Memo）。备忘录通常是写给组织内个人或群体的，它们通常只涉及一个主题并且个人色彩较少，它的正式程度不如书信。目前，人们日常采用的 E-mail 在形式上类似于备忘录，但它更加不正式。

其他常见的书面沟通形式包括报告、手册和表格。报告通常是对项目的总结或归纳，为决策提供信息。手册在组织中具备多种功能，指导性手册告诉员工如何操作设备，政策和程序性手册告诉员工组织的规则，操作性手册描述如何完成任务以及如何解决工作相关问题。表格是用来报告信息的标准化文件，它可以让信息更有效和更易于理解。许多书面沟通形式过去主要应用于有纸化工作环境中，现在它们越来越多地被放置在企业网站和内部局域网上。

（二）口头沟通

人际与组织中另一种主要的沟通形式是口头沟通（Oral Communication）。口头沟通无处不在，如非正式交谈、工作过程、群体和任务团队集会、正式的演讲和说明会。

口头沟通是一种特别有效的沟通形式，它不仅包括了讲话者的语言，而且包括他们在语气、音调、语速和音量方面的变化。例如，语言的意义会随着话语中重音的不同而改变。此外，接收者会根据过去的沟通或其他接收者的反应解释口头信息。

（三）非言语沟通

非言语沟通（Nonverbal Communication）包括所有非口头或非书面表达的人际沟通行为。有时，非言语沟通传达的意义比语言还要多。非言语沟通的要素包括面部表情和身体动作，既有意识的，也有无意识的。在面部器官中，眼睛是最富表现力的。研究显示，在两个人的直接沟通过程中，高达55%的交流信息是通过非言语方式传递的。

身体语言也是具有高度表现力的行为要素。身体语言包括沟通过程中的身体移动和身体姿态。握手就是常见的身体语言。

环境因素，例如建筑、办公室空间和家具也会传达信息。宽敞的空间、昂贵的装饰物面料、长绒地毯和精美的家具会提醒员工和访客，这是公司总裁或 CEO 的办公室。办公室的安排表明地位、权力和特权，还有企业经营的环境。

第三节　组织沟通

组织沟通是协调组织中各个部分的行动，并保证组织与外界环境的信息通畅。组织沟通表现为组织内部各个平级部门间的业务沟通，与上级主管部门和下级管理部门之间的业务指导与不稳定沟通，还有组织间非正式的一些沟通等多种类型。组织沟通不畅，会影响组织的正常运行。掌握组织沟通的方法，有利于解决组织沟通中可能存在的问题。

一、组织沟通的目的

个体间和群体间的沟通在任何组织中都极为重要。其中最根本的目的是协调行动。沟通协调着组织中各个部分的行动。没有沟通，组织就只不过是分别从事不同工作的个体的集合。组织行动缺乏协调，这些行动就可能导向个体的目标而不是组织的目标。

组织沟通的第二个目的是信息分享。其中最重要的信息是组织目标，它赋予员工目标与方向。沟通的另一项信息分享功能是向个体提供具体的任务导向。组织目标告诉员工他们的活动如何与组织相配合，任务沟通则规定了他们的具体工作职责是什么。在绩效评估时，员工还必须得到工作结果的反馈。

信息和信息共享是界定问题、提出和评估方案、实施决策以及控制和评估结果的前提。沟通还可以表达感受和情感。组织成员也和其他人群一样需要传达情感，如快乐、愤怒、不满、自信和恐惧。

二、组织沟通网络

（一）下行、上行与水平沟通

根据沟通的方向，组织内的沟通可分为下行沟通、上行沟通与水平沟通三种。

1. 下行沟通

在群体或组织中，从一个水平向另一个更低水平进行的沟通称为下行沟通（Downward Communication），如管理者与下属之间的沟通。

卡茨（1978）提出了组织中从上向下进行沟通的五个一般目的：（1）传达工作程序的具体任务指令；（2）提供组织程序和实践信息；（3）提供工作的理由；（4）告诉下属他们的工作表现；（5）提供工作原理的信息以易化目标的贯彻执行。

大部分组织仅仅注意并执行了前两个目的。仅仅给予工作程序具体的指导，但不能提供工作绩效和工作原理方面的信息，可能对组织产生负面影响。这种向下的沟通类型渲染了权威气氛，这种气氛倾向于抑制沟通的上行和平行过程的有效性。如果能很好地向员工传达工作的基本原理、工作与组织目标的精神联系以及员工的工作绩效信息，会使组织更好地受益。就如同卡茨（1978）所指出的，如果人们知道他们工作的理由，这将保证他们更有效地执行任务；如果他们理解他们的工作相对于他们的子系统来说意味着什么，他们更可能认同其组织目标。

2. 上行沟通

上行沟通（Upward Communication）是在群体或组织中从低水平到更高水平的沟通。员工利用它向上级提供反馈，汇报工作进度，并告知当前存在的问题。上行沟通时的管理者经常了解到员工对他们的工作、同事和组织的总体感觉是什么样的，管理者还依赖于这种沟通了解哪些工作需要改进。

在组织的实际沟通中，官僚作风会造成上行沟通被抑制、严重误用或被管理层所忽视的后果。员工通常害怕进行上行沟通，尤其当内容是坏消息的时候。例如，基希勒发现，当一个计算机公司的总裁必须告诉公司的主席和董事们一个坏消息时，尽管总裁以一种正确的方式进行沟通，提供了全面的解释和详细的计划以试图挽回局面，但主席还是解雇了他。另外，即使当他们有好消息或有用的想法时，许多人还是会拒绝与老板分享。有研究调查指出，90%的员工认为他们有一些能够提高公司效率的好想法，但是仅有50%的人曾经与公司分享过这些想法。上行沟通系统所面临的主要挑战就是鼓励员工提出自己的想法。

3. 水平沟通

当沟通发生在同一工作群体的成员之间，同一等级的工作群体成员之间，同一等级的管理者之间以及任何等级相同的人员之间时，称为水平沟通（Horizontal Communication）。水平沟通相比于垂直沟通的优势在于常常可以节省时间并促进合作。在某些情况下，这种水平关系是上级正式规定的，但大多数情况下，它是为了简化垂直方向的交流、加快工作速度而产生的非正式沟通。从管理角度看，水平沟通也有不利的一面，在下列情况下水平沟通会产生功能失调的冲突：当正式的垂直通道受到破坏时；当成员越过或避开他们的直接领导做事时；当上司发现所采取的措施或作出的决策他自己不知道时。

（二）正式与非正式沟通

根据正式程度，沟通分为正式沟通与非正式沟通。

1. 正式沟通

正式沟通（Formal Communication）是指按照组织明文规定，依靠组织的正式结构或层次系统进行的信息的传递与交流。正式沟通的主要类型包括会议、书面沟通等，例如，组织间的公函来往，组织内部规定的汇报制度、定期或不定期的会议制度、上级的批示按组织系统逐级向下传达或下级的情况逐级向上级反映制度等。正式沟通的优点是约束力强、沟通效果好；缺点是由于组织层次多，沟通渠道长，因而信息传递速度慢，信息损失较大，易失真。

在正式沟通渠道中存在五种典型的沟通网络，即链式、Y式、轮式、环式和全通道式（见图6—2）。

（1）链式网络。

在链式网络（Chain Network）中，信息由上至下或由下至上逐级传递，但沟通的双方是单线联系，团体中心人物只和两个成员交换信息，再由他们与相近的成员进行沟通。链式网络中每个成员只能向上或向下两个方向进行沟通，沟通的自由度和范围都比较小。

（2）Y 式网络。

Y 式网络（Y Network）的信息也是逐级传递，团体领导处于不同位置，其沟通方式也有所不同。Y 式网络由于主管位置不同，可派生出另外一些结构形式，但其内涵和分析的方法一样。

（3）轮式网络。

在轮式网络（Wheel Network）中，一个主管与多个下级进行信息沟通，但下级成员之间的沟通很少，几乎是闭塞的。这适合那些传统组织及部门中，在这种状况下领导实行严格的集权和控制，并分配任务，因此，处于领导位置的主管为了解团体的全面情况，倾向于采取这种关系方式。

（4）环式网络。

在这种结构中，成员的沟通较为自主和自由，相互之间形成了一个封闭的环，这样每个成员之间都直接或间接地发生关系或进行沟通。而且在这个环境中，信息的反馈过程非常明显，不管主管处于哪个位置，发生的信息总要反馈到他所处的地方，这种反馈对于促进沟通的有效性有积极作用。在这种环式网络（Circle Network）关系中，团体表现出平等关系，企业员工在这种关系中是协商互助的状态，沟通线路非常开阔。

（5）全通道式网络。

在环式网络中，如果每两个成员之间都进行直接的沟通就成为全通道式网络（All Channel Network）。在这种沟通网络中，成员享受完全的沟通自由，任何两个成员之间可以直接沟通，处于平等的地位，团体领导人或中心人物作用不明显。这种网络信息沟通的速度最快，是一种全方位的网络沟通结构。在当前企业组织结构和管理创新的过程中，通过网络化组织、团体自主管理和流程再造，企业内部越来越推崇全通道式的沟通网络结构。

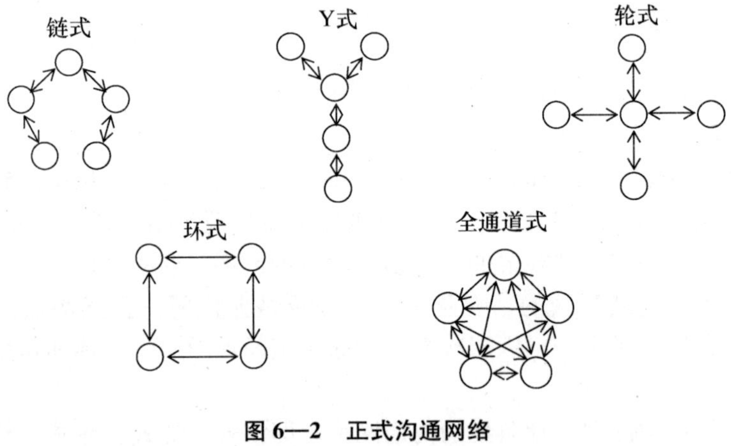

图 6—2　正式沟通网络

资料来源：贝克：《管理沟通：理论与实践的交融》，康青，王蔷，冯天泽译，278 页，北京，中国人民大学出版社，2003。

2. 非正式沟通

非正式沟通（Informal Communication）是指在正式沟通渠道以外信息的自由传递和交流。非正式沟通是由于组织成员在需要和情感上的共同需要而形成的，所以它的沟通对象、时间和内容等各方面，都是未经计划和难以辨认的，因此，非正式沟通的途径是通过组织的各种社会关系，这种社会关系超越部门、单位和层次。这种沟通不受组织监督，是由组织成员自行选择途径进行的，例如，职工之间的交流、议论某人某事、传播小道消息、流言等。非正式沟通多是直接沟通，其优点是方便、快捷，不仅能表露人们真实的思想和动机，还能提供组织不能预料的或难以获得的内外信息。传递一些通过正式渠道不便进行沟通的信息。在现代管理中，管理者们都十分重视非正式沟通，并利用其获得的各种信息，作为改善管理或制定政策的参考。缺点是容易失真，难以保证信息的准确性。

组织行为学家戴维斯曾对组织中的非正式沟通进行了研究，发现非正式沟通具有一定的沟通形式或网络。这种沟通方式大体上有四种，如图 6—3 所示。

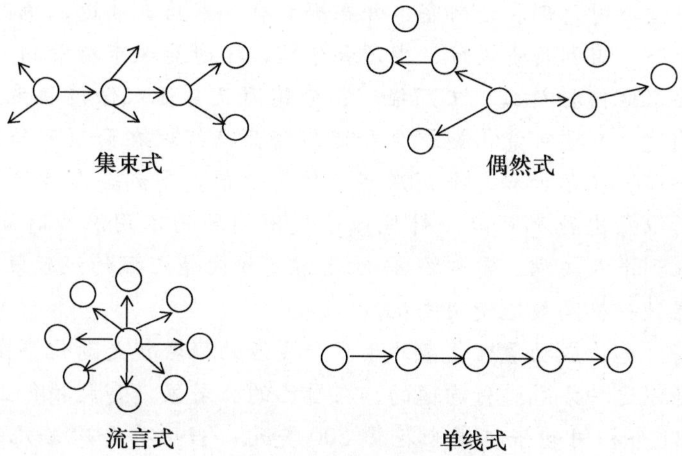

图 6—3　非正式沟通网络结构

集束式（Cluster）沟通中信息的传递以几个人为传递中心，这些中心人物有选择地将信息传达给他的朋友或相关的人。因此，信息是在一定的范围内传播。偶然式（Probability）沟通中传播是以偶然的方式进行的，传话的对象选择性较差。此外，还有一些“道听途说者”。流言式（Gos）沟通是指沟通网络中有一个主要的信息源，他或她主动地将某些信息进行广泛的传播，以扩大信息的影响力。单线式（Single-wire）沟通最强调非正式沟通的保密性，信息按照最亲密的人际关系进行单线传递，最后终止于某个人，如果传递的时间足够长，往往使传递的信息成为一种不公开的秘密。

（三）组织间的沟通

两个或多个组织及部门单位之间，对于双方都会涉及的问题需要沟通。经济社会发展到今天，组织间的沟通对于组织间的合作和关系的维持有着重要的意义。根据林和范德文（1994）提出的发展和维持组织间合作关系的模式，组织间的关系伴随沟通行为。在协调阶段，包括正式的协商和非正式的意向，作为各方代理人会试图确定“与交易相联系的不确定性、各方将扮演角色的性质，以及对方的可信度等问题”。在承诺阶段，各方对今后合作关系中相互的义务与规则达成一致。在执行阶段，组织各方履行协议的内容。在这个过程中，主要有信息的交流，指组织之间象征性符号资源的流动，在信息流动的同时，伴有知识的流动。可见，只有通过沟通，才能体现组织的动态性、开放性，否则组织就无法对照于其他组织和环境而存在。

案例阅读

企业如何同每个人保持联系

雷利·巴雷亚在一家她参与创业的很成功的公司里有份很好的工作，她有三个漂亮的女儿，一辆奔驰车。看起来她很轻松地驾驭了一切——其实，她依赖于她的手机。理解了巴雷亚对手机的使用，也就理解了她经营其生意——伊碧蕾服饰的方式。沟通是其公司的生存血液。

一、保持联系。伊碧蕾服饰由雷利·巴雷亚和其妹妹埃迪·巴雷亚共同创建，向学校的学生提供职务，该公司总部在迈阿密，并在那里有6家店。最近，她们计划在美国发起全国范围的批发业务。雷利负责设计、生产和分销，埃迪处理市场营销、销售和财务。所有的这些行为都要求他们和员工、工厂经理、分销商及其他人保持联系。无论什么渠道，雷利很看重个人沟通。只要可能，她就会和迈阿密商店经理在商店开始营业前或打烊后，进行简短的每日会议。在参加和每个商店经理的会议前，雷利会参考她的电子个人文档，获得背景知识，所以每次她都可以一针见血地提出问题而不用浪费时间。她在会中记笔记，会后将其输入到个人文档。雷利给24位可以直接向她汇报的经理装备了同样的手机；她希望他们可以像她一样高效地使用手机。

二、简化事情。也许成功管理复杂的生意和生活的秘密就是简化事情。雷利是很有组织性的人，她也是以这种方式进行沟通的。在自己的公司里，雷利推行上行和下行沟通模式。例如，尽管24个相同的手机每个花费200美元，当她要一次给几个人发送信息时，她只需按下设定好的与接收者连接的按钮，信息马上就会被发送出去。雷利对自己高效率的委任也很自豪。为了会见她的经理们并进行沟通，她花了很多时间从一间分店到另一间分店，因此她将很多文案工作交给了其他的员工。她一天中的所有时间几乎全部花费在和其他人的个人沟通上，因为她认为公司的成功依赖于这些人的努力。最后，雷利会马上对事情做出反应以简化事态，而不会留着等以后再做。比如，如果她注意到一个分店出了状况，她会当时当地就通知该店经理，并期望当时就可以改正。因此，信息发出，问题解决，雷利又开动她的奔驰去往下一个目标。

资料来源：Esterson，E.（1998）．A Wise Consistency．*Technology*，*20*（3），37-38.

思考问题

1. 你愿意为雷利工作吗？为什么？
2. 雷利的沟通方式对于组织沟通有效性的提升有何帮助？
3. 随着技术的发展，你认为雷利的沟通方式是否需要改变？为什么？

三、沟通中的问题及管理

（一）小道消息的传播及管理

在组织中，有一种以非正式沟通为渠道的沟通方式——小道消息。研究和实践证明，在一个群体里，只有10%左右的人是小道消息的传播者，而且传播方式以集束式为主。小道消息的传播者几乎是固定的几个人，多数人只听不传。

关于小道消息的传播存在着不同观点。一些人认为，在一个群体里，小道消息盛行是不正常的，会毁坏群体内聚力，对管理不利，传播小道消息是散布流言蜚语，会给群体行为和工作目标带来不良甚至是破坏性的后果，所以，应严加禁止。另一些人认为通过非正式信息沟通渠道散布小道消息是对正式沟通渠道的一种补充，而且有些小道消息还真实地反映了成员的需要、意见和思想动向。应该说，小道消息是客观存在的，它具有三个特点：(1) 不受管理层控制；(2) 大多数群体成员认为它比组织或群体管理层通过正式信息沟通渠道所传递的信息更可信、更可靠；(3) 可能在某些方面会有利于群体成员的自身利益。管理者应积极利用小道消息，以使它为组织或群体的目标服务，减少由于小道消息的传播所造成的消极影响。

小道消息的传播是正式沟通渠道不畅，通过非正式渠道进行的结果。由于非正式沟通无法消除，小道消息常常会通过它来传播，对组织产生影响。要控制小道消息，首先要管控非正式沟通渠道，除了完善和疏通正式沟通网络这种防止非正式沟通的有效措施之外，还应该采取的对策是：第一，正确认识非正式沟通。对于出现的非正式沟通，管理者应该尽可能使组织内沟通系统较为开放或公开，在不违背保密原则的条件下，应尽可能利用各种正式沟通网络把信息传达给每一个群体成员。因为这些信息都是组织成员所关心的信息，若管理者故作神秘，封锁消息，结果则会适得其反。第二，培养组织成员对组织管理者的信任与好感，使他们比较相信和愿意听组织所提供的信息，这是减少非正式沟通干扰的基本的做法。第三，对管理人员进行培训，增加他们沟通方面的知识，使他们有比较正确的观念和处理办法。通过这些措施，减少或消除小道消息借助非正式沟通渠道的传播。

另外，根据小道消息的特点，非正式沟通对组织发展和群体成员也有一定的正面影响。非正式沟通能够弥补正式沟通的不足。组织中的管理者有时为了某些特殊的目的，往往不便于通过正式渠道传播信息，此时借助非正式渠道便可利用小道消息的作用传递信息。借助非正式沟通渠道，还可使组织了解成员真正的心理倾向与需要。因为通过正式沟通渠道，员工心中存在戒备，不便于透露真实的想法，而通过非正式沟通渠道，便可以在很大程度上克服这个问题。非正式沟通可以减轻管理者的沟通压力，可以防止管理者滥用正式沟通，有效防止正式沟通中的信息“过滤”现象。非正式沟通还能够满足成员情感方面的需要。

（二）不同性别间沟通

随着人力资源性别结构的变化、管理层性别结构的变化，性别差异及其对人际沟通、组织沟通的影响成为研究者们非常感兴趣的一个研究内容。研究者们多从文化角度解释他们观察到的差异。他们认为，性别差异更多是社会习得的产物。20 世纪 80 年代学者们更关注男性和女性在语言沟通和非言语沟通中具体差异的研究，进入 90 年代以来，男性和女性在组织沟通中的相互作用关系得到关注，性别常与沟通满意感、上下级沟通知觉一致、工作满意感、管理沟通风格等变量放在一起研究。虽然这并不是一个新课题，但由于性别特点近年来变化如此之快，所以对它的研究在不断更新。而且，由于 21 世纪的管理更强调个体差异，工作场所性别差异及其互动对组织沟通影响的研究就具有较强的应用性。

（三）跨文化沟通

随着经济全球化的深入、跨国公司的蓬勃发展，文化在组织沟通中的作用日益凸显。跨国公司内部如何实行多元化人力资源管理、如何适应东道国的文化、外派人员如何融入当地文化、跨文化沟通培训等都是需要进一步研究的问题，尤其是对跨国公司新拓展的重要市场，包括中国，理论研究还没跟上实践的发展。

（四）电子沟通

近几十年来，技术上的“飞跃”为组织中的沟通带来的影响之大是过去任何时候无法相比的。从 20 世纪 80 年代初开始，新型电子技术极大地改变了组织中的沟通方式。这些技术手段包括：图文传真机、电子邮件、移动电话、视频会议等。

电子沟通从根本上改变了信息在即时输出和即时回收方面的能力。但这种沟通速度的提升已有一定代价。电子沟通不能像面对面的会议那样提供非言语沟通线索，电子邮件也不能像电话交谈那样传递言语意义的同时传递细腻的情感差别。

电子沟通对组织沟通的积极作用、消极作用、对组织结构设计的新要求等问题等都需继续深入研究。

第四节　沟通效能

无论是组织中员工与员工之间，组织与组织间，无时无刻不在沟通。那沟通是否有效呢？这是一个引人关注的问题。有效的沟通无疑是组织各项工作顺利进行的前提，而无效的沟通则会降低工作效率，甚至给组织造成巨大损失。组织中管理者及员工需要知道什么是有效的沟通并掌握提高沟通有效性的途径。

一、沟通有效性的标准

杰纳兹（2006）认为，组织中有效的人际沟通应从沟通的效果和沟通的效率两方面进行考虑。程志超等人根据沟通效果的好坏和沟通效率的高低，将沟通有效性划分为两大类指标体系，10 个具体指标。一类是效果型指标：如果沟通能够满足交流信息的需要，就是有效果的。另一类是效率型指标，如果沟通能够以较低的成本、较快的速度实现沟通目标，就是高效率的。10 个具体指标为：（1）一致性。沟通对于双方达成一致、取消理解偏差所发挥的作用。（2）明确性。沟通过程中信息是否被发送者明确地表述传送，接受者是否清晰地理解。（3）内容性。沟通内容是实质性的还是空洞的，是正式的还是非正式的。（4）通畅性。沟通过程是否畅通连续，是否可以反馈，沟通工具和方式是否是造成故障的原因之一。（5）可信度。沟通过程、沟通工具和方式以及信息的真实性、可信赖程度等。（6）时效性。沟通的时间效率，评价沟通过程是否及时、准时。（7）复杂性。沟通过程、沟通工具和方式的复杂程度、灵活程度。（8）消耗性。沟通耗费的金钱、体力，智力的投入程度。（9）有用比。达到沟通目的所接受、使用、发送的信息中有用的那部分所占比例多少，以及研究由沟通工具和方式本身所造成的多余工作量的多少。（10）返工率。沟通过程、沟通工具和方式与返工率的关系。

二、沟通有效性的评定方法

(一) 问卷法

研究者可以用问卷方法对组织中成员的沟通效果、效率以及沟通方式进行评定。威曼在1977年编制了沟通能力量表（Communication Competence Scale，CCS），该量表为自评量表，用来评定个体认为自己所具有的人际沟通能力。

测量工具

沟通能力量表

以下陈述描绘了人们通常是如何与他人进行沟通的，对每个陈述的回答反映了你在大多数场合的沟通风格。请你根据自身情况指出你在何种程度上同意或不同意以下陈述，在相应数字上打“√”。其中①～⑤五个数字的意义为：“①强烈不同意；②不同意；③一般或不确定；④同意；⑤强烈同意。”

1. 我觉得跟人相处很容易。 ① ② ③ ④ ⑤
2. 我能适应不断变化的环境。 ① ② ③ ④ ⑤
3. 我将人当作个体看待。 ① ② ③ ④ ⑤
4. 我经常打断别人。 ① ② ③ ④ ⑤
5. 其他人觉得与我交谈很“荣幸”。 ① ② ③ ④ ⑤
6. 我能有效处理与他人的关系。 ① ② ③ ④ ⑤
7. 我是一个很好的倾听者。 ① ② ③ ④ ⑤
8. 我的人际关系冷漠且疏远。 ① ② ③ ④ ⑤
9. 别人容易与我沟通。 ① ② ③ ④ ⑤
10. 我不会只是为了证明我是正确的而与人争辩。 ① ② ③ ④ ⑤
11. 我谈话的行为不那么“顺利”。 ① ② ③ ④ ⑤
12. 我会忽略其他人的感受。 ① ② ③ ④ ⑤
13. 我一般知道别人是怎么想的。 ① ② ③ ④ ⑤
14. 我让别人知道我能理解他们的意思。 ① ② ③ ④ ⑤
15. 我理解其他人。 ① ② ③ ④ ⑤
16. 说话的时候，我很放松和舒适。 ① ② ③ ④ ⑤
17. 我愿意听别人如何讨论我。 ① ② ③ ④ ⑤
18. 我喜欢与人有私人关系的接触。 ① ② ③ ④ ⑤
19. 我大致知道何种情境下表现哪种行为比较合适。 ① ② ③ ④ ⑤
20. 我一般不对我的朋友提出特殊要求。 ① ② ③ ④ ⑤
21. 我是一个能有效健谈的人。 ① ② ③ ④ ⑤
22. 我能支持别人的观点。 ① ② ③ ④ ⑤
23. 我不介意与陌生人见面。 ① ② ③ ④ ⑤

24. 我能设身处地为别人着想。 ① ② ③ ④ ⑤
25. 谈话中我常常注意听。 ① ② ③ ④ ⑤
26. 跟一个新的朋友交谈时我很轻松。 ① ② ③ ④ ⑤
27. 我对别人说的内容很感兴趣。 ① ② ③ ④ ⑤
28. 我不那么擅长跟上别人的谈话。 ① ② ③ ④ ⑤
29. 我喜欢能让我认识新朋友的社交活动。 ① ② ③ ④ ⑤
30. 我是个讨人喜欢的人。 ① ② ③ ④ ⑤
31. 我能灵活应变。 ① ② ③ ④ ⑤
32. 我不怕和有权威的人讲话。 ① ② ③ ④ ⑤
33. 人们可以因为他们的问题来找我谈话。 ① ② ③ ④ ⑤
34. 我一般是在正确的时间说正确的话。 ① ② ③ ④ ⑤
35. 我喜欢用声音和肢体来表达沟通能力。 ① ② ③ ④ ⑤
36. 我对别人一时的需求很敏感。 ① ② ③ ④ ⑤

该量表从五个维度考察个体的人际沟通能力：一般能力（Competence）、同理心（Empathy）、关系与支持（Affiliation and Support）、行为的灵活性（Behavioral Flexibility）、社交关怀（Social Relaxation）。使用时，用总分来描述个体认为自己的人际沟通能力的高低。量表中 4、8、11、12、28 题是反向计分题。

总分计算的步骤：（1）计算 4、8、11、12、28 题的总分；（2）计算剩下所有题目的总分；（3）总分＝30－第 1 步的分数＋第 2 步的分数。

分数解释：（1）CCS 的分值范围是 36～180，如果超过了该范围，说明分数计算存在错误。该量表的均值为 108 分。（2）分数在 108 以上的个体，在人际沟通中要比分数在 108 分以下的个体更加敏感，能灵活应变且有更多主见。分数越高表明个体越相信自己在人际沟通中具有很高的能力。

资料来源：Wiemann, J. M. (1977). Explication and test of a model of communicative competence. *Human Communication Research*, 3 (3), 195-213.

（二）现场评定法

通过对沟通进行现场观察从而评定沟通的有效性。例如在一场无领导小组讨论中，观察员可依据事先编制好的观察表的内容，对小组内成员的沟通内容及方式进行记录，如成员发言次数、发言内容和质量、成员间沟通模式、哪几位成员间更喜欢一起沟通、是否有反馈等，从而对群体内成员的沟通有效性进行评定。

（三）文本分析法

随着技术的发展，电子邮件已成为组织内人际沟通的主要途径之一，有研究者统计组织内成员间通过电子邮件沟通的次数，并分析电子邮件的内容，评定成员间沟通的有效性。

三、沟通效能的提升

（一）人际沟通效能的提升

提高沟通的有效性，减少和克服沟通中的障碍和干扰，从以下几个方面入手。

1. 调整信息流

信息过载会造成管理者顾此失彼，为了减轻信息过载，需要建立例外管理制度，以确保传到管理者受众的信息是重要的信息，并使更重要的信息能优先送到。这种方法需要对信息的数量与质量进行调整。同时，要根据受众来调整信息。组织中不同的人对信息的要求也是不同的。对基层主管来说非常重要的东西并不一定对中层管理者同样重要。员工需要的信息类型十分不同，获得信息最有效的途径也不相同。管理者需要认识到这一点，并相应设计他们的沟通方案。

2. 利用反馈

很多沟通问题是直接由于误解或理解不准确造成的。如果管理者在沟通过程中使用反馈，则会减少这些问题的发生。这里的反馈可以是言语的，也可以是非言语的。当一个管理者问部下："你听懂我的话了吗?"部下回答就是一种言语反馈。而绩效评价、调整薪水、晋升等是组织中非言语反馈的重要手段和方法。

3. 简化用语

由于语言可能成为沟通的障碍，因此，信息传递者应选择好措辞，并注意表达的逻辑，使发送的信息清楚明确，易于接受者理解。在沟通中，正确的言语表达要做到：(1) 语言意义准确，切忌模棱两可，拖泥带水；(2) 措辞得当，忌滥用辞藻，戒空话、大话、套话；(3) 言之有据，条理清晰，富有逻辑性；(4) 尽量使用短句。

4. 积极倾听

人们一般认为听是被动的行为，只是坐在那里接受信息。由于沟通中会出现失真，因此有效的沟通必须要积极倾听。所谓积极倾听是指不带先入为主的判断或解释的对信息完整意义的接受，因此他要求听者全神贯注。积极倾听的方法有以下几种：不要多说；共情；目光接触；赞许性的点头以及恰当的面部表情；提问；避免分心的举动或手势；复述；避免中途打断说话者。

5. 控制情绪

人们并不是总能以完全理性的方式进行沟通，而不良的情绪会严重阻碍信息的传递，使信息失真。因此，当沟通双方有一方情绪失控时，最简单的办法就是暂停进一步的沟通，直至恢复平静。

6. 创造良好的沟通氛围

人际沟通常常会受沟通双方的个体差异性影响。营造合适的沟通环境有利于消除这种个体间的差异性，会对信息的发送方和接收方情绪产生积极的影响。对于个体差异较大的人际沟通，营造积极的沟通氛围更容易取得好的沟通效果。比如，在与专业技术人员进行沟通时，如果能够熟练使用他们的专业语言并积极营造一种技术交流的氛围，就很容易得到他们的认同，从而取得期望的沟通效果。

经典实验

服装生产厂的沟通研究

早期管理学家寇奇和弗伦奇对男士服装生产企业哈伍德公司做了关于组织沟通作用的调查。公司决定进行工艺流程改造和工艺重组，为了解决以往改革时工人反映强烈并产生敌对情绪等问题，特采取了三种不同的策略：

1. 与第一组工人采取沟通的方法，向其解释将要进行的改革的内容、意义、必要性等，然后待其反馈。

2. 告诉第二组工人现在存在的各种问题，然后进行讨论并得出解决办法，最后派代表指定新的标准和流程。

3. 要求第三组工人每人都讨论并参与设定、实施新标准和流程，要求团队合作。

结果，第一组工人的任务最简单，但是生产效率没有任何提高，并且敌对态度明显，40天内有17%的工人离职；第二组工人在14天里恢复到原来的生产水平，并在以后生产效率进一步提高，无人离职；最后一组工人则在第二天就达到原来的生产水平，并在一个月里提高17%的生产量。

可见，组织沟通对管理而言具有很重要的作用，员工的信息共享、参与程度和工作绩效等都会因充分而有效的群体沟通而得到改善。

资料来源：Coch，L.，& French，J. R. P.，Jr.（1948）．Overcoming resistance to change. *Human Relations*，*1*（4），512-532.

（二）跨文化沟通效能的提升

1. 跨文化沟通障碍

在跨文化沟通中，不了解对方的价值观、语言、法规、习俗等都会造成沟通障碍，从而影响沟通效果。

（1）价值观方面。

价值观是人们用以辨别是非善恶的一种综合性的标准，主要表现在人们对道德、社会、利益、宗教等各方面的判断与取舍标准。它是构成文化与社会的基础，也是跨文化沟通中的核心问题之一。在跨文化沟通中，不了解对方的价值观，势必会造成跨文化沟通障碍。

（2）语言方面。

不同的文化产生不同的语言，每种语言都有自己独特的文化内涵。在跨文化沟通中，语言的多样性与复杂性常常是造成沟通障碍的主要原因。说话的直接与婉转恐怕是语言沟通跨文化差异中较显著的一个。比如美国人说话直截了当，开门见山，中国人则喜欢拐弯抹角。

（3）法律规范与风俗习惯。

法律规范是一种强制性的行为规范，它通常是由国家制定或认可，并由国家机构保证实施。由于不同国家指导法律规范的理论基础和体系不一样，不同国家的法律规范也因此存在一些彼此不兼容的情况，有些甚至是尖锐对立的。所以，在跨文化沟通中，沟通各方除了应遵守国际法和国际组织的相关规定外，对于其在国外的生产经营和商务活动还应适应所在国的法律规范。

（4）沟通风格。

沟通风格指人们在沟通过程中将自己展现给对方的方式，它包括自己喜欢谈论的话题，最喜欢的交往方式，如礼仪、应答方式、辩论、自我表白及沟通过程中双方希望达到的深度等。不同文化的人们的沟通风格具有很大的差异。比如，中国人在谈判过程中，注重“先谈原则，后谈细节”；西方人往往讲究务实，将注意力放在细节程序和外部因素上，对原则开始不太感兴趣。因此，沟通风格如果差异很大，则将大大降低沟通的效果。

2. 提高跨文化沟通的效率

跨文化沟通的基本原则是互相尊重、互相理解、求同存异、共同发展。要在此原则的指引下，同心协力，采取措施，寻求文化的协同效应。可以采取以下办法来提高跨文化沟通的效率。

(1) 文化培训。

最有效的方法之一是去这些国家之前就学习它们的文化。一些公司开发了一些培训方案，要求参加者先阅读一段关于某情境的文字描述，然后从四种行动方案中进行选择。做出选择之后，会立刻知道选择是正确还是错误的，并被告知原因。在这个过程中，他们经历了在国外可能会遭遇到的上百种情境，渐渐对那个国家的文化产生敏感性，从而能够更有效地进行沟通。有研究表明仅仅语言表达准确是不够的，口音也十分重要。很多国外出生的经理人的语法和单词技能很好，但他们的职业发展由于他们的口音问题而停滞不前。

可为受训者提供关于那个国家背景的材料，包括社会结构、宗教、价值观、语言和文化。这些特别设计的培训方案可以用于帮助那些外派公干的经理们在他们和所要沟通的人之间营造恰当的氛围。

(2) 正确对待文化差异。

这是有效地进行跨文化沟通的一种基本要求。大多数人常常自认为他人与自己非常相似，但实际情况是来自不同国家的人常常是非常不同的。因此，在未得到证实之前，先假设彼此之间有差异，这样会减少误解的可能性。当证实双方确实存在文化差异时，需要端正态度，尽量使不同文化相融合，才能促进沟通双方的沟通与协作，减少由于文化冲突而带来的组织关系的失谐。沟通双方至少应当了解沟通对方文化和自己所在文化存在的各方面差异，并且在沟通过程中，尊重对方的文化，应当避免评论对方的言论和行为。因此跨文化沟通的前提是沟通双方对对方文化的尊重。

第七章

团队建设

在 F1 赛车比赛中，由于比赛强度很大，常常出现轮胎磨损过度及燃油消耗过大的情况，这时必须进入维修站换轮胎加油。赛车一次进站要 22 个人来完成，包括车队总技师 1 名，12 名轮胎技师，3 名负责千斤顶，1 名负责擦拭玻璃，1 名负责检查引擎，3 名负责加油，1 名负责灭火器。除车辆故障外，赛车在维修站中通常只要花费 6～9 秒的时间，每个人都有自己负责的部分。维修站中车手、技师们的配合成为 F1 赛车中重要的制胜法宝。

F1 巨头伯尼曾经说过："F1 就是最优秀的人驾驶最优秀的车，和最优秀的团队合作，最终获取冠军。"赛车舞台的荣耀不只是车手一人的，而是整个团队合作的结果。当一个团队中的每一个人都贡献自己的一份力量时，众志成城，最终便会取得成功。本章将主要阐述与团队建设及效能相关的内容。

学习要点

1. 了解团队的概念及特征、团队的类型。
2. 理解团队与群体，理解团队在组织中的意义。
3. 掌握团队建设的原则及建立高效团队的方法。
4. 在实践中应用提高团队效能的方法，建设与管理高效的团队。

第一节 团队概述

在当今的组织中，团队建设已经成为组织管理活动中不可缺少的一个环节。20 年前，沃尔沃、丰田、通用食品等公司把团队引入其生产过程中，曾轰动一时，成为新闻热点。现如今，在多数大型组织中，团队都是其主要运作方式。建设高效团队，打造团队精神，是许多管理者的理想，也是管理实践面临的重要任务。

一、团队的概念与特征

（一）团队的概念

团队（Team）指的是两个或两个以上拥有同样目标的个体组成的一种组织形态。在团队中，其成员的共同努力能够产生积极协同作用，能够使团队的绩效水平远远大于个体成员绩效的总和。在团队中，成员拥有许多不同的技能，往往会归入1～2个类别中，只要团队能够拿出最终的产品或者服务，完成额定目标，管理者不会在意是谁来具体完成某项任务的。团队成员会集体讨论需要完成的工作，自行决定由哪个成员来完成哪项工作，做出决策的是整个团队而非一个主管。在团队环境下，员工的奖励往往根据团队绩效和个体技能的广度决定，常见的三种奖励系统是基于技能的报酬、收益分享系统和团队奖金计划。

在组织中，团队与群体是两个不同的概念。如前所述，群体（Group）是由两个或两个以上的个体组成的，他们之间相互依赖并且相互作用。组织里面向同一个主管或者经理报告的人群可以称为一个工作群体（Work Group）。群体中的工作通常是高度专业化的工作，只需要较少的培训和适度的努力就可以完成，对于几十人甚至上百人的工作描述都是相同的。在群体中，主管会直接控制员工的日常活动，员工的奖励基于个体的绩效、年资和工作类别。群体中的每个人可能都拥有自己的目标，他们会利用群体来满足自己的需要，但他们并没有一个共同的目标，这就是群体和团队最大的差别。图7—1展示了工作群体与工作团队的区别。

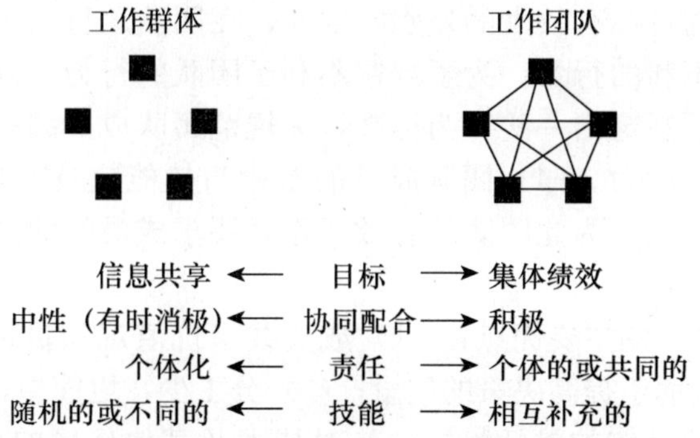

图7—1 工作群体和工作团队比较

资料来源：斯蒂芬·P·罗宾斯，蒂莫西·A·贾奇：《组织行为学》，12版，李原，孙健敏译，283页，北京，中国人民大学出版社，2008。

表7—1从另一个角度对上述工作群体与工作团队的区别作了一个小结。

表7—1 工作群体与工作团队的区别

项目	工作群体	工作团队
领导	具有强有力的、明确的、集中的领导	分享领导角色
目标	与组织目标相同，个体愿意实现组织目标	具有特殊目标，个体认同并承诺组织目标
价值观	以不影响实现目标为原则	共同的

续前表

项目	工作群体	工作团队
绩效	只有个体的产出，群体绩效为个体绩效之和；对业绩的测量是间接的	只有集体的产出，有效的团队绩效远大于个体绩效之和；直接测量集体的工作产出
技能	由各个技能组成	相互补充，整合
职责	由各个体负责	由个体及团队共同负责
会议	进行有效率的会议	鼓励开放的、积极的问题解决会议
授权	讨论、决策并授权	讨论、决策并完成实际的工作

（二）团队的特征

事实上，关于团队，理论界有很多不同的看法。有“团队角色理论之父”之称的贝尔宾认为，团队是指有限的一些人为了共同的目标而在一起工作，每个人分担不同的角色，有独特的贡献。同时他还认为一个组织很好的团队不应有太大的规模，否则会导致团队角色重复或产生角色竞争和运转不良的现象。国内学者（孙健敏，2004）普遍认为，团队是由两个或两个以上的人组成的，通过人们彼此之间的相互影响、相互作用，在行为上有共同规范的一种介于组织与个人之间的组织形态。

虽然每个研究者的定义描述有所不同，但综合看，团队仍具有一些共同特点：(1) 团队以目标为导向。目标是团队建立与发展的前提，任何团队都是建立在某种特定的目标基础上的，都是为了完成某项特定的任务。这种目标贯穿于团队的始终，团队的一切都必须紧紧围绕着这个目标进行，否则团队就失去了存在的意义。(2) 团队以协作为基础。团队与一般群体最大的不同就是团队成员具有较强的协作性。团队要求内部必须和谐且协作一致，而群体并不刻意去这么要求。(3) 团队需要共同的规范和方法。由于团队的目标和个人的目标有较大的差别，因此，在团队运行过程中，人们往往会为了个人利益做出对团队不利的行为。为了规避不利于团队的行为，确保团队成员的行为和团队目标一致，就必须制定出一些行为标准，去规范团队成员的行为，从而提高团队的自我管理和自我控制的能力。(4) 团队成员的专业与技能应具有异质性，而非同质性。因为团队存在着多种角色，为此团队的有效运作就要求成员间的技能互补，这样才能发挥团队的作用。

工作团队具有这样一些主要优点：(1) 成员共享价值观和目标，具有良好的工作氛围；(2) 集体决策，有助于提高决策的质量；(3) 分工少，更简单，有利于成员综合技能的发展，也增加了分配工作的灵活性；(4) 对技术及其他环境的变化做出更快的反应；(5) 成员自身价值得到提高，能更好地发挥年轻成员的作用；(6) 增进沟通。

工作团队的缺点有：(1) 可能会占用很多时间，有时没有时间完成一般的工作；(2) 出现困惑、混乱和失控的情况；(3) 在团队成员扮演什么角色的问题上可能会出现混淆不清的情况，成员在担任不同角色时会有困难；(4) 需要花相当长的时间，如 3～5 年，才能取得成效；(5) 需要成员做出改变：增强技能、适应他人、更多的协同努力。

二、团队的类型

（一）按照团队存在的目的和形态分类

按照团队存在的目的、期限与形态分类，可以将团队划分为问题解决型团队、自我管理型团队、跨职能团队和虚拟团队。

1. 问题解决型团队

问题解决型团队（Problem-solving Team）又叫工作改进团队，内部结构如图 7—2 所示，常常是为了解决组织中的某些专门问题而设立的，这是最早的团队类型。团队成员共同探索改进程序和方法的建议，通常在问题解决后，团队就会解散，其成员回到各自的工作岗位中去。他们通常是提出建议的团队，但并没有权利根据这些建议单方面采取行动。高效的问题解决团队通常是跨职能组建的，即不同的团队成员来自于不同的职能领域。最早的工作改进团队可以追溯到日本公司中的品管圈（Quality Control Circle，QCC），但品管圈是来自同一工作部门的定期会面讨论或提议解决问题方案的小群体，并非是专门为某一问题设立，而是广泛解决该部门在工作中存在的一些问题。

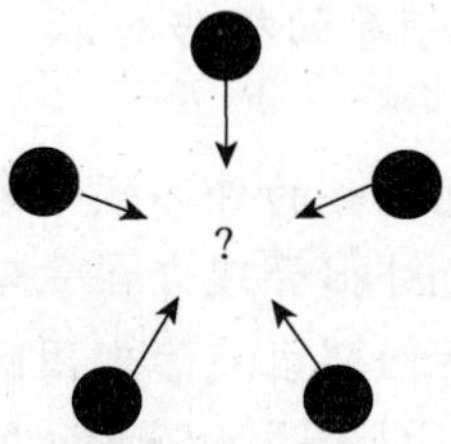

图 7—2　问题解决型团队的内部结构

资料来源：斯蒂芬·P·罗宾斯，蒂莫西·A·贾奇：《组织行为学》，12 版，李原，孙健敏译，284 页，北京，中国人民大学出版社，2008。

2. 自我管理型团队

自我管理型团队（Self-managed Team）是与传统团队相对的一种团队形式。通常由 10～15 人组成，它由其成员集体控制工作进度、进行工作分配、决定工作节奏、决定团队的质量评估、对工作进行检查和监督，甚至决定谁可以加入到团队中来。自我管理型团队的内部结构如图 7—3 所示。在这里，传统管理者的意义大为降低甚至被取代了，成员之间渗透着高度的参与管理和相互协作意识。从实践上看，自我管理团队能够降低成本，提高生产效率和组织效率。同时，自我管理型团队也存在一些缺点，如团队成员不愿以扣除操作失范的成员的工资或将其解雇的方式来制约成员在团队中的行为，可能会导致团队成员素质较差。

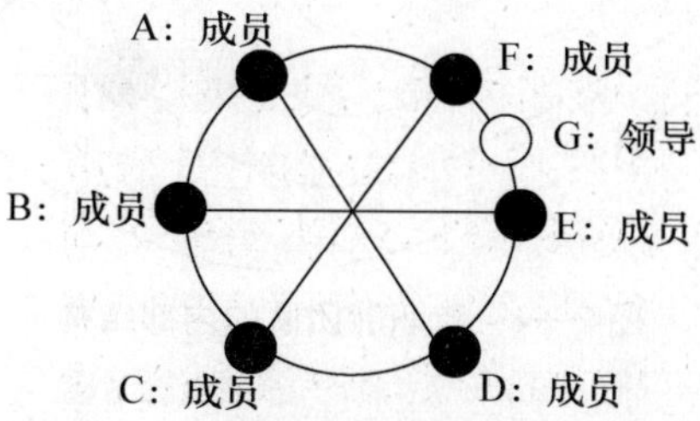

图 7—3　自我管理型团队的内部结构

资料来源：同图 7—2。

经典实验

外部管理者对于自我管理团队的影响

为了研究外部领导者对于自我管理团队的控制对其工作能力的影响，劳勒与沃尔顿对一家 500 强公司的外部领导者展开了一项研究。

该公司位于美国中西部，生产耐用消费品。在研究中研究者选择高绩效和中等绩效的外部领导者作为研究样本，通过关键时间访谈筛选出 11 项能够体现出他们行为、策略或态度之间显著差异的代表性事件，由两位编码专家为 11 种行为的所有记录进行编码，平均可信度为 92%。统计分析表明，高绩效的领导者充分证明了其中 10 种行为。

为了帮助解释这些研究的发现，并提出这 11 种行为如何使领导者成为有效外部领导的过程模型，研究者与 90 位团队成员进行访谈，其中 52 位采用焦点小组的集体访谈，38 位采用一对一访谈，并与 10 位外部领导的报告对象，即高层管理者进行访谈，同时给厂里的高级管理者与总监发放问卷。

研究表明，那些尽力承担其角色任务的外部领导者通常会实施太多的控制，这会削弱自我管理团队完成工作的能力。因此外部管理者在管理时一定不可太过严厉，甚至有些研究者在研究过程中把外部领导者看作阻碍自我管理团队成功的最常见障碍物。

资料来源：Lawler III, E. E. (1986). *High-Involvement Management. Participative Strategies for Improving Organizational Performance*. San Francisco: Jossey-Bass Inc.

3. 跨职能团队

跨职能团队（Cross-functional Team）也叫多功能团队，内部结构如图 7—4 所示。团队由来自于组织内部同一层次、不同部门或工作领域的员工组成，每个成员都有独特的技能和知识背景，他们合作完成包含多样化任务的复杂的一个大型项目。这种组织可能是临时的，即任务小组；也可能是长期的，如某些委员会。

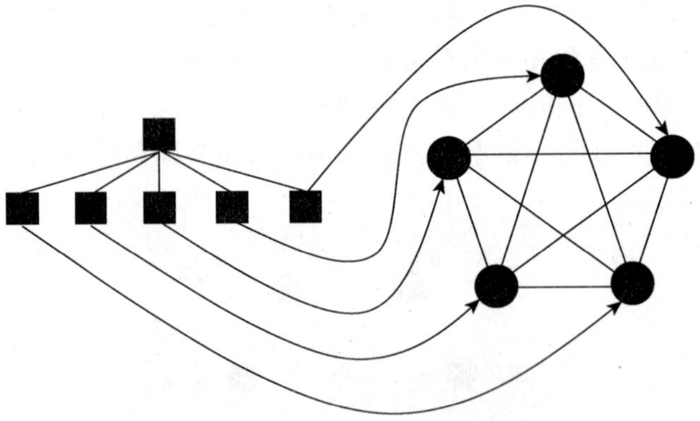

图 7—4 跨职能团队的内部结构

资料来源：同图 7—2。

首先，跨职能团队在团队构成方面，由于其成员来自不同部门，甚至还包括组织外部的人员，在他们之间建立信任和团队精神往往需要经历很长时间的磨合期。其次，在团队成员关系方面，主要体现在角色依赖、目标依赖及成果依赖，由于跨职能团队的成员都只在其所在部门或专业的某一个方面有所擅长，为了完成组织下达的任务，每个团队成员都必须依靠他人来获得信息与支持，从而协调各项活动。再次，在团队目标方面，每个成员拥有共同而清晰的目标，且团队成员个人的绩效评估是基于整个团队的业绩而进行的。最后，在团队管理方面，跨职能团队是进行自我管理的，每个团队成员在团队工作中既要承担相应的责任，同时也享有相应的管理自己的工作和内部流程的自主权。因此，这种团队的特点是既要依靠制度与业务流程来实现团队的有效运作，也要充分授权，以发挥每个成员的主动性与创造性。其优点是完成任务时间短、处理复杂问题的能力高、有利于提高组织竞争力和组织创造力、有利于组织的发展。

4. 虚拟团队

虚拟团队（Virtual Team）是指将空间上分散的成员通过现代通讯手段、计算机和网络技术连接在一起，为了实现共同的目标而合作组成的松散分布的团队。虚拟团队的内部结构如图7—5所示。其特征是工作方式虚拟化；以目标为导向；其成员有跨组织、跨地区的特性，因此成员间会存在较大的差异。其组建机制具有柔软化的特点，包括团队组建的临时性，团队人员的平等性，成员角色的渗透性，工作方式的弹性等；成员之间形成开放式的动态协作过程，团队任务不断变化；成员间优势互补；团队以自我管理为主。

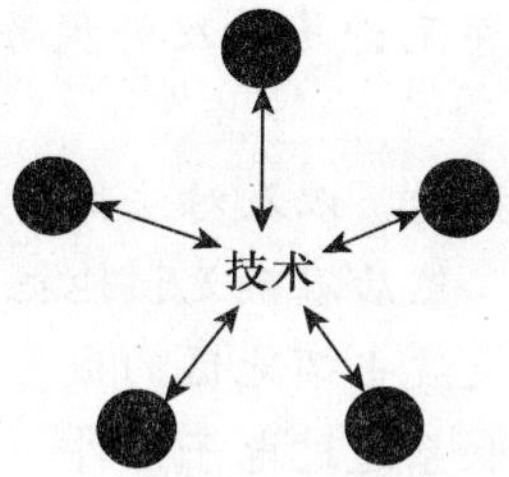

图7—5　虚拟团队的内部结构

资料来源：同图7—2。

拜斯、尼德曼和马特奥德（2004）根据面对面互动程度与科技媒介沟通程度将虚拟团队分为高度虚拟型、充分支持型、传统型和不活跃型团队。虚拟团队的优点是：范围广、成本低、管理灵活，缺少超越字面意义或非语言的暗示；有限的社会背景；克服时空限制的能力。缺点是：太松散，队员的管理缺少强制力和权利、义务的约束，对人员的素质要求太高。虚拟团队凝聚力的源泉主要是成员间彼此的信任和团队精神层面的东西。

（二）按照团队在组织中发挥的功能分类

按照团队在组织中发挥的功能这一标准，一般把团队分为生产/服务团队、行动/磋商团队、计划/发展团队、建议/参与团队。

1. 生产/服务团队

通常由专职工人组成，从事的工作是按部就班的，很大程度上是自我管理。例如，生产线上的装配团队、民航客机的机组人员、计算机数据处理团队等。

2. 行动/磋商团队

由拥有较高技能的人员组成，共同参与专门活动，明确界定每个人的作用。团队以任务为中心，具有不同专门技能的团队成员都对成功完成任务做出贡献。团队面临的任务十分复杂，有时是不可预测的。这种团队有医疗团队、运动团队、乐队、谈判团队等。

3. 计划/发展团队

它由技术十分娴熟的不同专业的科技人员或专业人员组成。工作时间跨度一般较长。例如，科研团队、生产研发团队等。

4. 建议/参与团队

主要是提供组织性建议和决策的团队。工作范围比较窄，不占用大量的工作时间，成员在该组织中还有其他任务。例如，董事会、人事或财务的专业顾问团队、质量控制小组等。

案例阅读

斯德恩斯公司的虚拟团队

斯德恩斯公司是美国的一家税务会计公司，主要为个人提供税务服务。公司的优质服务建立在优质建议和出色服务上。得到这些声誉的关键在于，公司拥有不断更新的电脑资料和分析工具，员工们都是运用这个工具为客户提供咨询。而编写这些程序的几个人都受过相当专业的培训。他们编写的程序无论是涉及的税务法律内容，还是使用的编程语言，其技术含量都很高。

完成这项工作需要高超的编程技能，以及对法律的透彻理解。它要求人们迅速整合新的法律内容并对已有法律做出解释，然后准确无误地把它们编入已有规则和分析工具中。

这些程序的编写由 4 名分布在大波士顿地区的成员组成的虚拟团队完成。4 个人都在家里工作，相互之间以及与公司的联系通过电子邮件、电话和会议软件进行。所有程序员之间正式的现场会议 1 年之中只有几次，不过他们有时会在工作之余进行非正式的见面。以下是 4 个人的背景材料：

汤姆·安德鲁（Tom Andrews）是一名税务律师，缅因大学毕业生，曾是学校棒球队队员，单身，35 岁。汤姆从事该项目工作已经 6 年，是小组里工作时间最长的成员。除了编写程序的责任以外，他主要担任与公司的联络工作，还负责对新成员进行培训。汤姆在南新罕布什尔自己的农场中工作，业余时间，他喜欢打猎和钓鱼。

克兰（Cy Crane）是一名税务会计师，毕业于麻省大学计算机系，32 岁，已婚，有两个孩子，分别为 4 岁和 6 岁。他的太太在波士顿的一家法律公司全职工作。克兰在业余时间喜欢骑车和钓鱼。

玛吉·戴克特（Marge Dector）是一名税务律师，毕业于宾州大学，38 岁，已婚，有两个孩子，分别是 8 岁和 10 岁。她的先生在当地一家国防部指定公司做电子工程师。玛吉的爱好是高尔夫和冲浪。

迈根·哈里斯（Megan Harris）是一名税务会计，毕业于印第安纳大学，26 岁，单身。她最近搬来波士顿，并在后湾区域附近的公寓中办公。

4 个人每天大量交换邮件。事实上，对他们来说，为了登陆和查询邮件而不见客人或家人是很正常的事。他们的邮件中除了与工作相关的内容之外，经常还有一些有趣的事情。有时，如果工作的最后期限临近，而玛吉的孩子却生病在家，那么其他人会帮助她完成工作。汤姆偶尔也会邀请其他成员来自己的农场；玛吉和克兰好几次带着自己的家人共进晚餐。差不多每月1次，小组中的所有人会在一起共进午餐。

在薪水方面，与公司的惯例一样，每个人需要单独而且秘密地和管理层谈判。尽管在工作日每个人都会受到定期检查，但他们在受雇时就被告知，他们可以在任何自己想工作的时间里工作。显然，工作弹性是这些人工作的优势。当4个人聚在一起时，他们常常开那些绑在办公室里的管理者和员工的玩笑，他们把那些定点上班的人称为"面部计时器"，而把自己称为"自由代理人"。

因被要求对程序做出较大改动，他们开发了一种名为"MACROS"的编程工具以帮助自己更有效率地工作。这个工具可以极大地提高程序编写方面的速度，尤其是克兰，他非常喜欢使用"MACROS"。例如，在最近的一个项目中，他非常着迷于使用这一工具来节约大量的时间。1周之后，他交给公司他的编程，以及编程记录。克兰向汤姆夸耀说，他编写了一个新版的"MACRO"，并且使他在1周里节省了8个工作时。汤姆对此半信半疑，但在试过之后，他发现确实节省了很多时间。

斯德恩斯公司有一个员工建议方案，对那些可以节省公司资金的革新建议行奖励。公司会将革新项目在3个月内为公司产生的效益的5%作为给每个提出建议的员工的收入提成。公司还有一个利润分成计划。但汤姆和克兰都觉得从公司奖励中得到的那笔钱太少了，还不够抵消他们使用这一新的编程工具所赢得的时间呢。他们希望把时间用于休闲或就工作进行咨询。他们还担心，如果管理层了解了这项革新后会对他们的小组不利，说不定会让3个人来完成4个人的工作，这就意味着其中1个人会失去工作。所以，他们并没有把这项革新告诉管理层。

尽管汤姆和克兰没有与管理层分享这个革新方案，但他们知道马上要进入紧张的工作季节，而且小组中的所有人都会承受很大的工作压力。他们决定告诉小组内其他人这一工具，但要求他们保密。

一天午餐后，小组共同确定了一个生产水平，这样不至于引起管理层的怀疑。几个月过去了，他们利用更多的时间来改进工作质量。另外，他们现在可以将更多时间花在自己的个人兴趣上。

戴夫·里根（Dave Regan）是该工作群体的管理者，在这项革新实施的几周后看到了它的效果。他很奇怪，为什么团队的工作时间有所减少，但工作质量却提高了。当他看到玛吉给克兰的一封邮件，感谢克兰给她带来了更多的时间以及克兰的"聪明头脑"时，他有点明白了。他不想让小组成员感到尴尬，于是暗示汤姆他希望知道所发生的事情，但是他什么也没得到。他没有向自己的上司报告这一情况，因为这个团队无论是在质量还是生产率方面都很不错，他没有必要进一步深究。

但戴夫不久听说克兰向公司中另一个虚拟团队的成员夸耀自己的技巧。突然之间，情况变得有些失控了。戴夫决定请克兰共进午餐。吃饭时，戴夫请克兰解释一下所发生的事。克兰只是告诉他有了一些革新做法，但克兰坚持指出团队决定要保守秘密。戴夫知道，自己的老板很快也会听说这件事，而且会询问他。

资料来源：周瑜弘：《组织行为学案例精选精析》，北京，中国社会科学出版社，2008。

思考问题

1. 为什么这一群体是一个工作团队？
2. 戴夫是一个有效的团队领导者吗？为什么？
3. 戴夫现在应该怎么做？

第二节　团队建设与管理

建设一个团队最主要的原因是团队对组织有价值，可以改善组织绩效、使员工受益、降低组织成本。组织中团队的建设需要投入大量的工作、时间、知识和耐心，必须遵循团队建设的原则，制定合理的建设方案，逐步推进团队建设进程。

一、团队建设的意义

组织中的成员，能力有大小，水平有高低。就每个个体来讲，他们不一定是最优秀的，但如果重视团队建设，就能实现群体最优，在成员中取长补短，达到1+1大于2的团体效果。因此，组建团队、建设团队对组织有着重要意义。

团队建设能推动团队运作和发展。在团队精神的作用下，团队成员产生了互相关心、互相帮助的交互行为，显示出关心团队的主人翁责任感，并努力自觉地维护团队的集体荣誉，自觉地以团队的整体声誉来约束自己的行为，从而使团队精神成为公司自由而全面发展的动力。

团队建设能培养团队成员之间的亲和力。一个具有团队精神的团队，能使每个团队成员显示高涨的士气，有利于激发成员工作的主动性，由此形成集体意识、共同的价值观、高涨的士气、团结友爱的氛围，团队成员才会自愿地将自己的聪明才智贡献给团队，同时也使自己得到更全面的发展。

团队建设有利于提高组织整体效能。通过发扬团队精神、加强建设，能进一步节省内耗。如果总是把时间花在怎样界定责任，应该找谁处理，让客户、员工团团转上，就会减少企业成员的亲和力，损伤企业的凝聚力。

二、团队建设的原则

团队建设的好坏决定着企业的生存死亡，一支优秀的团队可以将企业带入业界顶峰，甚至走向世界。团队角色是深受管理者喜欢的一种团队建设的方法，贝尔宾（1981）说，一个成功的团队是在团队中担任不同角色的不同性格的人组成的。因此，建设成功团队的关键是要了解团队中不同的角色，并将团队中不同的性格的成员放在其合适的位置上。

（一）团队角色

贝尔宾（2012）将团队中的角色分为以下九种。

1. 创新者

创新者（Plant）拥有高度的创造力，思路开阔，观念新颖，富有想象力，其想法往往比较偏激，缺乏实际感。创新者不受条条框框的约束，不拘小节。他们能够提出新的想法，开拓思路，通常在项目刚刚启动或陷入困境时显得非常重要。但他们好高骛远，不太关心工作中的细节，与别人合作时喜欢过分强调自己的观点。团队中缺少创新者思维会受到局限。

2. 信息者

信息者（Resource Investigator）是一个反应敏捷、性格外向的人，他们常常会表现出高度的热情，会在与人交往的过程中获取信息，善于迎接挑战。他们对外界环境非常敏感，会最早感受到环境的变化。信息者往往很有天分，想象力丰富，博学，但当最初的兴奋感消失之后，容易对工作失去兴趣。团队中失去信息者会使整个团队过于封闭。

3. 协调者

协调者（Co-ordinator）能够引导一群不同性格和技能的人向着共同目标，他们成熟、自信、信任他人、不带个人偏见，有很强的感召力，能够发现团队中各成员的优势，并在实现目的的过程中妥善运用。他们冷静、自信、有控制力，擅长领导一个成员差异较大的群体，善于协调各种错综复杂的关系，能够心平气和地解决问题，但个人业务可能不会太强，且容易将团队的努力归为己有。团队中缺乏协调者会使团队杂乱无序。

4. 推进者

推进者（Shaper）办事效率高，自主性强，有明确的目标、高度的工作热情和成就感，遇到困难时总能找到解决的方法。他们性格外向且干劲十足，喜欢挑战，缺乏人际间的相互理解，竞争意识强。他们是行动的发起者，敢于做出决定并不介意别人的反对，是确保团队快速行动的最有效的成员。团队中缺少推进者会效率不高。

5. 监督者

监督者（Monitor/Evaluator）往往严肃、谨慎、理智，不会过分热情，他们会与群众保持一定的距离，在团队中不会很受欢迎。他们有很强的批判能力，能够快速、精确地对一件事做出判断。他们善于分析和评价，善于权衡利弊选择方案。但他们缺乏的是超越他人的能力。团队中缺少监督者会使团队的效能出现大起大落的情况。

6. 凝聚者

凝聚者（Team Worker）是团队中最积极的成员，他们善于与人打交道，善解人意，关心他人，处事灵活，很容易把自己同化到团队中，是团队中比较受欢迎的人。他们善于协调各种人际关系，在冲突环境中其社交和理解能力会成为社会资本。但他们在危急时刻可能会优柔寡断，不太愿意承担压力。团队中缺少凝聚者可能会出现人际关系紧张。

7. 实干者

实干者（Implementer）非常现实，他们崇尚努力，计划性强，喜欢用系统的方法解决问题，有很好的自控力和纪律性，对团队有很高的忠诚度，能为团队整体利益着想，较少考虑个人利益。由于其做事可靠、高效，且工作能力强，因此在团队中会起到很大的作用，其会完全根据团队的需要来完成工作，而不会在意个人兴趣。实干者有组织能力，务实，能够把想法转化为实际行动，工作努力，但其缺乏灵活性，可能会阻碍组织变革的进程。团队中如果缺少实干者，会使任务不能落实。

8. 完善者

完善者（Completer/Finisher）具有持之以恒的毅力，做事注重细节，力求完美。他们不大可能去做那些没有把握的事，喜欢事必躬亲，不愿意授权，无法忍受那些做事随随便便的人。对于那些重要且要求高度精确性的任务，完善者起着不可估量的作用，在管理方面崇尚高标准严要求。但他们容易为小事而焦虑，不愿意放手，甚至喜欢吹毛求疵。团队中缺少完善者会导致团队任务精确化程度大大下降。

9. 专家

专家（Specialist）热衷于自己的本职专业，甘心奉献，他们为自己所拥有的专业和技能而自豪。他们陶醉在自己的领域中，对别的领域不太容易感兴趣。专家主动性很强，为团队的产品和服务提供专业支持，有奉献精神和丰富的专业技能及知识，致力于维护专业标准。但专家缺乏管理的经验，往往专注于技术而忽略整个大局。团队缺少专家会使其专业化程度下降。

（二）建设原则

根据以上九种角色，贝尔宾（2012）在此基础上提出了团队建设的五个原则：（1）每个团队成员既承担一种功能，又承担一种团队角色；（2）一支团队需要在功能及团队角色之间找到一种令人满意的平衡，这取决于团队的任务；（3）团队的效能取决于团队成员内的各种相关力量，以及按照各种力量进行调整的程度；（4）有一些团队成员比另一些更适合某些团队角色，这取决于他们的个性和智力；（5）一个团队只有在具备了范围适当、平衡的团队角色时，才能充分发挥其技术资源的优势。

想要建设一个成功、高效的团队，领导者首先要了解团队中的分工角色和团队成员的个性特点，而后将每个成员放在合适的位置，平衡各个角色的力量，让其充分发挥各自的优势，从而高效率、高质量地完成每项工作。

三、团队的形成与发展

（一）准备工作

在进行团队建设之前，必须要明确团队建设的使命、选择第一批工作团队、准备设计团队、计划权利的转移并草拟预备方案。

明确使命就是提炼、总结组织期望通过建设团队获得的长期收益。团队使命必须与组织战略保持一致，能够激励与凝聚参与团队建设的人们的力量，从中可以看到哪些部门将会参与团队建设。使命的内容可以是持续的改进、员工的参与、绩效的改进、竞争、客户满意以及社会贡献。

正确选择第一批工作团队非常重要，它决定了整个项目成功的可能性。其最理想的对象应当是来自各个工作部门的成员，员工能够接受团队的思想，有较好的人际交流技能。

组建设计团队也是团队建设中很重要的一个环节。设计团队的任务常常由经过挑选的员工、主管和经理完成，他们负责设计成功团队在人员和运作方面的细节，包括挑选团队成员、做好组建团队前的准备工作、计划团队建设过程。设计团队常常要花几个月的时间，需要接受培训、访问成功团队，并进行大量的课堂培训。

如何将权利由管理者向团队转移是团队建设规划阶段最重要的步骤，它同样也是最困难的一步。这是一个渐进的过程，在许多时候要花 2～5 年的时间。团队必须学习新的技术和新的决策方法。

最后一步是草拟预备方案，这是指导设计团队和初始团队下一步工作的基础文件。应当包括挑选初始团队成员的标准、成员角色与责任描述、培训方案、确定建设过程中涉及的工作程序、未来几年的工作蓝图。

（二）团队形成的阶段

高效团队建设不是一蹴而就的，它需要经历一定的发展与磨合，把员工有效地结合在一起，毕竟需要花费一定的时间。

塔克曼提出的团队形成的五阶段模型认为，团队的建设经历了形成期、震荡期、规范期、执行期和休整期五个阶段。具体论述可以参考本书第五章中有关群体形成阶段的内容。

作为一个管理者，要认识到建造一个高效的团队，每一个阶段都是有机联系的，不能把每个阶段分裂开来看，管理者在每个阶段都不能掉以轻心。塔克曼的团队发展阶段模型是一个主客观相结合的模型，它描述了团队发展每个阶段的特点，为建立和发展团队提供了指导。然而，该模型是用来描述小型团队的，它也有一些局限。实际上，团队发展轨迹不一定像该模型描述的那样是直线式的，它也有可能是循环式的。该模型描述的阶段特征主要考量的是人的行为，并不一定可靠。当团队从一个阶段跨向另一个阶段的时候，团队成员的行为特征变化并不明显，它们也很有可能会发生交叠。模型对团队成员的个人角色特征缺少考虑，在阶段发展跨越上也没有给出时间框架指导。

四、团队的建设与管理

由于工作重新设计与组织重建、专业化分工原则、业务流程重建、组织重建等因素，都需要在组织中建立工作团队，并对其实施管理。下面就团队建设与管理的几个关键问题做一个介绍。

（一）团队成员的合理配备

成员做出改变及合理配备是高效团队的基础，这里涉及工作团队规模、团队成员的能力要求、配备角色多样化等问题。最有效力的团队规模既不是很小（少于 4 人或 5 人），也不是很大。工作团队的规模应该适当，其成员以不超过 12 人为宜。团队成员多方面的技能是高效团队的必要前提。专业能力、解决问题或决策技能、人际关系技能是团队成员中最重要的三项技能，另外因为团队有不同的需求，因而在挑选团队成员时应确保多样性，能够承担多种角色。

（二）开发新型的团队领导

新型的团队领导是高效团队的灵魂。团队领导人的一个重要任务就是引导团队建立共同的愿景或价值观。共同的愿望不同于具体的目标，它更为广泛而深远，所有成功的团队都有激励其成员不断进取的共同愿景或价值观。成功的团队的成员要投入大量的时间和精力用于讨论、建立具体目标，并将之转化为现实，而团队的工作目标之后必须要有持久的精神支撑。

（三）建立促进团队绩效的考评制度

团队绩效考评的优势：有助于协作精神的发挥和凝聚力的强化；团队成员比主管者更了解彼此的工作成就；促进团队成员的竞争；更好地把握考评标准。

在对团队绩效进行考评时，应注意几个要点：考评制度必须重视和支持组织目标所需要的行为和文化；在团队成员相互进行考评之前，最好首先对小组的成绩做出总体评估；团队成员互相考评最好在团队建设已达到较高阶段时再进行；团队成员必须努力避免受到小帮派的影响，保持思想开放；考评及报酬制度是反映团队优越性的最重要的领域之一。

团队绩效评估体系设计的原则：（1）评价体系的中心应该是帮助团队，而不是由上层经理评价所取得的成绩。（2）一个真正得到授权的团队在设计自己的评价体系时，必须发挥主导作用。（3）由于团队对涉及多个职能部门的价值实现过程负责，它必须提出评价指标，以追踪这些过程。（4）团队绩效的具体评价指标不应太多。

案例阅读

成功采用团队制

几年前，阿珂姆（Acme）矿物冶炼公司成功地采用了团队制，以便解决威奇托工厂的士气及生产率问题。公司业务涉及非常先进的技术，一部分员工是地质学家、地球物理学家，负责脑力工作。另一部分是熟练工和半熟练工，负责体力工作，进行地下萃取操作。这两部分人经常发生冲突。最严重的一次，因为双方都吵急了，几个工程师甚至把几个工人锁在了办公室外，而当时正值炎炎夏日，室外的气温达到将近40℃，这次冲突还引起了当地媒体的大肆报道和炒作。公司雇用霍华德制定一个计划，用以改进工厂的生产率及提高士气，如果计划获得成功，将在公司的另外一个单位实施。

霍华德幸运地找到了一个公司的老职员唐纳德·彼得森来帮助自己。彼得森在威奇托工厂很受人尊敬，他本人也想在退休之前再承担一个有挑战性的项目以为自己的职业生涯画上一个圆满的句号。他参加工作40年，公司里的各种工作都做过，包括生产线工作及参谋部门的工作。他了解“脑力”及“体力”两方面雇员存在的问题，他同意担任威奇托实验项目（团队）的领导人，霍华德十分高兴并表示全力支持他的工作。该厂的员工分为三个职能群体：操作群体，主要由小时制工人组成，负责操作、维护萃取设备；“地下群体”，由工程师、地质地质学家及地球物理学家组成，负责确定在何处及如何钻探；“地上群体”，由工程师组成，负责矿物的提纯和运输。霍华德和彼得森决定，第一步是让三个群体互相讨论并分享观点。他们搞了一个自由讨论会，任何职工均可参加，大家一起讨论没解决的问题。在第一次会议上，只有他们二人到场。后来，参加的人们渐渐多了。6个月后，会议上常有关于解决问题的积极讨论，也确实使工作改进了许多。

他们二人接着组建了SPITS（选一个问题并实施专门解决方案）团队。这是一个特别的群体，成员来自以上三个职能群体。这些SPITS团队只解决讨论会上明确的某一问题，问题解决后，团队即解散。这类团队有权不经管理层同意就开始解决问题。当然也有不顺利的时候，例如工程师不愿与操作人员共事，反过来也是一样。但随着时间的推移，加上彼得森的有力领导和大力支持，各群体开始走到一起并专心解决问题，而不是将大部分时间花在吵架上。最后，工厂的工人组成了永久的跨职能团队，并得到授权，可以自己做决定和选自己的领导人。

一年半后，情况更好了，各群体不仅一起共事，互相之间的交际也开始了。在一次问题讨论会上，一个操作工人开玩笑地说，体力及脑力员工应一周放松一次，以摆脱紧张的压力并全力投入工作。另外几个人也加入玩笑，最后全组决定每周搞一个垒球比赛。彼得森让人印了T恤，上面写着"体力"和"脑力"字样。垒球比赛热烈圆满，赛后双方通常会去酒吧喝几杯啤酒。工人的士气和生产率均大大上升，成本一直下降。

资料来源：Beers，M. C.（1996）. The strategy that wouldn't travel. *Harvard Business Review*，*76*（4），18-31.

思考问题

1. 本案例中的团队是哪种类型的团队？
2. 你认为团队项目为什么在威奇托工厂取得成功？

第三节 团队效能

建设高效团队，打造团队精神，是许多管理者的理想，也是管理实践面临的重要任务。组建团队必须以提高绩效为目的。了解和识别与团队效能相关的因素，建设高效团队是团队管理者关心的重要问题，也是努力的目标。

一、团队效能的内容及表现

（一）团队效能的内涵及特征

团队效能，也叫团队有效性，其内涵非常丰富。它是指在规定的环境条件下和规定的时间内，对团队完成规定任务程度的度量。其主要包括团队输出、社会过程和个人学习三个方面。罗宾斯（1994）指出，采用团队形式，团队绩效会明显高于个体的工作绩效之和。高效能的团队在团队输出方面表现为团队有价值的输出，如产品、服务会达到，甚至超过团队客户的数量、质量和时间标准；在社会过程方面表现为团队完成工作的社会过程能够加强以后的相互依存、共同工作的能力；在个人学习方面表现为团队经验能够对团队成员的个人幸福感和学习产生积极影响。

一个高效的团队往往表现出以下几个方面的特征。

1. 拥有共同的目标

高效的团队对于主要达到的目标有清楚的了解，并坚信这一目标包含着重大的意义和价值。而且，这种目标的重要性还激励着团队成员把个人目标升华到群体目标中去。共同的目标包容了个人愿景与个人目标，充分体现了个人意志与利益，并且具有足够的重要性与吸引力，能够引发团队成员的激情。成员愿意为团队目标做出承诺，清楚地知道希望他们做什么工作，以及他们怎样共同工作来最后完成任务。团队通常会用大量的时间和精力来讨论、修改和完善一个在集体层次上和个人层次上都被大家接受的目标。这种共同的目标一旦为团队所接受，在任何情况下，都对团队的活动起指导作用。

2. 相关技能

高效的团队由一群有能力的成员组成，成员具有不同的专业知识、技能和经验。成员不仅在技能上互补，而且在性格上、气质上互补，相互之间具有能够良好合作的个性品质。那些对于个人或工作组十分困难的问题经常可以由具有多方面互补技能的团队成员通过协作来解决。

3. 充分的资源

所有的工作团队都依赖于群体之外的资源来维持。高效的工作团队最重要的特点可能是从组织那里得到的支持。这种支持包括及时的信息、前沿的技术、充分的人员、鼓励和行政支持。团队要想成功实现他们的目标，必须从管理层和更大的组织那里得到必要的支持。

4. 相互信任

每个成员对其他人的行为能力都深信不疑。团队的成员彼此之间必须能够达到足够的信任程度。相互信任促进了合作，降低了行为监督的需要。团队成员之间彼此信任，这是建立任何团队的基础。同时，这种信任也表现为对领导者的信任，它使得团队更愿意接纳和承诺领导者提出的目标和做出的决策。

5. 一致的承诺

团队成员对团队表现出高度的忠诚和承诺，为了能使群体获得成功，他们愿意去做任何事情。这种忠诚和奉献被称为一致的承诺。团队成员一致的承诺表现为对群体目标的奉献精神，愿意为实现这个目标而调动和发挥自己的最大潜能。

6. 良好的沟通

群体成员通过畅通的渠道交换各种言语和非言语信息。管理层和团队成员之间具有健康的信息反馈。沟通不仅有信息沟通，还有感情沟通，每个成员不仅具有很好的交际努力，而且拥有很高的情商，使团队内充满融洽的气氛，高效团队中的成员能迅速、准确地了解一致的想法和情感。团队成员可以毫不隐瞒地提出自己的观点和看法，同时关注和倾听别人的建议，然后在团队内直面和公开处理这些不同的建议，并做出真诚的反馈。

7. 有效的领导

有效的领导能为团队指明前途所在，向成员阐明变革的可能性，鼓舞团队成员的自信心，帮助他们充分了解自己的潜力。高效团队的领导者往往担任的是教练和后盾的角色，他们对团队提供指导和支持，但并不试图去控制它。团队领导模型阐述了一个有效的团队领导在提高团队效能方面所能采取的措施，如图 7—6 所示。

在团队领导模型中，领导是整个团队的监控者，要采取一切办法试图提高团队效能。该模型将协调和控制与团队效能结合起来，提出了领导在改善团队效能方面所能采取的一些措施。一个有效的团队领导需要良好的沟通技巧来控制团队的运行。在面对问题时，领导者必须判断哪些问题需要干预，并确定最佳的干预方案，以及其依据是怎样的方案才会使团队更有效。

为了改善团队的运作，该模型列出了领导者需要做出的重大决策。领导者首先要关注的问题焦点就是应该对团队采取目标干预（监控）还是行动干预措施，其次是任务干预和关系干预的抉择，最后决定进行内部干预还是外部干预。

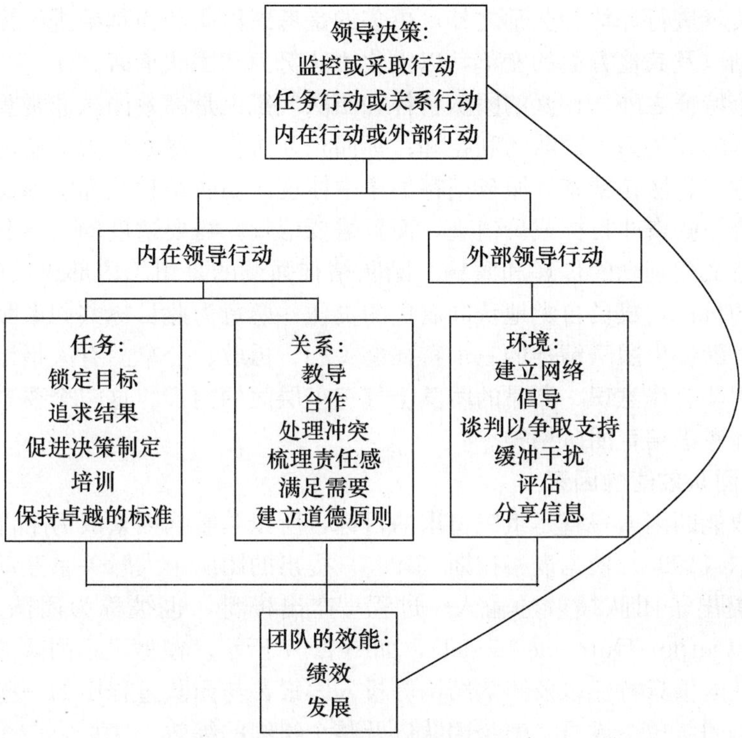

图 7—6　团队领导模型

资料来源：Northouse，P. G.（2012）. *Leadership：Theory and Dractice*.（p. 244）. London：SAGE Publications.

团队领导模型为领导也列举了一些可以提高团队绩效的技巧。一个有效的领导者需要学会对当下情况进行判断，以选择最佳的干预技巧。例如当一个领导者认为团队成员间相处不融洽时，其应当对存在的冲突进行处理，而不选择满足需求或者培训的处理方法。领导者需要意识到是什么阻碍了团队的发展，了解和分析情况，以便为团队发展做出最恰当的选择。团队的领导方式非常复杂，一个团队若想成功，其领导就必须学会在了解和诊断团队问题方面采取开放和客观的态度，善于选择最合适的行动，以帮助团队实现目标。

在模型的最后，是团队的效能，即团队期望的结果。团队的绩效是决策的质量、执行决定的能力、在项目完成方面的成果以及团队领导者的素质。团队的发展则是团队凝聚力的体现，是团队成员在与其他成员一起有效工作的同时满足自己需求的能力。

领导者在使用该模型引导自己行为的过程中，必须要参与团队过程，决定对于团队来说最恰当的行为。如果没有发现团队运作的问题，则应继续采取观察的方法而非直接行动，但当团队的运作出现问题时，便要决定是运用内部行动还是外部行动、运用何种技能来满足团队的需求。

团队领导模型为分析团队问题和提高团队领导能力提供了方向，领导者可以通过与该模型的对比，结合团队本身出现的问题，比较自己与卓越团队领导之间的差距，方向明确地改变自己的错误领导行为，以达到建立高效团队的目的。

8. 群体绩效评估与奖励体系

以个人为基础的绩效评估与激励，不利于高效团队的开发。高效团队绩效评估，除了考虑根据个人贡献进行评估和奖励之外，更多的是考虑以团队为基础进行绩效评估、利润分享、小组激励以及其他方面的变革，以强化团队努力和团队承诺。

除以上八个特征之外，良好的团队精神和团队气氛也是高效团队非常重要的特征。团队精神是指团队的成员为了团队的利益和目标而相互协作、尽心尽力的意愿和作风。简单来说就是大局意识、协作精神和服务精神的集中体现。团队精神是高绩效团队的灵魂。团队精神要求有统一的奋斗目标或价值观，而且需要信赖，需要适度的引导和协调，需要正确而统一的企业文化理念的传递和灌输。团队精神强调的是组织内部成员间的合作态度，为了一个统一的目标，成员自觉地认同肩负的责任并愿意为此目标共同奉献。它是组织文化的一部分。哈默提出团队精神的三个特征是关心、勇敢、分享。有人指出团队精神包含团队凝聚力、团队合作意识、高昂的团队士气三个层面的内容。这三个要素彼此关联，因此应注意从整体考虑培育团队精神。

（二）影响团队效能的因素

影响团队效能的因素一直是组织追求的目标，所以其影响因素成为了许多学者研究的焦点。布什内尔（1990）根据麦格拉斯（1963）提出的团队中人际关系互动发展过程中的描述性模型，提出了团队绩效的输入—过程—产出模型，也被称为团队绩效 IPO 模型（Input-Process-Output/Outcome Model），如图 7—7 所示。模型显示团队通过成员的个人特征、团队所在的情景特征以及团队结构等投入因素，与团队过程中的一些动态因素相互作用，最终影响团队单个成员、整个团队以及整个组织的绩效。

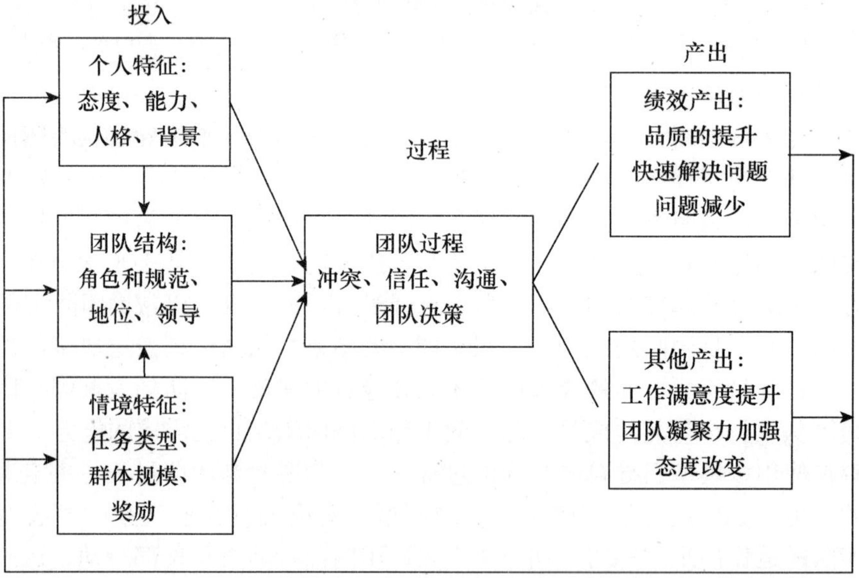

图 7—7 团队绩效 IPO 模型

资料来源：Bushnell，D. S.（1990）. Input，process，output：A model for evaluating training. *Training and Development journal*，*44*（3），41-43.

1. 个人特征

团队的绩效在一定程度上取决于成员的知识、技能和能力，团队的有效运作需要三种类型的成员：（1）具有技术专长的成员；（2）具有问题解决和决策技能的成员；（3）具有善于聆听、提供反馈、解决冲突及其他人际关系技能的成员。将这些不同技能的成员进行合理的搭配，才会使团队有较高的绩效。

人格特点对员工的个体行为有着较大的影响，从而影响团队的行为。研究发现，在大五人格中的五个维度和个人态度都与团队绩效有正相关，在这些方面得分较高的团队，其团队绩效也更高。

成员的背景对于团队有很大的影响，对于不同背景的成员应当采取不同的领导方式。

2. 团队结构

在团队中存在着多种多样的角色。由于每个团队都有不同的需求，为团队挑选成员时，应该确保包含各种不同的角色，并根据成员的技能和偏好来选拔成员扮演的角色。管理者需要了解个体的优势，根据他们的优势选择员工，并恰当地分配工作。

团队领导需要确定合适的团队规模、能力构成、团队目标并建立成员间信任的氛围，同时还要确保所有成员公平地分担工作，解决成员间冲突，激励团队成员，做出决策，等等。研究表明，领导者的预期和领导者心境这两个因素在影响团队绩效方面很重要。领导者预期和心境都较高的话，他所领导的这个团队会有更高的绩效与更低的流动率。

团队规范是团队成员普遍认可和接受的规章和行为模式，包括隐含规范和明文规范。费尔德曼（1994）认为，团队规范有助于确保团队成员之间采取积极、一致的行为。规范表现了团队最核心、最重要的价值，有助于清楚地界定团队所能接受的行为，以此指导自己的行动以及与外部群体的关系；通过建立共同的基础使团队成员的行为更容易预测，使团队得以平稳运行；有助于团队界定成员之间适当的社会行为，避免人与人之间尴尬的关系；保持团队的特性，使团队成员对自己的作用和团队本身的作用更加有信心。

3. 情境特征

根据任务的需要，团队需要保持一个合理的规模。研究表明，小规模的团队在完成任务的速度上比大规模团队快，并且适合完成生产性的任务；但在实践中发现，大规模的团队更有效。专家建议，在保证完成任务的前提下应该尽量使用最少的人。

任务类型对于团队的有效性也有一定的影响，从任务的相互依赖性和任务复杂性这两个方面表现出来。相互依赖性（Interdependency）指的是团队在获得资源或材料在完成任务方面存在的与其他团体的相互依赖程度。当团队任务需要与属于同一组织的另一个群体或团队合作的，协调相对简单，团队的有效性会比较容易保证。当团队需要的资源依赖于他人的顺利工作时，协调较为困难。最困难的情况是，团队与他人的影响是交互的。任务复杂性（Task Complexity）指的是团队完成一项产品和服务所需要的不同专业性投入。任务复杂性会引发行为依赖性，并提高了协调不同专业性活动的需要等。研究表明，任务越不确定，就需要越多的交流。所以团队在任务复杂性较高的情况下，增加交流的有效性会更有保证。

研究表明，任务要素的组织方式会影响员工的努力程度。任何工作都是由技能多样性、任务完整性、任务重要性、工作自主性以及反馈组成的，这几个维度合并在一起可以得出一个激励潜能分数（Motivating Potential Score，MPS），分数越高，意味着增加了团队成员的责任感和对工作的自主权，从而影响团队的工作动机、绩效与满意度，影响团队的有效性。

团队的绩效评估和奖励体系应当因地适宜，有所变化，鼓励员工之间的共同合作，减少团队成员之间的竞争。对员工而言，在团队中发挥自我的机会，并帮助其他成员的成长，都是令人满足的经历和奖励。

二、团队效能的判断

（一）团队效能的评价标准

对于团队的效能，并没有一个单一的衡量标准。在研究中出现的团队效能衡量标准可以分为三种，分别是系统资源法（the System Resource Approach）、内部过程法（the Internal Process Approach）和目标法（the Goal Approach）。系统资源法是由希普尔和怀特于1983年提出的，他们认为效能是团队的一种能力，指可以开发其周围的环境并从中获取它所缺乏的对它有价值的资源的能力，如吸引优秀员工加盟、吸引顾客等。内部过程法是森德斯特龙于1990年提出的，他认为团队效能是指团队的健康、有团队精神、自信、相互信任、沟通以及支持所有对团队能力有效的因素。目标法是霍尔（1980）与克莱贝尔（1984）在研究中提出的团队效能评价方法，这种方法着重于澄清目标的达成并评估其达成的程度。

纳德勒、哈克曼和劳尔（1979）认为效能是团队活动的最终结果，可以从生产结果、成员满意感和继续合作的能力三个方面来评价团队效能。戚振江与王端旭认为，对于团队效能的界定应当采用较为广泛的思路，将与团队情境相关的多方面结果均作为团队效能。因此，他们将团队效能划分为三个维度：（1）以产品的数量和质量进行描述的业绩效能，即生产效率、生产力、反应时间、产品和服务质量、客户满意和创新；（2）员工的态度，即团队成员满意度、成员承诺、管理新人；（3）行为结果，即缺勤、离职率。

（二）团队绩效的评判方法

尽管不同类型的团队在绩效测评方面存在不同的关注点，但研究者们始终试图寻求一些共性的东西。目前，国际最新的研究成果表明，对团队绩效的测评同样可以遵循一个固定的流程，即首先要确定对团队层面的绩效测评维度和对个体层面的绩效测评维度，然后是划分团队和个体绩效所占的权重比例。再在测评维度的基础上，分解测评的关键要素，最后再考虑如何用具体的测评指标来衡量这些要素。在上述环节中，如何确定团队层面的绩效测评维度是关键点同时也是难点。对团队绩效的测评维度的确定通常可以采用以下四种方法。

1. 客户关系图

客户关系图可以描述团队客户间的关系并说明团队对于客户的作用。这张图可以显示该团队能够提供的服务，以及客户可以获得的产品与服务。当团队的存在主要是为了满足客户的要求时，最理想的评价团队绩效的方法就是客户关系图，此时客户需求是团队绩效测评维度的一个主要来源。客户是那些需要团队为其提供产品和服务并帮助他们工作的人，可以是组织内部的同事，也可以是组织外部的客户。

2. 组织绩效目标

这种方法最适用于那些为帮助组织改进绩效目标而组建的团队。组织的绩效目标体现在压缩运转周期、降低生产成本、增加销售额、提高客户的忠诚度等方面。

通过这些步骤可以确定支持组织目标实现的团队的业绩：（1）界定团队可以影响的几项组织绩效目标；（2）如果团队能够影响这些组织绩效目标，那么接下来就要评估团队怎样的业绩才有助于组织达到目标；（3）把这些成果作为考核维度并把它们添加到业绩考核表内。

3. 业绩金字塔

业绩金字塔的出发点首先是要明确业绩的层次。组织必须创建这些绩效维度并选择那些能够把团队和组织目标紧密联系起来的绩效维度。因此，把团队业绩和组织绩效紧密联系起来，就能保证团队的成功，也会有利于整个组织。在构建一个业绩金字塔时需要首先清楚三个问题：（1）什么是整个组织的宗旨或功能？组织要创建什么样的业绩？（2）要什么业绩来产生组织绩效？（3）在这些业绩中的哪几项是团队负责创建的？

如果创建的业绩金字塔是为整个组织而建立的，那么，只有金字塔内的某些部分才是该团队需要对此负责的。通过对金字塔的观察，团队可以确定它应当对此负责的几项成果。

4. 工作流程图

工作流程图是描述工作流程的示意图，它包括贯穿于各部门之间的一系列工作步骤。用工作流程图作为确定团队业绩测评维度的工具有几个好处：（1）把质量与流程改良计划和绩效管理联系起来；（2）那些有清晰工作流程的团队能够对它们在工作流程方面的有效性进行评估；（3）对工作流程进行计划可以确定简化和重新设计流程的机会，从而形成更好的工作流程。

那么怎样使用工作流程图来确定团队绩效测评维度呢？工作流程图内含有三个测评维度：（1）向客户提供的最终产品；（2）整个团队应负责的重要的工作移交；（3）整个团队应负责的重要的工作步骤。

总之，当客户满意度是团队的主要驱动力时，最常采用的方法是客户关系图法；当重要的组织绩效目标必须得到团队的支持时，最常采用的方法是组织绩效目标法；当团队和组织之间的联系很重要，但团队和组织之间的关系不甚明了时，最常采用的方法是团队业绩金字塔法；当团队的工作具有清楚、明确的工作流程时，最常采用的方法是工作流程图法。

此外，管理者和团队领导在实施团队绩效测评时还应当注意以下几个方面：必须要赢得团队成员的关注与认可，团队成员需要充分理解他们的测评系统；确保团队的战略与组织战略相一致；确保团队绩效测评的目的是确保问题的解决，从而提高团队的工作业绩；选取最重要的几个方面来测量；在开发绩效测评系统时，应充分考虑顾客的意见；测评系统应详细描述每一位团队成员的工作。

三、塑造高效团队的途径

塑造高效团队常用的方法有拓展训练法，如拓展训练（Outward Bound）。另外，还可以采用问卷法，如优势开发问卷法（Strength Development Inventory），了解团队中各个成员之间的优势。总体讲，高效团队的塑造要考虑以下几个方面。

（一）制定共同的团队目标

联想集团总裁柳传志说："中国有很多优秀的人才。这些人才好比一颗颗珍珠，需要一根线把他们连接起来，组成一串美丽的项链。这根线就是企业的共同目标。这个目标能够引导大家统统去追求、去努力。”因此，一个高绩效团队的目标如果非常明确，它的作用就非同寻常。

（二）确定不同能力的成员

一个高效团队需要三种不同技能类型的人：(1) 有技术专长的成员；(2) 具有解决问题和决策技能，能够发现问题，提出解决问题的建议，并权衡这些建议，然后做出有效选择的成员；(3) 若干善于聆听、反馈、解决冲突及其他人际关系技能的成员。如果一个团队具备了以上三类成员，还应注意对具备不同技能的人进行合理搭配。

（三）创建互信的环境

要形成团队成员之间的相互信任，必须遵循以下原则：公开、公正、公平；充分授权原则。信任是授权的基础，授权是信任的具体体现。没有授权，就不存在信任。所以，只有对团队成员进行授权才能体现对团队成员的充分信任。塑造团队和管理者，可以通过沟通、支持下属、尊重下属、公正无私、易于预测、展示能力来培植团队中的信任。

（四）有效的沟通

信任是建立在人们相互了解的基础上的。要相互了解，就必须进行有效沟通。有效沟通有利于明确团队的目标，有利于团队成员互相了解，达成共识。

（五）改进领导方式及团队结构

高绩效团队需要领导和结构来提供方向和焦点。在团队中，许多工作都需要团队的领导和团队结构发挥作用。

（六）正确的绩效评估和薪酬体系

注意将正式评估、日常管理中的及时评估相互结合，并科学地支付报酬，激发员工的创造力和团队合作精神。

测量工具

团队效率量表

该量表由张新安、曹清与乔斯佛德（2011）开发，由团队领导的上级采用一个5点量表，评价在团队领导管理之下，他们对该团队一些表现描述的同意程度。其中，①代表“完全不同意”，⑤代表“完全同意”。第3题为反向计分。该量表的α系数为0.91。

1. 该团队的收入有较快的增长	①	②	③	④	⑤
2. 该团队获得的利润有较快的增长	①	②	③	④	⑤
3. 该团队的主营业务拓展速度较慢	①	②	③	④	⑤
4. 该团队与当地政府有良好的关系	①	②	③	④	⑤
5. 该团队在当地享有良好的声誉	①	②	③	④	⑤
6. 该团队成员的满意度较高	①	②	③	④	⑤
7. 该团队成员士气高涨	①	②	③	④	⑤

资料来源：Zhang, X. A., Cao Q., & Tjosvold, D. (2011). Linking transformantional leadership and team performance. *Journal of Management Studies*, *48* (7), 1186-1215.

第八章

冲突管理

在一家航空运输公司中，三班制的每一班工人都希望通过打破纪录来赢得本周的生产力奖，这将提高企业的产出并最终提高它的总体福利。公司和工人们都从中获利，因为这鼓励了创新和创造性的工作方法。但三个月后，竞争开始失控，每个小组都开始破坏其他小组的工作并夸大自己的记录，竞争导致了整体绩效的下降，这时竞争的重要性压倒了一切，导致了公开的憎恨、忽视规则，于是竞争演变为了公开的冲突，导致工作绩效的下降。

这家公司三个班组之间的关系从竞争转变成了冲突，那么该如何正确地看待冲突、利用冲突并解决冲突呢？本章将会针对冲突展开讨论。

学习要点

1. 了解冲突的概念及相关理论。
2. 理解组织中的冲突类型、冲突的来源。
3. 掌握冲突管理方法及冲突解决方法。
4. 在实践中应用冲突应对方式，调整、解决组织中的冲突。

第一节　冲突的基本认识

冲突是人类本质的一部分，从人们孩提时代意识到自己和其他人有所区分的时候开始，人们就意识到自己的利益与他人是不同的，有时还会产生冲突。由于冲突涉及可感知的价值观、目标或需要方面的差别，组织又必须将各种各样的人聚在一起来完成各种各样的任务，因此，利益的不同与冲突便不可避免。

一、冲突的内涵与本质

冲突是由冲突各方所感知到的一种状态。如果两方或者更多方并没有意识到它，那么冲突就不存在。冲突是建立在不同的利益和价值观基础之上的，在一方所代表的利益偏好与另一方所代表的利益偏好出现抵触时，冲突便会出现。

事实上，有关冲突的定义不同的学者有不同的见解。目前，关于冲突共同的认识是：(1) 冲突必须是双方感知到的，是否存在冲突是一个知觉问题。如果人们没意识到冲突，则常常认为冲突是不存在的。(2) 冲突是意见的对立或不一致，以及有一定程度的相互作用。这些因素所形成的条件决定了冲突过程的起点。因此，广义上讲，冲突就是肇始于一方（包括个人、群体或组织）感觉到、认识到另一方对自己关心的事情产生消极影响或将要产生消极影响的一种过程。

这个定义描述了相互作用变成相互冲突时表现出的各种活动。它包括了在组织中人们经历的各种各样的冲突，如目标不一致、对事实的解释存在分歧、在行为期望方面的不一致、做事程序的不一致、感情存在冲突等。另外，这个定义涵盖了所有的冲突水平，从公开的、暴力的活动到微妙的、意见不一致的形式。

冲突是一个过程，会随着时间而发展，并且会受到先前事件的影响。尽管冲突的产生可能是在某个时间点，但更多情况下还是经过一段时间逐渐积累形成的。另外，冲突双方都必须实际体会到冲突的存在。如果第三方注意到双方的争吵，但当事人并未意识到他们的沟通交流是冲突性的时候，并不算真正的冲突。最后，构成冲突还要体会到不舒服或憎恶的情感。

尽管冲突往往被认为是有害的和应当避免的，但在某些条件下它也可能是有益的。毫无冲突的环境可能会导致冷漠和了无生气。适度的冲突可以激发团队成员新的理念，增进自我了解，促进健康的竞争与合作，凸显问题所在，促使决策者对问题进行深入思考，导致创新或变革。冲突的化解也可增进个人声望与地位。在营利性组织中，管理者往往认为冲突是损害组织机能的，而非营利性的组织中，管理者往往认为冲突能够带来更高品质的决策。在大多数情况下，冲突对绩效的影响如图 8—1 所示，中等程度的冲突会带来最高的绩效。

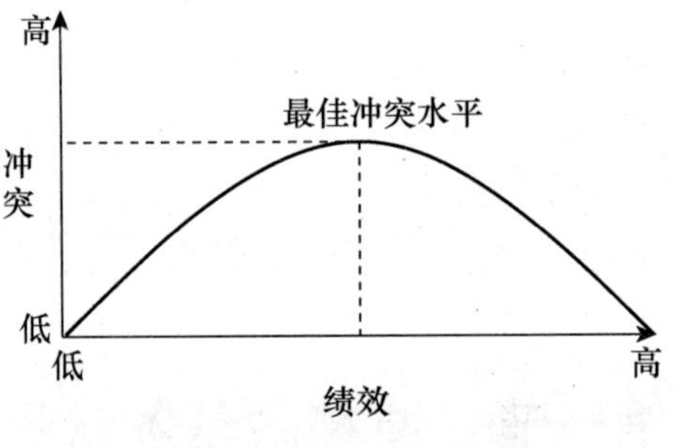

图 8—1　组织冲突的本质

资料来源：里基・W・格里芬，格力高里・摩海德，唐宁玉：《组织行为学》，8 版，刘伟译，356 页，北京，中国市场出版社，2010。

与冲突关系密切的一个概念是竞争。竞争指的是一个人在冲突中寻求自我利益的满足，而不考虑对他人的影响，但不是所有竞争都是恶意的。比如：一个销售员努力工作，扩大了自己的业务，为了赶超他，其他销售员也更加努力地工作，这就是善意的竞争。

二、冲突观念的变化

关于冲突的认识，其观念有一个逐渐嬗变的过程。

（一）传统的冲突观

传统的观点认为所有的冲突都是不良的、消极的，它经常是暴乱、破坏、非理性的同义词。在这种观点下，冲突是有害的，应该尽量避免，也是可以避免的。在 20 世纪三四十年代，这种观点占优势地位，它代表了大多数人的态度。人们认为冲突是功能失调的结果，也体现了管理者的无能，它出现的原因来自于沟通不良，人们之间缺乏坦诚和信任，以及管理者对员工的需要和抱负不敏感。冲突足以妨碍组织的正常运作，为了获得最佳绩效就必须消除冲突。管理者的任务之一就是理解冲突产生的原因并消除这些因素。

（二）人际关系冲突观

20 世纪 40 年代末至 70 年代中叶，这种观点在冲突理论中占据统治地位。冲突的人际关系观点认为对于所有群体和组织来说，冲突都是与生俱来的。由于冲突无法避免，也无法被彻底消除，人际关系学派建议接纳冲突并使它的存在合理化，管理者需要进行冲突管理（Conflict Management）。这种观点认为融洽、和平、安宁、合作的组织容易对变革的需要表现出静止、冷漠和迟钝。因此，它鼓励冲突，鼓励管理者维持一种冲突的最低水平，能够使群体保持旺盛的生命力，善于自我批评和不断创新。

（三）当代冲突观

近若干年来，人们从相互作用的观点来看待冲突，认为冲突是好是坏取决于冲突的类型，有必要对功能正常和功能失调的冲突进行区分。一些冲突支持群体的目标，并能够提高群体的工作绩效，它们是功能正常的、具有建设性的冲突。但也有一些冲突阻碍了群体的工作绩效，它们是功能失调的、具有破坏性的冲突。区分冲突是功能正常的还是功能失调的依据是工作绩效。群体之所以存在是为了达到一定的目标。决定冲突功能的标准是它对群体的影响，而不是它对任何群体成员的影响。管理者的任务之一就是将冲突维持在适当水平。

三、冲突的过程

（一）托马斯冲突过程模型

典型的冲突过程理论有托马斯提出的关于冲突过程的模型，他认为冲突可以分为挫折期（Frustration）、认知期（Conceptualization）、行为期（Behavior）和结果期（Outcome），其结果可以导致新的挫折和冲突的循环，如图 8—2 所示。

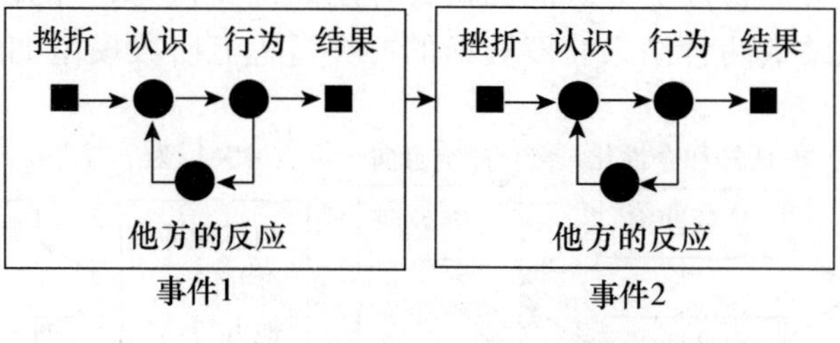

图 8—2　托马斯关于双方之间冲突事件的过程模型

资料来源：Thomas, K. W. (1976). Conflict and conflict management. In M. D. Dunnett (Ed.), *Handbook of Industrial and Organizational Psychology* (pp. 889-935), Chicago: Rand McNally.

（二）西梅尔的冲突生命圈模型

西梅尔把冲突过程看成一种追求平衡的行为过程，即均衡与非均衡相互转化的过程，其模型可以用冲突生命圈来表示，在这个模型中，冲突是一个螺旋式不断上升的过程，从势均力敌的平衡状态，到平衡的打破，产生潜伏性冲突，而后形成外显性冲突，再到冲突双方实力趋向平衡，最后再回归平衡状态，如图 8—3 所示。

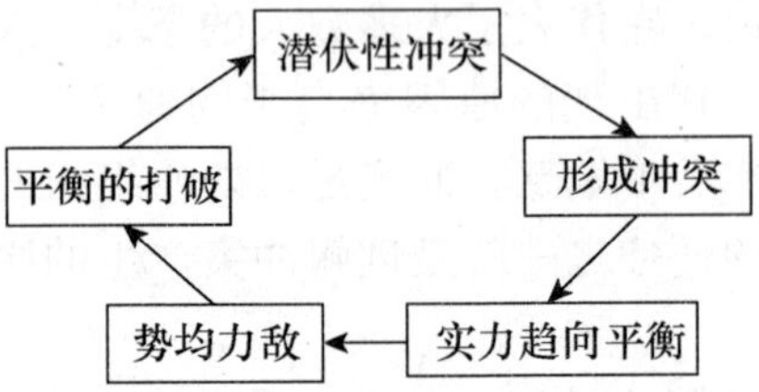

图 8—3　西梅尔的冲突生命圈模式

资料来源：Simmel, G.（1976）. The Conflict in Modern Culture. In G. Simmel（Ed.）. *The Conflict in Modern Culture and Other Essays*（pp. 11-26），London：Nelson & Sons.

（三）冲突过程五阶段模型

庞迪（1989）提出冲突过程五阶段模型，即冲突从潜在的冲突，发展到知觉的冲突，而后产生感觉的冲突，显现成为外显的冲突，最后产生冲突结果，如图 8—4 所示。

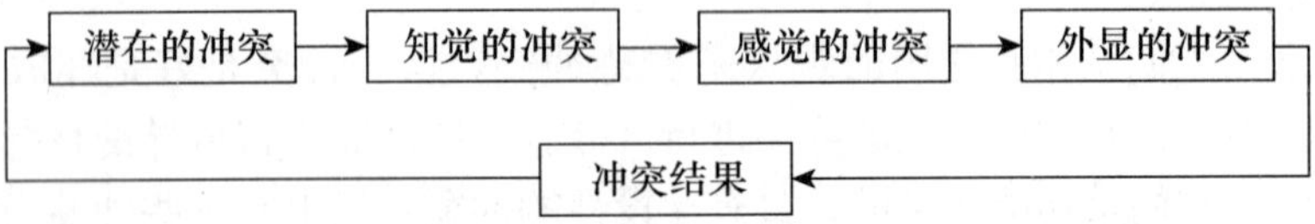

图 8—4　庞迪的冲突过程五阶段模型

资料来源：Pondy, L. R.（1989）. Reflections on organizational conflict. *Journal of Organizational Change Management*, *2*（2），94-98.

罗宾斯更加具体地指出冲突过程主要由五个阶段组成，分别是潜在的对立或不一致（Potential Opposition or Incompatibility）、认知和个性化（Cognition Personalization）、冲突意向（Intentions）、冲突行为（Behavior）和冲突结果（Outcomes）。在潜在的对立或不一致阶段，其可能的冲突源包括沟通、结构以及个人因素；在认知和个性化阶段，包括认识到的冲突和情感上的冲突两部分；冲突意向则是介于一个人的认知、情感和外显行为之间，是从事某种特定性为的决策；冲突行为的强度是一个连续体，包括了从轻度的意见分歧或误解到摧毁对方的公开努力之间的每种程度的冲突行为；冲突最后可能会导致增强团队绩效和降低团队绩效两种结果。罗宾斯的冲突过程五阶段模型如图 8—5 所示。

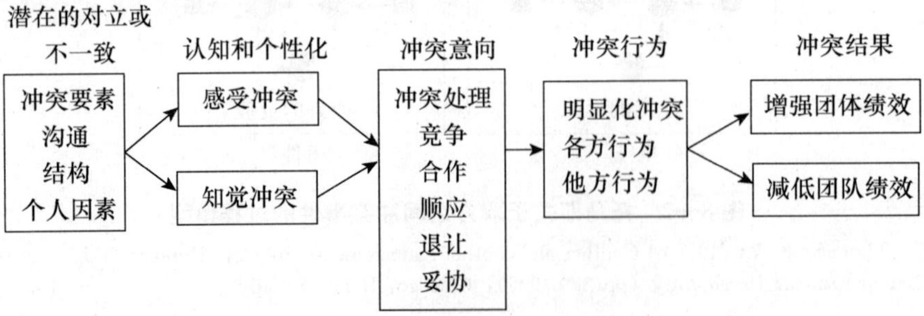

图 8—5　罗宾斯的冲突过程五阶段模型

资料来源：张德，吴志明：《组织行为学》，247 页，大连，东北财经大学出版社，2011。

关于冲突形成过程的阶段，国内的研究者也进行了一些探索，提出冲突过程包括冲突形成条件、知觉冲突和感觉冲突、外显冲突以及冲突结果四个阶段（邱益中，1998），其中冲突形成条件包括组织结构、沟通目标、沟通互动和个人变项四方面的原因，冲突结果包括增加组织绩效和降低组织绩效两方面，如图 8—6 所示。

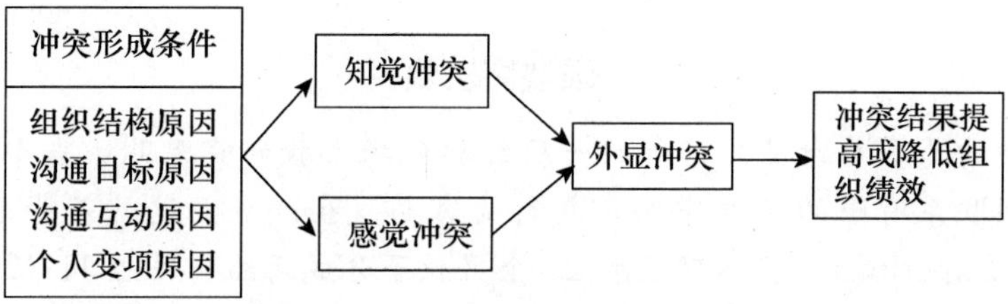

图 8—6　冲突形成的过程

资料来源：邱益中：《企业组织冲突管理》，上海，上海财经大学出版社，1998。

四、冲突产生的原因

组织中冲突的产生，其原因来自于沟通、结构、个人行为三个方面。

（一）沟通因素

很多人认为沟通不良是冲突产生的原因。大量证据证明，沟通过程不良会导致合作的延迟和误解的产生。不良沟通和各种沟通障碍都成为冲突产生的潜在条件。

（二）结构因素

冲突产生的另外一个原因就是结构因素，它包括多个变量，如群体规模和任务的专门化程度、任职时间、管辖范围、员工与目标之间的匹配性、群体之间目标的差异、领导风格、奖励制度、群体间的互依性等。

研究表明，群体规模越大，任务越专门化，则越可能出现冲突。由谁负责活动的模糊性程度越高，冲突出现的潜在可能性就越大。另外，有人发现任职时间和冲突呈负相关。如果群体成员都十分年轻，并且群体的离职率又很高，出现冲突的可能性最大。管辖范围的模糊性也增加了群体之间为控制资源和领域而产生的冲突。当组织中不同群体追求的目标不同时，就会发生意见分歧，从而增加了冲突出现的可能性。

领导风格也对冲突起到一定影响。通过严密监督不定期控制员工行为的领导风格增加了冲突的潜在可能性。过于依赖参与的领导风格也会激发冲突。研究表明，参与风格与冲突之间呈高相关性。研究也发现，如果一个人获得的利益是以另一个人丧失利益为代价的，这种报酬系统也会产生冲突。

最后，引起冲突的因素有群体间互相依赖的程度，即互依关系（Interdependence）。如果一个群体依赖于另一个群体（而不是二者相互独立）或群体之间的依赖关系表现为一方的利益是以另一方的牺牲为代价的，那会出现激发冲突的力量。

（三）个人行为因素

人们可能曾经遇到过第一眼就不喜欢的人，他的很多观点自己都不赞同。而且，即使是一些很细微的特点，比如说话的声音、微笑的神态、其他个性方面的特点都会令人讨厌。当与这种人共事时，常常可能会发生冲突。这类个人因素的冲突源是潜在的冲突源。

它包括个人的价值系统和个性特征，构成了一个人的风格，使得他不同于其他人。

有关证据表明某些人格类型，比如十分专制教条的人，缺乏自尊的人，都是冲突的潜在原因。价值观系统的差异也是导致冲突的一个重要原因。

经典实验

强盗窟实验

社会心理学的奠基人谢里夫进行的一项经典现场实验研究表明，当个体处于竞争的、与其他群体之间联系有限的环境中时，其行为容易发生改变。这就是著名的强盗窟实验（Robbers Cave Experiment）。本实验将22个男孩子分成两组，每组11人。实验的第一阶段，男孩们并不知道其他组的存在，两组会分别完成一些合作性的任务，并发展出团队的规范及领导方式。实验的第二阶段，两组被告知他们将会在接下来的一周内与对方进行比赛。实验指导者对比赛分数进行操纵，使两组在最后一场比赛开始前还处于势均力敌的状态，从而提升两组之间的敌意。当双方人马擦身而过时，都相互不理睬。在实验的第三阶段，研究者针对缓解群体间紧张形势的方法进行了探索，研究表明，订立一个超然的目标是有效缓解紧张形势的方法。男孩们共同合作找到水管的漏洞，凑钱合租一卷录像带，外出旅游时将一个抛锚的大巴推回营地，经过这些合作，最后一周时男孩们已经消除了对于彼此的敌意，还会共进晚餐。这时他们将每个成员都看作单独的个体，而并非是“自己团队”和“其他团队”的。

资料来源：Sherif, M.(1961). *The Robbers Cave experiment: Intergroup conflict and cooperation*. Wesleyan.

五、冲突的类型

在企业、公司这样的组织中，冲突方可能包括股东、管理者、部门、专业人员以及群体，而冲突问题则会包括股息奖金、言行的约束与控制和工资水平。冲突问题可能在两个个体之间产生，也可能在上级与下级之间产生，也有可能在同一等级层次的人之间产生。另外，人们还关注团队成员之间的冲突，这种冲突可能发生在任何等级层次中。

（一）按照冲突的层次分类

组织行为学把组织分为个人层次、团体层次和组织系统层次三个分析层次。因此，企业组织内冲突的表现也可以分为这三个层次。

1. 员工个体之间的冲突

这种冲突一般涉及两个或两个以上的员工。

2. 组织内部的冲突

这不仅包括员工个体自身冲突和个体之间的冲突，还强调整个组织。组织内部的冲突经常会影响组织的生产运作过程和成果，其工作和社交过程是导致企业内部冲突的起因。

3. 组织之间的冲突

组织之间的冲突强调在两个或多个企业中的冲突，这种冲突是有利有弊的。一方面，冲突的存在会给组织带来消极的影响，可能会使组织绩效下降，也会使组织之间产生敌对情绪，从而导致组织间沟通减少，冲突紧张程度逐步升级；而另一方面，企业之间的冲突往往能够刺激员工更好地工作。

（二）按照冲突导向分类

按照冲突的导向分类，可以将冲突分为任务冲突、过程冲突和关系冲突。其中任务冲突和过程冲突均以任务为导向，但前者更强调任务的内容和目标差异，后者更强调过程中的差异。关系冲突则是以人为导向的冲突。

1. 任务冲突

任务冲突（Task Conflict）是指工作目标和内容的冲突。如当一位管理者认为企业的目标是利润和价值的最大化时，他会强烈主张组织避免社会活动而将精力放在提高收入、降低成本上；而另一位管理者却认为企业应当重视社会问题，积极参与社会活动，他认为在看到利润重要性的同时也应当看到员工与社会关系的重要性。因此，在任务方面，两位管理者就产生了冲突。

2. 过程冲突

过程冲突（Process Conflict）是指双方对任务的目标和内容没有分歧，但对如何实现、完成目标的意见不一。如假设上面的两位管理者都认同社会问题的重要性，也同意将组织利润与社会共享。因此，他们之间没有任务冲突。但是其中一位认为做好这项工作只是将组织的部分利润投入一项或多项社会活动，而另一位则主张更多的介入。那么尽管他们的目标是一致的，但在实现目标的最佳方式上存在着冲突。

3. 关系冲突

关系冲突（Relationship Conflict）是人际关系中的问题。例如，某人为了升职加薪，将某个下属的成绩加在自己身上，当下属知道此事之后，二者之间就会发生关系冲突。

案例阅读

亚通公司的冲突

亚通网络公司是一家专门从事通信产品生产和电脑网络服务的中日合资企业。公司自1991年7月成立以来发展迅速，销售额每年增长50%以上。与此同时，公司内部存在着不少冲突，影响着公司绩效的继续提高。

因为是合资企业，尽管日方管理人员带来了许多先进的管理方法，但日式的管理模式未必完全适合中国员工。例如，在日本，加班加点不仅司空见惯，而且没有报酬。亚通公司经常让中国员工长时间加班，引起了大家的不满，一些优秀员工还因此离开了亚通公司。

亚通公司的组织结构由于是直线职能制，部门之间的协调非常困难。例如，销售部经常抱怨研发部开发的产品偏离顾客的需求，生产部的效率太低，使自己错过了销售时机；生产部则抱怨研发部开发的产品不符合生产标准，销售部门的订单无法达到成本要求。

研发部胡经理虽然技术水平首屈一指，但是心胸狭窄，总怕他人超越自己，因此，他常常压制其他工程师。这使得工程部人心涣散，士气低落。

资料来源：Rutigliano，T.，& Smith，B.（2012）. *Discover Your Sales Strengths*. New York：Random House.

思考问题

1. 亚通公司的冲突有哪些？原因是什么？
2. 如何解决亚通公司存在的冲突？

（三）按照冲突的性质分类

1. 建设性冲突

建设性冲突（Constructive Conflict）指冲突各方目标一致，因实现目标的途径和手段不同而产生的冲突。建设性冲突的双方都关心实现共同目标和解决现有问题，这种冲突可以使组织中存在的不良功能和问题充分暴露出来，防止事态的进一步演化。双方的争论是为了寻找较好的问题解决方法，可以促进不同意见的交流和对自身弱点的探讨，有利于促进良性竞争。

2. 破坏性冲突

破坏性冲突（Devastating Conflict）又称非建设性冲突，是指由于认识上的不一致，以及组织资源和利益分配方面的矛盾，员工发生相互抵触、争执甚至攻击等行为，从而导致组织效率下降，并最终影响到组织发展的冲突。在破坏性冲突中，双方极为关注自己的关键是否取胜，不愿意听取对方的意见，而是千方百计地陈述自己的理由，常常发生以问题为中心的争论转为人身攻击的现象，互相交换意见的情况不断减少以致完全停止。这种冲突会造成组织内成员的心理紧张、焦虑，导致人与人之间相互排斥、对立，削弱小组或组织的战斗力，涣散士气，破坏组织的协调统一，阻碍组织或小组的目标实现。

除以上各种类型的冲突之外，在组织中还有一种冲突越来越受到研究者的关注，这就是工作生活冲突（Work-life Conflict），包括工作与家庭、生活与事业等。近年来，越来越大的工作压力导致的早衰、亚健康、家庭不和等社会问题逐渐引起了人们的重视，这种工作与生活的冲突往往被理解为两层含义：（1）员工完成工作和享受私人生活在时间上发生的冲突；（2）员工在工作或私人生活中遭受挫折而可能影响到私人生活或完成工作的质量。人们用越来越多的时间来工作，工作时间与非工作时间的界限变得非常模糊，组织中的员工们开始用不忙来定义幸福的生活。这种状况会导致员工生理和精神两方面的问题，需要引起组织领导的重视。

第二节　冲突应对

中等程度的竞争会给组织带来最高的绩效，组织管理者必须要学会在适当的时候激发或避免冲突。完全没有冲突意味着组织陷入了惰性，安于现状。而过度的冲突则会消耗组织可以用于生产性活动的时间和精力。学会应对冲突是管理者必备的技能之一。

一、冲突应对方式

关于冲突应对方式的研究主要集中在微观层次上，研究主要关注的是在面对冲突时，冲突双方采取各种行为的倾向。目前，研究的结果主要有一维模型、二维模型与三维模型。

（一）一维模型

早在1940年，福利特就将冲突应对方式划分为支配（Domination）、妥协（Compromise）与合作（Collaboration）。1949年多伊奇提出了合作竞争理论，将冲突应对方式划分为合作和竞争两种倾向。在合作性的冲突应对方式中，冲突主体强调它们的合作目标由双方共同努力实现。他们将冲突看作是双方共同面临的问题，需要通过双方充分的互动，有效地、互益地共同商讨解决。相反，在竞争性的冲突应对方式中，双方的利益是相互竞争的，一方的成功是以另一方的失败为代价的。这种冲突应对方式会阻碍双方的交流，导致双方陷入僵局或实力较强的一方强制性解决冲突。

（二）二维模型

布莱克与穆顿（1964）的管理方格理论首次将冲突应对方式划分为二维模型，横坐标定义为“关心人”，纵坐标定义为“关心生产”，从而划分了五种冲突应对方式，即问题解决（Problem-solving）、安抚（Smoothing）、胁迫（Forcing）、退避（Withdrawal）和均分（Sharing）。

托马斯认为冲突的最常见反应是回避（Avoidance）、接纳（Accommodation）、抗争（Competition）、合作（Collaboration）和妥协（Compromise）。不论冲突出现在哪个层面上，真正面对冲突的还是个人。冲突的反应可以从两方面进行区分：冲突各方实现目标过程中互动的重要性和冲突各方目标的兼容性。目标的兼容性（Goal Compatibility）是指目标同时实现的可能性，即一方不需要通过阻止对方的目标就能实现自己目标的可能性。冲突反应模型如图8—7所示。

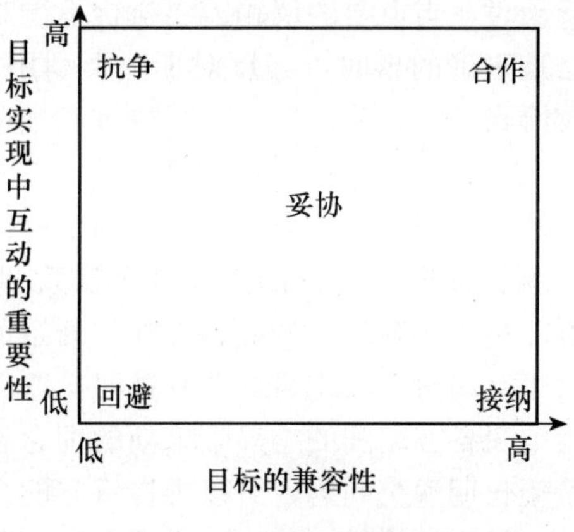

图8—7 冲突反应模型

资料来源：Thomas，K. W.（1976）. Conflict and conflict management. In M. D. Dunnett（Ed.），*Handbook of Industrial and Organizational Psychology*（pp. 889-935），Chicago：Rand McNally.

1. 回避

在互动对于各方并不重要，且目标不兼容的情况下，各方简单地采取回避（Avoidance）的方法是最快解决冲突的方式。用回避的方法解决冲突的优点是不花费精力或时间，可以省下力气应付更加重要的事情。但缺点是缺少刺激，问题解决的方式缺乏创造性，不能了解他人对于完成目标的需求，也不能对环境有一个完整的了解。

当某一议题微不足道或有更重要的问题需要解决时，当你觉得自己关心的问题不能得到满足时，当潜在的瓦解力量大于解决问题所能带来的好处时，当用冷静的心态来思考能够重新获得看待问题的视角时，当收集信息比立即行动更重要时，当问题看起来比其他问题肤浅或者只是表面征兆时，用回避的冲突处理方式会比较恰当。

2. 接纳

当目标兼容并且互动对于总体目标的实现并不重要时，双方可以采取接纳（Accommodation）的方法，可以以最少的时间和精力完成相互依赖的任务。这类互动往往是友好的。这种方式的优点是很少会发生意见不合和产生争执，他人可能会把你当作是支援者而非对抗者，会让双方有更多的精力去追求其他的目标。但这种方法会降低身份和自尊，导致权利的丧失，在最终的解决方案上失去自己独特的贡献，更会让其他依赖你的人认为你没有尽力帮助他们。

当发现自己错误时，当问题对他人来说更重要时，当为了以后的问题解决而需要建立社会信任时，当需要减少自己处于劣势或失败时造成的损失时，当和谐和稳定特别重要时，采取接纳的处理方式会比较恰当。

3. 抗争

当目标不兼容并且互动对于实现目标来说很重要时，即各方都追求着同一个目标，但只有一方可以达到目标时，双方便处于抗争（Competition）状态。如果抗争状态失控或出现过度对抗，那将没有规则可言，这时抗争可以发展为冲突，但当各方就互动规则达成一致时，冲突也会变成抗争。这种方法的优点是可能有机会获得全盘胜利。但也有可能失去一切，会让一方的敌意非常明显地暴露出来，并引发更大规模的冲突。

当需要快速、果断的行动时，当重要的议题需要执行不受欢迎的行动时，当处理一件对组织非常有利并确信自己是正确的事时，当反对那些会利用非竞争性行为取胜的人时，采用抗争的处理方式会比较恰当。

4. 合作

当群体间的互动对于目标实现来说非常重要，并且两个群体目标兼容时，会出现群体合作的情况。这种情况下，就目标以及目标的重要性和实现目标的方法达成共识并不容易。在合作互动中，目标可能是不兼容的。冲突各方在一开始可能很难分辨出让各方都能够实现目标的方法，然而由于互动对于实现目标非常重要，双方仍然愿意通过共同工作来实现目标。合作关系可以为解决各方之间的差异带来新的理念和方案。这种方法的优点是会出现双赢的局面，更有希望长期解决问题，可以维持双方的合作关系，对情境的认知达到一个新的水平，并提高方案解决的质量。但这种方式可能会花费更多的时间，并且丧失自主性。

当双方所关注的事物都太重要无法折中，且需要找到整合的解决方案时；当二者的目标是学习时；当试图在各自关注的事情上达成共识以获得承诺时；当在可能干扰彼此关系的气氛下工作时，采取合作的处理方式是比较恰当的。

5. 妥协

当互动对于目标实现具有中等重要性，且二者的目标不完全兼容也不完全不兼容的时候，双方会选择妥协的方法。每一方通常都会放弃某些东西，且由于互动只具有中等程度的重要性，因此他们不在意放弃所有的东西。这种方法的优点是每个人都不会空手而归，并且会保持双方之间的和平。但没有一方对结果是完全满意的，可能还会发生冲突，并且双方都不可能完全自主地进行决定。

当目标很重要但却没有自己处理潜在敌对力量时；当拥有相同权利的对手仍坚持着排斥目标时；当为了获得复杂问题的解决方案时；当时间非常紧迫需要达成应急的权宜之计时；当合作与竞争都无法解决问题时，采用妥协的处理方式是比较恰当的。

冲突管理的二维模型发展过程主要分为四个阶段。布莱克与穆顿第一次把对冲突的研究从一维空间转向了二维空间。而后，托马斯进一步阐释并发展了该模型，后来，拉希姆（1986）、沃尔和堪尼斯特（1995）使用了与过去的研究者相似的概念，重新对横坐标和纵坐标的名称进行了界定，但它依然属于二维模型。其演变路径如表8—1所示。

表8—1　冲突管理二维模型的演变

学者	布莱克和穆顿（1964）	托马斯（1976）	拉希姆（1986）	沃尔和堪尼斯特（1995）
横坐标	关心人	目标兼容性	关心他人	合作的
纵坐标	关心生产	互动性	关心自己	自主的

（三）三维模型

尼科特拉（1993）提出以三维模型来划分冲突应对方式。该模型将冲突应对方式分为关心自己的观点、关心他人的观点以及理性的破坏三个维度。前两个维度与二维模型中的关心他人与关心自己意义相近，理性的破坏维度代表了当事人在冲突管理行为中个人的情绪作用的程度。

经典实验

性别、组织地位与冲突管理模式

布鲁尔等人（2002）对性别、组织地位和冲突管理模式之间的关系进行了研究，他发现男性在竞争性的冲突解决模式上的得分最高，而女性在逃避性的模式上的得分最高。位于组织高层的人在合作性的模式上的得分比较高，而组织低层的人则更多地采用逃避和随和的模式。费里德曼等人（2000）指出，人们所选择的模式会形成他们的工作环境，影响发生的冲突水平以及他们经受的压力。他们经过对一家门诊医院部门的研究发现，那些采用合作模式的人经受更低层次的工作任务方面的冲突，并且关系冲突也会减少，同时减少了人的压力。而采用竞争或逃避性模式的人经受更高层次的工作任务冲突，因而提高了关系冲突和他们的压力。他们最后得出结论说，员工的工作环境在一定程度上是他们自己造成的。

资料来源：Brewer，N.，Mitchell，P.，& Weber，N.(2002). Gender role，organizational status，and conflict management styles. *International journal of conflict management*，*13* (1)，78-94.

Friedman，R.A.，Tidd，S.T.，Currall，S.C.，& Tsai，J.C.(2000). What goes around comes around：The impact of personal conflict style on work conflictand stress. *International Journal of Conflict Management*，*11* (1)，32-55.

测量工具

团队冲突方式量表

该量表由阿尔珀与乔斯佛德于2000年开发，主要测量三种不同的团队冲突处理方式。其中用来测评合作型冲突处理方式的有5道题目，用来测评竞争型冲突处理方式的有4道题目，用来测评回避型3冲突处理方式的题目有4道。每道题目采用7点里克特评分，要求团队成员评判他们对这些题目的同意程度，其中1代表“完全不同意”，7代表“完全同意”。合作型维度分量表的克隆巴赫α信度系数为0.850，竞争型维度分量表的克隆巴赫α信度系数为0.895，回避型维度分量表的克隆巴赫α信度系数为0.803。

1. 团队成员把相互间的冲突看作是双方共同的问题	① ② ③ ④ ⑤ ⑥ ⑦
2. 团队成员鼓励相互交换不同的意见	① ② ③ ④ ⑤ ⑥ ⑦
3. 团队成员在冲突时寻求对所有成员都有益的方案	① ② ③ ④ ⑤ ⑥ ⑦
4. 团队成员努力去理解彼此的立场和观点	① ② ③ ④ ⑤ ⑥ ⑦
5. 团队成员互相鼓励充分表达自己的观点和感受	① ② ③ ④ ⑤ ⑥ ⑦
6. 团队成员都强迫对方同意自己的看法	① ② ③ ④ ⑤ ⑥ ⑦
7. 团队成员都希望对方让步，自己却不愿让步	① ② ③ ④ ⑤ ⑥ ⑦
8. 团队成员都把冲突看作是你赢我输的竞争	① ② ③ ④ ⑤ ⑥ ⑦
9. 团队成员在冲突中都过于强调自己的情况和观点	① ② ③ ④ ⑤ ⑥ ⑦
10. 团队避免讨论可能引起争论的事情	① ② ③ ④ ⑤ ⑥ ⑦
11. 团队成员为了表面上的和谐而避免公开讨论问题	① ② ③ ④ ⑤ ⑥ ⑦
12. 团队成员不想表达不同的意见和观点	① ② ③ ④ ⑤ ⑥ ⑦
13. 团队成员忽视不同的意见，对冲突视而不见	① ② ③ ④ ⑤ ⑥ ⑦

资料来源：Alper, S., Tjosvold, D., & Law, K. S. (2000). Conflict management, efficacy, and performance in organizational teams. *Personnel Psychology*, *53* (3), 625-642.

二、冲突应对策略

组织中的有些冲突能够提高组织绩效，有些冲突能够降低组织绩效，组织能够通过管理冲突来影响组织的绩效。管理者必须要了解什么时候激发冲突以及什么时候解决冲突，从而避免冲突的破坏效应。完全没有冲突或冲突过度都会破坏组织的技能。因此，如果组织中冲突太少，就必须要激发中等程度的冲突；但如果冲突过度，就必须要设法减少。

冲突的管理主要包括冲突的激发和冲突的解决两种。

（一）冲突的激发

完全没有冲突意味着组织陷入了惰性，员工安于现状，丧失了挑战传统的想法，这时，工作群体处于惰性、安于现状，群体之间太容易形成共识或创造力不够，管理者就需要运用冲突激发（Conflict Stimulation）手段，创造冲突或建设性地应用冲突，让不同的意见呈现出来以供所有人检查。

如果一个竞争性的组织在产品或技术方面正在进行重大的变革时，管理者可以考虑通过冲突激发员工创造力。当参与各方有足够的兴趣挑战其他群体时，他们通常会说出心中隐藏的意见或怀疑，这会让各方都能接触到问题的核心，找出独特的解决方案。这时，冲突便能成为组织创造力和变革的催化剂。

具体而言，可以尝试采用下面一些方法和手段。

1. 任命态度开明的管理者

管理者要能够容忍冲突，面对冲突，从冲突中发现问题，找到快速解决冲突的办法。

2. 引进外人，鼓励竞争

竞争是冲突产生的一个重要诱因。竞争的氛围有益于组织成员工作积极性的提高。一个没有内部竞争的企业若想诱发冲突，特别是建设性的冲突是很难的。因此，企业应有意识地加大竞争的力度。众所周知，组织成员在一起工作久了，很容易形成各方面的相似性，相安守旧。如果一个企业长期听不到不同的声音和反对的意见，就有必要去挖掘和提升能提问题的内部员工，或通过从外界引进背景、价值观、态度或管理风格与当前群体成员不同的新员工。这些引进的新人，不会为组织习性所困，而这种冲突往往会成为组织创新和前进的动力。

3. 重新构建组织

通过组织结构的调整，调整工作群体，转变规章制度，提高群体间工作的相互依赖性，或进行其他类似的结构变革以打破现状，可以提高组织中的冲突水平，如使决策集中化、重新组织工作团体、提高规范标准、增加部门间相互依赖关系等。

4. 运用考评手段

在设计绩效考评和激励制度时，强调群体的利益和群体之间的利害比较。

5. 运用沟通方式

利用模棱两可或具有威胁性的信息来提高冲突水平。

6. 强调群体界限

在群体态度和行为上，强调群体间的界限意识、群体内部的团结和一致，而将外部群体视为对手。

案例阅读

冲突创造奇迹

美国一家面临倒闭的钢铁厂，在频繁更换几任总经理，花费了巨大的财力、人力、物力后，仍无法扭转走向破产的命运，工人们唯一能做的事情就是等着工厂宣布破产清算。新到任的总经理似乎也拿不出什么好的办法来，但他却在几次员工会议上发现了一个现象，每次公司的决策制度公布时，大家似乎都不愿意提出反对意见，管理者说什么就是什么，以前怎么做的就怎么做，会议总是死气沉沉。因此这位总经理果断做出了一个决定，以后的会议，不分层级，每个人都有平等发言的权利，如果发现问题，谁提出解决方案并且没有人能够驳倒他，他就是这个方案项目的负责人，公司给予相应的权限和奖励。新制度出台后，以往沉闷的会议逐渐出现了热烈的场面，大家踊跃发言，争相对别人的提案进行反驳，有时候为某个不同意见，争论得面红耳赤，但在走出会议室之前，都会达成一个解决问题的共识，不管是同意还是反对，都要按照达成的共识去做。过了一段时间后，奇迹出现了，这家钢铁厂逐步走出困境，起死回生，甚至在几年后进入了美国最优秀的四大钢铁厂之列。

不少企业尤其是国企在发展进入稳定阶段后，内部成员会因个体利益倾向而形成错误的人际关系和和谐意识，害怕冲突，避开冲突，错误地理解"和谐"的真正内涵，以致形成老好人的心态，不去指正别人，不得罪别人，唯命是从，最终企业群体形成一个"差不多就行，得过且过"的文化氛围，使企业进入低效率和低质量决策的"平稳期"，这也是不少国企一进入市场竞争就弱不禁风的本质原因之一。

资料来源：胡宁涛：《激发团队内部的良性冲突》，载《销售与管理》，2011（2）。

思考问题

1. 案例中的管理者是如何激发组织内冲突的？
2. 激发的冲突为企业带来了什么好处？

（二）冲突的解决

对于群体间有害的冲突，必须加以预防，具体的措施有：加强信息公开和共享，消除"误会"；加强正式和非正式的交流，消除"误解"；正确选拔群体成员；把蛋糕做大；防止本位主义，强调整体观念，建立合理的评价体系；进行工作轮换，加强对相互工作角色的了解；分清责任和权利；建立崇高合作的组织文化和风气。

当潜在的有伤害性的冲突情境形成之后，如果冲突导致了破坏性的结果或者消耗了组织可以用于生产性活动的时间和精力；如果冲突着重于群体的内部目标而非组织目标，管理者应当使用冲突解决方式予以解决。

在解决冲突（Conflict Resolution）的时候，管理者应当首先找出冲突的源头。如果破坏性的源头是个人，可以通过改变某一群体或所有群体的成员结构来实现解决。如果冲突的源头是目标、目标实现难度的感受或目标的重要性，则管理者可以引导冲突各方使用冲突应对模型中二维模型的 5 种应对类型，具体讨论解决方式。当 5 种应对类型均无法解决冲突或降低冲突的破坏性时，应当考虑使用谈判、调解或仲裁这三种方法来解决组织间的冲突。

1. 谈判

沃尔顿与麦克西（1965）通过对谈判（Negotiations）行为进行分析，提出了分配交易（Distributive Bargaining）与一体化交易（Integrative Bargaining）两种谈判方法。

（1）分配交易。

分配交易是指将固定的资源进行分配，一方获益而另一方损失的局面。就像在一家医院，一共有 30 个床位可以分配，如果外科想多要 10 个床位，那么就意味着其他科室会少分配 10 个床位。正如托马斯模型中抗争取向的冲突处理模式一样，分配交易因为在短期内聚焦于彼此的关系，常常会因大失小，导致两方敌对关系提升。在这种情况下，恰当的分配交易策略应当包括主动寻求更多的信息；劝说对手其目标无法完全实现；鼓励他们接受一个更加接近你期望的数字；使另一方觉得你的处理方法非常慷慨。

分配性谈判以输赢为基础，但它也可以导致双方都认可的结果。为了达到这个目的，每个谈判者将沿着可能产生结果的范围定义两个点：一个是目标点（Target Point），一个是抵制点（Resistance Point），这两个点之间是每位谈判者的期望范围（Aspiration Range），这些范围相互重叠的地方就是可接受决议的范围，如图 8—8 所示。

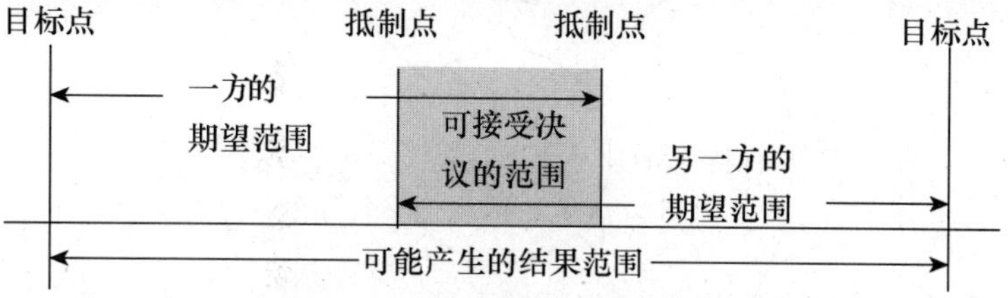

图 8—8　分配性谈判的目标

资料来源：斯蒂芬·P·罗宾斯，蒂莫西·A·贾奇：《组织行为学》，12 版，李原，孙健敏译，440 页，北京，中国人民大学出版社，2008。

（2）一体化交易。

一体化交易的结果是一个双赢的局面，这种方法适合于维持长期的关系。由于该方法并不假定要对固定的资源进行分配，因而双方都会寻求各种解决方式以达到双方满意的局面。人们往往认为这种谈判方式优于分配交易，因为它能将各方联系起来，使各方认为他们自己已经取得了胜利。为了进行一体化交易，双方需要公开地表达他们所关注的事情，公开地进行沟通，对彼此的需要保持敏感性和信任。

随着组织的变革、迟滞与扁平化组织（Horizontal Organization）的出现，谈判已经成为组织一种重要的能力，管理者都需要具备这种能力。冲突双方往往都期望以双赢的状态解决冲突，这就涉及谈判者应当如何进行谈判的问题，如表 8—2 所示。

表 8—2　谈判方式

单赢战略	双赢战略
将冲突界定为输赢的问题	将冲突界定为双方的问题
追求自己群体的利益	追求共同的收益
迫使另一方屈服	寻求满足双方的创新性的方法
以欺诈、不精确、令人误解的方式沟通群体的需要与目标	以公开、诚实并精确的方式沟通群体的需要与目标
使用威胁强迫他人服从	避免以威胁的方式强迫他人服从
沟通并只考虑一种立场	沟通并保持立场的灵活性

资料来源：Johnson，D. W. & Johnson，F. P.（2013）. *Joining Together：Group Theory and Group Skill*（pp. 345－375）. Canada：Pearson Education.

图 8—9 是双赢谈判的 PRAM 模型，包括适当的规划、建立关系、取得协议与保持关系这四个步骤。规划（Plan）要求每一位谈判者都应当设立自己的目标、估计他人的目标、确定可能协议的范围以及对争议问题达成和解的策略；建立关系（Relationship）要求谈判者安排能够增进积极人际关系、建立共同信任、在讨论紧要问题前充分发挥关系的活动，这是谈判成功最重要的因素；达成协议（Agreement）的关键是认识到双方拥有很多共同的目标，而实际上的分歧并不多；保持关系（Maintenance）是保持双赢的前提，它的假定是双方都希望在未来有进一步的发展与交易。

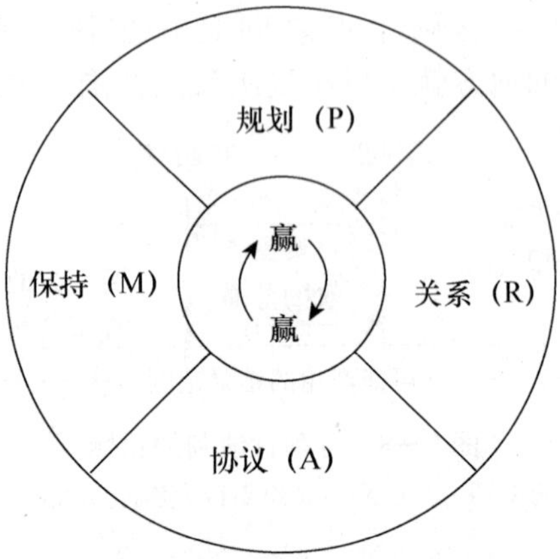

图 8—9 双赢谈判的 PRAM 模型

资料来源：Long，B. G.，& Reck，R. R.（1985）. *The Win-Win Negotiator*：*How to Negotiate Favorable Agreements That Last*（pp. 1-22）. Blanchard Training and Development.

从费雪与尤里（2011）的研究中发现，有些人在谈判过程中，当遇到强势的竞争对手时会显得较为软弱并倾向于选择迁就的模式。因此他们发展出了一体化交易谈判的替代方案，即原则性谈判（Principled Negotiation）。原则性谈判包括人、利益、选择、标准这四方面的原则：（1）人。要将人与问题分开来看。谈判者必须要对他人有同情心，并接受在谈判过程中出现的与人相关的问题。（2）利益。谈判者要关注的是利益而非立场，当按照替代者设定的立场进行谈判时，他们可能掉进为了保全面子而维护自我立场的圈子中，从而导致冲突的极化。他们应当积极地表达自己的利益，并相互认同这些双方共享的或稍有不同的观点。（3）选择。双方应当通过头脑风暴，为了共同的利益开发出双方都赞同的方案。（4）标准。需要坚持客观的标准，如市场价值、专家意见或法律等，当谈判者有了可以参照的原则时，就不必为了达成一致而向对方施压。

案例阅读

学会更专业地谈判

在通用汽车公司吞并了德尔菲自动推进系统公司后，新成立的独立公司突然面临着这样一个环境，即有些竞争者是非工会成员。这种改变使德尔菲面临着生存问题。对于代表德尔菲公司公认的美国联合汽车工会（UAW）来说，赢·输策略只能使双方都受损失，工人失业，公司失败。但是，UAW 选择与 Delphi 公司的代表协作，帮助保持公司实力。他们通过重建工作环境一起找到提高生产率的技术。从这以后，Delphi 吸引了除通用汽车公司以外更多的客户。现在，当工会成员有怒气并谈及罢工时，当地的工会主席会向他们解释问题的两面性："这个问题最简单的部分就是让你们到大街上进行罢工示威，而最困难的部分则是让你们毫无影响和利益损失地回到岗位。"

同样，在最近一次与福特汽车公司进行的谈判会议上，UAW 的谈判人员谈及了该公司使它的零部件制造部门——伟世通汽车系统独立的计划。工会担心如果该部门独立以后，工资水平和工作职位的数量都会受到影响。UAW 就算动用罢工也不能阻止公司的策略性决策，所以它与福特公司合作可能是最好的情况。最后，双方同意原有的伟世通员工仍然保留在福特公司的薪水册上，独立后雇用的员工才受新工资水平（可能较低）的制约。

UAW 的这种温和的方法不仅解决了冲突的特定领域，而且对潜在的成员更有益。公会的前任主席道格拉斯·约克施（Stephen P. Yokich）同意这个观点："我们没必要走上大街，唇枪舌剑。我们必须学会更专业地进行谈判。"

资料来源：长城企业战略研究所：《企业研究报告》，1998（94）。

思考问题

1. 案例中的谈判人员使用了哪种谈判策略？
2. 如何进行更专业的谈判？

2. 调解

在谈判过程中，各方的情绪和行为可能会走向极端化，每一方都保持孤立。当出现这种情况时，就需要引入第三方来解决争端，即调解者。调解者可以维持争论各方的联系与沟通，他们并不控制最终达成的协定，而是要影响冲突解决的过程。他们指引双方寻求解决他们问题的措施。这种方法适用于雇员与雇主之间，同样也适用于公司。

调解（Mediate）的技巧包括要求各方陈述问题以及对于如何解决问题的看法，并通过另一方的重复来保证问题的可信度与精确性。一旦提出最初的立场并得到人们的理解，就可以使用集体研讨的方法产生标新立异的解决措施。

3. 仲裁

当调解失败时，就需要用仲裁（Arbitration）的方法解决冲突。在这个过程中第三方介入冲突，并且有权强迫各方接受解决措施，这时将争论交给第三方，第三方被授权来寻求基于双方的解决措施，就像法庭上的法官一样。仲裁可能是自愿的也可能是强迫的。当冲突各方有权决定选择是否运用仲裁解决冲突时，仲裁是自愿的；而当有条例规定双方必须接受仲裁时，仲裁是强迫性的。

当组织内部人员之间发生冲突时，管理者就是仲裁方，有些管理者并不喜欢不得不选择支持一方并处理受挫一方情绪的这种方法，因此他们往往避免冲突，对冲突进行掩饰或者迫使双方进行自我解决，这时可能会产生"双输"的情况。但一些管理者对于处于冲突的下属根据一体化交易的原则进行安抚，可能会将一方获胜而一方失败的情况转变为"双赢"的情况，并实现他们各自的目标。

一些管理者喜欢用调解的方式解决冲突。但由于员工缺少经验，如果管理者不作出最后的决策并指引冲突解决过程的话，下属们很难确定如何做出正确的反应。另一些管理者更倾向于使用仲裁的方式，这样可能会快速、明确地解决冲突，特别是当冲突的一方非常明显地违背了规章制度或者政策的时候。但这样的消极结果可能是冲突双方会消极执行这些强加于他们的解决方案。当然，管理者也可以授权让员工自己解决他们的问题，这种方式对那些希望掩饰冲突的人会更加有吸引力，但由于双方缺少冲突解决的技巧以及公正的态度，常常会使内部谈判变得没有作用。

三、冲突的最佳状态

要达到组织冲突的最佳状态，需要从组织成员、组织的组织结构和组织的内外部环境几个方面进行分析，从冲突原因、冲突的性质含义、冲突的层面区分等方面出发，充分发挥管理者的重要作用，确定组织内部的最佳冲突状态，达到管理的和谐。团队冲突分析如图 8—10 所示。

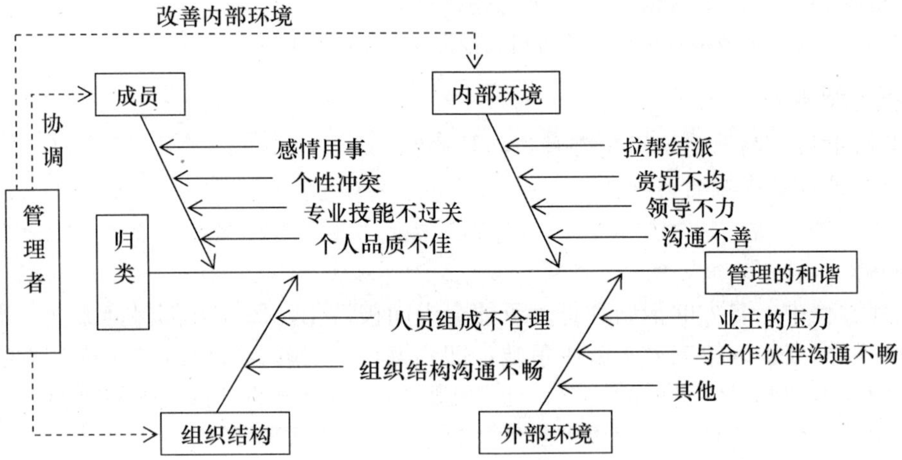

图 8—10　团队冲突分析

资料来源：万涛，赵源：《团队领导在冲突及冲突管理中的作用研究》，载《科技管理研究》，2012（21）。

从根本上来说，管理者在组织中扮演的角色不是法官或者仲裁者，而是中间人，他们能够帮助员工开诚布公地讨论问题，并促进他们精诚合作。组织中的冲突难以解决的根本原因在于组织成员都强调利益的不兼容，而忽视了合作可以取得的共同利益。如果没有领导指出他们之间的合作性目标，他们就不能有效地解决冲突。正如图 8—10 所示，要达到组织冲突最佳水平状态，需要管理者做好这三个方面的工作：（1）改善内部环境，营造相互信任、充满沟通的团队氛围，使成员之间形成共同奋斗的目标。（2）设计重组组织结构，减少官僚式的集权结构对员工沟通所带来的桎梏。（3）协调并培养密切的组织成员关系。成员之间交流融洽，了解发生冲突和矛盾时应当如何处理，在工作中能够相互支援、相互鼓励，以最佳状态服务于组织，并最终将组织中出现的任务冲突、过程冲突和关系冲突控制在合理的水平内，达到最佳的冲突状态。

当冲突达到最佳水平时，会使组织中的冷漠和自满降到最低程度，组织管理者通过创造轻松、愉快的环境，使组织成员的思维更加活跃、更愿意接受有挑战性的工作，使组织能够不断创新，从而提升其适应市场不断变化的能力。但由于管理的复杂性和多样性，人们难以定量地判断组织中的各种冲突的最佳水平，因此，以组织冲突的强度、冲突的原因和冲突的性质含义等方面为基础，可以判定组织冲突是否达到最佳状态。

因此，组织成员，特别是组织的管理者，要用思考来分析和理解冲突，允许组织内部存在一定的冲突，不断地提高诊断和处理冲突的水平和技巧，同时利用冲突提高组织的有效性，基于冲突辨析及冲突应对来确定组织内部的最佳冲突水平，而不是一味地压制冲突，保持组织的平静，只有这样才能使组织更有效益，使事业获得成功。

第三节 竞争与合作

在面对冲突时，最常见的处理方法就是合作与竞争，这是人际相互作用的两种主要表现形式。每个组织都生存在不断竞争的环境中，要获得竞争优势，就必须进行合作。二者看似相互矛盾，实则相辅相成。

一、竞争

施蒂格勒（1987）认为，竞争（Competition）是“组织或个人之间的角逐，凡两方或多方力图取得并非各方均能获得的某些东西时，就会有竞争”。竞争环境在不断发生变化，竞争的内涵和形式也不断扩充和丰富。从对抗竞争到宽容竞争，到合作竞争（Coopetition），甚至到超越竞争，反映了组织在不同发展阶段的竞争要求，同时也体现了组织从偏执到理智，再到成熟的发展轨迹。

（一）对抗的竞争

组织在市场演进的初期阶段一般会表现出强烈的对抗性。其行为特点是：（1）以对抗的眼光看待竞争者，将竞争者视为一种威胁，对竞争者的存在总抱着一种无端的恐惧，必须除之而后快。（2）竞争的手段具有明显的对抗性。（3）竞争的目的在于控制和消除竞争。

波特（1997）认为，一个产业中的从业者和同行业中的其他竞争者相竞争，是为了在一定的市场中为本组织产品和服务谋取更多的市场份额；与买家、供应方的讨价还价之争，是为了在一定的利润中为本组织争得更多的利益；对潜在入侵者和替代品威胁和提防、抵制则是为了保卫自己的市场份额。但波特的理论中只关注到了竞争在组织市场经济方面的应用。普拉哈拉德与哈默尔（1990）认为，如何识别核心能力已经成为一个组织能否取得竞争优势的首要前提，能力是对组织分析的基本单元，其核心能力是组织长期竞争优势的源泉，其体现了组织的竞争力，有助于形成组织持续竞争的优势。但其缺乏对外部环境的关注，在此基础上，科利斯和蒙哥马利（1995）提出，可以从不可模仿性、持久性、占有性、替代性和竞争优势性这五个方面对一个组织的资源整体状况进行评价，从而制定和选择竞争战略。

（二）宽容的竞争

随着市场的发展，组织会渐渐发现一味地进行对抗性竞争会使组织面临着很大的风险。竞争是永远存在的，消除竞争者是不可能的。并且直接恶意的竞争不仅对他人不利，也会侵蚀自己的实力，占用了过多的组织资源，会导致技术创新无法提高，从而导致整个行业的技术只能停留在较低水平。对抗竞争的这些缺点让其逐渐转化为宽容的竞争。它不仅可以使组织避免对抗性竞争给竞争双方带来的损害，而且可以使组织立足于细分的市场，通过不断创新去寻找市场机会，建立和强化自己的竞争优势，从而使行业不断向深处发展。

（三）合作竞争

L. Stokes认为，无论是组织还是个人，都必须通过竞争去合作，同时也必须通过合作去竞争。用宽容的态度对待竞争虽然是明智之举，但也只是容忍了竞争对手的存在，并没有认识到竞争者存在的价值并加以利用。

波特认为，竞争者的存在可以为组织带来如下好处：（1）增加竞争优势。一个有活力的竞争者扮演着一个重要的激励角色，能够促使组织不断创新。（2）改善现有的产业结构。对于许多产业而言，竞争者的努力能增加整个产业的需求，从而扩张了组织生存空间。同时，竞争者的存在可以导致行业产品或服务呈现更多的差异来满足更多客户不同的需求，从而增强行业的吸引力。（3）援助市场开发。竞争者的参与可以降低组织的市场开发成本。同时，采用与本组织相同技术的竞争者的存在，可以加速本组织技术合法化或使技术成为标准的过程。（4）阻止进入。竞争者可以以多种方式阻止其他进入者，如充当阻止新进入者的第一道防线；可以增加潜在进入者所能理解的报复的可能性和强度；竞争者更密集地分布，使新进入者无法插足等。

（四）超越竞争

竞争的最高境界是不竞争。“超越竞争”这一概念最早是由美国管理咨询专家波纳提出的，他认为竞争概念是一个危险和有诱惑力的陷阱，它束缚了组织思想，任何做实业的人都需要超越竞争。竞争是为了保存组织的生存，而超越竞争是为了保持组织成功和发展。从本质上讲，超越竞争就是最大限度地满足客户价值，而采取与其他竞争者不同的策略进行竞争。

二、合作

一个组织的发展进程受到以下四个参与者的影响，即客户、供应商、竞争者和互补者，它们是与组织相关的价值网的参与者。

（一）与客户合作

任何一个组织都不可能服务于所有客户，也不可能为单一的客户服务，所以需要对客户进行分类，然后选择出有竞争力的客户，通常从购买需求、增长潜力、买主内在竞价实力、价格敏感性以及为客户供货的成本这五个方面进行分类，而后实施客户满意的战略，让渡给客户更多的价值，并利用客户关系管理（Customer Relationship Management，CRM）加强与客户的合作。现在越来越多的组织的关注重点正在经历着从以产品为中心向以客户为中心转移，与客户建立双赢的关系，才能实现盈利的最大化。

（二）与供应商合作

供应商是指向组织及其竞争者提供生产产品和服务所需资源的组织或个人。供应商所提供的资源主要包括原材料、设备、能源、劳务、资金等。供货的稳定性与及时性、供货价格的变动、供货的质量水平都会影响组织的效益。高度合作关系要求制造商积极协助供应商获得成功，并提升其竞争地位；超级合作关系是合作的最高层次，它要求客户必须积极地协助供应商变得比其他竞争对手更加强大，从而获得优惠待遇作为回报。

（三）与竞争者合作

随着全球经济的一体化、资源配置的国际化加剧，一些创新型组织发现市场机会以后，自身不具备独占市场所需要的相应资源以及进入壁垒的有效条件，只好借助他人甚至竞争对手的力量来补充自己的缺陷，争得资源，在分配资源时才又显出竞争的一面。

与现有竞争者合作可以增加竞争的优势，改善现有的行业机构，援助进行市场开发等。以前，柯达和富士在全球范围内激烈对抗，分割传统的胶片市场，当日本的数码军团从天而降时，两大企业才明白，音像业的边界已经被重新界定，他们都成了输家。现在越来越多的组织已经意识到了这一点。西门子和波导这两个昔日拼得你死我活的对手，如今已经结盟，IBM 和联想，摩托罗拉和东方通信都已经形成了战略联盟，走向了竞争合作。

当下没有合适的竞争者时，可以创造一个竞争者。大型组织有很大的能力创造竞争对手但又不失去控制权。宝洁公司就是一个很好的例子，它有相互独立的品牌，如海飞丝、潘婷、飘柔、沙宣等，每一个品牌都是作为独立的业务，各品牌之间不仅在市场上相互竞争，在宝洁公司内部也一样相互竞争。

(四) 与互补者合作

如果说与竞争者的合作难以接受的话，与互补者的合作则可以说是顺理成章的事。从客户的角度看，他们当然更喜欢具有互补性的两种产品，并希望二者能够相互融合，创造出更大的价值，使其能够获得更大的满意度。

案例阅读

蒙牛餐饮渠道销售

百胜餐饮集团中国事业部和蒙牛集团于 2007 年 10 月 22 日宣布，肯德基与蒙牛结成战略联盟。从明年开始，蒙牛牛奶将进入肯德基在全国的近 2 000 家连锁餐厅销售。

本次战略联盟中，除了蒙牛获得新的渠道外，双方还将在包括营销、公益等多个层面进行合作，其中包括肯德基作为爱心伙伴加入蒙牛和中国奶业协会联合发起的“中国牛奶爱心活动”。双方在中国各自拥有的销售网络，共同宣传牛奶对健康的益处，推动国人普及饮奶运动。蒙牛还加入肯德基全国青少年三人篮球冠军挑战赛合作伙伴的行列。

蒙牛的新闻发言人告诉《第一财经日报》，蒙牛早已着手拓展餐饮渠道。“去年，蒙牛进入了星巴克。此外我们还是小肥羊的合作伙伴。”她同时指出，在渠道拓展方面，只要有机会都会尝试。

资料来源：惠正一：《拓宽渠道蒙牛进入肯德基餐厅》，载《第一财经日报》，2007。

(五) 与其他利益相关者合作

在现代组织经济中，组织与金融机构有着密不可分的联系，如组织间的财务往来要通过银行账户进行结算，组织财务和货物要通过保险公司进行保险。而银行的贷款利率上升或是保险公司的保险金额上升，会使组织的营销活动受到影响，信贷来源受到限制会使组织处于困境。诸如此类的情况都将直接影响到组织的日常运转。因此，组织必须与金融机构建立密切合作关系以保证资金需要的渠道顺畅。

与媒体合作良好对组织的发展也至关重要，无论是市场开拓还是危机处理，组织都需要与媒体真诚地合作。因此，组织公关人员应学会与媒体打交道，与媒体交朋友，只有相互了解才能相互支持。一般情况下，与媒体沟通良好并与媒体人士保持长久、稳固联系的组织会吸引更多正面的新闻报道。

在任何一个国家中，政府对其他组织以及其他众多利益相关者都起着统领、组织、协调的作用，是其他组织必不可少的重要关联者。因此政府是相关组织重要的外部关系，也是重要的利益相关者，对其他组织能否顺利发展起着相当重要的作用，因而相关组织与政府的合作也就显得非常必要。

因此，组织要在竞争中取胜，必须建立自己的价值网，寻找合作者，与供应商、竞争者、顾客、互补者以及其他利益相关者进行合作，共同把事业做大。

作为组织领导者和管理者，应该正确地面对冲突、分析冲突、解决冲突并有效地利用冲突，从而提高组织效能。但如何针对组织现状进行有效的冲突管理以达到最佳冲突水平从而刺激组织的发展，是一个现实而迫切的问题。另外，组织之间的竞争与合作也是组织发展的动力，管理者应当借鉴成功组织的管理方式，结合自己所在组织的现状，制定出最适合组织发展的战略。

第九章

领导理论

《史记卷九十二·淮阴侯列传第三十二》中描述:“上尝从容与信言诸将能不,各有差。上问曰:‘如我,能将几何?’信曰:‘陛下不过能将十万。’上曰:‘于君何如?’曰:‘臣多多而益善耳。’上笑曰:‘多多益善,何为为我禽?’信曰:‘陛下不能将兵,而善将将,此乃信之所以为陛下禽也。且陛下所谓天授,非人力也。’”

刘邦曾经在闲暇时与韩信讨论各位将领才能的大小。刘邦问道:“像我这样,能统率多少士兵?”韩信说:“陛下你只不过能领兵十万。”刘邦说:“那你又能领兵多少?”韩信回答道:“臣能领兵的数量越多越好,远远超过陛下。”刘邦笑道:“远远超过我,那为什么被我所擒?”韩信说:“陛下虽不能领兵,却能领将,这就是我被陛下所擒的原因。而且陛下的能力是天生的,不是人们努力所能达到的。”

这个故事告诉我们了什么?一个真正的领导需要什么样的品质和能力?领导需要很强的专业能力还是更需要掌握用人之道?是事必躬亲还是懂得放权?本章将主要阐述领导的概念与理论及相关内容。

学习要点

1. 理解领导的一般概念。
2. 了解当前有关领导问题的发展趋势。
3. 掌握各种领导理论,领导者应具备的品质和技能,领导风格,领导行为,领导过程。
4. 在实践中应用所学的领导理论,改变个人领导风格以提高组织绩效。

第一节　领导的基本概念

领导工作是由社会分工形成的,产生于人类的共同劳动,并随着社会分工的发展而发展。在人类漫长的进程中，在社会和集体劳动中，必须有人指挥和协调。一个组织所要完成的工作任务，是任何单独的个体所无法完成的，必须有人把分散的力量凝聚起来，把无序的劳动联合起来，在这个过程中，领导始终处于中心位置。

一、领导的含义

领导（Leadership）一词在现实中有多种含义：领导活动、领导者、领导过程、领导班子、领袖等，有关领导的定义大约有 350 种。

领导是一种影响力，是影响和支持个体、群体或组织来实现所期望目标的各种活动的过程或能力。领导是围绕组织目标的一种行为与行动过程。领导是一个动态的行为过程。

领导与领导者概念不同。领导是领导者影响和支配他人的活动，并且与组织的政治行为发生联系，施加影响，支配组织决策与人的活动。领导者是权力的持有者，是能够影响与支配他人的人。一个群体的领导者可以通过正式任命的方式出现，也可以从群体中自发产生出来。领导的影响力可以来自正式的，也可以来自非正式的。

二、领导活动的要素

领导活动是领导者、被领导者和环境多种因素之间的相互作用。领导者是三因素中的主体，在领导工作成效中发挥主导作用。领导活动是动态的，不存在一种固有的、一成不变的模式。

$$领导=f(领导者,被领导者,环境)$$

领导必须有影响力。影响力的直接体现就是领导拥有追随者，他们愿意遵从领导的意志和指挥。因此，领导和被领导者是不可分割的对立统一体，没有被领导者，领导就不复存在。被领导者的作用：(1) 服从领导。为达到组织目标，被领导者的重要职责是服从领导，听从领导的指挥。(2) 支持领导。被领导者是实现领导工作的基础，没有被领导者的支持，领导就无从谈起。(3) 监督领导。领导者是代表被领导者利益的，被领导者有权监督领导，以维护自己的权益。

领导与管理是有区别的。领导就是率领并引导大家朝着一定方向前进，管理就是负责某项工作使它顺利进行。领导是要做正确的事情，管理是要正确地做事情。领导是对人的行为施加影响，管理则是对事情加以控制。领导以人为导向，管理以事为导向。领导与管理的另外一个区别是，管理必须要有组织赋予的职权才能管事，而领导则不管你在组织中的位置高低，甚至没有职务，只要具备“领导”的才能就能发挥影响。

根据上面的描述，管理者与领导者的区别也就非常显明了。领导者的作用是设计远景、引导价值观、联合员工、鼓舞士气、激励先进、分配资源与人力等。而管理者的功能是计划与预算、组织与人员配置和控制、完成使命等。管理者不必有追随者，因为，管理者是按照规章、制度办事的。因此，并非所有的领导者都是管理者，也不是所有的管理者都是领导者。

三、追随者

领导是怎样产生的呢？马克思说，只要有两个人，就有领导者。毛泽东说，一个人就可以有领导者。德鲁克认为，领导就是后面有追随者的人。因此，没有追随者，便没有领导者。反过来，有了领导者，就有了被领导者。被领导者并不是天然存在的，被领导者也并非都是追随者。在被领导者之中，有追随者，有潜在追随者，有折服者，有反对者。追随者如果不存在了，领导者也就不存在了。追随者并不是天然的，而是靠领导者争取过来的。

那么，人们为什么要追随领导者？其根本原因在于领导者对追随者拥有影响力。领导影响力是指领导者影响、改变追随者的心理和行为，赢得追随者的能力。因此，分析研究领导影响力是了解人们为什么追随领导者的关键。

领导者与追随者之间是一种平等关系。这不符合大部分人对于“领导者—追随者”的通常意义的理解。布兰克（2001）曾经这样说，如果我们将更多目光焦点置于领导者与下属之间的关系上，而不是一味地在领导者的特质上打转，或许我们对领导人的了解就可以更加透彻。

领导是一种互动的领域。领导的核心工作便是与他人建立一种稳固的工作关系。领导者就是要将不同立场的人聚拢在一起。他必须持续与他人建立关系的桥梁与共事基础，这样下属才会更加敬重领导。不管领导者各自都有哪些特征，领导者的共同点就是他们会让下属们“心悦诚服”。布兰克认为领导者是拥有随从以后才成为一名领导者的。

布兰克（1995）在其《领导的九项自然法则》一书中，提出了领导行为要遵循的九项自然法则，它们是：（1）领导者要有一群心甘情愿的追随者；（2）领导是一个领导者与追随者之间关系互动的领域；（3）领导行为的发生好比一起事件；（4）领导者对其影响力的运用远远多于正式权力；（5）领导者的操作超出了组织所界定的程序范围之外；（6）领导行为会涉及风险和不确定性；（7）并非所有人都会服从一位领导者的倡议；（8）有意识的信息处理会产生领导行为；（9）领导行为是一种自我引见的过程。这些法则有助于帮助理解并考察领导者与追随者的关系，并且以人际关系为中心来理解领导权。

如果领导者必须要有追随者才能成为领导的话，那么领导者的作为必须以赢得民心作为主要依托，也就是获得追随者。这样，“我该如何让人跟从我?”“他们的需求是什么?”“我如何凝聚这些跟随者?”就会成为领导者经常思考的问题。

怎样做一名合格的追随者？一是要品德正；二是要能力强；三是要有创新意识；四是要忠诚。只有这样，才能成为一名合格的追随者。不能做一个优秀的追随者，就没有资格做领导者。

四、领导—被领导者关系的基石：信任

（一）信任的概念

信任（Trust）是一种对另一个人的积极预期，通过对方的言语、行动或决策相信他不会采取投机行为。这个概念强调了两点：熟悉性和投机性。

“积极预期”假定人们了解和熟悉另一方。信任是一种依赖于历史的过程，它基于相关的但有限的过去经历，形成需要时间，而且需要不断补充和积累。大多数情况下，当对别人一无所知时，人们很难立刻信任别人。极端情况下，在对他人一无所知的情况下，人们会去冒险，但这不是信任。一旦了解了某人，而且这种关系成熟，人们就会有信心做

出积极的预期。

投机性是指任何信任关系中具有内在的风险性和脆弱性。信任包含着使自己易受攻击的内容。信任本身不带有风险性，但它会使人承担风险。在所有信任的情境中，一个共同点就是承担风险的意愿。

有研究表明，组织信任包含五个维度：胜任力、开放诚实、关心员工（Concern for Employees）、值得信赖、认同。近期也有研究指出组织信任包括胜任力、廉正、值得信赖、开放诚实、愿意接受批评、关心员工、认同、相互控制、满意度、承诺十个维度。胜任力指员工认为组织具有说到做到的能力。廉正指员工认为组织是公允的。值得信赖指员工认为组织会说到做到，且组织行为具有一贯性并十分可靠。开放诚实不仅指组织分享的信息的数量和精度，还应包括组织如何以真诚、恰当的方式传递这些信息。愿意接受批评指组织能认识到其他个体、团队或组织也是有能力的、值得信赖的，还有共同的目标、组织规范和价值观。因此它能根据自己的文化及沟通方式，恰当地认识到自身不足，愿意接受批评意见。关心员工是指当员工在工作中受到批评时，能感受到组织的关怀、同情、容忍，感到安全。认同指员工在多大程度上持有共同的目标、规范、价值观及与组织文化相关的信念。它表明员工感觉自己与管理者及同事的联系有多紧密。相互控制指双方一致同意具有合法权利且彼此对对方应有多大的影响力。满意度指因为对另一方的积极期待得到强化，一方觉得另一方很好。或者说，让人满意的关系就是益处大于代价。当一方觉得另一方做了一些维持双方关系的积极行为时，满意度也会提升。承诺指一方认为值得付出精力去维护和促进双方关系的程度，它包括持续承诺和情感承诺两个子维度。

信任与领导行为有密切关系。当信任遇到破坏时，会对群体绩效造成十分严重的不良后果。在有关领导的特质论中发现，“诚实”与“正直”与领导行为之间有着稳定的关系。越来越多的证据表明，如果人们不信任你，你就无法领导大家。

当下属信任领导时，他们愿意接受领导者活动的影响，他们相信自己的权利和利益不会被人滥用。当人们觉得某个人不诚实或有可能利用自己时，就不会尊重他和追随者。管理和领导的效能也取决于能否获得下属的信任。在变化动荡的时代，人们转向从个人关系中寻求指导，而这些关系的质量在很大程度上取决于信任的水平。另外，当前管理者实施的活动中，如给员工授权和工作团队的方式，都需要建立有效的信任关系。

（二）组织中的信任关系

在组织当中，存在三种类型的信任关系。

1. 基于威慑的信任

这种关系最脆弱。一次违背或不一致就会破坏这种关系。它以担心违背信任时会受到报复为基础。只有当处罚存在、结果清晰、违背信任必定受到惩罚时，威慑基础上的信任才会有效。要想维持这种关系的存在，个体违背信任时所造成的潜在损失必须超过他所获得的潜在收益。另外，受到伤害的一方必须愿意对践踏信任的另一方造成伤害。绝大多数新型关系的建立始于威慑基础。作为新建立的领导—员工关系也基于此。作为员工，尽管没有任何可以依托领导信任的经验，通常都会信任新领导。这种信任建立在领导的权威基础上，如果你不履行与自己的工作相关的职责，他就会对你施加惩罚。

2. 基于了解的信任

绝大多数组织关系基于这种信任建立。信任基于行为的可预测性，它又来自两者相互作用的历史过程。当你掌握了某个人的足够信息，足以很好地了解他甚至可以精确地预测出他的行为时，这种信任就会产生。这种信任依赖于对另一方信息的掌握。认识会随时间的推移而不断加深，很大程度上受到共同经历的影响，这些经历建构了值得信赖和可预测性的信心。在组织情境中，大多数领导和员工的关系是基于了解的信任关系。双方拥有充分的共同工作经历，彼此知道各自的预期。例如，由于长期以来彼此在稳定的、开放的、诚实的基础上相互交往，因此不太可能仅仅因为一次背离而永久破坏了信任关系。

案例阅读

信任是一种力量

"就像姑娘盼着结婚，而真到了这一天，除了会傻笑，真不知道该做什么。"2013 年 5 月 10 日，在淘宝十周年晚会上，48 岁即将卸任集团 CEO 的马云表示："从今晚 12 点以后，我将不再是 CEO！我将不会回阿里巴巴做 CEO，让我回，我也不会回。因为我相信年轻人会做得更好。"

一直以来，听马云演讲总是觉得激情四射，而这次作告别演讲的马云给我们的却是一种信任的感动，他一再强调相信年轻人，相信他们就是相信未来。

阿里巴巴有太明显的创业者烙印，马云必须为继任团队扫清障碍，而信任则是对继任者最大的支持。5 月 11 日，阿里巴巴集团正式宣布，集团董事局决定任命陆兆禧担任阿里巴巴集团 CEO，接任马云 CEO 的职务，全面负责除阿里小微金融服务集团以外的所有业务。陆兆禧在阿里巴巴内部任职长达十三年，由马云一手提携，并多次临危受命，不仅为阿里巴巴各项业务发展壮大屡建功勋，还深得马云信任。

正如马云所言："其实我自己一直在想是什么东西让我们有了今天，是什么让我马云有了今天，我是没有理由成功的，阿里也没有理由成功，淘宝更没有理由成功，但我们今天居然走了这么多年，依旧对未来充满理想。其实我在想是一种信任，在所有人不相信这个世界，所有人不相信未来，所有人不相信别人的时候，我们选择了相信，我们选择了信任。"

资料来源：陈杰：《信任是一种力量》，载《科技日报》，9 版，2013-05-15。

思考问题

1. 信任在领导与员工之间有什么作用？
2. 你认为在公司管理中该怎样培养领导与员工间的信任关系？

3. 基于认同的信任

当双方之间存在情感纽带的联系时，就达到了信任的最高水平。它使得一方扮演着另一方的代理人角色，或在人际关系中可以替代另一方。它存在的基础是：双方彼此理解各自的意图，并且可以体察对方的需求和渴望。当一方可以有效地代理另一方时，这种相互理解便发展起来。这种信任水平的控制程度最低，不需要监督另一方，因为毫无疑问对方是忠诚的。认同越多，双方的想法越相同，感觉越相同，做出的反应亦越相同。在组织当中，这种信任也存在。它存在于那些共同工作了很长时间、彼此有着深刻体验，并清楚了解对方内心世界和外在行动的员工或领导中间。它也是领导和管理者希望在工作团队中看到的信任类型。在当今工作场所，由于承诺的违背，组织与员工的忠诚关系大大减弱，取而代之更多的是基于了解的信任。

第二节　传统领导理论

领导理论主要回答和解释领导者应具备什么样的品质和技能，什么样的领导风格、领导行为是有效的，以及有效的领导过程是什么样的。到目前为止，领导理论的发展经历了特质理论、行为理论和权变理论三个主要阶段。本节主要介绍早期的领导特质理论和领导行为理论。

一、领导特质理论

早期的领导理论研究都着重探索寻找杰出领导者所具有的某些共同的特性或品质，被称为领导特质理论（Trait Theories of Leadership）或特性论或品质论。为了满足选拔和预测的需要，人们期望能确定作为一个领导者应具备的特质，以解决什么样的人当领导最为合适的这个问题，这也是领导理论早期研究的思路，其研究更加注重那些不同于非领导者具备的体力、智力、性格等特质。

（一）早期特质理论

在早期，东方和西方国家对领导特性的研究都偏重于个人的先天素质。认为领导特质是天生的，不少观点带有唯心主义色彩。例如，古希腊哲学家亚里士多德认为，人从出生之日起，就决定了他是“治人”还是“治于人”。高尔顿早在1869年就认为领导者的特质是天生的。这种观点具有一定的代表性。

近代研究，偏重于领导者个人心理素质和外部特征的分析。斯托格迪尔（1948）等人认为领导者的特质包括六种，它们是：（1）身体特质；（2）社会背景特质；（3）智力特质；（4）个性特质；（5）与工作有关的特质；（6）社交特质。管理学家吉赛利（1963）认为，领导者应具备八种个性特征和五种激励特征。他在其“管理才能”一文中提出的八种个性特征为才智、首创精神、督察能力、自信心、决断力、适应性、性别、成熟程度等；五种激励特征为对工作稳定的需求、对金钱奖励的需求、对指挥他人权力的需求、对自我实现的需求、对事业成就的需求等。1969年，心理学家吉普的研究认为，天才领导者应该具备七种特质：善于言辞、外表英俊、高超智力、充满自信、心理健康、支配趋向、外向敏感等。

总体看，在早期、中期乃至近期的领导特质理论研究中，存在着明显的不足。主要原因是：（1）领导是一个动态过程，是一种社会现象，很多特质并非完全先天所有，而是可以在工作实践中培养而获得的。（2）个人特征仅仅是领导工作的必要条件，而非充分条件。是否可以成为领导者，还要取决于环境和机遇。（3）组织的工作性质不同，对领导的人格特征要求也不同。(4) 缺乏有效的评价方法。

(二) 现代特质理论

新的领导特质理论在研究领导者特质时，把具有某些特质的领导命名为某种类型。其中最为有名的有魅力型领导理论、变革型领导理论、愿景型领导理论等，它们共同形成了领导风格理论的研究。

现代领导特质理论研究趋向于结合组织环境，用系统与动态的观点，因地、因时、因人研究领导特质。例如，美国的研究者提出领导工作的十大特点是：合作精神、决策才能、组织能力、精力与授权、善于应变、勇于负责、敢于求教、敢担风险、尊重他人、品德超人。该理论突出强调了领导者的品德、决策、创新、应变精神以及与上下级之间良好的人际关系。

目前普遍认为，一个优秀的领导应拥有十项特质：领导意愿、自信、知识、创造力和首创性、积极的情感、灵活性和适应性、个人魅力、认知能力、诚实正直、个人驱力。伯德（1977）在总结了领导的早期研究后，发现用于区别领导者与非领导者的特质有 79 种之多，但在这些特质中一致性较高的只有智力、主动、幽默感和外向四种，这表明研究者的认识存在很大分歧。另外，关于领导特质理论虽然作了大量的研究，但没有充分的论据能够证明，领导者与其他人在特质上有非常明显的差异。

特质论在解释领导行为方面有一定局限，至少有四个原因：第一，忽视了下属的需要。第二，没有指明各种特质之间的相对重要性。第三，没有对因与果进行区分。比如，到底是领导者的自信导致了成功，还是领导者的成功建立了自信？第四，忽视了情境因素。这些方面的缺欠使得研究者的注意力转向其他方向。从 20 世纪 40 年代开始，特质理论就已不再占据主导地位。40 年代末至 60 年代中期，有关领导的研究着重于对领导者偏爱的行为风格的考察。

二、领导行为理论

自 20 世纪 40 年代后期起，研究者开始转向领导者的实际行为，这就产生了领导行为理论。领导行为理论（Behavioral Theories of Leadership）中有代表性的主要有领导风格理论、密歇根大学的研究、俄亥俄州立大学的研究、管理方格理论、PM 理论和斯堪的纳维亚学者的研究等。

(一) 领导风格理论

领导风格（Style Theory of Leadership）是影响领导效果的关键因素之一。每个领导者的领导风格是由他的人格特性所决定的，这种人格特性是相对稳定的。一个领导者的领导风格类型可以用测量问卷进行鉴定和判别。

风格理论侧重研究领导者风格的类型以及不同工作风格对员工的影响。典型的风格理论包括勒温的领导风格理论、利克特的领导系统模式。

1. 勒温的领导风格理论

1939 年，勒温最早进行了领导风格的研究。他提出了专制式（Autocratic Leader）、民主式（Democratic Leader）和放任式（Free-rein Leader）三种领导风格。专制式的领导风格权力定位于领导者个人手中，民主式的领导风格权力定位于集体，放任自流式的领导风格权力定位于员工个人。

经典实验

手工制作面具兴趣小组领导者的风格

勒温等人（1939）试图通过实证研究探讨哪种领导风格是最有效的。他们将不同的成年人训练成为具有不同领导风格的领导者，然后让这些人充当青少年课外兴趣活动小组的领导，主管不同的青少年群体。试验中的青少年在年龄、人格特征、智商、生理条件和家庭社会经济地位等方面进行了匹配，几个不同的实验组仅仅在领导者的领导风格上有所区别。这些青少年兴趣小组进行的是手工制作面具的活动。

结果发现，放任型领导者所领导的群体绩效低于专制型和民主型领导者所领导的群体绩效；专制型领导者所领导的群体与民主型领导者所领导的群体工作质量大体相当；民主型领导者所领导的群体的工作质量与工作满意度更高。基于这个结果，勒温等研究者最初认为民主型的领导风格似乎会带来良好的工作质量和数量，同时群体成员的工作满意度也较高，因此，民主型的领导风格可能是最有效的领导风格。但研究者们后来发现了更为复杂的结果。民主型的领导风格在有些情况下会比专制型的领导风格产生更好的工作绩效，而在另外一些情况下，民主型领导风格所带来的工作绩效可能比专制型领导风格所带来的工作绩效低，或者仅仅与专制型领导风格所产生的工作绩效相当，而关于群体成员工作满意度的研究结果则与以前的研究结果相一致，即通常在民主型的领导风格下，成员的工作满意度会比在专制型领导风格下的工作满意度高。

资料来源：Lewin，K.，Lippitt，R.，& White，R. K.（1939）. Patterns of aggressive behavior in experimentally created "social climates". *The Journal of Social Psychology*，*10*（2），269-299.

日本的三隅二不二认为，领导类型的效果主要是依工作的性质和状况而变化的。对于容易的工作，民主型领导的效果最好，专制型的领导次之，放任型领导最差；对于困难的工作，专制型领导效果最佳，民主型第二，放任型也是最差。

事实证明，放任式的作风效率最低，民主作风效率最高，专制作风虽然有一定效率，但职工抵触情绪大，士气较低。

2. 领导系统模式

美国密歇根大学的利克特（1961）研究了"以工作为中心"和"以人为中心"两种领导风格哪个更有效，1961 年出版了《管理新模式》一书，对领导行为进行分类，将领导风格归为四类，这就是领导系统模式（Leader System Pattern）。

领导系统模式划分的四类领导风格为：（1）专制独裁式（Autocratic Rule），即上级决定一切，权力高度集中，惩罚为主，组织内部是自下而上的沟通；（2）仁慈独裁式（Merciful Rule），即授予中下层部分权利，奖惩并用；（3）协商民主式（Consociation Democracy），即在次要问题上，下级有一定决策权，奖励为主，双向沟通；（4）集体参与式（Group Participation），即民主协商，员工参与管理，上下级平等，奖励与支持。

（二）领导行为四分图

1. 密歇根大学关于领导行为的研究

密歇根大学的研究群体把领导行为划分为两个维度：一个维度称为员工导向（Employee Orientation），另一个维度称为生产导向（Production Orientation）。员工导向的领导者（Employee-oriented Leader）重视人际关系，关心人，他们总会考虑到下属的需要，并承认人与人之间的不同。相反，生产导向的领导者（Production-oriented Leader）更强调工作的技术或任务事项，主要关心的是群体任务的完成情况，并把群体成员视为达到目标的手段。密歇根大学研究小组的结论对员工导向的领导者十分有利。

员工导向的领导者与高群体生产率和高工作满意度呈正相关；而生产导向的领导者则与低群体生产率和低工作满意度联系在一起。对领导行为的研究，学者们普遍认为，应包括工作行为（即生产导向）和关系行为（即员工导向）两个维度。也有些学者认为，在变化的环境中，领导行为应加入发展导向。他们运用四分图，将领导者分为四种类型，如图9—1所示。

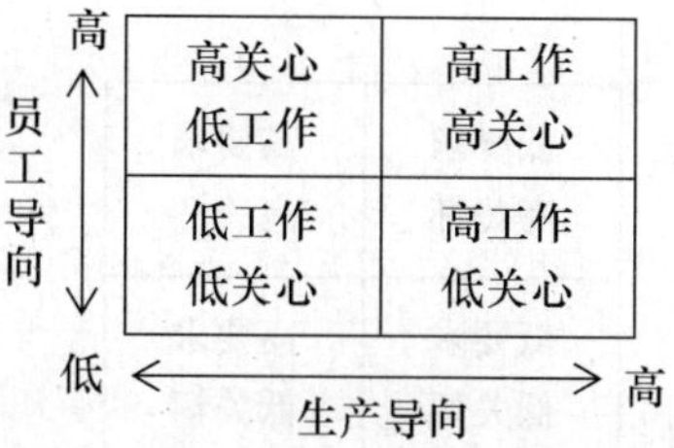

图 9—1　密西根学派领导行为四分图

资料来源：Vroom, V. H. (1976). Leadership. In M. D. Dunnette (Ed.). *Handbook of Industrial and Organizational Psychology*. Chicago: Rand McNally.

2. 俄亥俄州立大学关于领导行为的研究

与密西根大学调查研究中心研究的同期，美国俄亥俄州立大学也进行了相似的研究。

亨普希尔（1941）在对领导者行为的研究中，提出了领导行为的九个维度，它们分别是：（1）主动。指提出新的构想或创意，以领导人激励、助长或抵制新观念和新措施的行为次数为指标。（2）成员身份。指领导者与团体成员的非正式交往以及互相服务的次数。（3）代表。指领导人维护团体免受外来攻击，推动团体的共同兴趣及代表本团体的频率。（4）整合。指领导者控制个别成员的行为，鼓励愉快的团体气氛，消除成员之间的冲突，或协助个别成员适应团体等行为的表现次数。（5）组织。指领导人规定和分配他自己和其他成员的工作。（6）管辖。指约束或限制团体或部下的行为。（7）信息沟通。指领导者提供信息给下属成员，并从他们那里获得信息，推动成员之间的信息交流，或表示他熟悉关于团体的各种事件。（8）认可。指领导人表示同意或不同意团体成员的行为。（9）生产。指领导人设定成就标准或努力标准，或者鼓励下属成员更努力地提高成就标准。

哈尔平和温纳（1950）也进行了同样的研究。他们把亨普希尔等人提出的九个维度作了一些改动，将信息沟通分成向下沟通和向上沟通，从而成为十项。

随后，弗莱西曼（1953）和他的同事在先前俄亥俄州立大学有关领导问题研究的基础上，也进行了广泛的研究。

根据上述领导行为维度，研究组收集了 1 790 个问题进行分析，最后拟定 150 个描述领导行为的项目，编制成“领导者行为描述问卷”并施测于许多团体，发现总是有两种领导行为凸显出来。他们对所测结果进行因素分析后，得到了领导行为的两个基本维度。这两种领导行为被称为：（1）关怀（Consideration）。它是指领导者对其下属所给予的尊重、信任以及互相了解的程度。从高度关怀到低度关怀，中间可以有无数不同程度的关怀。（2）定规（Initiating Structure）。为便于理解，在此用“要求”一词。也就是指领导者对于下属的地位、角色与工作方式，是否制定了规章或工作程序。要求也可划分为高要求和低要求。事实上，这两个维度就是关怀维度和结构维度。通俗讲，就是“关心人”和“抓工作”。在此基础上，他们提出了二维理论（Two Dimension Theory）。这个理论又称领导双因素模式，一般称之为“俄亥俄学派理论”。

与前面密歇根学派的四分图一样，依照这两个维度也可构成一个领导行为坐标，划分为四个象限或四种领导方式。图 9—2 就是这种两维空间的四分图。

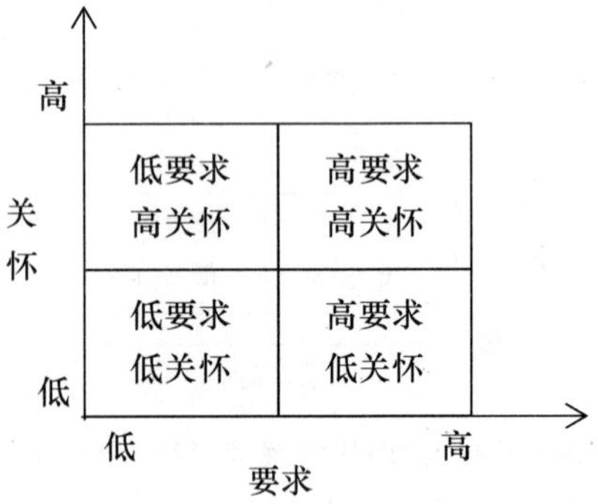

图 9—2　领导双因素模式

资料来源：Stogdill, R. M., & Coons, A. E. (1957). Leader behavior: Its description and measurement. *Research Monograph*, *88*, Bureau of Business Research, The Ohio State University.

在这个图中，同样区分出了四种领导方式：（1）高关怀、低要求的领导者。这种领导者注意关心爱护下属，经常与下属交换思想，交换信息，与下属感情融洽，但是组织内规章制度不严，工作秩序不佳。这是一个较仁慈的领导者。（2）低关怀、高要求的领导者。这种领导者注意严格执行规章制度，建立良好的工作秩序和责任制，但是不注意关心爱护下属，不与下属交流信息，与下属关系不融洽。这是一个较为严厉的领导者。（3）高关怀、高要求的领导者。这种领导者注意严格执行规章制度，建立良好的工作秩序和责任制，同时关心爱护下属，经常与下属交流信息，沟通思想，想方设法调动组织成员的积极性，在下属心目中可敬又可亲。这是一个高效成功的领导者。（4）低关怀、低要求的领导者。这种领导者不注意关心爱护下属，不与下属交换思想，交流信息，与下属关系不太融洽，也不注意执行规章制度，工作无序，效率低下。这是一个无能、不合格的领导者。

高关怀、高要求的领导者并不总是产生积极效果。在生产部门中，工作技巧评定结果与要求程度呈正相关，而与关怀程度呈负相关。但在非生产部门中，这种关系恰恰相反。一般来说，高要求和低关怀的领导方式效果最差。其他三种类型的领导行为普遍与较多的缺勤、事故、抱怨及离职有关系。

一般来说，中国企业的领导者采取的领导行为是高关怀、低要求的领导方式；而西方国家的领导者采取的是一种高关怀、高要求的领导方式。

（三）管理方格理论

1964 年，布莱克和莫顿在四分图的基础上提出了管理方格理论。在“关心工作”和“关心人”两个维度上再细划分为 9 部分，这样构成了 81 个方格，这就是管理方格论(Managerial Grid)，如图 9—3 所示。它充分概括了俄亥俄州立大学的关怀与结构维度，以及密执安大学的员工导向和生产导向维度。任何一个领导都可以在其中找到相应的位置。

图 9—3 管理方格图

资料来源：Blake，R. R. & Mouton，J. S.（1964）. *The New Managerial Grid*.（p. 183）. Houston：Gulf Publishing Company.

在管理方格中，有五种典型的领导类型：（1）1.1 型，即贫乏型管理，也称为简单式管理。对必需的工作付出最少的努力以维持恰当的组织成员关系。（2）9.1 型，即任务型管理。由于工作条件安排达到高效率的运作，使人的因素的影响降到最低程度。（3）1.9 型，即俱乐部型管理。对员工的需要关怀备至，创造了一种舒适友好的气氛和工作基础。（4）5.5 型，即中间型管理。通过保持必须完成的工作和维持令人满意的士气之间的平衡，使组织的绩效有实现的可能。（5）9.9 型，即团队型管理，也称为战斗集体型管理。工作的完成来自于员工的贡献，由于组织目标的共同利益关系而形成了相互的依赖，创造了信任和管理的关系。在这五种典型的领导类型中，团队型的领导效果最好。

（四）PM 理论

从领导关心任务的达成和关心下级需要这两个角度来考虑领导者行为类型的思想，引起了许多研究者的兴趣，除美国之外，其他国家的许多研究人员对此也进行了有益的探索。20 世纪 60 年代，日本学者三隅二不二吸取了前人研究的成果，在此基础上，提出了 PM 理论。

PM 理论也是从两个维度来分析领导行为，形式上与俄亥俄州立大学的研究提出的矩阵相似，但是它把群体当作为一个整体，从这个角度出发研究领导行为和群体行为。该理论认为，群体具有两种功能：一种功能是实现群体的特定目标，即绩效（Performance），用 P 表示；另一种功能是改善群体自身的正常运转，即维持（Maintain），用 M 表示。PM 理论认为，领导者的作用就在于执行这两种团体机能。因此，领导者的行为也就包括这两个因素。这样，不论 M 因素多么强，也总包含着某种程度的 P 因素；同样的道理，不管 P 因素多么强，也总包括 M 因素。此外，P 和 M 两方面都强或两方面都弱的情况也是存在的。参照管理方格示意图的思想，如果以 P 为横坐标，M 为纵坐标，并在 P 和 M 坐标中点各画一条线，就可划分出 pM、PM、pm、Pm 四种领导类型。

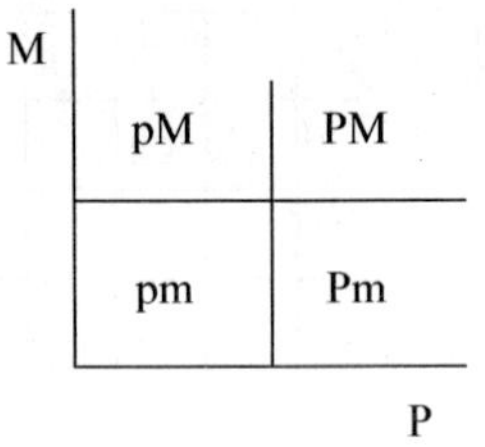

图 9—4　PM 领导理论图示

资料来源：Misumi，J.（1995）. The development in Japan of the performance-maintenance（PM）theory of leadership，*Journal of Social Issues*，*51*（1），213-228.

可以发现，PM 型组织生产量高，对工会和公司的信赖度也高，凝聚力最强，效果最好；Pm 型、pM 型居中；pm 型最差。但从事单调无意义的工作时，pM 型效果最差。

（五）斯堪的纳维亚学者的研究

前几种领导行为理论，是在 20 世纪 40 年代末至 60 年代初提出来的。当时，世界发展的步伐和速度较为稳定且可预测。但是，这些观点用来解释当今变化极快的世界中的领导行为时，似乎并不十分适当。为了能够很好地反映这一现实，位于斯堪的纳维亚半岛地区一些国家的研究者，如芬兰和瑞典的研究者再次提出，在分析和把握领导行为的实质时，是否仅仅只存在两个维度？

他们假设：在变化的世界中，有效的领导者应该表现出发展导向（Development-oriented）的行为。这些领导者重视尝试的价值，寻求新方法，发动和实施变革。随后他们重新考察了俄亥俄州立大学的原始实验数据，发现这些研究中包括了发展因素，如“做事总愿意采用新方法”，“运用新观点解决问题”及“鼓励下属采取新活动”。但是，这些项目在当时并不能很好地解释有效的领导。斯堪的纳维亚研究学者认为，这是因为在那个时代里，开发新观点和实行改革并不是十分重要的。然而，在今天的动态环境中，情况发生了根本改变。所以，这些学者进行了新的研究，以考察是否还存在第三个维度，即发展维度，以及其与领导的有效性是否有关。

研究者采用了一些芬兰和瑞典领导者的样本，初步研究的证据有力支持了应该把发展导向的领导行为作为一个分离和独立的维度的观点。确凿的证据也表现出，具有发展导向的领导者（Development-oriented Leader）更令下属满意，被下属评价为更有能力。

第三节 现代领导理论

随着领导理论的不断发展，研究发现领导者不能单纯追求一成不变的领导特性、风格和行为，还应考虑影响领导效能的具体情境。之后，研究者对领导者行使领导职权、管理自己的组织和员工过程中表现出来的行为，包括领导者语言的使用、思想的表达和肢体行为给予了全方位的关注。同时，对于不同文化情境下领导行为的差异和独特性也进行了深入考察。在关注这些研究变化的基础上，研究者不断提出了一些新的领导理论。

一、权变理论

到20世纪60年代，不少学者认为，要找到一个适合于任何组织、任何性质的工作和任务、任何对象的固定的领导人格特质、领导风格类型和领导行为方式都是不现实的，因为领导的有效性是由领导者、被领导者及其环境因素等共同决定的，要根据具体情况来确定领导方式。这种观点被称为权变理论或情境理论。这类理论比较有代表性的有菲德勒模式、赫塞和布兰查德的情境领导理论、豪斯的路径—目标理论、弗鲁姆和耶顿提出的领导者—参与模型等。

（一）菲德勒模型

1962年，心理学家菲德勒提出了“有效领导者的权变模式”，通常被称为菲德勒权变模型（Fiedler Contingency Model）。自1964—1978年的15年，大约有300份研究文献针对这种模式进行了各方面的探讨，从而丰富和充实了这个模式。

这个理论模型指出，有效的群体绩效不仅在于领导者的个性，而且取决于领导者的风格和领导者对情境的控制程度这两个因素的合理匹配。他强调领导者的个性与情境的匹配，认为有效的领导行为不是固定的，它取决于情境。情境要素包括三个方面：职位权力（Position Power）、任务结构（Task Structure）和领导者与成员之间的关系（Leader-member Relations）。其中，（1）领导者与成员的关系分为“好”和“差”。（2）任务结构指任务是否明确与程序化，分为“明确”和“不明确”。（3）职位权力指领导者固有权利和各方面参与程度，分为“强”和“弱”。这样，菲德勒把群体所处的情境分为八种类型，如图9—5所示。

这八种情境中的1、2、3为“有利”的，而8为“不利的”，其他为中间型。在“有利的”和“不利的”情境下都需要“以工作为主”的领导者，而中间状态下需要“以人为主”的领导者。

菲德勒用“最不喜欢的同事问卷”（Least-Preferred-Coworker，LPC）测查和判断领导者最基本的领导风格，并将领导风格分为关系取向和任务取向。如果被试对最不喜欢的同事评价得分高（73分以上），评定越积极，他就可能是一个“以人为主”的、关系取向型的领导者；如果对同事看法比较消极，评分低（64分以下），他就可能是一个“以工作

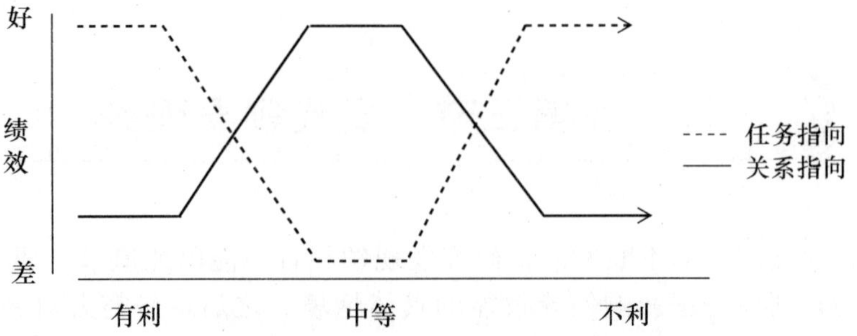

情境类别	I	II	III	IV	V	VI	VII	VIII
·领导与员工的关系	好	好	好	好	差	差	差	差
·任务结构	高	高	低	低	高	高	低	低
·职位权力	强	弱	强	弱	强	弱	强	弱

图 9—5　菲德勒模型图示

资料来源：Fiedler，F. E. (1978). Situational control and a dynamic theory of leadership. In B. King，S. Streufert，& F. E. Fiedler (Ed.). *Managerial Control and Organizational Democracy* (p. 114). New York：John Wiley & Sons.

为主”的、任务取向型的领导。在了解了个体的 LPC 分数，并评估了三项权变因素之后，菲德勒模型指出，当二者相互匹配时，就会达到最佳的领导效果。这样就可以根据情境的需要选择相应的领导者，达到匹配。

通过调查研究，得出的普遍结论也认为，任务取向的领导者在领导成员关系比较好、任务结构比较高和职位权力比较强的情境下以及领导成员关系差、任务结构低和职位权力弱的情境下，工作都会取得比较好的绩效，关系取向的领导会在中等条件下取得比较好的工作绩效。因此，在最有利的领导情境（如 1、2、3）和最不利的领导情境（如 8）下，应采取以任务为中心的领导模式。处于中间状态（如 4，5，6，7）时，应采取以关系为中心的领导模式。

这一理论对组织管理很有现实意义。对不同的部门应配备适应于部门情况的领导，如新建分支机构和原有的部门不同，在安排领导者时也应考虑实际情况，而并不是笼统的“德才兼备”、“有能力”的条件，“万金油”式的领导并不是最理想的领导人选。

（二）情境领导理论

情境领导理论（Situational Leadership Theory）也叫领导生命周期理论（Life Cycle Theory of Leadership），首先由俄亥俄州立大学心理学家科尔曼于 1966 年提出，其后由赫塞和布兰查德（1969）进一步发展，把俄亥俄州立大学的领导行为四分图与阿吉里斯的不成熟—成熟理论结合起来，创造了一个三维结构的领导模型。

赫塞和布兰查德对领导维度的划分与费德勒相同，但考虑的情境不同，提出领导类型应当适应被领导者的成熟度。该理论认为，有效的领导行动取决于员工的成熟度，成熟的员工有强烈的责任感、自信心、自主性和成就感，随着员工由不成熟趋于成熟，领导行为应做出如下改变。他们将下属的成熟度，即个体完成某一具体任务的能力和意愿的程度设定为情境，并根据下属的成熟度界定出四种有效的管理方式：（1）在员工非常成熟的情况下，采取授权的领导方式比较有效；（2）在员工比较成熟的情况下，采用参与的领导方式比较有效；（3）在员工不大成熟的情况下，采取推销的领导方式比较有效；（4）在员工不成熟的情况下，采取指导的领导方式比较有效。

在被领导者趋于成熟时，领导者的行为要做相应的调整，这样才能取得有效的领导。判断被领导者的成熟度，依据的是阿吉罗斯（1961）的不成熟—成熟理论。这个理论将被领导者的成熟度作为一个维度引入领导四分图，于是构成了一个三维结构的领导模型，如图 9—6 所示。

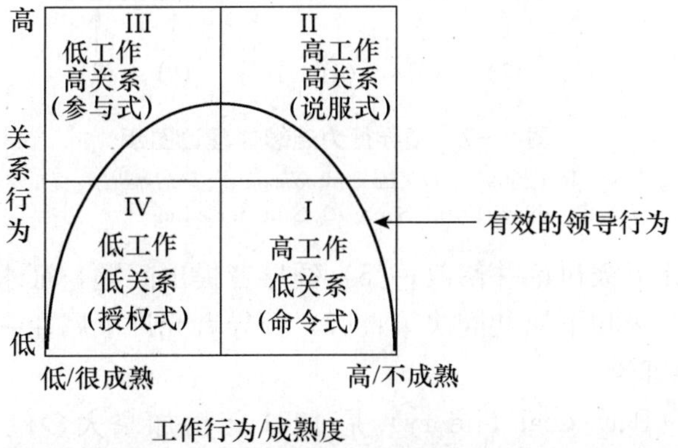

图 9—6 情境领导模型图示

资料来源：Hersey, P., Blanchard, K. H., & Natemeyer, W. E. (1979). Situational leadership, perception, and the impact of power. *Group & Organization Management*, 4 (4), 418-428.

随着被领导者由不成熟趋于初步成熟、较成熟、很成熟，领导方式相应地采用命令式、说服式、参与式、授权式。这样就产生了四种相应的领导类型。

这个理论认为有效的领导行为应该考虑下属成员的成熟程度因素。它的特点是，对不同的下属要根据其不同的年龄、不同的成就感、不同的责任心与能力等条件采取不同的领导行为，实施不同的领导。在组织中员工成熟度总是不会完全相同。对不同的员工要采取不同的管理方式很重要，管理切忌“一刀切”。“一刀切”的管理或者对成熟度较低的员工疏于管理和指导，不但不利于工作，而且不利于员工个人的成长，或者打击和束缚成熟度高的员工，也不利于组织工作。

这个理论认为，人们之所以成为领导者不仅在于他们的个性，而且在于各种不同的情境因素和领导者同群体成员之间的交互作用。他强调的是领导个人的个性与情境的匹配。

（三）领导行为连续体理论

领导行为连续体理论（Leadership Continuum）由坦南鲍姆和施米特（1973）共同提出。他们认为，民主和专制是一个连续统一体的两个极点，领导者可以根据具体情况，选择相应的领导行为。领导风格与领导者运用权威的程度和下属在做决策时享有的自由度有关。在连续体的最左端，表示的是专制领导行为的领导；在连续体的最右端，表示的是将决策权授予下属的民主型领导。在管理工作中，领导者使用的权威和下属拥有的自由度之间是一方扩大而另一方缩小的关系，如图 9—7 所示。

这样就产生了七种主要的领导模式：（1）领导独立做出决策并宣布实施；（2）领导者向下属说明决策，说服下属执行决策；（3）领导者提出计划、决策并征求下属意见；（4）领导

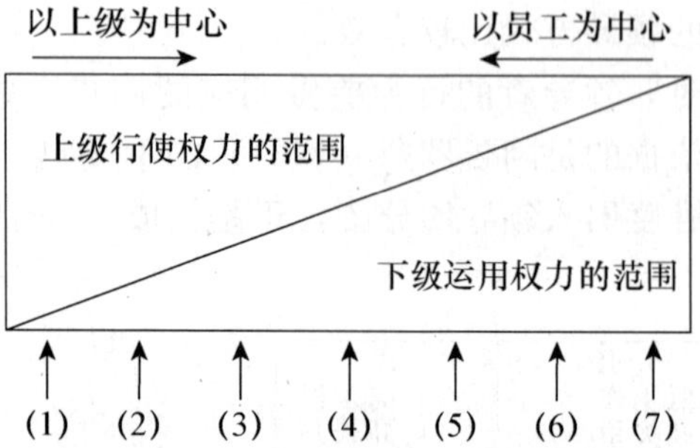

图 9—7　领导行为连续体理论图示

资料来源：Bass，B. M. & Bass，R. (2009). *The Bass handbook of leadership：Theory，research，and managerial applications*. (*4th edition*). (p. 358). New York：Simon & Schuster，Inc.

者提出可行性计划，让下级讨论并修改；(5) 领导者提出问题，征求意见做决策；(6) 领导者界定问题范围，上级和下属共同决策；(7) 领导者允许下属在一定范围内自行决策。

（四）路径—目标理论

路径—目标理论（Path-goal Theory）是 1971 年由加拿大多伦多大学的豪斯提出的（见图 9—8）。它是在动机期望理论与俄亥俄州立大学有关领导行为的研究基础之上发展起来的。期望理论认为，一个人被激励的过程受效价（目标价值）和期望值（对实现目标可行性的估计）的影响。

根据这一观点，路径—目标领导理论（Path-goal Theories of Leadership）认为，一个领导者要能激励部下，必须解决三个问题：一是使部下认识到实现目标后所能获得的利益，二是提高部下对实现目标的可能性的认识，三是要使部下在工作中得到满足，以刺激他们的工作动机。领导者如何才能达到上述目的呢？路径—目标理论认为，必须根据部下的状况和环境采取不同的领导方式。部下的状况主要指部下的人格特性，包括能力、经验、需要等。环境因素包括任务的结构性质、组织的权力系统和工作群体等。

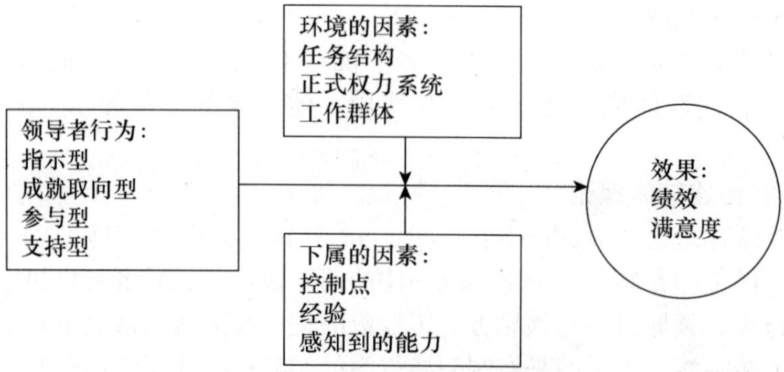

图 9—8　路径—目标理论图示

资料来源：House，R. J. (1971). A Path Goal Theory of Leader Effectiveness. *Administrative Science Quarterly*，*16* (3)，321-339.

根据员工的特点，领导模式可分为：(1) 指示型。职工素质低，任务模糊不清，群体内部存在冲突，由领导完全决策。(2) 参与型。职工有较强的参与意识，决策时可以采纳下级的意见。(3) 支持型。任务明确，程序化管理，职工自觉性强，领导者侧重创造良好的组织气氛（如员工物质条件和精神文化条件的改善）。(4) 成就取向型。职工存在着强烈的自我实现的需要。领导者侧重为下属设置挑战性目标，鼓舞员工。

领导工作的要点包括两个方面：一个是不同类型的下属对不同类型领导的满意度不同。依赖性比较强的外控型下属对指导型领导比较满意。相信自己能掌握命运的内控型下属，他们对参与型领导比较满意。对经验比较丰富或能力比较强的下属，授权型领导比较适合。对经验不足或能力比较差的下属，指导型领导比较适合。另一个是要考虑工作的性质和条件。在工作性质和任务不明确，下属也不知如何做，压力较大时，指导型领导比较适合。在工作性质和任务比较明确，下属也知道如何做时，支持型领导比较适合。当群体成员内部存在激烈的冲突时，指导型领导可能比较有效。组织中的正式权力关系越明确、越官僚化，领导者越应表现出支持型行为，并减少指导型行为。

豪斯认为，领导者的职能就是为下级设计目标和实现目标的途径。领导者的工作是帮助下属达到他们的目标，并提供必要的指导和支持以确保他们各自的目标与群体或组织的总体目标相一致。有效的领导者通过明确指明实现工作目标的途径来帮助下属，并为下属扫清通向目标的各种障碍，从而使下属能顺利达到目标。

(五) 领导者—参与模型

根据下属参与决策的程度，弗鲁姆和耶顿（1973）提出了领导者—参与模型（Leader-participation Model）。

该理论认为领导行为必须根据任务的具体情况加以调整。它提供了根据不同的情境类型应遵循的一系列规则，以确定参与决策的类型和程度。这一决策树模型包含七项权变因素和从完全独裁到群体决策五种领导风格的备选方案。领导者可根据权变因素调整自己的行为。加哥（1995）又对该模型做了修订，并将权变因素扩展为 12 个变量。这 12 个权变因素分别是：质量要求、承诺要求、领导者信息、问题结构、承诺的可能性、目标一致性、下属的冲突、下属的信息、时间限制、地域的分散、激励—时间、激励—发展。

综观上述理论可以看到，特质论提供了一个为组织中的正式领导岗位选拔“正确”人员的基础，强调领导者天生的一些素质；行为理论找到了领导方面的关键决定因素，可以通过训练使人们成为领导者，强调了后天的培养，即通过设计一些培训项目把有效的领导者所具备的行为模式植入个体身上。这种思想可以借助有效的训练，不断壮大领导者队伍。通过培训，我们可以拥有无数有效的领导者。权变理论的核心是确立领导行为的有效性。研究发现，领导的效能并不是完全取决于领导者个人的心理素质，也不是完全决定于固有的领导模式，而是随其他因素，如被领导者与环境的变化而变化。因此，为了使领导行为更加有效，在决定采用哪种领导模式时要考虑三个因素：(1) 管理者的特征；(2) 员工的特征；(3) 环境的要求。领导者行为的有效性要随着自身的条件、被领导者的情况和环境的变化而变化。权变理论关注的是领导者和被领导者的行为和环境的相互影响。该理论认为，某个具体的领导方式并不是到处都适用的，领导的行为若想有效，就必须随着被领导者的特点和环境的变化而变化，不能一成不变。

案例阅读

韦尔奇刚柔相济的领导风格

在GE公司，从秘书到司机、工人，每个人都管韦尔奇叫杰克；每个人都时常看到他急匆匆地穿过走廊，从底层货架上拿起他要买的东西；每个人都经历过手伸进钱袋碰到奖金的惊喜之事。韦尔奇说："关于GE的故事中有一点被忽略了，那就是非正式的价值。我以为这是个了不起的创见，人们可能不知道它的意义所在。"

从那些聚会——每年的1月同510名最高管理人员在佛罗里达州的博卡拉顿举行的会议，到每月一度的哈德逊河畔克罗顿的会议，使得他有机会收集到未经过滤的第一手资料。在这些聚会里，他制定或突然改变公司的议事日程，就公司的战略对公司十几个部门的负责人提出问题并加以考验，在所有人面前露面并发表咄咄逼人的意见。从接过总裁权柄开始，韦尔奇就利用各种非正式方式与公司员工进行交流并随时处理公事。

韦尔奇比大多数人更懂得"突然"一词的价值，他每周都突然视察工厂和办公室，匆匆安排与比他低好几级的经理共进午餐。他还通过传真无数次地向上至高级经理、下至钟点工人的公司员工发出他那独具个人魅力的"手谕"——手写便条。在这些便条里，他有时说些鼓励和鞭策的话，有时则要求员工做一些事情。在他人眼中，韦尔奇是一个既令人敬畏又从无废话的领导。无论是给雇员、经理、总裁，还是董事会的董事的信函，韦尔奇从不用套话。对于韦尔奇手下20多名直接负责人来说，每一次加薪或减薪，每一份奖金，或每一次优先认股权的授予，总要伴随着一次关于期望和表现的坦诚交谈。高级副总裁盖利说："韦尔奇总能刚柔并济，恩威并施。当交给你奖金或优先认股权时，他同时也会让你知道他在来年想要的东西。"

然而至关重要的是韦尔奇熟练地运用奖励来激励下属。尽管去年GE的增薪幅度定为4%，但在无职务晋升的情况下，基本薪水却在一年之中增加了15%，现金奖励在一年中的增幅达到基本薪水不同幅度的百分比。韦尔奇还大大扩充了优先认股权的范围。以前只有高级经理以上的人员才有资格得到，但现在公司固定雇员的1/3人都会持有认股权。

没有什么事情能像审阅现金奖励的GE雇员名单那样让他兴奋不已——并不是因为公司的股票表现多好，而是因为他把财富放进了那些他并不熟悉的人手中。韦尔奇说："这意味着每人都得到了奖励，而不光是我们几个人。这是件了不起的事。我们正在改变他们的命运和生活。他们有了孩子的学费或买下了第二栋房子。这才是乐趣所在，我们人人富有，我们人人是富翁。"

在美国，韦尔奇被认为是全世界最优秀的企业家，因为他"生产"的是人才。许多华尔街专家和GE公司投资者，都把韦尔奇看作是世界上最有价值的公司中最重要的要素。韦尔奇将一生中的大部分时间花费在与人有关的问题上，他认为，他一生中最大的成就莫过于培育人才。在1976年就加入通用电气董事会的米切尔森体会尤深。他说："我参加过好几家公司的董事会，但是通用电气是与众不同的。它的独特之处不仅表现在培养领导人的机制上，这在很大程度上是因为韦尔奇的真知灼见。"在韦尔奇的领导下，通用电气每年投资8亿美元用于培训和领导层的发展，这大概是它研发费用的一半。

韦尔奇说："GE公司是由人才经营的，我最大的成就就是发现了这些人才，韦尔奇凭外表就能叫出至少 1 000 个高级经理的名字，并知道他们负责什么。他还亲自面试申请GE公司500个最高职位的人。韦尔奇对人的重视是无止境的。韦尔奇对人才的选拔不注重学历和资历。韦尔奇坚持认为："关键在于你能干什么。"韦尔奇对人及其表现能力的关注，在公司每年4—5月的会议上得到充分的表现。他和他的3名高级经理一起前往GE的12个业务部门，现场评审公司3 000名高级经理的工作进展，对最高层的500名主管则进行更严格的审查。

韦尔奇还定期亲自在GE公司总部的培训中心给未来的经理们讲课。在过去的十几年中，韦尔奇曾250多次出现在这样的教室里，向GE公司大约15 000名经理和行政管理人员授课。韦尔奇希望每一位潜在的领导者具有以下特点：能量巨大、善于激励他人、天生富有竞争性和表现这些品质的技巧。在这个课堂里，学员们看到了韦尔奇身上的一切：管理学理论家、战略思想家、商学教师和公司偶像。听过他讲课的任何一名学员在离开教室时绝不会无动于衷。

另外，韦尔奇重视"底线"和结果是有名的。公开宣称凡是不能在市场维持前两名的实业，都会面临被卖或被裁撤的命运。裁起员工来，韦尔奇绝不心软。很多通用的员工抱怨韦尔奇要求太严。无论在生产上打破多少纪录，韦尔奇总嫌不够。员工就像柠檬，被韦尔奇把汁儿挤干了。

很多年前，有一位通用的中层主管在韦尔奇面前第一次主持简报，由于太紧张，两腿发起抖。在回程的飞机上，韦尔奇叫人送了一瓶最高级的香槟和一打红玫瑰给这位经理的太太。韦尔奇的便条写道："你先生的简报非常成功，我们非常抱歉害得他在最近一个星期忙得一塌糊涂。"任何一个好的领导人，都懂得用"大棒和胡萝卜"原理去获得一个好的结果。在这方面，韦尔奇是高手。

资料来源：张贯一、任慧军：《组织行为学》，283～285页，武汉，武汉理工大学出版社，2006。

思考问题

1. 分别用俄亥俄州立大学的领导维度理论和管理方格理论描述韦尔奇的领导风格。

2. 从道德角度分析韦尔奇的裁员、对工作的苛求、威严、过重的工作压力这些领导行为。

3. 分别从股东、GE管理者、GE员工、GE企业所在的社区不同的角度评价韦尔奇领导风格的有效性。

二、领导理论的最新发展

早期经典的领导理论分别强调了领导特质、领导行为，以及情境因素对领导行为过程的影响作用，当代最新的领导理论则更多地把领导视为是一种对意义的管理，以及愿景规划的描述和界定。这些领导理论关注的领导类型，其行为的一个共同表现是：领导者使用语言、思想和身体表现来管理自己的组织和队伍。这些领导理论包括：魅力型与工具型领导理论、交换型领导与变革型领导、愿景领导、领导的归因理论、认知资源理论、领导—成员交换理论、道德型领导理论、内隐领导理论、价值领导理论、共享领导理论等。

（一）魅力型与工具型领导理论

不少研究者认为，组织工作的成功，在一定程度上归功于领导者的魅力。例如，近代的一些著名的政治家和社会活动家，如罗斯福、马丁·路德·金、曼德拉以及中国改革开放的总设计师邓小平，都属于有感召力和魅力的人物。这些领袖人物的共同特点是：（1）自信。对于自身的能力充满信心。（2）远见卓识。（3）有对目标的坚定信念，以及承担风险和奉献的精神。（4）具备清楚的表述能力。（5）不循规蹈矩。（6）追求变革。（7）应变与求实。

纳德勒和图斯曼讨论企业变革时，根据领导在变革中的角色对魅力型领导和工具型领导进行了描述。

1. 魅力型领导的特征

魅力型领导理论（Charismatic Leadership）认为，当下属观察到某些特定的行为时，会把它们归因为英雄主义的或者超乎寻常的领导能力。

魅力型领导者一般具有三个方面的特征：提供愿景、鼓舞和注重行动。（1）提供愿景。包括创造未来的蓝图，或者陈述出人们所认同和能激发人们热情的未来状况。通过创造愿景，加强人们的责任感，提供共同目标，并为人们设定成功的途径。这种愿景要有挑战性、意义和值得追求，并且可信。人们必须相信在追求愿景中成功的可能性。（2）鼓舞。领导的角色就是直接为组织的员工提供动力，激励他们行动。不同的领导鼓舞的方式不同，但最常用的方式是领导演示个人的激情和干劲，通过指导个人与大多数人的合作使激情凝聚在一起，表达出他们有能力成功的信心。（3）注重行动。领导从心理的角度帮助人们行动、面对挑战。设想个体有了愿景并受到激励，他们可能在完成任务时需要精神上的帮助。领导必须能够倾听、理解、分享组织的情感。他们要支持员工，更重要的是把他们的信心灌输于人们的心中，使人们有效地工作，坚强地面对挑战。

案例阅读

草根组织的魅力型领导者——林瑞班

1998 年 5 月 9 日，全国首家群众自发组织的三明市无偿献血志愿者协会正式成立，在全国开创了用志愿者形式推动无偿献血事业的先河。这个经过民政局核批的民间社会团体，规模大、人数多、跨行业、时间长，在创始人林瑞班的领导下，有序地开展无偿献血活动，不求回报，不计得失，现已闻名省内外。他们虽然年龄、性别和职业不同，但目标相同：奉献爱心，输送热血，抢救垂危伤病员，帮助医生从死神手里夺回一条条生命。2004 年以来，三明市的临床用血已完全来源于无偿献血。2004 年 10 月 21 日，在北京人民大会堂召开的全国无偿献血表彰大会上，福建省三明市无偿献血志愿者协会及它的创立者——33 岁的林瑞班，同时荣获卫生部、中国红十字会授予的“全国无偿献血促进奖”，这是中国无偿献血的最高奖。2008 年 5 月 11 日，北京奥运圣火在福州传递，拥有“献血英雄”称号的林瑞班在鲜红的“热血”与火红的“圣火”间，谱写了一曲激动人心的红色礼赞。

十几年来，林瑞班用大部分的业余时间开展无偿献血活动，现已累计无偿献血 93 800

毫升。他还经常奔波于捐献骨髓、敬老助残、捐资助学、环境保护、拥军优属、社区服务等公益事业活动，感动、带动、发动了国内外千千万万的人们参与公益事业，先后获得“全国十大社会公益之星”、“中华慈善奖”、“全国无偿献血奉献奖金奖”、“中国优秀青年志愿者”、“福建省优秀共产党员”、“福建青年五四奖章”、“福建省十大杰出青年”、“福建省十大杰出青年志愿者”、“八闽慈善奖”等荣誉；协会先后被授予“全国无偿献血促进奖”、“福建省无偿献血促进奖”、“福建省青年志愿者十大标兵队”等荣誉称号；他的一家被授予“全国五好文明家庭标兵户”荣誉称号；新华社、人民日报、央视国际、中国国际广播电台等中央、省、市几十家新闻媒体报道了他的先进事迹。由于林瑞班的影响，无偿献血志愿者协会这一草根组织在没有任何物质奖励的情况下，依然吸引着无数的爱心人士加入其中。与此同时，各地的无偿献血志愿者协会也如雨后春笋般茁壮成长起来。

资料来源：李建华：《伦理学与公共事务》，267～268页，长沙，湖南人民出版社，2009。

思考问题

1. 林瑞班是如何推进三明市无偿献血志愿者协会扩大、发展的？
2. 要想成为一名魅力型领导，需要具备哪些基本素质？
3. 魅力型领导适合哪种类型的企业？

2. 工具型领导的特征

工具型领导（Instrumental Leadership）具有下列三个特征：（1）结构化。领导投入时间建立团队，这种团队要与企业的战略相协同，同时创建一种结构，在这种结构中能清晰地表达出组织需要什么类型的行为。在这个过程中会涉及设立目标、建立标准、定义角色和责任。（2）控制。这涉及建立测量、监督、行为和结果的评估以及管理行为的系统和程序。（3）一致性的回报。包括对员工行为与变革所要求的行为一致性问题的处理，如奖励或惩罚。

3. 魅力型领导的缺陷

在组织变革过程中，魅力型领导似乎更有效，但魅力型领导有其自身的缺陷：（1）期望的非现实性。在创造愿景和鼓舞员工的过程中，领导创造的愿景可能不现实或无法达到。如果领导不能坚持或完成期望可能会带来反面效果。（2）依赖和反依赖。一个坚强的、明智和充满能量的领导会带来各种心理反应。有时一些个体甚至整个组织都会过度依赖领导，每个人停止创造性行为，等待领导的指示；个体成为被动型和反应型。另一些人可能会因为领导过度强烈的个人表现和错误而引起不舒服感。（3）不同意领导。魅力型领导的赞扬和批评是一个重要的行为，如果员工的观点与领导不一致或冲突，可能会破坏一致性。（4）需要持续的魅力。魅力型领导可能会陷入维持魅力的误区，这会导致领导采取无效的行为，不然，领导的可信度就会受到威胁。（5）潜在的背叛心理。如果事情并不像领导所设想的那样，员工就会对领导有一种潜在的背叛心理，员工会因为自己的期望失败而受到挫伤或被激怒。（6）使以后的领导丧失权力。以后的管理者会丧失权力，因为他们没有方向、愿景、报酬和惩罚机制，只能被动地接受先前领导设定的方向。（7）领导个人能力的局限。当以个人为中心的领导方式建立以后，管理往往围绕个人的时间、激情、技能和兴趣展开，经过一段时间后，不同的竞争环境需要不同的讨论主题，如市场、技术、产品、财务，而这些并非单个个体所能掌握，不同的战略变革需要不同的管理和不同性格的个体，这些都会因为个人对组织的终生领导使战略变革受到限制。

由于存在这些缺陷，企业在变革过程中，仅仅依赖于魅力型领导是不够的。在变革初期，魅力型领导更有效，因为他们能设定愿景，鼓舞士气，但企业变革的后期阶段就需要工具型领导来建立适当的队伍、辨识所需要的行为、建立测量工具、进行奖励和惩罚，确保使员工以前后一致的行为来完成他们的目标。

（二）交换型领导与变革型领导

交换型领导（Transactional Leaders）和变革型领导（Transformational Leaders）这两个概念最早来自伯恩斯（1978）对政治领导类型的划分。

在领导下属交换中，领导者给下属提供报酬、晋升、荣誉等，以满足下属的需要和愿望；而下属则以服从领导命令、完成任务等作为回报。以往的大多数领导理论，如行为理论和权变理论，讲的都是交换型领导。伯恩斯认为，这种领导不是没有效果，但其效果要视领导者与下属之间的关系状况而定。

变革型领导是指领导者通过激励下属士气，帮助下属用新观念看待老问题，使下属看到事业的美好前景而激发出积极性和创造性。

1985 年后，巴斯等人在自己大量研究的基础上，深化和发展了交换型领导和变革型领导理论的内容。他们认为，以往的领导行为研究都把下属的绩效和满意度作为评价领导效能的结果变量，而变革型领导理论则把下属对工作任务的情绪反应、自尊、价值观以及领导者的信任和信心等作为因变量。他们的研究还表明，变革型领导与低离职率、高生产率和高工作满意度的相关，远比交换型领导的高，其效果也远比交换型领导的好。

“交换型领导”与“变革型领导”特点比较如表 9—1 所示。

表 9—1　“交换型领导”与“变革型领导”特点比较

交换型领导	变革型领导
1. 权变奖励：努力与奖励的相互交换原则。承诺对良好绩效给予奖励，认可成就。 2. 主动的例外管理：观察并寻找那些不符合规则和标准的事件，并予以纠正。 3. 被动的例外管理：只有当不符合标准时才实施干预。 4. 自由放任：放弃责任，回避做出决策。	1. 领导魅力：提供愿景规划和组织使命，灌输荣誉感，赢得尊重和信任。 2. 感召力：传达高期望，使用各种方式强调努力，通过简明的方式来表达重要目标。 3. 智力激发：激发智力、深入细致的问题解决活动。 4. 个性化关怀：关注个体，不同员工不同对待，有针对性地给予指导和建议。

测量工具

变革型领导风格量表

巴斯和阿维利欧关于变革型领导的 MLQ-5X 量表包括领导魅力、感召力、智力激发和个性化关怀四个维度。问卷共 20 个题目，使用 5 点计分法。其中：①表示非常不同意；

②表示基本不同意；③表示不确定；④表示基本同意；⑤表示非常同意。

指导语：请根据自己的真实想法或感受，不必参考别人的意见，选择对各项陈述的同意程度并在右侧相应的数字上打钩。

1. 直接上司会谈论他自己认为最重要的价值观和信念	① ② ③ ④ ⑤
2. 直接上司向我灌输“与他共事很光荣”的观念	① ② ③ ④ ⑤
3. 直接上司强调做事要有目标	① ② ③ ④ ⑤
4. 直接上司以集体利益为重	① ② ③ ④ ⑤
5. 直接上司的言行令我尊敬	① ② ③ ④ ⑤
6. 直接上司作决策时会考虑道德和伦理的后果	① ② ③ ④ ⑤
7. 直接上司在我面前展示他的权威和自信	① ② ③ ④ ⑤
8. 直接上司强调集体使命感的重要性	① ② ③ ④ ⑤
9. 直接上司会花时间教导我	① ② ③ ④ ⑤
10. 直接上司把我当作一个独立个体而不仅仅是团体中一员来对待	① ② ③ ④ ⑤
11. 直接上司认可我有自己的需求、能力与抱负	① ② ③ ④ ⑤
12. 直接上司帮助我发挥我的优点	① ② ③ ④ ⑤
13. 直接上司会乐观地谈论未来	① ② ③ ④ ⑤
14. 直接上司会有激情地谈论将要开展的工作	① ② ③ ④ ⑤
15. 直接上司会清晰地描绘激励人心的愿景	① ② ③ ④ ⑤
16. 直接上司会表达出他对目标必将实现的信心	① ② ③ ④ ⑤
17. 直接上司处理问题时会反复斟酌	① ② ③ ④ ⑤
18. 直接上司会考虑从不同的角度解决问题	① ② ③ ④ ⑤
19. 直接上司启发我从不同的角度思考工作中遇到的问题	① ② ③ ④ ⑤
20. 直接上司会建议采用新方法来思考如何完成工作	① ② ③ ④ ⑤

资料来源：Bass，B. M. & Avolio，B. J.（2000）．*Multifactor leadership questionnaire for research*.（pp. 357－360）．Redwood City：Mind Garden.

（三）愿景领导

愿景领导（Visionary Leader）由萨士肯（1988）首次提出，并详细解释了这种领导的特点及其他特征。愿景领导大多具有这样一些能力：为组织中设计一个现实的、可信的、诱人的前景目标，并向人们清晰明确地表达出来，这种目标建立在当前条件基础上，只要人们努力就可以实现。这种愿景一旦被人们接纳并付诸行动，则会产生巨大动力。

愿景不同于基础的目标设置。愿景具有引人注目的鲜明形象，它激发人们通过创造性的方式改善现状，它承认传统并从中取其精华，它与人们可以切实开展的行动相联系从而使变革成为现实，它撞击着人们的情感，调动着人们的精力。它一旦被清楚明确地描述出来，就会使人产生像对待业余运动和休闲活动的那种热情，并把充沛精力和奉献精神带入到工作当中。

愿景的关键性是对他人的感染力，它以价值观为核心；它现实可行；它有着丰富的想象力；它的表达清楚明确。它能够提供一种新秩序，使组织与众不同。理想的愿景要符合时代和环境，要反映出组织的独特性。它具有挑战性。

愿景领导者的品质：(1) 用言语向他人解释愿景的能力。通过口头或书面沟通使人们知道必须做的事情以及想实现的目标。(2) 通过行为表达愿景的能力。不断向人们传递并强化愿景。(3) 在不同领导情境中体现愿景的能力。这是一种确定各类活动的能力，它使得愿景可以应用于不同的情境。

(四) 领导的归因理论

归因理论原是社会心理学中探讨人们行为原因的一种社会认知理论。当用它来探讨和解释领导行为时，形成了领导的归因理论（Attribution Theory of Leadership）。

领导的归因理论认为，领导的主要任务就是对下属的行为作出归因，而领导行为则是对不同归因所作出的反应。领导对下属的行为作出什么样的归因，就会决定领导将采取相应的领导行为。因为准确的归因是有效管理措施的前提。因此，明晰地鉴别下属的行为原因对领导者极为重要，有效的领导者应先正确地鉴别下属的行为原因，而后再采取相应的行动。

归因理论界定，被描述为领导的人一般表现为智慧、友好、率直，具有很强的语言表达能力、进取心，较好的理解力和勤奋。在组织层面，它假定在某些条件下，如组织绩效处于极端状况的条件，员工使用领导归因理论来解释组织结果。当组织中的绩效极低或极高时，员工都倾向于把这些业绩归因于领导。

据此理论，有效领导者的最重要特点就是，展示领导者的外在表现而不是关注实际成就。

(五) 认知资源理论

近年来，菲德勒与其助手乔·葛西亚对于过去的理论进行了重新修订。他们关注的问题是，在非常不利的情境中压力的角色，以及领导者的智力和经验水平是如何影响到他面对压力时所做出的反应。他们将这一重新修订的思想称为认知资源理论（Cognitive Resource Theory）。

这一理论的核心是：压力影响着领导者理性的思考。在压力状态下很难进行理性的、分析性思考。在低压力情境和高压力情境下，领导者的智力和经验的重要性对他的领导效果是不同的。按照他们的观点，情境中的压力水平决定了个体的智力和经验对于领导有效性的贡献。也就是说，在高压力情境下，领导角色中的聪明个体比那些不太聪明的对手干得更差。当压力较低时，有经验的个体比那些没有经验的人干得更差。

这一理论虽然新近才出现，但已经得到了大量研究证据的支持。

(六) 领导—成员交换理论

领导—成员交换理论（Leader-member Exchange Theory）由格里恩（1995）提出。该理论认为，日常工作中，由于时间压力，领导者往往与下属中少部分人建立特殊关系，这些下属就成为圈内人士。他们受到信任，得到领导更多的关照，也更可能享有特权，得到的绩效评估等级更高，离职率更低，对领导更满意。而其他人员则成为圈外人士，他们占用领导的时间较少，获得满意的奖励机会也较少。领导—成员交换理论如图 9—9 所示。

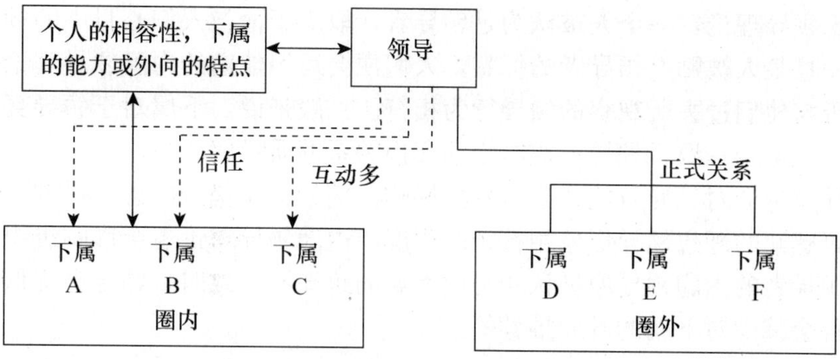

图 9—9　领导一成员交换理论图示

资料来源：Graen，G. B. & Uhl-Bien，M.（1995）. The Relationship-based approach to leadership：Development of LMX theory of leadership over 25 years：Applying a multi-level，multi-domain perspective. *Leadership Quarterly*，6（2），219-247.

（七）道德型领导理论

道德型领导（Ethical Leadership）这一概念最早由恩德勒（1987）提出，他将其定义为一种在管理决策和实践过程中参照道德规范和原则的思维方式。特雷维诺等人（2000）提出，道德型领导具有双重角色，即道德的人（Ethical Person）和道德的管理者（Ethical Manager）。由于领导者是组织的核心，其价值观、信念和行为会对组织的道德气氛产生重要影响，因此道德因素在领导研究中受到越来越多的重视。

道德型领导具有正直、诚实、体恤、关爱社会等特征，并且会做出公平、有原则的决策，这种领导通常会设置明确的道德标准，而且会采取措施确保这些标准得以执行等。

瑞思科等人（2006）通过研究，认为道德型领导者具有五个方面的特征：（1）品格高尚和正直；（2）具有道德意识；（3）以人/社区为本；（4）善于激励和授权；（5）负有管理道德的责任。

与其他类型的领导相比，道德型领导会展现出诚实、公正和可信等道德原则而做出公平和公正的决定，他们会进行道德方面的沟通，奖励具有道德行为的员工，通过交易手段强调道德管理，例如，奖励、惩罚，因而，道德型领导能够有效地提高组织效能。

（八）内隐领导理论

内隐领导理论（Implicit Leadership Theory）集中探讨了人们内心的领导概念结构问题，是个体用于区分领导者与非领导者类别的“标签”。格雷夫斯、斯滕伯格等人分别于1982 年、1985 年对内隐领导理论的定义进行了论述，他们认为内隐领导理论是探明人们“内心”关于领导概念的结构，这种结构以某种形式已经存在于人们的头脑中，它既含有领导者是什么，又含有领导者应该是什么样的。对实际的领导行为的感知和描述，将受到这种领导内隐理论的影响。格雷夫斯等人还提出，内隐领导理论由三个因素构成：工作热情、参与、激励。

内隐领导理论的形成及发展来自三个方面：一是人们对领导者的认知经验的积累程度的不同；二是认知主体价值观或人格的差异；三是不同类型领导者影响人们对领导者认知经验的获得。

根据内隐领导理论，一个人被认为是领导者，取决于他与人们心目中的领导图式相吻合的程度。一旦某人被贴上领导者的标签，人们便会运用他们的内隐领导理论去衡量这个人的行为是否与他们过去所观察的领导行为相符。一般来说，下属对于领导真实行为的感知与内隐领导理论越一致，领导—成员之间交换关系的质量就越高。

内隐领导理论会对领导效能产生深刻的影响。例如下属是否愿意接受领导的影响取决于领导与下属感知的理想领导形象相符合的程度。内隐领导理论也会影响组织的各种绩效评价，如当领导者的内隐领导原型认知与对下属的感知不一致时，领导会降低对下属绩效的评价，并且会减少对下属的升职推荐等。

（九）价值领导理论

价值领导理论也被称为基于价值观的领导理论（Value Based Leadership Theory），20世纪90年代中期，美国宾夕法尼亚沃顿商学院的豪斯及其同事基于以往的领导理论和多年的实证研究提出了这一理论。该理论认为，领导与其下属之间是以价值为基础的关系。以价值观为基础的领导，通过明确表达愿景，向组织和工作注入价值观，他们与跟随者持有的价值观和情感发生共鸣，从而唤醒跟随者对集体和集体愿景的认同，致使跟随者的自我效能感和自我价值得到提高。

这种领导的基本特征是：拥有健康的人格、自信心、影响力、领袖魅力等。其相应的领导行为表现为：能清晰地表达组织的愿景规划；向下属展示自己的良好素质和对愿景规划不懈的追求；向员工传递高层期望，并表达对员工实现目标具有高度信心；将富有创造性的人团结在领导者的周围，并为组织效力。

在该理论框架下，优秀领导者的作用就是利用组织的群体力量塑造出一定的价值观并加以引导，通过缔造优秀的理念来使员工实现自我控制，组织能够做的只是提供发挥人才能力的平台和条件。管理者的作用是把自己变成领导者，变成下属的老师或教练，采用育才导向型的领导方式。因此，领导者应该从领导的思想出发，通过建立共享的价值观，使员工认同、接受并践行组织的价值观，在共同价值观的指引下，实现个人与组织的目标。

（十）共享领导理论

共享领导（Shared Leadership）是将领导权在团队中进行分享的一种领导模式。20世纪90年代开始，对共享领导的内涵进行了广泛的探讨。达成的共识有：第一，共享领导是一种建立在责任承担基础上的领导模式。该模式要求团队所有成员必须主动参与到工作中，相互影响，实现团队的目标，其核心概念包括：承担责任、伙伴关系、平等和主动性。第二，共享领导是一种知识分享过程。该过程主要包括两个方面：一是将领导者的工作职责与下属进行共享；二是将共享领导视作一个共享过程，共享经验、知识和信任等，让所有成员都参与决策。

总之，共享领导是一种建立在共同管理哲学基础上的管理模式，这种理念假设，参与工作的团队成员都能理解如何改善工作流程来取得良好绩效，主要表现为尊重、倾听、鼓励他人、分享知识和成果，并最终影响决策。

三、领导理论在中国的研究

领导现象的存在并不受国界的阻碍，然而领导的内涵、领导的风格等却颇受文化的影响，例如选择何种领导风格，在多数情况下会反映出其所处的文化影响，而不完全由个人意志决定。西方的领导理论是基于西方文化创立的，其是否适用于东方文化背景有待进一步检验。

国内对领导心理与行为的理论与实证研究在过去几十年间同样取得了很大进展，特别是20世纪80年代中后期，形成了一股领导心理与行为研究的小高潮，一些研究还取得了国际认可，特别是CPM理论、内隐领导理论和华人家长式领导理论更是开创了领导理论本土化的先河。

（一）CPM理论

徐联仓等人于20世纪80年代研究了PM理论，并根据中国国情对PM量表进行标准化。后来凌文辁等人（1987）还探讨了领导行为评价的中国模式问题，增加了品德维度，经过多年探索，得出了中国领导行为的三因素，提出了CPM理论。

CPM理论包括三个因素，即个人品德（Character and Moral）、工作绩效（Performance）、团体维系（Maintenance）。个人品德的评价将如何处理公与私的关系作为内容和依据。CPM理论模式如图9—10所示。

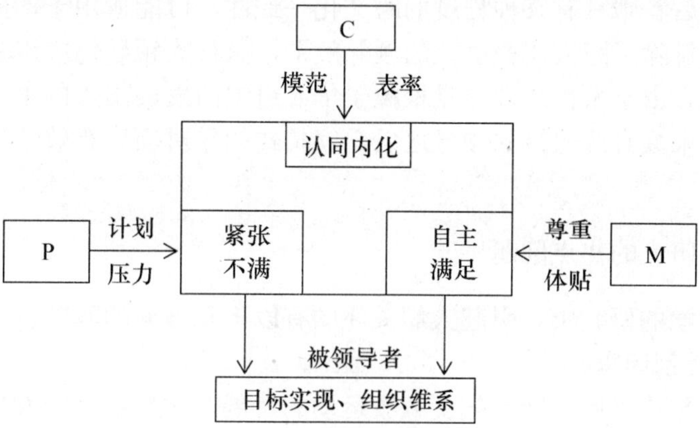

图9—10　CPM理论模式

资料来源：凌文辁，陈龙，王登：《CPM领导行为评价量表的建构》，载《心理学报》，1987（2）。

（二）内隐领导理论

CPM领导理论是基于领导外在行为而构建的，然而，在人们的心目中，领导应该是什么样的？换句话说，人们心中理想化的领导形象是什么样的？为此，凌文辁（1991）根据内隐领导理论思想，以中国管理者为样本，开展了中国人内隐领导理论研究。通过开放式问卷搜集2 546个条目，并对条目进行频次分析、合并归类，最后使用163个条目编制成测量量表进行大规模的施测。因素分析结果表明，中国人内隐领导的心理结构由四项因素构成，它们分别是：（1）个人品德；（2）目标有效性；（3）人际能力；（4）多面性。研究发现，个人品德因素的方差解释率达到35.79%，高于其他三个因素。由此可见，中国人心目中对领导的评价首先考虑品德因素。

（三）华人家长式领导理论

郑伯壎等人（2000）以华人家族企业为研究对象，对华人家族企业领导进行了研究。

研究发现，华人家长式领导是一种非常独特的领导方式。基于华人家族企业是处在一种泛家族主义的氛围下，其领导方式和领导风格更多地表现出父亲般的关怀和威严。除此之外，父亲般的道德更成为领导典范。通过问卷调查研究并进行探索性因素分析发现，家长式领导是一种三元领导模式：威权领导、仁慈领导和德行领导。其中，威权领导是指领导者强调其权威是绝对不容挑战的，对下属会做严密的控制，要求下属毫不保留地服从；仁慈领导是指领导者对下属提供个别、全面而长久的关怀；德行领导则可描述为领导者必须表现出更高的个人操守、修养，以及公私分明。德行领导处在最高层，具有统领威权领导和仁慈领导的作用。德行领导分别在威权领导和仁慈领导中得以体现，只有在德行领导的“德”字端正的前提下，才有资格来讨论威权领导和仁慈领导。失去了道德也就彻底失去了领导的威信，其仁慈的一面也会由此黯淡。

郑伯壎进一步指出，家长式领导虽然是一种根植于中国文化传统下的领导概念，但在本质上也反映了现代组织的特性。在现代组织中领导者的任务是大同小异的，包括指挥、组织、影响、决策及控制等，在这一方面很少会受东方或西方文化的影响。因此，家长式领导的内涵亦应包括本土特殊性与跨国普遍性两类领导行为，前者可能只适用于具有中国文化传统的组织，后者则具有某种程度的跨文化一致性，可能适用于不同文化的组织。在领导有效性方面，排除了跨文化普遍性的领导效果，家长式领导仍应该表现出其独特的作用和效果。也就说，由于家长式领导是根植于华人组织而发展出来的本土概念，因此，在控制了西方发展出来具有普遍性的领导之后，家长式领导对领导有效性仍应具有显著的独特效果。

四、当前领导研究的焦点问题

在当前领导科学的研究中，引起人们关注的有以下几方面的问题。

（一）领导的性别因素

自 20 世纪 70 年代以后，随着妇女解放运动的发展，越来越多的女性进入到组织的领导层。那么探讨女性是否能够胜任领导职位、两性领导风格是否存在差异，以及女性领导是否能够促进组织的高绩效和提高员工满意度等方面的问题，就成了研究者未来努力的方向。这类研究也可以帮助组织在选拔和培养女性领导方面作出科学的决策，具有重要的理论和实践意义。

（二）通过授权而领导

海底捞火锅的成功使一些企业进行反思并开始使用领导授权。越来越多的研究者开始重视领导的授权，探讨权力的下放、层级领导和垂直领导问题，关注授权与团队绩效的关系。现阶段由于种种原因，授权领导行为的应用严重滞后于理论研究，希望理论研究的继续深入也可推进授权领导行为在企业中的广泛应用。

（三）追随者因素

在领导实践过程中，追随者与领导者共同构成领导活动的主体，追随者的性格特征、追随能力、价值观念、潜在权力以及与领导者建立的各种关系都会对领导者、领导活动和领导效率产生重要的影响与作用。关注追随者问题的研究，不仅使我们能够在理论上明确追随者的深刻含义及在领导活动中的重要地位，而且将有益于指导领导实践活动，对领导效率和组织绩效的提高具有极大的现实指导意义。

（四）跨文化的领导

各种领导理论提供的一些领导行为原则，并不是在任何组织中都是准确的。大型跨国组织的增加，不同国家和地区社会文化的巨大差异，为有效领导风格的选择增加了很大的困难，也给领导理论的研究提出了机会和挑战。因此研究领导中的文化问题，揭示不同文化中的差别和特定文化，对常驻他国的领导者有帮助。

（五）领导理论研究的融合

通过前面对领导理论研究的了解，大家知道无论是传统的理论，还是当代新发展的理论，都是从某一个角度或侧面对领导的问题进行了探讨，结果也只是提出了一些作用有限的指导原则。尽管像 CPM 领导模式在理论融合方面做了一些尝试，但仍然没有提供一个更为统一和适用任何情境的理论模式。研究领导特质如何影响领导行为，以及确定领导者、下属和情境三者之间在一个更为普遍的背景下的相互作用，建构一个完善的领导理论框架，用来指导领导者的选拔、培训工作，从而达到对领导者行为的改善，将是未来研究者努力的目标。

领导现象是一个极其复杂的问题，领导既是科学又是技能，它既需要理论指导，又必须经实践而获得经验。只有理论而无经验当不好领导，只靠经验会导致片面化。对于实践中的领导者而言，应该用领导理论来指导自己的实践，取得成功。

第十章

领导行为

海底捞为何如此成功？老板张勇对下属的大胆授权可谓是最大的一个亮点。在海底捞，副总、财务总监和大区经理有100万元以下开支的签字权，大宗采购部长、工程部长和小区经理有30万元的审批权，店长则有3万元以下的签字权。而对于海底捞的一线员工来说，他们也同样有着比同行大得多的权利，即免单权，他们只要认为有必要，就可以送顾客一些菜，甚至免掉一餐的费用。张勇认为，顾客从进店到离店始终是和服务员打交道的，如果顾客对服务不满意，一线员工是最清楚的，把解决问题的权利交给他们，他们才能最大限度、最快速地消除顾客的不满情绪。

海底捞的经验给大家什么启示？领导应如何行使权力？是将权力集中还是给下属下放权力？如何充分发挥领导权力的作用，实现领导效能，达成组织目标，这是每个领导不得不思考的问题。本章将主要阐述与领导权力、组织政治行为、领导效能相关的内容。

学习要点

1. 了解权力的来源、种类，不同的领导角色，以及组织政治行为发生的原因。
2. 理解不同的权力模式以及不同的组织政治行为策略类型。
3. 掌握运用权力的方法，以及领导效能的评定方法。
4. 掌握权力使用技巧以提高领导效能。

第一节 领导权力

一个人影响和改变他人或群体行为的能力就是权力（Power）。这种影响使他人能够做在其他情况下不可能做的事。权力引起的反应是服从。

一、权力及其本质

权力是一种影响力。影响力（Influence）是一个人所具有的不依靠职位权力或角色权力就能让人做事的能力。影响力是一种取决于个人品质的能力，它可能来自于个人的品德，此外，技术权威、技能、社会关系等也是影响力的源泉。

权力无好坏之分，只是行使权力的结果有好坏之分。缺少权力的人会感到无助，不能支配自己的行为、被动；相反，拥有权力的人则会主动得多。权力带有情境性。它可能在一种情境下有效，换另一种情境则可能变得无效。比如，管理者有权干预组织中员工的工作，但无权干预他们的私人生活。权力的影响有时是直接的，有时是间接的（潜在的）。在工作中领导者使用权力指导员工的工作，这是一种直接的影响。但如果员工在工作中说闲话，领导无意之中走过来，员工间谈话的内容迅速改变为与工作相关的话题，这种行为的改变是权力的一种间接影响结果。权力的大小依赖于别人对权力拥有者的依赖程度，比如，员工认真工作是因为领导会给予奖励。权力的大小依赖于个人拥有或具备的素质。

权力的行使和运用就是对他人施加影响力的过程，如图 10—1 所示。每个人都有权力的欲望。比如，影响和控制他人、在群体中寻找领导地位、说服他人、被别人接受。

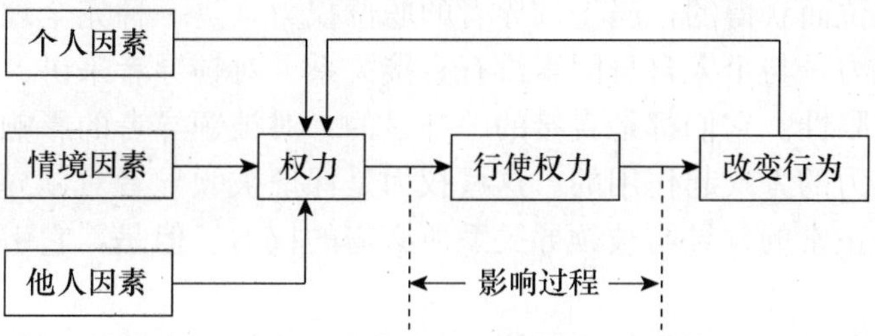

图 10—1 权力行使过程

权力可以分为多种类型。麦克利兰的成就需要论（Theory of Achievement Need）中提到了两种权力类型：一种是统治动机，即粗俗，好斗，拒绝进入组织和群体，以个人因素影响员工等；另一种是创造良好的气氛，下属对责任和组织的概念都有良好的认识。权力倾向性可分为个人权力倾向和社会权力倾向。个人权力倾向是指支配他人，并使之服从，位于依靠权力拥有者的地位；社会权力倾向是一种成熟的表现，行使权力会给他人带来好处，对组织有利。

权力存在于个人、组织、群体、部门等各个层次。对个人来讲，权力是领导者作为实现组织或群体目标的手段。管理者必须具备权力，但这些能力并不是抽象地存在着，它们必须体现在管理者处理其工作的方方面面的关系中。权力的本质是一种奖惩能力，它来自于依赖性。依赖是权力的关键，它由资源的重要性、稀缺性、不可替代性决定。可以看到，权力通常通过对某些重要资源的控制达到对人的影响。“在失明者的国度里，独眼者就是国王”这句西方谚语讲的就是这种情况。

二、领导者权力的来源和种类

领导的权力来源于三个方面：（1）职位权力。指拥有某种职位后获得的权力，这种权力是正规的，也是合法的，权力的大小取决于在组织中或工作中的职位，比如对员工的管理、控制、奖励、惩罚等。(2) 个人权力。某一领域的专家、领导魅力、在同事中属于中心人物，都可带来这种权力。(3) 基于资源或信息基础上的权力。比如，个人具备的不可替代的能力、掌握的独特信息等。

根据前面对权力来源的分析，社会学家弗伦奇和瑞文（1959）提出权力分为五种。这五种权力又可以分为职权和权威两大类。

职权是一种基于个体在组织中所居职位而拥有的合法权力。职权是根据组织结构的需要而设计的，它使得组织中的职位能够不依赖个人的去留而影响其运作，从而维持组织的稳定性。职权包括法定权力（Legitimate）、奖赏权力（Reward Power）和强制权力（Coercive Power）。法定权力是由上级和组织赋予，并由法律、制度明文规定的职位权力。人们出于传统的观念而接受其影响。这种权力来自领导者的职位、头衔、资历以及传统因素的影响。奖赏权力是指给予下级物质或精神奖励的权力。它使人们出于追求需要满足的愉快而乐于接受影响。它来自领导者对下属物质、精神上的奖励和诱惑。强制权力来自下属对可能受到惩处的畏惧感。剥夺下级的需要满足使其在物质上蒙受损失，或精神上失去有价值的东西。它使人们感到恐惧，出于免受痛苦而被迫接受其影响。这三种权力是由于个人居于某个正式职位而获得的，属于领导者的职位权力，是一种完全理性的影响力，是由组织赋予的角色权力，与个人自身因素没有直接关系。对领导者来讲，这些权力的时间和范围都有一定的局限性。它们都是直接的、外显的，对被领导者的影响带有强制性、不可抗拒性，是以外推力的方式起作用的。这些权力是保证被领导者对领导者的基本服从，是维持一个起码的、正常的领导与被领导关系所必需的权力。但是，它引起的只是个人外部的机械的服从。

与建立在强制基础上的职位权力不同，权威或威信更多是建立在信任与敬佩的基础之上的，更多与个人特征有关。权威包括参照权力（Reference Power）和专家权力（Expert Power）。参照权力来自领导者良好的品德特征和模范行动。领导者因个人的智慧和品德而获得下级的认同，成为其行为楷模。这是由信任、钦佩而产生的模仿和追随欲望，从而主动接受影响。专家权力来自领导者丰富的知识以及管理方面的技能。指领导者因具有专门的知识、技能而获得下级的尊敬和信赖，依靠其指明方向。这是由对知识的力量和成功的期望而产生的尊敬和追随的愿望，从而主动接受其影响。权威来自领导者个人自身的知识、才能，尤其是吸引人的个性品质。这种权力更多地关系到人的感情，因此能改变人的信念、态度，进而改变行为，而且这种改变是长期而稳定的。它是一种内隐的、间接的、以内推力的方式起作用的权力。以上两种权力属于个人权力，又称非权力性影响力。

对于领导者来说，职位权力和个人权力都不可缺少，但后者对领导影响力而言，更是一个长期与持久的因素，对领导行为效果能产生重大影响。

三、权力模式

每一种权力都有不同的特征和作用，因此，在管理上要考虑怎样对各种权力进行整合才更有效。一般来说，折中主义的最好。

以合法权为顶点，以模范权和专长权构成的权威作为底边的权力三角形，是一级权力组合，奖赏权和惩罚权是二级权力组合，在中间对外围的三种权力给以支撑。当一级组合的权力不足以使被领导者服从时，就启动二级组合来维持合法的地位和应付各种挑战。合法权力越得到权威的支撑就越有力，而权威匮乏者就缺少支撑的力量，于是就不得不经常借用奖惩权力来维持其合法地位。因此，在现实生活中，越是没有本领和威望的领导者，越是爱用奖惩。

领导者应丰富自己的权力资源，而且主要依靠权威的建设来构建自己的权力。

四、组织中权力的分配

（一）集权与分权

法约尔在《工业管理与一般管理》一书中归纳了管理的若干条原则，其中就提到了集权与分权原则。

1. 集权的含义和特点

集权（Concentration of Power）是指决策权一定程度地集中在组织系统中的较高层次的管理者手中。对组织来讲，把权力集中在个人或少数人手里这种集权某种程度上是必要的。如果最高主管把他所拥有的职权全部委派给下属，那他作为管理者的身份就不复存在，组织也不复存在。

集权在组织管理中有时有一定优势。例如：对于地点相对分散的组织，有时候无法负担某些技能与技术，而且不现实；分散经营通常也会增加营业费用和人员，而产品、资金及监控等方面的协调也增加了分权经营的成本；网络通讯技术的最新发展，使得由中心地点处理资金、信息、信用状况、数据变得快捷容易，为管理权力的集中提供了可能。因此，根据组织情况，适当的集权对管理是有效的。

过度集权也会产生一些弊端：（1）不利于合理决策。要做到正确、合理的决策，组织的最高管理层必须迅速、准确地把握组织的具体情况，而且各项决策与命令更需准确及时地传达到下属各执行单位。然而，在过度集权的管理体制下，随着组织规模的扩大，组织最高管理层的领导者很难再一一把握下面的具体情况，高层领导就会显得心有余而力不足，而且往往会因层次过多造成信息失真，这就无法保证正确决策。（2）不利于下属积极性的发挥。高度集权，把几乎所有的决策权都集中在最高管理层，结果会使中下层管理者变成纯粹的执行者，他们只能按照上面的指示、命令和规定的程序行事，没有任何的决策权、发言权和自主权，这些中层领导者就只能上传下达和被动执行，积极性和创造性受到压抑，工作热情低下，对组织关心的程度减弱。（3）阻碍信息交流。在高度集权的组织里，由于决策层与中下层的执行单位之间存在多级管理层次，信息传输路线长，经过环节多，因而信息的交流比较困难，使下情难以上传。如果高层管理者官僚主义严重，又可能在组织内部造成一种欺上瞒下、阿谀奉承的不良风气，最高层领导者就会对下面的实情一无所知，势必会导致他们做出与违背事实的错误决策，这种错误的决策会给组织带来致命的，甚至是毁灭性的损害。（4）助长组织中的官僚主义。过度集权的管理体制，势必需要制定许多烦琐的办事程序和各种各样的规章制度以确保权力的实现，而这极易助长官僚主义作风，使组织机关化，办事公式化，使组织显得毫无活力。

2. 分权的含义和特点

分权（Separation of Power）就是指权力的分散化，把决策权分散到较低职位的管理者手中。组织领导层把其决策权分配给下级组织结构和部门的负责人，以便他们能行使这些权力，支配某些组织资源，自主解决某些问题，完成其工作职责。一个组织内部要实行分工，就必须分权，否则，组织便无法运转。

当高级领导层下放决策权时，必须同时保持对下层工作和绩效的控制，确保分权的效果，不能使权力使用过于泛滥。

分权具有特别的优势。它能减轻最高管理层某些决策上的负担并迫使高层管理人员放权；在决策上给管理人员更多的自主权和独立性；促进建立和运用可能增进人们积极性的广泛控制机制；鼓励制定决策和承担职权的责任，分权将权力分散至某个具体责任人的身上，避免了互相推卸责任的状况；能做到对各个组织单位的执行情况进行比较，各个组织在相同的情况下开展工作，可以看出哪些组织单位的执行情况比较好，也便于各个组织部门之间相互借鉴；有助于产品多样化，避免产品的同一化；促进一般管理人员的培养，并且有助于适应飞速变化的环境。

分权也有它的局限性。比如，分权使得实现统一的政策更加困难。各个单位有了职权以后，组织中会产生"勾心斗角"的情况，各自为政从而影响统一政策的实现；增加了分权组织单位协调的复杂性；可能导致上层管理人员的部分权力失控；可能受到控制技术不足缺少合格管理人员的限制；培训管理人员需要大量费用；也可能受到外部力量的限制，受到计划性与控制制度不够充分的约束等。

3. 集权与分权的平衡

集权与分权是相对的，对于组织来讲，二者都很必要，也很重要，缺一不可。提倡集中不集权，分权不分散。应该由下级获得的权力而过于集中，那是上级的"擅权"；同样，应该由上级掌握的权力而过于分散，那是上级的"失职"。集权与分权各有利弊，完全集权和完全分权都不可行，因此，要因时而异地制定集权策略或分权策略，在一定时期内和一定的环境条件下，组织可以改变策略，制定最符合特定情况下的集权和分权策略。循环采用集权或者分权能带给企业诸多生机与活力。当然，做好控制和监督工作十分必要。

那么，究竟是采用集权还是分权，在决定时需要考虑这些因素：（1）组织规模。规模较小的组织应适当集权，规模较大的组织应适当分权。组织规模扩大后，集权管理不如分权管理有效和经济。组织的规模越大，组织的层次和部门会因管理幅度的限制而不断增加。层次增多会使上下沟通的速度延缓，造成信息延误和失真。因此，为避免上述现象，最高管理层应向下分权。（2）组织成长。从组织成长的阶段看，在组织成立初期，通常采取和维护高度集权的管理方式，随着组织的成长，会逐渐转向分权管理方式。从组织成长的方式看，组织是从内部发展起来，由小组织发展为大组织的，则分权的压力越小；组织是通过由合并的方式发展起来的，则分权的压力越大。（3）政策统一性。如果高层领导者希望整个组织采用一个统一的政策，则必须趋向于集权化。反之，则必会放宽对职权的控制程度。专制独裁的领导不能容忍别人触犯他们的权力，往往采取集权式管理；反之则趋于分权。（4）决策的代价。决策付出代价的大小，是决定集权与分权的主要因素。有关组织长远性和全局性的决策，权力应适当集中；有关执行性和业务性工作，权力应适当分散。一般说，决策失误的代价越大，对经济标准和信誉、士气等无形标准影响大的决策，越不适宜交给下级人员处理。(5) 生产技术特征。产品品种单一、技术复杂程度和生产连续性程度强，集权程度要高一些；反之，则可低一些。(6) 人员的“质”和“量”。在一个组织中，如果人员的“质”和“量”不高，则会限制分权，采用集权。如果领导人员的数量足、管理水平高，经验较丰富，素质高，运用的管理方式和工具较先进，分权会较多。(7) 职能领域。组织的集权与分权程度也因职能领域而定，有些职能领域需要更大的分权，有些则相反。

集权与分权的运行功能和价值追求不同。集权的目的，在于保证组织的统一指挥。分权的目的，在于调动下级的工作积极性和发展下级的创造性。在组织管理体系中，“一放就乱，一统就死”是极容易发生的现象。因此，不能盲目地追求集权或分权，要注意集权与分权的平衡性。

案例阅读

杯酒释兵权

在中国古代宋朝初年，两度为相的王曾所写的《王文正公笔录》中记载：“太祖创业，在位历年，石守信、王审琦等犹分典禁兵如故。相国赵普屡以为言，上力保庇之。普又密启请授以他任。于是不得已。召守信等曲宴，道旧相乐。因谕之曰：‘朕与公等昔常比肩，义同骨肉，岂有他哉？而言事者进说不已。今莫若自择善地，各守外藩，勿议除替。赋租之入，是以自奉，优游卒岁，不亦乐乎？朕后宫有诸女，当约婚以示无间，庶几异日无累公等。’守信等咸顿首称谢。由是高、石、王、魏之族俱蒙选尚。寻各归镇，几二十年，贵盛赫奕，始终如一。前称光武能保全功臣，不是过也。”

这段文字描述的是公元 961 年，宋太祖赵匡胤与当时事实上还未任相的赵普商定计策，召集禁军将领石守信、王审琦等宴饮，威胁利诱，以高官厚禄为条件，解除了高阶军官们的兵权的故事。公元 969 年，宋太祖用同样的手段，为加强中央集权统治，防止分裂割据，又罢免了王彦超等节度使，解除了他们的藩镇兵权。

这个故事被后人称为“杯酒释兵权”。它是宋太祖赵匡胤为了加强中央集权，同时避免别的将领也“黄袍加身”，篡夺自己政权的一个政治策略。这种集权谋略，使其皇权得到了进一步加强，统治地位更加巩固。

（二）授权

授权（Empowerment）就是在可控的基础上把权利分配给相关人员。它使个人承担权力和责任，以自主的方式进行思考、决策、采取行动、实施控制的过程，达到组织成员能够自我管理、自我控制和自我实现的状态。

一个组织中需要面对和处理的问题很多。作为领导者不可能也无必要事事过问，这样会使其陷入琐细事务之中，还会使下属无所适从。要提高领导效能，领导者必须善于分清并抓住主要问题，同时善于授权，将次要问题和他人会干得更好的问题交付他人。这样，一方面能使领导者从众多琐事中脱身，集中精力思考最重要的问题，把握住对组织发展来说最关键的地方，另一方面也有利于增强下属和成员的效能感，充分调动员工的积极性，让员工感觉到通过自身的努力能够为组织做出适当的贡献。尤其在当代，社会发展的专业化倾向日益增强，从事特定岗位对专门信息掌握的要求不断提高，及时而充分的授权对保证领导高效活动更显重要。在充分授权的同时，还要注意必要的控制，确立相应的控制标准，及时把握事务的发展动向，以使事务的运转沿着领导者期待的方向进行。

授权绝不是管理者向其下属赋予有限的决策与行动权力那么简单，它是一个过程。授权有一整套的规章制度去规范，它要求员工在规范的框架下行使分配的权力。高层领导不可能事事亲为。有效授权对管理者、员工及组织各方都有利。对于领导，授权可以让他们有较多工作时间做战略性思考。对于员工，授权可以让他们学习新的技巧和专长，让主管及员工都有机会发展能力。对于组织，授权可以增进整体的效能。

授权必须可控，否则分权和授权就会很危险。领导者要做到合理授权，应该要学会：(1) 分配任务。根据不同的人分配不同的任务，还根据工作的性质灵活地授权。(2) 委任权力。指与基层管理者和员工共享权力。对于工作中的问题应征询员工的意见，对于属于员工自己专业领域的问题要给他们充分的权力。(3) 明确责任。管理实践表明，有一部分高层主管，由于自己不会授权、担心下属干不好、找不到合适的人选、权责不对等原因，不愿意或不能进行合理授权，被繁杂的事务缠身。思科总裁约翰·钱伯斯认为，最优秀的领导并不需要大包大揽，事必躬亲，其关键作用在于如何把人员按其承担的责任和任务合理地进行统筹安排。

（三）权力的配置与运用

1. 权力的配置

领导班子的权力配置合理与否，直接关系到组织能否协调、有效地运转。

权力配置应遵循两个基本原则：(1) 分权制衡原则。将权力科学、合理地分配给不同的人员和领导机构来行使，特定人员和机构只能行使特定的权力，任何一个机构和人员既不能独揽全部权利，同时也不能替代其他人员行使权力。在分权基础上，为了保证各个领导正确地行使职权，就必须通过一定的组织形式使他们的权力受到一定的制约，在他们之间形成一个互相依赖、互相作用又互相制约的组织系统，通过权力的制约，达到平衡目的。(2) 民主效率原则。效率优先是分配权力的重要原则，以最少的投入获得最大的产出是现代经济发展的要求。权力分享源于提高效率的需要。领导权力的配置在奉行效率优先原则的同时，也要看到民主原则的重要意义。民主原则是权力分配的基础原则。权力配置和管理的总目标是“集权有道，分权有序，授权有章，用权有度”，这是集权与分权特别理想的状态。

2. 权力的运用

在运用权力时，并不是说如果人有了权力就得保证他去使用它或者就能够有效地使用。其实，人人需要权力。人对情境、权力需要的认识各不相同。不同类型的权力，如直接权力和间接权力的使用也各有不同。运用权力时要考虑三个问题：什么样的权力是有效的？怎样适当地运用权力？如何运用适当的权力？具体来说，还需要注意一些事项：要认识权力的范围、类型和程度，认清自己和他人的权力需要，认识和开发尽可能多的权力资源，通过权力操作和分析思考决定权力策略的选择，在不同的情境下选择合适的权力，了解影响合法运用权力的因素，辨析权力运用与个性、工作、组织之间的关系。

表 10—1、表 10—2 呈现了权力运用的一些具体方法，包括直接方法和间接方法。

表 10—1　　权力运用的直接方法

直接方法（面对面）	产生的影响	优势	不足
基于责任的权力的使用	在一定范围内的行为被看作是合法的责任	迅速、不需要支付实质性的资源	如果要求超出可接受的范围，将产生规范行为；如果行为范围太大，他人会认为是非法的
基于对专家权力理解的使用	态度和行为发生在专家可接受的范围内	迅速、不需要支付实质性的资源	如果要求超出可接受的范围，将产生规范行为；如果行为控制太大，他人会认为是非法的
基于管理者的权力的使用	在理解的情况下，行为和态度在理性上不会发生冲突	迅速、不需要有限资源	限制了更广泛的影响和趋向
基于相互依靠的权力的使用	对行为加以广泛的管理	迅速、当其方法明确时能带来成功	有重要影响，鼓励其他人获取权力，导致了影响者本身的危险
基于相互排斥的强制性权力的使用	对行为产生更大的控制	迅速、当其方法明确时能带来成功	引起抱怨、非常危险
应用说明劝导	对态度和行为产生广泛影响	可以产生内在激励，这种激励不需要指导，不要求权力或其他缺乏的资源	需要时间，并要求别人

表 10—2　　权力运用的间接方法

间接方法	产生的影响	优势	不足
应用任何间接方法处理各种环境中的问题	对行为和态度产生广泛影响	当直接方法失败时会有效	需要时间，是一个复杂的过程，非常危险，特别是反复应用时
改变对个体连续性行为产生影响的激励因素，正式组织的变化，非正式的社会变化，有效地利用技术途径，设置组织目标	对行为和态度产生连续影响	有连续的影响，不仅是短时效果，还可以产生强大的权力效应	经常需要获得有效的权力

尤克尔（1989）根据权力的五种分类，给出了领导如何成功运用各种权力的方法，如表 10—3 所示。

表 10—3　　权力运用的方法

权力类型	运用方法
参照权力	公平对待下属；保护下属的兴趣；注意下属的需要和感受；选择与自己相近的下属；建立榜样行为

续前表

权力类型	运用方法
专家权力	提高专家形象；保持信誉；表现自信和决断；保持信息灵通；了解员工担心的问题；不要伤害下属的自尊
法定权力	热情、和善；自信；指令清晰，通过跟进保证理解正确；注意要求的合理性；在提出要求时进行解释；通过适当的渠道行使权力；规范地行使权力；强制服从；关心下属担心的问题
奖赏权力	确认服从；注意要求的可行性和合理性；提供下属期望的奖励；提供有根据的奖励
强制权力	向下属明确奖惩规则；惩罚前发出警告；惩罚标准要一贯和统一；行动前要调查清楚；保持信誉；惩罚与错误相当；私下惩罚

资料来源：Yukl，G. A.（1989）. *Leadership in organization*.（p. 278）. NJ：Prentice Hall.

尤克尔认为，所谓的有效的权力运用，是指尽可能争取承诺或至少争取到服从，避免出现抵抗。例如，为了强化参照权力，领导可以挑选背景与自己相似的员工，比如通过聘用毕业于同一所大学的员工而建立参照权力。另一个更加有效的方法是通过榜样行为。领导者表现出他希望下属应该具备的行为。由于下属看到和认同领导的参照权力，他们就会仿效领导的行为。

在运用专家权力时，管理者需要委婉地提醒大家注意自己的教育、经验和成就，但不要不懂装懂，否则专家权力会迅速丧失。

运用法定权力时领导通常向下属提出正式的要求。领导应当注意提出要求时的技巧，态度应尽可能和善，但同时也要表现出自信。为了说明要求是合法的和适当的，领导者需要对要求的理由作出解释。如果下属不理解要求背后的原因，就会对要求缺乏兴趣。

在某种意义上，奖赏权力是最易于使用的权力。在给予奖励之前，领导者应当确认下属完成了工作，否则下属将无法在绩效和奖励之间建立联系。另外，给予奖励的要求必须合理可行，如果要求无法做到，那么奖励就没有意义。

强制权力是最难行使的权力。由于强制权力可能引起憎恨情绪、破坏参考权力，因此应当尽量减少使用的次数。行使强制权力时要求领导者温和、适当，要让下属能够从中吸取教训。在绝大多数情况下，行使强制权力出现的最好结果就是员工的服从，但也有可能出现的结果是抵抗，特别是当强制权力进行敌意操纵性运用时，抵抗最有可能出现。

案例阅读

权力分享不是梦

在戴尔公司总部，公司创始人迈克尔·戴尔的办公室，有一道敞开着的玻璃门，直通总裁兼首席营运官凯文·罗林斯的办公室。戴尔和罗林斯说，他们把自己看成是联合首席执行官，而这需要保持频繁畅通的沟通。戴尔和罗林斯说他们将努力使合作长期和愉快，不会闹翻。

其实聪明的创业者会意识到自己不具备所有需要的能力，要想把公司建成多产品、跨地域的企业巨人，就需要引入人才。现在，戴尔所有的事业部和职能部门每天都向罗林斯汇报。

在公司从快速增长转向强大稳定之际，正是罗林斯推动了“戴尔之魂”活动，定义当前戴尔的文化。他从通用电气、IBM和百事挖来了高级经理，提升了公司的人力资源管理。他还于两年前推动了600亿美元年销售目标的设定，当时公司的实力只能完成上述目标的一半。他力主戴尔和存储技术之王EMC合作，帮助戴尔吞噬那片市场。行业资料显示，这个联盟每个季度为戴尔贡献上亿美金的收入。

这对组合说，虽然也有意见相左的时候，但他们总能够共同做出比单独一个人独自决定时更好的决定。作为一个创业者，戴尔常有与众不同的念头，他做的事情特别多。这时罗林斯会从旁提醒他挑一两件能做的去做。但对于财务，两人的角色开始转换，罗林斯老是挑大的目标，这时候轮到戴尔感到不安了，然后由他来勒住罗林斯的冲动。其实，戴尔最擅长等一项新技术瓜熟蒂落且具备了大规模的客户应用规模时才重拳出击，这正是戴尔最成功之处。戴尔身上总是保留着带领员工四处求索的热情，具备罗林斯并不具备的如何运用技术的眼光。但是一旦戴尔开始将技术植入产品，它就要充分发挥其生产、供应链和物流的能力。正是罗林斯培养公司与最接近的对手保持了15%的成本优势。

两人的共同之处是对家庭和户外活动有浓厚的兴趣。两人开诚布公和平衡生活的例子在公司各级层层传播，塑造了公司的文化。

戴尔的成功在于，他认识到他需要帮助。在做大做强的过程中，戴尔顺势而为，请来了曾为摩托罗拉服役多年的莫顿·托普菲任公司的副总裁，后者帮助戴尔更加专业化，并不断扩大规模，然后又找来罗林斯带领公司走出困境。

“我并不认为一个人可以将所有事情都考虑周全，”罗林斯说，“我们的经验是，如果你想过自己想要的生活，如果你想在商业领域真正胜出，你就应该与人合作和交流。”

资料来源：http://www.ceconline.com/retailer_wholesaler/ma/8800034988/01/。

思考问题

1. 一些IT公司的创始人决定自己担任首席技术官，而让其他人来管理公司的运作，这样是否合理？

2. 解释戴尔是如何进行权力分配的。

3. 与他人分享权力给戴尔公司带来了什么好处？

（四）获得权力的策略或方法

下面是获得权力的一些策略和具体方法：

（1）从微不足道的争吵中退出来。在日常生活中，只有很少的情况与权力的获得是相关的，而人们总是在“争”。

（2）与有权的人保持关系：从老板到秘书。

（3）拥抱或毁坏。要么友好待人，要么致人“死地”；采用解雇沟通的方式，不要采用降级录用的方式处理工作不好的员工或管理者。

（4）制造分歧。使自己成为平衡分歧势力的因素，但这种方法有风险。

（5）准确应用信息。

（6）快速给人显示有效的行为。

（7）收集能够控制他人的一切资源。

（8）避免决策性活动。不做“绝对”行为，免得遇到他人的攻击。

（9）得寸进尺。

（10）参与时具有警惕性。

（11）避免被疏远。譬如，与权力拥有者联盟，但被群体视为敌对方而疏远。

（12）竭尽可能地对可能导致坏结果的东西进行深度挖掘。有些事在产生好结果之前必定有一定的坏结果，预测坏结果可以纠正决策。

五、权术

如何运用各种权力，并将其转化为具体的行动，这就是权术（Power Tactics）。调查研究发现，常用的权术维度或策略可以分为七种：(1) 合理化。采用事实或数据，使我们在阐述自己的想法时符合逻辑或合理化。(2) 友情。提出请求之前，先进行吹捧，表现得亲切而谦恭，对人友好。(3) 结盟或联盟。争取组织中的其他人对自己的拥护，以使他们支持自己的要求。这样就会形成群体中的权力。(4) 谈判。通过谈判使双方互惠互利。(5) 硬性指标。使用直接的和强硬的做法，如要求个体服从、反复提醒，要求个体按照指令内容去做，并指出服从是规则的要求。(6) 高层权威。从组织中的更上一级那里获得支持以强化要求。(7) 规范的约束力。运用组织制定的奖惩规定，如是否给予加薪、威胁将压低绩效评估分数，或不予晋升等。这七种技巧中，最常用的策略是合理化。

另外，研究者也发现，有五种因素影响权术的选择：管理者的相对权力、管理者试图影响他人的目的、管理者预期到被影响者愿意服从自己的可能性、组织文化和跨文化差异。

管理者的相对权力从两个方面影响到权术的选择。那些被视为掌握了重要资源的管理者和那些被视为占据支配地位的管理者，相对权力较弱的管理者使用权术的机会更多。另外，权力更大的管理者比权力较小的管理者更会频繁地使用硬性指示。

管理者还会根据自己的目的选用不同的权术。当管理者想从上级那里获取好处时，更多依赖于甜言蜜语并加强与上司的友好关系，使用的是友情策略。想说服上级接纳新建议时，往往使用合理化的策略。这种权术与目的匹配也同样适用于领导自上而下对员工的影响，如表10—4所示。

表10—4　　管理者在影响上级和下级时使用的权术的频率

使用频率	管理者影响自己的上级时	管理者影响自己的下属时
最常使用	合理化 结盟 友情 谈判 硬性指标	合理化 硬性指标 友情 结盟 谈判
较少使用	高层权威	高层权威 规范的约束力

资料来源：斯蒂芬·P·罗宾斯，蒂莫西·A·贾奇：《组织行为学》，12版，李原，孙健敏译，404页，北京，中国人民大学出版社，2008。

管理者对成功的期望也影响到他对权术的选择。组织内部的文化对管理者使用最适宜的权术也有着极大的影响。有证据表明不同国家的人喜欢不同的权术。

六、组织策略

组织策略（Organizational Strategy）是指在组织内部促使群体或个人通过活动去获得、发展和运用权力和其他资源，通过有效的选择在不确定的或有争议的情景中利用权力和资源达到他们想达成的结果或目标。组织策略通常包括各种影响行为，从而增强和保护个人或群体的利益。策略活动在某种规范的程序和决策不能利用的选择情景中，被认为是克服某些阻碍或消极因素的行为。

在处理某些不明确或不一致的意见时，组织策略有三个方面的作用：（1）提供了一种机制可用来克服人事工作中的不协调和在人与人工作不协调中求得有效的工作；（2）帮助人们成功地运用有资格的人或资源妥善处理那些阻碍正式的工作程序所产生的问题；（3）提供了必需的非正式沟通渠道。对于权力的获取和应用虽然人有否认倾向，但事实上，人们总是在感觉组织策略中的权力，并运用它来决定他们的绩效。

第二节 组织政治行为

20 世纪 70 年代中期以来，作为组织行为学理论的一个分支，组织政治行为理论逐步受到西方管理学界的重视，并对此作了相当深入系统的研究，揭示了组织内部管理活动的复杂性。

一、政治行为的概念

组织中的政治行为（Political Behavior in Organization）是指那些不是由组织正式角色所要求的，但又影响或试图影响组织中利益分配的活动。它是组织中的个体或群体为了自身利益，采取正当或不正当手段对组织中利益分配活动产生影响。它通常以牺牲其他人或组织的利益为代价。这种组织政治行为可包括独断、逢迎、联盟、利益交换、讨上级喜欢、认同及反对策略等。

组织政治行为是伴随着组织的出现和权力的分配而产生的，所以组织政治行为从人类以群居生活时就已经存在。

组织政治知觉（Perceptions of Organizational Politics）是费里斯（1992）等人在其研究中提出的一个概念。他们认为，组织政治的影响不仅决定于组织政治的客观事实，更多地取决于组织成员对组织政治的主观感受。组织政治知觉是组织成员对其工作环境中的政治行为的主观知觉，它可能真实地反映组织内客观的政治行为，也可能仅是错误的判断。组织政治知觉概念及模型的出现，为更好、更深入地研究组织政治行为提供了测量工具。

组织政治行为是普遍存在的，管理者应当正视这个问题，并增强对政治行为的敏感性。

组织政治行为分为合法和非法政治行为。合法的政治行为是指符合规范的、日常的政治行为。例如，通过正常程序抱怨上级；避开命令；建立联盟；通过消极怠工或坚持原则来阻碍组织的政策或决策；通过个人的专业活动与组织外部建立联系。非法的政治行为是指违背隐含的游戏规则的政治行为。非法的政治行为活动包括暗中破坏、告密、象征意义的抵抗行为，如一批员工同时请病假。

伦理道德通常是人们用于衡量组织行为是否合理的一个重要标准。社会一直要求组织应将伦理道德作为构建组织管理原则、管理体系的一个基本依据。在组织中，绝大多数的政治行为属于合法的范围。组织政治行为是否违反伦理道德，或者在多大程度上违反伦理道德，这是管理者做出决策及采取哪些管理措施的出发点。维拉斯科斯等人（1983）提出了一个模型，旨在判断哪些在组织政治行为条件下是合乎伦理标准的，如图 10—2 所示。

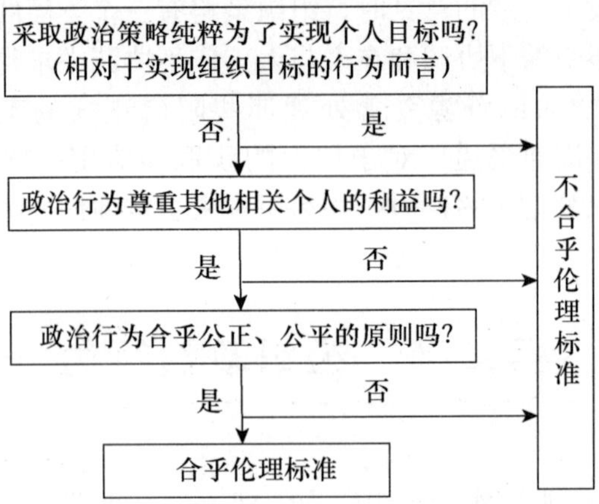

图 10—2　组织政治行为的伦理判断模型图

资料来源：Velasquez, M., Moberg, D. J., & Cavanagh, G. F. (1983). Organizational statesmanship and dirty politics: Ethical guidelines for the organizational politician. *Organizational Dynamics*, *12* (2), 65-80.

据此模型，能够辨明组织政治行为的健康性。这也表明组织政治行为并不完全是非健康的或不合乎伦理的。在健康的、较合乎伦理标准的组织政治行为之下，人际关系相对和谐，员工之间呈现为合作的关系与良性的竞争，是一种正当的博弈过程和双赢的结果。反之，就会出现人际关系紧张的局面，造成员工工作绩效低下及不满情绪的增加，组织内耗严重。

二、组织政治行为发生的原因

普费弗（1992）对组织政治行为产生的原因作了深入研究。他认为导致政治行为发生的原因有：（1）组织存在不确定性（Uncertainty）。诸如环境变数太多，组织目标不明确等。（2）利益巨大。（3）各横向部门的利益产生冲突时，相互之间存在利益消长关系。（4）各部门权力大致相当。具体地说，组织政治行为发生的原因如下：

第一，组织制度的模糊性。制度是员工行为的出发点，组织制度是否健全、是否明确是组织政治行为是否发生的重要基础。制度的模糊性意味着对员工的执行行为不明确。由于政治活动被界定为那些在正式角色要求范围之外的行为，因此，制度越模糊，一个人越容易卷入政治行为而不被察觉。如对绩效考核、薪酬、提拔调动、主管的权责等方面缺乏明确规定的部门就容易滋生政治行为，而制度非常明确的部门发生组织政治行为的可能性就要小很多。这也表明，组织的中高层管理者很容易成为组织政治行为发生的中心和敏感地带。因为他们与组织执行层相比，其权责自由伸缩性大。同样，在人力资源管理的许多方面，如人员选拔、绩效考评等方面都存在固有的高度模糊性，一旦开展这些工作，组织政治行为就很容易发生。

第二，资源分配的可能性大。组织内的群体成员为了争取组织内部中有限的资源会展开激烈的竞争。为了实现自我需要和发展，员工一旦面临着资源的初次分配或者重新分配，如分工合作、职位升迁以及薪酬分配，组织政治行为就会异常活跃、频繁，他们就会采取某些组织政治行为达到组织所满意的绩效、所认同的行为或所期许的目标。

第三，不明的绩效评估系统。绩效评估是最难处理的一个问题，没有令人满意的绩效测量方法，也很容易受到外界因素的干扰，造成评价的不公。比如，被评者容易通过不明的绩效评估系统采取各种策略来获得较好的评估结果；评估者也会利用不明的绩效评估系统有意歪曲评估结果从而提高自己的权力。

第四，专制化决策和自私自利的管理层。由于在组织环境中组织管理层的特殊身份和所拥有的职权，他们就成为了组织政治行为发生的源泉及中心。当一个组织中政治行为频繁发生时，就很有必要诊断组织的管理层。当组织管理者自我监控能力弱，以错误的管理技能与方式，或玩弄权谋造成一个低信任度的工作环境，就会直接诱发员工政治行为的发生。

第五，个体因素。在个体水平上，一些人格特质、需要等因素可能与政治行为有关。个体在组织中的投资、对于其他选择余地的感知以及对成功的预期，都会影响人们采取非法手段追求政治活动的程度。在增加未来收益的预期方面，一个人在组织中的投资越大，那么他离开组织造成的损失就越大，所以他就越不可能采用非法的政治手段。一个人其他的选择机会越多，如可从事的职位和工作越多，或拥有稀缺的技能与知识，或声望很高，或与组织外部有着密切联系，则越可能冒一定风险采取非法的政治活动。最后，如果一个人预计使用非法手段获得成功的可能性很低，他也不会贸然行事。

罗宾斯（2008）的研究更为深入。他从员工个人以及组织两方面探讨政治行为发生的原因。个体因素包括：自我监控能力、马基雅维里主义（包括不被组织认可的活动，并强调将个人或团体利益置于组织利益之上）、对组织的投入、对政治行为成功的期望。组织因素包括重新分配资源、内部信任度、角色清晰度、绩效评估系统、报酬分配体系、管理者的模式、高层管理者的特点等。到目前为止，罗宾斯对政治行为成因的分析可以说最为深刻。

三、组织政治行为策略类型

要了解组织政治行为，需厘清政治行为所运用的策略。马尔德、德琼等人（1986）在艾伦及其合作者对管理者调查资料的基础上，总结出五种策略，之后又有许多学者对此作了补充。现分述如下。

第一，控制信息源。具体包括：截留那些对自己不利的信息；力求避免与那些想获得某种信息但自己却不愿意透露的人接触；选择性地披露信息；向别人提供不太相关的信息。

第二，树立良好的形象。具体包括：成功者的衣着打扮；总是与组织内工作有成效的人打成一片；刻意显示自己成功和善良的一面，首先想组织认同哪些行为，然后就去模仿这些行为。费里斯和金（1991）称这类人为“组织变色龙”（Organizational Chameoleons）。罗宾斯把与此相关的技巧称为“印象管理”（Impression Management）。

第三，寻求支持。强调相互信任、相互尊重、互利互惠（Reciprocity）。弗里登伯格和毛瑞尔（1984）指出，寻求他人支持的前提是相互之间必须信任和尊重。

第四，谴责和打压他人。一种常用的伎俩就是当不好的事件发生时，寻求替罪羊（Scapegoat）。组织或部门的业绩下降时，管理者往往怪罪下属，以使自己免于被降职乃至解雇。这类行为尽管有违社会道德，但在组织中仍被普遍采用。

第五，与更有权势的人联盟。比如，寻求有权势的人并与之联盟。弱势群体通过联盟是获得权力的有效途径之一。组织当中几个群体通过联合来达到共同目标，这种现象也是存在的。

罗宾斯在此基础上，又增加了防御性策略（Defensive Tactic）。这种政治策略包括不作为、避免责备、避免变革等。从短期来看，广泛使用该策略可以很好地增进个人利益，但从长远看，这种策略会产生许多病态行为，导致组织僵化，从而降低组织的效率。

布坎南等人（1999）认为组织中、个体或团体常用的政治策略包括：以谦逊的姿态来听取劝告或接受建议；保持自身的灵活性，即从来不将自己局限于一个职位或计划当中；有选择地沟通，即有意识隐瞒信息或者精心选择说出来的时间；习惯做出踌躇满志、胸有成竹的样子；总以管理者身份自居，与下属保持必要的距离；即使有妥协也是暂时的，因为内心里乃至日后的行动中仍坚持己见。

四、组织政治行为的影响与管理

（一）组织政治行为的影响

对于整个组织的效率和效能来说，组织政治行为是一个潜在威胁。政治通常会对组织的正常运作，如决策的产生、升迁与报偿产生干扰，且会对个人或组织的工作表现及生产力造成危害。组织政治行为对组织可能产生的负面影响包括：扭曲组织目标、滥用资源、造成纷争、导致挫折紧张、不当升迁、不利于协调沟通、破坏组织形象等。对于员工个体来说，组织政治行为也会带来一些不利的影响，假若员工知觉到组织中的政治行为已经对他们应得的机会造成威胁时，则其可能表现出负面的反应，如降低工作满意度、改变工作态度、加剧焦虑感等。同时会威胁到员工彼此间的信赖，导致员工对组织的疏离感增加。

1. 组织政治对组织结构的影响

摩根（1988）认为，组织结构（Organization Structure）在很大程度上可被看作是政治斗争的反映和结果。他反对把组织结构只看成是理性设计的结果，认为结构的选择和使用是政治过程的产物，而不是理性分析和科学决策的结果。

2. 组织政治行为对战略决策的影响

组织是不同的人和利益集团的联合体。联合体内的成员在价值观、信仰、信息、利益及现实观念等方面存在着持久的差异，组织内部决策及其执行结果是谈判和妥协的结果，最终几乎不会完全反映组织任何群体的意愿，组织内部那些拥有最大权力的利益者、个人，将从组织政治的相互作用中获得最大报酬。

3. 组织政治行为对组织变革的影响

佩蒂格鲁、摩根和许多其他学者都认为，组织变革过程从根本上说是一个政治过程。他们强调权力和政治在引发变革和管理变革方面的中心角色。普费弗指出，特别在企业快速变革时期，各种利益和观点严重冲突，现状受到挑战，未来发展的方向、资源配置以及其他重大决策很可能被权力和政治问题所左右。

组织政治行为在某些方面对组织也会产生积极影响。在组织内部，权力可以节约成本；有助于打破组织“核心僵化”的状态，破除僵化的、停滞的组织特征，建立起全新的组织结构、权力同盟及决策技术和模式。同时，适当的政治技巧将营造和谐、信任、合作的工作氛围。

（二）减少组织政治行为的管理对策

首先，要建立畅通的沟通渠道，包括正式和非正式方式，让员工及时获取信息，尽量避免因为沟通不畅或者断层而引起员工的误解，导致产生政治行为。

其次，在管理决策上鼓励员工参与，强化员工互动，增强员工对企业的信任感和参与感。

再次，构建公正公开的薪酬、绩效评估及晋升制度，让员工知道他们得到晋升的机会是均等的，不存在“黑箱操作”。

最后，要强化领导者的管理风格，独裁式的领导风格容易使下属产生不被信任感，增强孤立感，容易产生自利的行为，危害到组织的利益，民主式的领导风格较容易使员工产生责任感和团体意识，会降低组织政治行为产生的频率。

案例阅读

美国国家航空和宇航局的登月监视器

作为一名年轻的工程师，查克·豪斯在惠普公司开发示波器技术的新应用中发挥了关键性的作用。公司的技术最终被用于国家航空和宇航局的登月任务，尽管这一令人愉快的结果并非没有政治上的争议。

事情是从联邦航空管理局为改进机场控制塔的监视器而大做广告开始的。惠普公司开发了一种这样的监视器，但是，联邦航空管理局选择了其他公司的设计师，它在竞争中失败了。但是，豪斯相信惠普设计代表了一种重要的技术突破。他的人马开发的这种形式的监视器，体积小、速度快，更有能量效率，而且比常规监视器更明亮。不幸的是，这种形式的监视器似乎没有一个很好的市场定位。

尽管公司失去了联邦航空管理局的合同，豪斯却证明了自己是一位违反大量组织规则和程序的政治方法大师。首先他搜集了自己的市场调查资料，直接违反了组织界限，避开了营销部门。在未经批准的外出中，他访问了 40 家计算机制造商，向他们展示了样机。这种做法违反了禁止向顾客展示样机的保密规则。不过，在外出搜集的市场营销信息的基础上，豪斯相信惠普的高级经理将继续开发这种监视器，至少暂时如此。

继续这一计划的下一个障碍来自于高级经理进行的年度总结。营销部门进行了一次电话调查，并且得出结论说，全部生产需求的计划是 32 台监视器。豪斯争辩说，营销部门不能理解营销这些新监视器的适当策略，而只是访问了现在那些示波器的顾客。另外，很难说明产品的优点，只有亲自演示才能讲清楚。尽管有这些理由，经理还是采纳了营销部门关于潜在需求的计划，而没有采纳豪斯的计划。惠普公司的两位奠基人之一的戴维·帕卡德甚至说："当我明年回来时，不想在试验室看到这一计划。"

在这一点上，豪斯的政治技巧是对他们的最大考验。豪斯把帕卡德的划界视为，那个计划应当在一年内走出实验室进入生产，而不是废除那个计划。由于缺乏他的老板的公开性支持，豪斯和他的班子把监视器的开发成本隐藏在预算中的其他项目下。随后，他们在一年时间内迅速完成了。营销部门继续反对计划，但是，豪斯通过说服有兴趣的潜在顾客，去个别劝说高级经理和代表他们对这种监视器的兴趣，来回击营销部门。

所幸的是，对于豪斯和该计划来说，他和他的队伍赢得了最后的期限。当帕卡德第二年回来做年度总结时，这种监视器已经占有了市场份额。帕卡德听说了对他的命令的公然重新解释，又好气又好笑。不过，也许因为他自己就是一个在一些事上和别人想法不同的人，帕卡德现在决定支持生产这种监视器了。

资料来源：陈兴琳：《组织行为学》，215～216 页，北京，清华大学出版社，2006。

思考问题

1. 列举和说明豪斯使用的权利来源。
2. 证实和解释在这段时间里惠普公司政治行为增加的因素。
3. 请提出一些政策建议，让豪斯用来减少对于这一创新的政治反对。

第三节　领导效能

领导效能是领导活动中的重要方面，是领导活动的最终目标和归宿，也是评价和衡量领导活动有效性的基本维度。那么，什么是领导效能？提升领导领导效能的途径是什么？

一、领导效能的含义

效能（Effectiveness）是指在一定程度上实现了既定的目标。领导效能（Leadership Effectiveness）是指领导者在其领导职位上及在实施领导过程中的行为能力、工作状态和工作结果，即运用各种领导手段，实施领导活动实现领导目标的能力和所获得的领导效率与领导效益的系统综合。它是组织中的领导者实施领导活动的目标和现实绩效之间的接近程度，反映了领导活动进行的状态和结果。领导效能是领导活动追求的最终目标。

领导效能包括三个要素：第一，领导能力。指领导胜任领导工作、行使权力和承担责任的基本条件，它以一定的知识、经验和素质为基础。第二，领导效率。指已经实现的领导任务（或目标）与时间之比，即完成一定数量和质量的领导任务（或目标）的速度。对领导者而言，组织中可供利用的输入资源是稀缺的，因此，要使得资源成本最小化，提升领导活动的效率就显得至关重要。第三，领导效益。指领导活动的最终结果，即领导活动投入与领导活动结果之比。值的大小，表明了组织目标实现的程度。它包括经济效益、政治效益、文化效益、人才效益以及社会效益等，是一个综合性的指标。比较来看，效率涉及的是活动的方式，而效益涉及的是活动的结果。

影响领导效能的因素是多方面的。从领导的基本要素方面分析，领导者、被领导者、领导环境对领导效能都有重要的影响作用。领导者的知识背景、领导能力、领导方式，甚至个性等会对领导活动过程中的目标选择、领导方式选择、决策、组织内外部沟通等发生影响，从而影响领导效能（黄力平，景金元，1996）。被领导者的工作能力、知识背景、工作责任心、积极性等状况既影响领导方式的选择、活动的进程，也影响领导的效能；在具体的领导活动过程中，领导的有效性还取决于领导者是否选择了适于这种特定环境的有效的领导方式，只有与环境相适应的领导方式才能够取得较高的领导效能。

如果把影响领导效能的这些因素具体化，以下这些因素的改善将有利于领导效能的提高：明确的工作目标；工作程序的规范化程度；组织机构的健全程度和合理化程度；组织的内部分工是否明确，规章是否健全；适当的组织规模；组织中的人际关系状况；组织中信息沟通的状况；领导方式与领导环境的适应程度。

二、领导效能的内容

领导效能是一个综合指标，包括许多不同具体的内容。从一般的意义考察，主要包括以下几方面。

（一）决策效能

决策效能指决策对一个组织领导效率、直接效果以及社会环境所产生的作用或影响。一项高效率的决策，不仅能导致领导活动和组织和各项工作的高效率，更重要的是会对社会产生积极的影响。无数事实证明，领导者深谋远虑，审时度势，以战略性的眼光做出明智的决策，是实现领导效能的先决条件。

（二）用人效能

用人效能指领导活动中对人的选配和使用所产生的效能。领导活动是需要依靠各级人员的活动实现的。能否知人善任，选择适当的人员从事适当工作，并使各类人员合理配置、组合，能否充分调动各类人员的积极性和创造性，不仅关系到组织目标的实现速度和效果，而且直接影响到该组织的社会存在价值，关系到领导活动的成败。正如西谚所云，“一只狮子率领的绵羊队伍，要比一只绵羊率领的狮子队伍更有战斗力”。下属的工作潜力调动得越充分，领导效能也就越大。反之，下属的积极性受到压抑，潜力无法调动，领导者的人事效能也就越小。

（三）组织效能

组织效能指在领导活动中组织管理、指挥协调方面所显示的成效，是领导者处理各种事务所获得的效率。主要表现为进行组织指挥、协调激励等具体处理和解决问题的工作，即办理各种领导事务。如果领导者作风拖拉懒散，办事效率低、失误率高，这个组织的运转必然是低效率的，效果差。因此，办事效能是领导效能其中重要的内容。

（四）时间效能

时间效能是衡量领导者管理、利用时间的尺度。

（五）执行效能

领导活动涉及决策、组织、用人等各个方面，但最终实施结果是否良好要看执行的情形。执行效能直接关系到领导效能的高低。执行环节是将策略与设想转变为现实行动的关键。领导者不必事必躬亲，但领导者却需要对计划方案的实施过程保持充分的关注与清醒的洞察，有效把握活动运转的方向，及时纠正可能的偏差。

（六）组织的整体贡献效能

对组织的整体贡献效能是指同一领导组织整体目标的实现程度。领导效能不仅反映在个人所主持、负责的部门工作和单项领域之中，更重要的是反映在全局工作和对组织的整体贡献上。整个组织的总体目标实现程度如何，是衡量领导效能高低最重要的尺度。

三、领导效能的考评原则、方法与程序

（一）考评原则

1. 统一规范原则

考核要素、考核标准必须统一规范、清晰明确，并形成一套既能反映客观实际又便于操作的科学合理的考核评估指标体系。建立健全严格的考评制度，形成相应的考核规程或考核准则。要有严谨、科学的考核方法。

2. 绩效为主原则

领导效能考评包括领导能力、工作态度、领导环境和工作实绩等几个方面，但要坚持以贡献和绩效为主的原则，即要以实际贡献和工作成绩作为重要标准来评价领导者履行职责的状况和德才水平。

3. 客观公正原则

领导效能考评必须由具体的组织和人主持进行，即要有考核主体，必须坚持客观公正的原则。所谓客观，就是实事求是；所谓公正，就是不抱有偏见。

4. 民主公开原则

民主公开原则就是用不同方式让下属和一般员工参与和监督领导效能考评。采取上级考评、同级考评、下级考评和自我考评相结合的方法，多渠道、多层次和多角度地对领导效能进行考评，并对考评主体、考评过程和考评结果进行监督。用适当的方式向被考评者和群众公开其考评结果。

5. 反馈提升原则

将评价结果及时反馈给领导，帮助其纠正和弥补不足，因此，快速的反馈系统是非常必要的。

6. 定期化、制度化原则

必须制定合理的领导效能评价制度，并定期对领导进行效能评价，只有这样，才能真正达到预测其未来表现的作用。

7. 可靠、准确原则

必须使用信效度较高的测量方法，保证测量方法能够有针对性地评价领导效能，并能够较高程度地反映领导效能。

8. 可行、实用原则

在制定评价方案时，要根据评价目标，设计合理的方案，考虑到在评价时资源、技术及其他条件的限制，全面分析和确定评价所要实现的目标，保证方案的可行性。另外，要

根据评价的目的来设计评价工具，以保证评价方案的实用性。

（二）考评方法

1. 目标考评法

目标考评法又称目标对照法，就是按照领导活动中预定的目标项目指标，检查其完成情况，从而评定被考评者的工作成效。由于目标具有可分性、层次性、阶段性和综合性的特点，所以目标考评可以从内容上、层次上和时间上分项、分层、分段地进行，也可以综合地进行。

2. 员工评议法

员工评议法是指通过员工测评、民意测验等方式对被考评者进行评议，以获得被考评者的总体情况的方法。它是以标准化的等级量表进行投票评价。评议可以通过调查研究、民意测验等方法进行，包括对话法、问卷法等。

3. 定量测评法

任何领导活动的效能都反映在质和量两个方面，既可以在质上定性，也可以从量中分析。对领导效能进行定量分析，具体可以围绕用人、办事、整体贡献和时间节约进行，从中找出有效量与总量之间的比率。比率高，说明领导效能高；反之，则说明领导效能低。

4. 比较考评法

比较考评法是指通过选择一定的参照系来对比评价领导者效能的方法。比较的方式很多，可以进行纵向的比较，如现在同过去比较，新班子与老班子比较，年度间的比较，现在与未来之间的比较，完成任务进度与目标的比较等；也可以进行横向的比较，如同一领导组织中领导者之间的比较，不同领导组织的同类领导者、同类领导班子的比较，同类地区、部门、单位的比较；还可以进行多视角、多层次、全方位的比较。既可以比量，也可以比质；既可以比速度、进度，也可以比效果、效益；既可以比综合指标，也可以比几项或单项指标。主客观条件较类似的，可比综合指标；差异较大的，则选择单项或几项可比的指标进行比较。

5. 自我述职法

自我述职法是指由领导者本人对领导活动的绩效与问题进行总结分析，并将基本结果向测评主体进行汇报的一种自我鉴定方法。例如，领导班子在年度终了或任职届满之际，向员工做报告，汇报在职期间各项工作的履行情况、工作成效、存在的问题及今后构想。报告之后，再由与会代表对其报告内容进行评议，对领导者的绩效与能力进行考核。这种测评方式的优点是测评内容由于经过事先比较认真的准备，测评工作进行得比较集中；缺点是花费成本较大，并且有可能流于形式。由于测评主体往往作为被领导者的领导对象而存在，在缺乏广泛民主的前提下，对领导者本人难以形成有效的监督，对领导者述职报告的内容也难以进行充分的了解。

6. 模拟考评法

让被考评者进入一个模拟的工作环境，要求他按照给定的条件进行模拟操作，用多种方法观察他的行为方式、心理素质、反应能力等，并根据这些观察来测评他的各种能力。目前该方法已成为欧美等发达国家流行的挑选和训练管理人员的重要方式。模拟情境测试的方法大体有案例分析与处理、小组讨论、答辩等。

（三）评估程序

领导效能的评估是一项科学严谨的工作，要做到这一点就必须遵循一定的程序。总体来看，领导效能的评估可以分为以下六个环节。

1. 宣传准备

包括思想准备、组织准备与内容准备三个方面。

2. 自我总结

被测评者依据自身岗位的职责要求，总结分析自己在任职期间的工作业绩和问题教训，以及今后履职的设想规划和对组织的建议，撰写成书面材料，全面地向主管领导和上级报告。

3. 民主评议

参加民主评议的人员，既包括被测评者所在组织和部门的其他领导者，也包括下属单位的负责人与群众代表。民主评议的目的是从被领导者和其他领导者的角度，对被测评人的绩效表现从多个角度和多个层次进行充分的评价，保证测评结果的实事求是。

4. 组织考评

组织考评指负责测评工作的组织和人员，在被测评者个人总结与民主评议的基础上，依据各种材料和反馈，对被测评的领导者在任期中各方面的表现做出考核和评价。

5. 结论反馈

考评者将经过整理归纳后的测评结论向被测评者通报，进行测评者与被测评者之间必要的沟通，并做好被测评者的工作。

6. 考评总结

领导效能考评工作结束后，要针对此次考评进行必要的回顾总结，总结考评活动的优点与不足，以及相对于考评目标的完成情况，为此后的测评提供借鉴参考，使领导效能的测评工作不断完善。

四、提升领导效能的途径

研究领导效能的目标在于更深刻地把握领导效能的本质与结构，从而为有效促进领导活动的绩效提供帮助。

要探寻领导效能提升的途径，首先要弄清影响领导效能提升的因素。影响领导绩效提升的因素很多，综合起来主要有：目标的恰当与否、领导者的素质能力是否与任务相称、相应的资源和条件是否具备、下属的潜力与能力是否被充分调动、环境的不确定性。

提升领导效能的途径：（1）确立现实可行的目标。目标应当具体、明确、可行。（2）塑造共同愿景。愿景是指组织中所有成员共同发自内心的意愿，这种意愿不是一种抽象的东西，而是具体的能够激发所有成员为这一共同意愿而奋斗的任务、事业或使命，它能够创造巨大的凝聚力。真正的共同愿象或愿望能够使全体成员紧紧地连在一起，淡化人与人之间的个人利益冲突，从而作为一个有机的整体发挥效能。愿景具有价值导向、行为约束、文化凝聚、精神激励四个方面的功能。一个组织一旦形成共同的愿景并不断强化，就能不断增强合作工作的效益，从而有效地提升领导效能。（3）改善领导者的能力素质。领导能力是保证领导效能的关键因素，领导者必须具备的能力有创新能力、转化能力、应变能力和协调能力。(4) 善于授权。(5) 有效利用时间。为了有效利用时间,合理安排时间,将有限的时间资源配置于最重要的问题上。

领导效能是一切领导活动的出发点和最终归宿。一切组织的灵活运转均有赖于有力的领导。一切领导活动的展开最终都要实现一定的目标,亦即要实现一定的领导效能。行政领导目标的确定,各项方针政策的制定,各种领导方法和艺术的运用,领导队伍构成的优化组合,都是有组织、有目的的,本质上都是以追求一定的领导效能为出发点。

经典实验

Nanus 关于愿景重要性的研究

赫曼米勒公司(Herman Miller)是一家颇为成功的公司,该公司的首席执行官马克西·蒂普雷说,"领导者的首要职责就是定义现实",也就是确定未来发展的方向,即愿景。愿景是指组织的一种现实的、可信的、有吸引力的未来的景象。

纳努斯于1992年进行了关于愿景重要性的研究,他认为愿景的作用关键在于它抓住了人们的注意力,提供了聚焦目标。每个企业都有许多发展途径可供选择,同时它也受到了来自于外界的各种诱惑,当处于各种诱惑与冲突的压力中时,愿景能告诉组织发展的方向。愿景的作用在于能够赋予每个人在组织中的意义,提供有价值的挑战,具有能动作用,能将未来带向现实,能创造一种共同的认同感。愿景让领导者鼓舞、吸引、团结追随者,并能激发追随者的活力,让追随者变得更加强大。而缺乏愿景的组织恰好与之相反。愿景的两类组织比较如表10—5所示。

表10—5　　愿景的两类组织比较

维度	共享愿景的组织	缺乏愿景的组织
主要推动力	机遇导向	问题导向
世界观	变化	稳定
信息系统的基础	朝向目标的进步	过去的绩效
决策	战略的	战术的
绩效评估指标	长期业绩	短期业绩
控制机制	共事群体的压力	习惯、恐惧
计划风格	主动进取型	被动反应型

缺乏愿景的组织如果管理得好,依然能够合理运行,但人们不会投入更多的努力,除非他们致力于某件具有挑战性和有价值的事情。但最糟糕的情况是缺乏共享愿景的组织可能会停滞不前,最终收益不断下滑,员工被解雇,从而进一步削弱员工士气及服务客户的能力,直至完全失败。因此,领导者为企业的发展指明路线,确立共同愿景是非常重要的。

资料来源:乔伊斯·S·奥斯兰,马林·E·特纳,戴维·A·科尔布,欧文·M·鲁宾:《组织行为学经典文献》,8版,顾琴轩译,346~348页,北京,中国人民大学出版社,2010。

五、当代领导的角色

(一) 团队领导

领导活动越来越多地发生于工作团队情境之中。随着工作团队的数量增多,带领团队工作的领导者这一角色也显得越来越重要。

团队领导（Team Leadership）角色与传统的领导角色完全不同。要想成为一名合格的团队领导者，需要学习多种技能和品质。一项研究发现，所有团队领导者都需要承担一些共同的职责，包括责任、推动、处理处分问题、评估团队和个体绩效、培训和沟通。另一项研究发现，团队领导者的工作要关注两个方面：一方面是对团队外部事务的管理；另一方面是对团队内部进程的推动。这两方面的工作可以进一步分解为四种具体角色。（1）对外联络官。负责与上级管理层、组织中的其他工作团队，以及客户和供应商联络，领导者对外代表着工作团队，保护必要的资源，澄清其他人对团队的期望，从外界收集信息，并与团队成员分享这些信息。（2）困难处理专家。当团队遇到困难并寻求帮助时，领导者会出现并帮助他们解决问题。问题越尖锐，领导的作用越大。帮助员工针对困难进行交流，并获得解决困难所必需的资源。（3）冲突管理者。当出现意见不一致时，他们帮助解决冲突。帮助人们明确问题所在，使团队成员针对问题本身进行处理，从而把团队内部冲突的破坏性降到最低程度。（4）教练。他们明确对成员的期望和角色，提供教育与支持，尽一切努力帮助团队成员保持高业绩水平。

（二）工作导师

与员工建立导师型关系。导师是指对经验相对不足的员工提供支持和帮助的那些资深员工。其职能包括指导、咨询和资助。导师承担教练角色、咨询员角色、资助人角色。在一些组织有正式的导师选择与分派程序，他们给新员工或具有潜力的员工正式分派导师，这些工作导师大多为管理者或领导以及资深的员工。导师关系存在于直接上下级的接触关系之外。不仅对组织有好处，对个人也有好处。

案例阅读

潞安集团的“工作导师制”

潞安集团是山西五大煤炭生产企业，现有员工 47 267 名，煤炭员工 14 453 名。共有中专以上学历人员 9 483 名，其中博士生 5 名、硕士生 169 名、本科生 4 001 名、大专生 3 027名、中专生 2 281 名。煤炭专业技术人才尽管通过着力引进达到了较大程度补充，但新参加工作的处于素质能力成长期，还不能充任生产技术骨干的大学生较多。

如何帮助大学生快速适应和胜任工作，成为企业所需要人才？人事处开始思考对新招聘来的大学生签订“工作导师协议”。选派业务精通和经验丰富的专业技术人员有针对性地辅导新员工，既充分利用现有优秀人才的先进技能和经验，也能帮助新员工尽快熟悉业务，适应工作岗位的要求。

2007 年以来首先从新参加工作的 79 名硕士和博士研究生中进行试行。由人事处负责主抓这项工作。

导师素质高低是影响企业实施工作导师制的关键因素。因此，对“导师”的任职资格有严格要求，原则上必须为具有高级专业技术职务的副处级以上干部。除此之外，还会适当考虑具有高级专业技术职务的员工担任导师的意愿。

为 79 名硕士、博士毕业生，每人选配一名工作导师并签订“硕士/博士毕业生——工作导师协议书”，协议期为 2 年。工作导师要根据毕业生个人情况，制定使其分阶段在各岗位实践锻炼的培养计划，帮助选择拟订一个研究课题，并指导完成。

工作导师负责对硕士、博士毕业生实践锻炼各阶段的考核，并向人事部门提出使其得以更合理任用的推荐意见。

随着“工作导师制”的推行，很多新来企业工作的硕士、博士毕业生感到自己初来企业遇到的问题被“迎刃而解”了。原来不知道如何开展工作、不了解企业哪些技术难题亟待解决、不知道如何选题，经过导师的指点，关键问题很快被找到了，而且可以有针对性地去研究，业务水平和工作能力得到了较大的提高。

资料来源：苏敬勤，朱方伟，王淑娟：《中国首届 MBA 管理案例评选百优案例集锦》，第 3 辑，182～192 页，北京，科学出版社，2011。

思考问题

1. “工作导师制”给企业以及新员工带来了哪些好处？
2. “工作导师制”对于企业的发展是否有弊端？
3. 企业中是否所有的岗位都需要“工作导师制”？

（三）自我领导

研究认为，个体在很多过程中可以控制自己的行为。有效的领导者通过开发下属的领导潜能，以及不断培养下属以使他们不再需要依赖正式的领导者进行指示和激励，帮助下属自己领导自己。

自我领导（Self-leadership）假设员工是负责任的、能干的、主动的，不须领导和规章制度的外在约束。只要提供恰当的支持，个体可以监督和控制他们的行为。随着工作团队数量的不断扩大，自我领导的重要性也在提高。

（四）道德领导

道德问题涉及领导的许多的方面。领导不能脱离价值观。领导的有效性需要针对领导者在实现目标时所使用的手段，以及这些目标的具体内容。另外，道德领导（Ethical Leadership）还必须针对领导者建立的目标内容。他们的追求、组织变革在道义上可以接受吗？因此，在判断任何领导者是否有效之前，应该思考两个问题：领导者为了实现目标而使用的手段，以及这些目标中的道德内容。

（五）在线领导

由于当今的管理已经超越了传统的面对面的、可以进行言语对话的情境，通过网络、采用电子邮件进行联系、沟通的管理者，负责虚拟项目的虚拟团队的管理者越来越多。这样的在线领导（Online Leadership）对于鼓舞和激励分散于各地的员工来说很重要。在这种背景下如何使领导更有效呢？在线领导与下属进行沟通，实施管理和领导行为时，由于缺少非言语因素的影响，因此为了确保电子信息的语气能准确地反映出自己希望传递的情绪，在线领导必须选择一种网络交流风格，以适应这种数字化时代，并可以使原来的非领导者变成领导者。

第十一章

组织文化

在北京师范大学心理学院所在楼层的走廊里，你可以看到：

——两侧的文化墙上，沿着心理学发展的时间轴，悬挂着各国心理学家的照片；

——玻璃展柜里，放置着已有百年历史的精致的德国造的心理学仪器；

——陈列柜中，摆着小楷写成的已发黄的心理学讲义和作业；

——书架上，放着心理学院教师不同时代的著作；

——活动展板上，呈现着由老教授和青年学子组成的研究团队取得的重大成果；

——布告栏中，张贴着外国心理学家的学术讲座海报和各种会议信息；

——办公室外，摆放着低矮的条凳、小型书桌和转椅；

——走廊的尽头，悬挂着凡·高的名画《向日葵》；

——电梯正对的背景墙上，是学院的名称和用“PSY”字母变形设计的学院LOG；

最后，在电梯间旁整幅墙面上，映入你眼帘的是丝网印刷的近4 000个汉字：“追本溯源、求真慧人、越陈立新、卓尔不群”，醒目的绿色亚克力板制作的“追求卓越”嵌入其间。

“追求卓越”，这是世界级企业追求的目标。以许燕院长为首的心理学院第二届院级领导班子与全体老师，集体凝练为其注入了新的内涵。它是心理学院组织文化的核心，也是心理学院的价值核心，更是每一位师生孜孜不倦不懈追求的愿景目标。

“追求卓越”，对于一个大学的院系发展意味着什么？对于学生的培养有何意义？这些问题的答案，与组织文化有着不可分割的关系。

学习要点

1. 了解当前有关组织问题以及组织文化的热点。
2. 理解组织及组织文化的一般概念。
3. 掌握各种组织理论、组织构成的方式、组织环境和文化对组织发展的影响。
4. 在实践中应用所学的与组织文化有关的内容，提高组织的管理效率。

第一节　组织概述

一个组织，有其构成要素、特点和结构。在一个给定的组织中，组织要素在组织框架内会结合在一起，就会形成一个结构。正确理解掌握组织内涵及结构，对于发展、建立组织有重要影响。

一、组织的概念及特性

从广义上说，组织（Organization）是指由诸多要素按照一定方式相互联系起来的系统。从狭义上说，组织就是指人们为了实现一定的目标，按照一定的目的、任务和形式互相协作结合而成的集体或团体，如党团组织、工会组织、企业、军事组织等。在现代社会生活中，组织不仅是社会的基本单元，也是社会的基础。

组织行为学家对组织的定义多种多样。巴纳德（1938）认为，正式组织是有意识地协调两个以上的人的活动与力量的体系。卡斯特在对组织的定义中将组织分为五个分系统。它们分别是：(1) 环境分系统。包括怀有目的并为目标奋斗的人们。(2) 技术分系统。人们使用的知识、技术、装备和设施。(3) 结构分系统。指人们在一起进行整体活动。(4) 社会心理分系统。指处于社会关系中的人们。(5) 管理分系统。负责协调各分系统，并计划与控制全面的活动。

这里研究的是狭义的组织，是指由两个或两个以上的人组成的有特定目标和一定资源并保持某种权责结构的群体。

组织是一个开放的、具有特定目标的协作系统。结合卡斯特和罗森茨韦克（1974）对组织要素的研究，可以认为组织具有开放性、系统性、目的性、协作性、整体性五种特性。

二、组织的要素及管理

（一）组织要素及组成

组织要素（Organization Factor）是组成组织系统的各个部分或成分，是组织的最基本单位。组织要素决定了组织的结构、功能、属性和特点。根据组织的特性，组织要素可以划分为组织外部环境、组织内部环境、组织目标、管理主体和管理客体。

组织外部环境指组织的成员或群体组织观察外部时的视角。任何组织都处于一定的外部环境中，并与外部环境发生着物质、能量或信息等各种交换关系。组织的外部环境有宏观、中观、微观之分。组织的宏观环境是指政治环境、经济环境、社会环境和文化环境等；组织的中观环境是指组织所在行业的市场环境、生产环境、科学研究和技术环境等；组织的微观环境是指组织的利益相关者所构成的环境，如地方政府、顾客、供应商、竞争者等。

组织内部环境指组织内部的成员或群体之间的关系模式所构成的环境，如结构环境、制度环境、文化环境等。组织内部环境只有与外部环境发展相一致才能使组织的内外要素相协调。

组织目标是得到组织所有成员认同的共同愿望。巴纳德认为，当两个或更多的人为一个共同的目标而协作时，组织就形成了。组织在确定组织目标时，既要反映组织中个人的目标，又要反映组织的共同目标。

管理主体可以是人或机构，具有一定的管理能力，拥有相应的权威和责任来从事协调和控制活动。实现组织目标的过程就是一个内外部要素相互作用及内部要素之间相互作用的过程。内部要素的相互作用是通过管理实践来体现的，即通过管理主体和管理客体的相互协作来完成。

管理客体指被管理、协调和控制的对象。管理主体领导管理客体实现组织目标，管理客体完成组织目标的状况又对管理主体产生反作用，从而使之对自己的行为做出调整。积极的相互作用和相互影响能使组织更好地实现组织目标，消极的作用会使组织走向灭亡。

组织的这五个基本要素相互结合也相互作用。区分和研究组织要素及它们之间的相互关系，有利于对组织成员、组织内的类群及其相互关系的调节和预测。

(二) 组织要素的管理

组织能否存续主要取决于组织要素之间能否良性地、协调地相互作用，形成一个和谐发展的耦合系统，这也是组织设计的依据和组织管理的目标。组织管理既要满足组织目的，又要满足个人动机，从而使组织的协作和持续成为可能。组织的本质是组织内个人与个人、个人与群体、群体与群体之间的关系构成。而组织管理的本质就是通过管理组织行为，设计合理的组织结构，经过一系列的管理过程来协调个体、群体和组织的工作。

1. 组织行为管理

组织行为是指人们在个体、群体和组织三个层面上发生的行为。行为的主体是人，他们的态度、知觉、学习能力、感情和目标对组织来说都很重要。由于组织中的人都属于特定的群体，故组织行为又体现在群体发生的行为。群体能够改变个体的动机或需要，并能够影响个体在组织环境下的行为。组织需要有效预测和管理人的行为和群体的行为。组织的内外部环境对组织行为有很大影响。组织行为对内外部环境也有反作用。组织行为需主动去适应组织内外部环境。组织目标是组织行为的指南。没有目标导向的组织行为，组织发展就会偏离正确方向。

2. 组织结构管理

组织结构是由工作和群体之间相对固定和稳定的关系构成的，目的是有效影响个体和群体，实现有效工作业绩的行为。组织结构确定了将个体组合成部门，部门再组合成整个组织的方式，也决定了组织中各层级之间的正式关系，包括层级的数目和主管人员的管理幅度，它同时也包含确保跨部门沟通、协作与力量整合的制度设计。

结构本身是组织内部环境的主要构成。组织结构设计直接影响组织要素能否发挥重要的作用。好的组织结构能充分运用外部环境的优势，及时有效地应对外部环境的变化，来达到组织目标。组织目标是组织中个人目标的有机结合，它的实现需要组织内个人努力的整合。但个体间的劳动分工又导致了努力的分化，组织结构就起到了调节组织中个人努力朝向组织目标的结构载体的作用。

工作的分工、职责的划分、权威的设定等组织结构设计要素会直接影响管理主、客体之间是否能协调发展，从而影响个人效能的发挥。

3. 组织过程管理

广义上看，组织的设计、建立到运行都属于组织过程；狭义上讲，组织过程就是指组织的运行管理过程。

西蒙（1991）认为，组织管理过程就是决策过程。基于这一理论，组织过程管理就是对沟通过程和决策过程的管理。组织过程管理的目标就是要让个人和群体得到最佳的信息沟通，达到最大限度的理性，来做出令自己满意，也让组织满意的决策。

组织的内部环境应营造积极的沟通文化，去除或规避沟通障碍，使得向上、向下和水平方向的沟通渠道都畅通，以利于个人和群体做出有效决策。同时组织也不能忽略与组织外部要素的沟通。在组织沟通与决策管理过程中，一定不能偏离组织目的，所有的沟通和决策的终极目标都是实现组织目的。

三、组织的分类

（一）按组织目标分类

按组织目标可以把组织分为：（1）互益组织，如工会、俱乐部、政党等。（2）工商组织，如工厂、商店、银行等。（3）服务组织，如医院、学校、社会机构等。（4）公益组织，如政府机构、研究机构、消防队等。

（二）按满足心理需求分类

按满足心理需求可将组织分为正式组织和非正式组织。

1. 正式组织

这种组织是经过有计划的设计，将组织业务分配给各层次，做出系统的综合并由规则来支持职责，强烈地反映出管理者的思想和信念，但其成员并不一定重视或接受管理者的社会、心理和行政的假设。

正式组织具有以下特征：（1）经过规划而不是自发形成的。其组织机构的特征反映出一定的管理思想和信念。（2）有十分明确的组织目标。（3）讲究效率，协调地处理人、财、物之间的关系，以最经济有效的方式达到目标。（4）分配角色任务，影响人们之间关系的层次。（5）建立权威，组织赋予领导以正式的权力，下级必须服从上级。（6）制定各种规章制度约束个人行为，实现组织的一致性。（7）组织内个人的职位可以相互替代。

2. 非正式组织

这种组织是在满足需要的心理推动下，比较自然地形成的心理团体，其中蕴藏着浓厚的友谊与感情的因素。

非正式组织的特征：（1）组织的建立以人们之间具有共同的思想，相互喜爱，相互依赖为基础，是自发形成的。（2）组织最主要的作用是满足个人不同的需要。（3）组织一经形成，会产生各种行为规范，约束个人的行为。这种规范可能与正式组织目标一致，也可能不一致，甚至发生抵触。

非正式组织对正式组织来讲，具有正反两方面的功能。非正式组织的正面功能主要体现为：非正式组织混合在正式组织中，容易促进工作的完成；正式组织的管理者可以利用非正式组织来弥补成员间能力与成就的差异；可以通过非正式组织的关系与气氛获得组织的稳定；可以运用非正式组织作为正式组织的沟通工具；可以利用非正式组织来提高组织成员的士气等。非正式组织的负面功能主要体现为可能阻碍组织目标的实现等。

第二节 组织结构

任何一个组织都会有一定的结构，它规定了组织内部各个要素之间的相互关系和作用。组织结构对于组织稳定的发展和实现组织目标有着重要作用。不同历史时期组织结构呈现出不同形态。不同目标的组织和不同类型的组织，其组织结构也有所不同。

一、组织结构的概念及发展

组织结构是组织内部所有成员为实现组织目标，在管理工作中进行分工协作，在职务范围、责任、权利方面所形成的结构体系。

组织结构理论的发展经历了两个阶段。第一阶段从亚当·斯密（1863）的分工理论开始，至20世纪80年代结束。这一阶段强调高度分工，组织结构也越来越庞大，组织形式从直线制开始，一直到事业部制，人们可称之为传统的科层制组织结构。科层制组织模式中，直线—职能制是企业较常采用的组织形式，其典型形态是纵向一体化的职能结构，强调集中协调的专业化。适用于市场稳定、产品品种少、需求价格弹性较大的情况。其集中控制和资产专业化的特点，使得它不容易适应产品和市场的多样化而逐渐被事业部制组织取代。事业部制组织强调事业部的自主和企业集中控制相结合，以部门利益最大化为核心，能为公司不断培养出高级管理人才。这种组织形式有利于大企业实现多元化经营，但企业长期战略与短期利益不易协调。第二阶段自20世纪90年代始。这一阶段强调简化组织结构，减少管理层次，使组织结构扁平化。随着企业规模的扩大，由于科层制组织沟通成本、协调成本和控制监督成本上升，部门或个人分工的强化使得组织无法取得整体效益的最优，难以对市场需求的快速变化做出迅速反应等问题，导致科层式组织模式难以适应激烈的市场竞争和快速变化环境的要求，扁平化组织便由此出现。

二、科层制组织模式结构

这是最常用也是最古典的组织结构分类，一般分为简单结构、官僚结构、线性组织结构、职能制组织结构、事业部制组织结构。各类结构的特点各不相同。其中，前三种是常用的组织结构设计形式。

（一）简单结构

简单结构又称直线—职能制组织结构。通常仅有2～3层垂直层次，员工之间的联系比较松散，决策权力集中在一个人身上。简单结构简便易行、反应敏捷、费用低廉、责任明确，主要适用于小型组织，在这种组织里，经营者与所有者为同一个人。这种组织形式正规化程度低，高度集权。简单结构的另一个不足在于它的风险性：一切都取决于一个人。事实上，一次心脏病发作就足以破坏整个组织的信息与决策中心。

（二）官僚结构

官僚结构（Bureaucracy）的组织职务专门化，制定了非常正规的制度和规则，以职能部门划分工作任务，实行集权式决策，通过命令链进行经营决策维持日常的组织运营顺利进行。其主要优势在于，能够高效地实施标准化操作。把同类专家配置在同一个职能性部门，能够实现规模经济，使人与设备的重复设置降到最低限度，员工也有更多的机会与自己的同事进行交流。而且，这种结构形式对中低层的管理人员的创新能力、决策、工作经验的要求不高，因此可以节约成本。它的一个主要不足是，工作专门化导致了各个分部门之间的冲突，职能部门的目标有时会凌驾于组织的整体目标之上。另一个不足是过于标准化，没有变通余地。因此，只有在员工面临他们熟悉的问题，而且问题的解决方法已有程序性规定时，这种结构的效力才能发挥出来。

（三）线性组织结构

线性组织结构（Linear Structure）来自于军事组织系统，是指按照纵向关系逐级安排责、权的组织方式。在线性组织结构中，每一个工作部门只有一个指令源，但在一个大的组织系统中，指令路径过长会造成组织系统运行困难。线性组织结构的特点是责、权按层级会逐级降低，构成一个金字塔状的责权管理系统。在这样的系统中，每个人只对一个上级负责。线性组织方式的优点是责权清楚，相对稳定性较大，易于保持良好的纪律，不易发生责权混乱的现象。缺点是可能导致管理方式死板僵化，工作作风武断甚至独裁；领导负担不均；有些部门会强调局部目标和局部利益而忽视整体目标与整体利益；可能因某位领导离职或调离工作岗位而影响整个工作。

（四）职能制组织结构

职能制组织结构（Functional Structure）起源于20世纪初法约尔在其经营的煤矿公司担任总经理时所建立的组织结构形式，故又称“法约尔模型”。它是按职能来组织部门分工，从高层到基层，把承担相同职能的管理业务及其人员组合在一起，设置相应的管理部门和管理职务。例如，把所有同销售有关的业务工作和人员都集中起来，成立销售部门，由分管市场营销的副经理领导全部销售工作。其他部门同样如此。

职能制结构的主要特点：（1）各级管理机构和人员实行高度的专业化分工，各自履行一定的管理职能。（2）实行直线—参谋制。整个管理系统划分为两大类机构和人员，一类是直线指挥机构和人员，对其直属下级有发号施令的权力；另一类是参谋机构和人员，其职责是为同级直线指挥人员出谋划策，对下级单位不能发号施令，而是起业务上的指导、监督和服务的作用。（3）管理权力高度集中。各个职能部门和人员都只负责某一个方面的职能工作，决策权集中于最高领导层。

职能制结构形式的主要优点是：（1）职责容易明确规定。（2）每一个管理人员都固定归属于一个职能结构，专门从事某一项职能工作，在此基础上建立起来的部门间联系能够长期不变，这就使整个组织系统有较高的稳定性。（3）各部门和各类人员实行专业化分工，有利于管理人员注重并能熟练掌握本职工作的技能，有利于强化专业管理，提高工作效率。（4）管理权力高度集中，便于最高领导层对整个企业实施严格的控制。

职能制结构也存在明显的缺点：（1）横向协调差，容易产生本位主义、分散主义，造成许多摩擦和内耗。(2) 适应性差。相互间的信息沟通不畅，整个组织系统不能对外部环境的变化及时做出反应。(3) 领导负担重。部门之间的横向协调全由高层领导负责解决，加重了高层领导的工作负担。(4) 不利于培养素质全面的、能够管理整个组织的管理人才。各部门的主管人员养成了注重部门工作与目标的思维方式的行为习惯，使得他们难以胜任也不适合担任对组织全面负责的高层领导工作。职能制结构主要适用于中小型、产品品种比较单一、生产技术发展变化较慢、外部环境比较稳定的组织。

(五) 事业部制组织结构

事业部制（Department System）是指以某个产品、地区或顾客为依据，将相关的研究开发、采购、生产、销售等部门结合成一个相对独立单位的组织结构形式。它表现为，在总公司领导下设立多个事业部，各事业部有各自独立的产品或市场，在经营管理上有很强的自主性，实行独立核算，是一种分权式管理结构。事业部制又称 M 型组织结构。最早是由美国通用汽车公司总裁斯隆于 1924 年提出的，故有斯隆模型（Sloan Model）之称，也叫联邦分权化（Federal Decentralization），是一种高度（层）集权下的分权管理体制。它适用于规模庞大、品种繁多、技术复杂的大型企业，是国外较大的联合公司所采用的一种组织形式。近几年我国一些大型企业集团或公司也引进了这种组织结构形式。

事业部制的主要特点：(1) 按组织的产出将业务活动组合起来，成立专业化的管理部门，即事业部。每个事业部都有自己的产品或服务的生产经营全过程，为组织贡献出一份利润。(2) 纵向按照“集中政策，分散经营”原则处理组织高层领导与事业部之间的关系。(3) 横向以各事业部均为利润中心，实行独立核算。(4) 组织高层和事业部内部，仍然按照职能制结构进行组织设计。事业部制与职能制结构的主要区别在于其组织最高层领导下的第一级部门，是按照事业部分设还是按照职能部分设。事业部制组织结构既有高度的稳定性，又有良好的适应性。

目前，常见的事业部组织机构有产品事业部（又称产品部门化）和区域事业部制（又称区域部门化）两类。产品事业部按照产品或产品系列组织业务活动，在经营多种产品的大型企业中多采用这种方式；区域事业部把某个地区或区域内的业务工作集中起来，委派一位经理或划分一个部门来主管其事，适用于规模大的公司，尤其是跨国公司。20 世纪 70 年代，美国和日本的一些大公司在事业部制组织结构的基础上，又出现了一种新的管理组织结构形式即超事业部制，又叫做“执行部制”。它是在组织最高管理层和各个事业部之间增加了一级管理机构，负责管辖和协调所属各个事业部的活动，使领导方式在分权的基础上又适当集中。这种组织机构形式对规模很大的公司尤为适宜。

三、扁平化组织结构类型

扁平化组织（Flattening Structure）与传统的科层制组织有许多不同之处。它需要员工打破原有的部门界限，绕过原来的中间管理层次，直接面对顾客和向公司总体目标负责，从而以群体和协作的优势赢得市场主导地位。

扁平化组织的特点是：(1) 以工作流程为中心来构建组织结构。组织结构围绕有明确目标的几项“核心流程”建立；职能部门的职责逐渐淡化。(2) 纵向管理层次简化，削减中层管理者。组织指挥链条最短。(3) 组织资源和权力下放于基层，顾客需求驱动。基层的员工与顾客直接接触，使他们拥有部分决策权能够避免顾客反馈信息向上级传达过程中的失真与滞后，大大改善服务质量，快速地响应市场的变化。(4) 现代网络通讯手段。组织内部与组织之间通过使用E-mail、办公自动化系统、管理信息系统等网络信息化工具进行沟通，大大增加管理幅度与效率。(5) 实行目标管理。在下放决策权给员工的同时实行目标管理，以团队为基本工作单位，员工自主决策，并为之负责。

扁平化组织结构的优点是，能够提高管理效率，减少管理失误，降低管理费用，扩大管理幅度。扁平化组织结构的形式主要有矩阵型组织、团队型组织、网络型组织（虚拟企业）等。这些都属于新兴的组织结构。

（一）矩阵型组织结构

矩阵型组织结构（Matrix Structure）就是将纵向信息和横向信息这两种信息流动在企业内部同时实现。比较成熟的矩阵式管理模式为带有项目/产品小组性质的职能型组织。职能部门照常行使着管理职能，但公司的业务活动是以项目的形式存在的。项目由项目经理全权负责。实质上，矩阵结构是对两种部门化形式（职能部门化和产品部门化）的融合。

判断一个组织的结构是否是矩阵型组织结构，不能依据组织结构图，需要根据组织的具体管理行为加以确定。一个组织是否应该实行矩阵式管理，应该依据三个条件加以判断：(1) 产品线之间存在着共享稀缺资源的压力。(2) 环境对两种或更多的重要产品存在要求。(3) 组织所处的环境条件是复杂和不确定的。根据这些条件可以看出，提供咨询服务的公司最适合采用矩阵型组织结构。

矩阵型组织结构的优势在于：(1) 机动、灵活。(2) 促进横向沟通。(3) 有利于信息的传递。(4) 有利于减少官僚主义现象。(5) 便于专家的高效配置。这种结构也给员工提供了获得职能和一般管理两方面的技能。矩阵型组织结构适用于重大攻关项目。

矩阵型组织结构的缺点是：(1) 项目负责人的责任大于权力。(2) 出现双重管理，容易导致冲突。(3) 临时性组织的工作可能与日常工作相矛盾。在矩阵式组织里，高层领导者、矩阵主管和员工这些关键组织成员的角色定位非常重要。

这种组织结构最早应用于飞机制造和航天器械的生产项目中。现在，它已普遍用于各种组织。

（二）团队型组织结构

当管理人员动用团队作为协调组织活动的主要方式时，其组织结构就是团队结构（Team Structure）。这种结构方式的主要特点是，打破部门界限，并把决策权下放到工作团队员工手中，这种结构形式要求员工既是全才又是专才。

团队型组织以自我管理团队（Self-managed Team，SMT）为基本构成单位。所谓自我管理团队，是以响应特定的顾客需求为目的，掌握必要的资源和能力，在组织平台的支持下，实施自主管理的单元。SMT使组织内部的相互依赖性降到了最低程度。

团队型组织的基本特征是：工作团队做出大部分决策，选拔团队领导人，团队领导人是“负责人”而非“老板”；信息沟通是通过人与人直接进行的，没有中间环节；团队将自主确定并承担相应的责任；由团队来确定并贯彻其培训计划的大部分内容。

自我管理团队有如下特点：(1) 容纳了组织的基本资源和能力。(2) 部门垂直边界的淡化。(3)“一站式”服务与团队的自主决策。(4) 高层管理者驱动转向为市场驱动，管理者角色转换。

在小型公司中，可以把团队结构作为整个组织形式。在大型组织中，团队结构一般作为典型的官僚结构的补充，这样组织既能得到官僚结构标准化的好处，提高运行效率，又能因团队的存在而增强灵活性。

（三）网络型组织结构

网络型组织结构（Network Organizational Structure）是一种只有很精干的中心机构，以契约关系的建立和维持为基础，依靠外部机构进行制造、销售或其他重要业务经营活动的组织结构形式。这类组织结构是利用现代信息技术手段，适应与发展起来的一种新型组织机构，也是目前正在流行的一种新形式的组织设计，它使管理部门对于新技术、时尚，或者来自海外的低成本竞争能具有更大的适应性和应变能力。在网络型组织结构中，组织的大部分职能是从组织外“购买”，这给管理当局提供了高度的灵活性，并使组织集中精力做它们最擅长的事。网络型组织结构如图 11—1 所示。

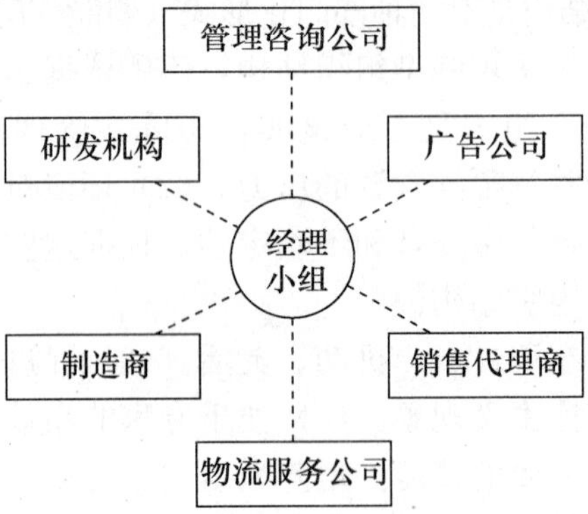

图 11—1　网络型组织结构图示

在图 11—1 中，它显示出管理当局将其经营的主要职能都外包出去的一种网络结构。该网络组织结构的核心是一个小规模的经理小组，其工作是直接监督公司内部开展的各项活动，并协调同制造、分销和执行网络组织的其他重要职能的外部机构之间的关系。图中的虚线代表这种合同关系。从本质上讲，网络型组织结构的管理者将大部分时间都花在协调和控制这些外部关系上。可以看出，管理人员把组织的基本职能都移交给了外部力量，组织的核心是一小群管理人员，他们的工作是直接督察公司内部的经营活动，协调为本公司进行生产、分配及其他重要职能活动的各组织之间的关系。

在网络型组织结构中，各部门被联结在一起，相互之间并没有正式的资本所有关系和行政隶属关系，只是通过相对松散的契约纽带，以及一种互惠互利、相互协作、相互信任和支持的机制来进行密切的合作。

采用网络型结构的组织，他们所做的就是创设一个物理和契约“关系”网络，与独立的机构达成长期协作协议，使他们按照契约要求执行相应的功能。由于网络型组织的大部分活动都是外包、外协的，因此，组织中的管理机构就只是一个精干的经理班子，负责监管公司内部开展的活动，同时协调和控制与外部协作机构之间的关系。

网络型组织结构的优点：（1）降低管理成本；提高管理效益。（2）实现了组织在更广阔的范围内使各个部门整合。(3) 简化了机构和管理层次，实现了充分授权式的管理。(4) 灵活。它的缺点主要是需要科技与外部环境的支持；主管人员对公司的主要职能活动缺乏强有力的控制。网络型组织具有虚拟性，如果工作需要可以临时把人员召集起来，以利用特定的机遇，待目标完成后即行解散。

（四）学习型组织

美国管理学家彼得·圣吉（1994）在《第五项修炼——学习型组织的艺术与实务》一书中指出，学习型组织（Learning Organization）就是组织和个人通过自我超越、改善心智模式、建立共同愿景、团体学习和系统思考五项基本修炼来构建的组织，是组织及其成员获取、加工、整理、创新和利用知识，来指导和改善自身的行为和思想，从而达到增强适应环境也影响环境能力的组织。有研究认为所谓“学习型组织”是以共同愿景为基础以团体学习为特征的扁平化、横向网络管理组织系统。它以增强组织的学习为核心，通过提高组织的群体智商使员工活出生命的意义。

简而言之，学习型组织是一种能够不断学习、不断自我创造未来的组织。它是指通过培养弥漫于整个组织的学习气氛、充分发挥员工的创造性思维能力而建立起来的一种有机的、高度柔性的、扁平的、符合人性的、能持续发展的组织。这种组织具有持续学习的能力，具有高于个人绩效总和的综合绩效。

学习型组织具有这样几个特征：(1) 组织成员拥有一个共同的愿景。(2) 组织由多个创造性个体组成。(3) 善于不断学习。强调终身学习、全员学习、全过程学习和团体学习。通过保持学习的能力，从而保持持续发展的态势。(4)“基层为主”的扁平式结构。尽最大可能将决策权向组织结构的下层移动，形成以“基层为主”的扁平化组织结构。(5) 自主管理。使组织成员能边工作边学习，使工作和学习紧密结合。(6) 组织的边界将被重新界定。(7) 员工工作与生活、家庭与事业的平衡。(8) 领导者的新角色。在学习型组织中，领导者是设计师、仆人和教师。

研究表明，学习型组织对企业绩效有正向的影响作用。学习一方面是为了保证企业的生存，使企业组织具备不断改进的能力，提高企业组织的竞争力；另一方面更是为了实现个人与工作的真正融合，使人们在工作中活出生命的意义。

可以看到，在不同的组织内部，其幅度和层次都不同。随着社会和组织的不断变化和革新，大家都在努力寻找新的结构。

第三节 组织理论

组织理论是组织行为研究者对于组织设计、形成、发展的一些基本认识和体系化的思想。纵观整个组织行为学的发展历史，组织理论大致可分为古典组织理论、行为组织理论、现代组织理论和后现代组织理论四种。

一、古典组织理论

古典组织理论（Classical Organization Theory）又叫“传统的组织理论”，可追溯到亚当·斯密所在的时期。古典组织理论的正式产生和盛行时期为 19 世纪末期和 20 世纪初期公共行政学的早期研究时期。古典组织理论主要可分为科学管理理论、行政管理理论和官僚制理论三种学派。

（一）科学管理理论

科学管理理论的主要代表人物有泰勒、弗兰克·吉尔布雷斯和莉莲·吉尔布斯等。

虽然泰勒的研究主要是在工厂、车间等场所中进行的，但他所强调的“效率”思想及其方法却对行政组织的研究有很大影响。为了提高效率，他认真探讨了工人的操作方式和工作程序，提出了“工作定额原理”、“标准化原理”、“计件工资制”等方法。这些方法本身都突出了管理的重要性。正因为如此，主张把计划职能同执行职能分开，并提出将整个管理工作划分为许多较小的管理职能，实行职能管理。同时，泰勒还提出了“例外原理”，即高级管理者把例行的一般日常事务授权给下级管理者去做，自己只保留对政策制定、任免等例外事项（或重要事项）的决定权和监督权。

他的管理思想为组织机构中职能部门的建立、管理专业化、高层管理者的职能分工、组织效率的提高等提供了有益的启示。

（二）行政管理理论

行政管理理论（Administrative Management Theory）有时也被称为一般管理理论，其代表人物主要有法约尔、古利克、厄威克、詹姆士·D·穆尼和艾伦·雷利等。

法约尔和泰勒不同，他更偏重于对高层管理问题进行探讨，在此基础上提出了管理的五种职能和管理的 14 条原则。古利克的管理七职能论和厄威克的“适用于一切组织的”八项原则进一步发展了法约尔的思想。穆尼与雷利（1939）则在《组织原理》一书中提出了四种组织原则：协调原则、梯状原则（等级结构）、职能原则（分工）和参谋—直线原则。

行政管理理论主要探讨行政管理的一般职能和原则及其运用问题，认为运用这些原则会使行政管理者的工作有更高的效率，深入推动了组织理论的研究。

（三）官僚制理论

官僚制理论（Bureaucracy Theory）以韦伯为代表。该理论主要关心官僚制组织如何活动，引起它们活动的原因及可能会对社会产生什么影响，其研究深入到组织内部结构、工作程序、运行过程、组织效率等重要问题。韦伯认为，官僚制组织的优点在于“准确，迅速，清楚，纵列观念，连续，审慎，统一，严格服从，减少冲突和物资，人力的浪费”。

总之，古典组织理论的特点在于把人看作是机器的附属物，强调的是等级、命令和服从，并且用一种封闭模式的观点来对待组织，忽视了人的因素和环境的作用。在古典组织理论盛行期，常见的组织结构为直线制、职能制、直线参谋制和直线职能参谋制。古典组织理论侧重于静态组织的研究，注重组织效率。其主要强调：（1）劳动分工。组织的每一单位，无论是横向的部门或单位，还是纵向的高、中、低层，都是根据劳动分工的原则进行区分和设置的。（2）职权与职责。组织中每一单位、单位内每一个职位，均有明确规定的职权与职责。组织中每一单位的主管或职工都必须按规定的职权职责进行工作。（3）等级制度。组织中必须划分严格的等级，上级对下级下达命令，下级必须接受和执行。另外，上级不能越级指挥，下级也不可越级汇报，以保证统一指挥、统一领导。(4) 严格的规章制度。强调组织中建立规章制度的必要性，要求每一名员工，无论职位高低，都必须照章办事。图 11—2 是对古典组织理论的一个小结。

企业管理过程的五个职能	分工原理	塔形分层结构模式	直线职能制	八项指导原则
·计划 ·组织 ·指挥 ·协调 ·控制	·计划职能 ·管理职能与执行职能分开	·决策层 ·中间管理层 ·基层作业层	·既实行职能管理的专业分工，又保证了垂直指挥统一	·目标原则 ·相符原则 ·责任原则 ·等级原则 ·管理跨度原则 ·专业原则 ·协调原则 ·明确原则

图 11—2　古典组织理论

资料来源：Morgan, G. (1980). Paradigms, metaphors, and puzzle solving in organization theory. *Administrative science quarterly*, *25* (4), 605-622.

二、行为组织理论

20 世纪 30 年代起，行为组织理论（Behavior of Organization Theory）的研究逐渐引进行为科学的方法，形成了新古典组织理论。主要有以梅奥为代表的人际关系组织理论；以伯纳德为代表的组织平衡理论和以赫伯特·西蒙为代表的决策过程组织理论。

新古典理论是在对早期组织理论进行分析比较的基础上提出来的。这一派理论的主要代表是福莱特、梅奥、弗里茨·罗特利斯伯格和伯纳德。这些学者著书立说的时期正是传统的管理理论或古典组织理论盛行的时期，但是他们却使管理理论和组织理论的研究开始进入一个新的时期。梅奥和罗特里斯伯格 1927 年到 1932 年所进行的霍桑研究奠定了行为科学的基础，他们的发现使人的社会、心理因素及人在组织中的行为与效率的关系成为组织理论的重要内容。福莱特主要的研究活动时期是在霍桑实验之前，而伯纳德则正是在霍桑实验之后。福莱特的观点被公认为是联结古典管理理论与行为科学管理理论的纽带。在她所处的时期中，她是唯一强调管理的心理学和社会学方面的人。她认为，管理是一个社会过程，组织是一个社会系统。伯纳德也是推动传统的管理理论向行为科学的管理理论过渡的有影响的人物。他重视组织的社会心理方面，而不是经济与技术问题。他把组织定义为一种协作系统，研究了非正式组织的存在及其影响，提出了与韦伯及传统管理学家的合法职位权威论有本质区别的"接受"的权威论。

新古典组织理论中具有代表性的理论成果包括：马斯洛的需求层次理论、赫茨伯格的双因素理论、麦克利兰的激励需求理论、麦格雷戈的"X 理论—Y 理论"、波特与劳勒(1968) 合作提出的波特—劳勒模式。

新古典组织理论与古典组织理论相比，有如下几点不同：(1) 在集权和分权的问题上，主张更多的分权。因为分权可以使更多的人参加决策，有利于调动员工的积极性。美国通用汽车公司总裁斯隆提出的"集中政策，分权管理"主张，就是这一思想的体现。(2) 从组织形态来看，不主张高耸的组织结构，而倾向于扁平的组织结构。根据新古典理论的观点，传统的科级组织模式可以分为尖三角形结构（即高耸的组织结构）和扁三角形结构（即扁平的组织结构）。前者为集权制度，控制幅度小，后者较易推行分权，分层负责和专业化。（3）提倡部门化。古典组织理论提倡分工和专业化主要是针对个人而言；新古典理论所倡导的部门化，实质是部门专业化。大学和医院等就是以部门化为基础的组织。

三、现代组织理论

管理实践推动组织理论继续向前发展，第二次世界大战以后的管理实践面临着科技突飞猛进、市场日益加强的国际化趋势、物质和人力资源的大量积累以及这些资源形成越来越复杂的组织模式和关系，前一时期的组织理论显然已力不从心，而用系统论的原理、方法、思想来分析组织的内部结构、管理活动与环境的关系，得出的结论独树一帜。这一时期的组织理论实际上包含了系统组织理论、权变—系统组织理论、群体生态理论和资源依赖理论。

现代组织理论（Modern Organization Theory）把系统理论和行为科学引入组织设计。主张人是组织的主体、组织设计是静态的结构设计同动态的运作过程的结合、研究劳动、存在非正式组织。同时，把权变理论引入组织设计，提出不存在某种普遍适用的组织设计模式，影响组织设计的主要权变因素包括企业战略、环境、技术、人员素质、规模等。

系统组织理论（Systemic Organization Theory）认为系统是一个开放的具有整体性的社会技术系统，代表人物有霍曼斯、卡斯特等。霍曼斯的社会系统模型认为，任何社会组织都处于物理的、文化的、技术的环境之中，这些环境决定着社会系统中人们的活动和发生的相互作用。卡斯特认为组织是一个人造的、开放的系统，它由各个子公司组成，各个子公司之间通过输出输入的关系构成一个完整的系统，而且只有适应了环境的变化，组织才能生存下去。图 11—3 是一个开放系统模型图。

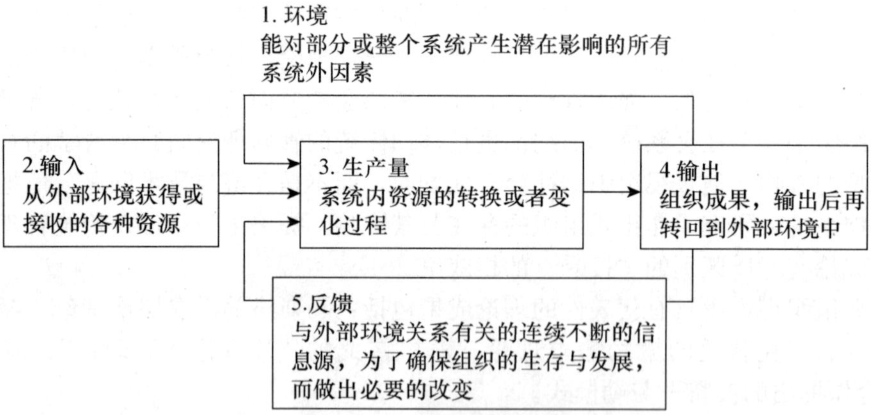

图 11—3　开放系统模型图

资料来源：http://en.wikipedia.org/wiki/Open_system。

权变学派强调组织变化无常的性质，认为组织结构本身并无优劣之分，只要与环境相适应的组织结构就是有效率的，不存在普遍适用的组织管理理论。这一理论是对古典组织理论、行为科学组织理论强调形式、规范模式等思想彻底的否定，与系统组织理论和权变学派相适应的组织结构理论即是系统权变组织结构理论。

群体生态理论（Organizational Ecology）也叫自然选择模型，由阿尔瑞契（1987）与普费弗（1982）提出。该理论把生物学的群体生态理论应用到组织理论分析当中，并认为组织在环境中生存与否和生物的适者生存的规律一样，环境依据组织结构的特点及其与环境的适应性来选择一些组织或淘汰一些组织。

资源依赖理论（Resource Dependence Theory）由普费弗与萨兰西克（2003）提出。该理论认为组织对外部资源有依赖性，并强调组织从环境中获取资源能力的重要性，其实质是把组织看作是环境关系中的一个积极的参与者而不是被动的接受者。

群体生态理论和资源依赖理论认为，组织环境是组织结构的主要决定力量，不是管理者主导了组织结构的变革，不存在一成不变的、普遍适用的、放之四海皆准的组织结构，因此这种组织结构理论就是环境决定组织结构理论。这一时期的组织结构理论侧重研究组织与环境之间的关系，同时为了适应这种关系，组织结构形式更加灵活，以团队为模块的工作单元、临时工作小组、网络型组织等扁平型组织得到迅速的发展。实践证明，这种灵活多变的组织结构形式，可以使企业获取更多的信息，更加适应激烈的竞争环境。

四、后现代组织理论

现代组织理论认为，组织是事物内部与外部按照一定结构与功能关系构成的方式和体系；后现代组织理论（Postmodern Organization Theory）则认为，组织是指过程性的演化体系，它是指事物朝着空间、时间上或功能上的有序组织结构方向演化的过程体系，这种情况往往又称为“组织化”。组织化及其结果可以分为“自组织”和“被组织”两种方式。所谓自组织就是自行、自我组织起来的过程，是一个无须外部指令，自行组织、自行创立、自行演化、自行创新、自行发展，不断从无序走向有序的过程。所谓“被组织”是指组织系统在获得空间、时间或功能的结构过程中存在外界的特定干预，其结构和功能是外界加给组织系统的，外界以特定的方式作用于组织系统。

后现代组织理论认为，组织是一个不断与外部系统发生作用的自组织系统和自组织过程，这使组织的概念和边界模糊起来。在知识经济时代，组织是模糊的，正在为组织商业生态系统（Business Ecosystem）所替代。通过比较，也可以发现后现代组织的概念和边界远较现代组织理论的定义更宽、更模糊化。在动态环境中，组织的边界不可避免地随着组织环境的变化而变化。表 11—1 是现代组织与后现代组织的比较。

表 11—1　　现代组织与后现代组织的比较

相关变量	现代	后现代
环境	稳定	混乱
资本形式	货币、建筑物、机器	信息
技术	执行式	非例行式
规模	大	小到中
目标	成长、效率性	学习、有效性
文化	员工接受命令	授权员工
结构	刚性和集权，边界明显	弹性和分权，边界分散
领导	独裁	服务式领导

续前表

相关变量	现代	后现代
沟通	正式、书面	非正式、口头
控制	官僚制	分权化，自我控制
计划与决策	管理人员	所有员工
指导原则	家长制	人人平等

1990 年，美籍日本管理学家大前研一（1983）提出无边界世界（Borderless World）概念，使得人们对组织边界的认识发生了变化。进入 20 世纪 90 年代以来，后现代组织理论突飞猛进，对组织的认识日益走向复杂化和混沌化。其中最具代表性的是协作网络理论，德鲁克（1998）称其为网络组织，哈佛商学院的奎因·米尔斯（1985）则将其称为簇群组织（Cluster Organization）等。

第四节　组织环境与组织文化

组织的成长和发展都依赖于一定的内外部环境，这些环境因素对其运行有重要的影响。其中，组织文化就是内部环境之一。它体现了组织社会价值、社会责任、社会目标，是对员工的行为要求的全面体现。了解一个组织的文化，就可以认识一个组织的发展趋向。

一、组织环境

（一）组织与环境的关系

组织环境是指所有潜在影响组织运行和组织绩效的因素或力量。组织环境对组织的生存和发展起着决定性作用。组织应该调整战略以适应环境，究竟如何调整应视环境的不利程度而定。总之，组织环境调节着组织结构设计与组织绩效的关系，影响组织的有效性。组织环境对组织的生存和发展，起着决定性的作用，是组织管理活动的内在与外在的客观条件。

（二）组织环境的性质

组织环境具有以下一些性质。

1. 客观性

组织环境是客观存在的，它不随着组织中人们的主观意志为转移，不管你想不想、愿意不愿意，组织环境都是客观存在的，而且它的存在客观地制约着组织的活动。作为组织环境基础的各种自然和社会条件，它们是组织赖以存在的物质条件，对组织来说是一种客观存在的东西。

2. 系统性

组织环境是由与组织相关的各种外部事物和条件相互有机联系所组成的整体，可以将它称为组织的外部系统。组成这个系统的各种要素，如自然条件、社会条件等相互关联，形成一定的结构，表现出组织环境的整体性。组织所处的社会是一个大系统，组织的外部环境和内部环境构成了不同层次的子系统。任何子系统都要遵循它所处的更大系统的运动规律，并不断进行协调和运转。人们的管理活动就是在这种整体性的环境背景中进行的。

3. 动态性

组织环境的各种因素是不断变化的，各种组织环境因素又在不断地重新组合，不断形成新的组织环境。组织系统既要从组织环境中输入物质、能量和信息，也要向组织环境输出各种产品和服务，这种输入和输出的结果必然要使组织环境发生或多或少的变化，使得组织环境本身总是处于不断地运动和变化之中。这种环境自身的运动就是组织环境的动态性。

组织环境的客观性、系统性、动态性等特征，说明了组织环境本身就是一个有着复杂结构的运动着的系统。正确分析组织所面临的环境中的各种组成要素及其状况，是任何一个管理者进行成功的管理活动所不可缺少的前提条件。

（三）组织环境的类型

科学划分组织环境的类型，有利于人们更清楚地认识环境、把握环境。一般来讲，以组织界线（系统边界）来划分，可以把环境分为内部环境和外部环境，或称为工作（具体）环境和社会（一般）环境。如果根据环境系统的特性来划分，则可将环境划分为简单—静态环境、复杂—静态环境、简单—动态环境和复杂—动态环境四种类型。

1. 组织内部环境

组织内部环境是指管理的具体工作环境。影响管理活动的组织内部环境包括物理环境、心理环境、文化环境等。物理环境要素包括工作地点的空气、光线和照明、声音（噪音和杂音）、色彩等，它对于员工的工作安全、工作心理和行为以及工作效率都有极大的影响。物理环境因素对组织设计提出了人本化的要求，防止物理环境中的消极性和破坏性因素，创造一种适应员工生理和心理要求的工作环境，这是实施有序而高效管理的基本保证。心理环境指的是组织内部的精神环境，对组织管理有着直接的影响。心理环境制约着组织成员的士气和合作程度的高低，影响了组织成员的积极性和创造性的发挥，进而决定了组织管理的效率和管理目标的达成。心理环境包括组织内部和睦融洽的人际关系、人事关系、组织成员的责任心、归属感、合作精神和奉献精神等。组织文化环境至少有两个层面的内容：一是组织的制度文化，包括组织的工艺操作规程和工作流程、规章制度、考核奖励制度以及健全的组织结构等；二是组织的精神文化，包括组织的价值观念、组织信念、经营管理哲学以及组织的精神风貌等。一个良好的组织文化是组织生存和发展的基础和动力。

2. 组织外部环境

组织外部环境是指组织所处的社会环境，外部环境影响着组织的管理系统。组织的外部环境，实际上也是管理的外部环境。外部环境分为一般外部环境和特定外部环境。一般外部环境包括社会人口、文化、经济、政治、法律、技术、资源等。这些因素对组织的影响是间接的、长远的。当外部环境发生剧烈变化时，会导致组织发展的重大变革。特定外部环境因素主要是针对企业组织而言，包括的因素有：供应商、顾客、竞争者、政府和社会团体等。这些因素对企业组织的影响是直接的、迅速的。

一般外部环境对所有的社会组织都发生作用，但又不是全部因素都对某一组织发生直接作用。特定外部环境因素或具体环境，具体地与某一组织发生作用，直接影响组织的结构特点和活动方式。不同组织的具体环境各不相同。

从总体上来说，外部环境不易控制，它的影响相当大，有时甚至能影响到整个组织结构的变动。对外部环境作分析，目的是要寻找出在这个环境中可以把握住哪些机会，必须要回避哪些风险，抓住机遇，健康发展。

二、组织文化

20 世纪七八十年代，美国一些研究者对日本企业成功的奇迹进行了研究，认为日本经济之所以取得突飞猛进的发展，其成功的诀窍在于企业文化不同，以威廉·大内出版的《Z 理论》以及理查德·帕斯卡尔和安东尼·阿索斯合著的《日本的管理艺术》、阿伦·肯尼迪和特伦斯·迪尔合著的《公司文化》等为标志，由此揭开了组织文化研究的序幕。1980 年秋，美国《商业周刊》在一期报道中最早提出了“公司文化”这个概念。

（一）组织文化的概念、特性与类型

1. 组织文化的概念

广义上说，文化是人类社会历史实践过程中创造的物质财富与精神财富的总和；狭义上说，文化是社会的意识形态以及与之相适应的组织机构与制度。

组织文化（Organizational Culture）则是组织在生产经营实践中逐步形成的，为全体员工所认同并遵守的、带有本组织特点的使命、愿景、宗旨、精神、价值观和经营理念，以及这些理念在生产经营实践、管理制度、员工行为方式与组织对外形象等方面体现的总和。它是组织成员所共享的价值与意义体系，由信念、价值、规范、态度、期望、仪式、符号、故事和行为等组合而成，界定了成员的价值观与行为规范，让成员自然而然地表现于日常生活与工作当中，形成有别于其他组织的组织特质。

组织文化是组织的灵魂，是推动组织发展的不竭动力。它包含着非常丰富的内容，其核心是组织的精神和价值观。这里的价值观是指组织或组织中的员工在从事商品生产与经营中所持有的价值观念。

2. 组织文化的特性

（1）独特性。每个组织基于不同的历史传统、环境因素及成员特质，孕育出不同于其他组织的文化。（2）规范性。组织文化所包含的价值观与行为规范，对成员具有规范作用。（3）共有性。组织文化是团体成员共同创造、维护与传承的成果，为成员所共同持有、共同信奉、共同遵循。（4）动态性。组织文化为适应组织内外环境的变化，会不断改变或调整。

3. 组织文化的类型

安索夫（1979）根据公司组织环境的动荡程度把组织文化分为五种类型。它们是：（1）稳定型文化：强调维持现状。（2）反应型文化：强调有刺激才有反应。（3）预计型文化：强调计划式的渐进变化。（4）探险型文化：强调冒险求变。（5）创造型文化：强调不断地追求变迁与创造未来。

奎因和麦克格拉斯(1958) 根据内外部导向和控制授权将组织文化分为四种类型。它

们是：（1）发展型文化：强调发展与成长。（2）共识型文化：强调关怀与团结。（3）层级型文化：强调控制与稳定。（4）理性型文化：强调理性与绩效。

戈菲和琼斯（1998）根据企业员工人际关系把组织文化分为四种类型。它们是：（1）网络型文化：属于高社交、低团结的文化，重视友善交际但轻忽团结与绩效。（2）疏离型文化：属于低社交、低团结的文化，个人独来独往又不重视绩效。（3）佣兵型文化：属于低社交、高团结的文化，重视绩效目标达成但忽视友善交际。（4）小区型文化：属于高社交、高团结的文化，既重视友善交际也重视团结绩效。

台湾学者谢文全（2005）根据传统的方式把组织文化分为四种类型。它们是：（1）优质型文化：属于高工作、高人性，既重视工作的完成，也尊重人性。（2）任务型文化：属于高工作、低人性，强调工作的完成，但不重视人性。（3）关怀型文化：属于低工作、高人性，相当尊重人性，但不重视工作的执行。（4）疏离型文化：属于低工作、低人性，既不重视工作，也不尊重人性。

案例阅读

华为与联想的价值观

在如何把传统价值观改造成共享型价值观方面，华为公司是一个非常经典的例子。任正非一方面几乎以利他主义价值观要求自己，如生活朴素，不设专车，吃饭、看病一样排队，与员工付同样的费用，没有一人独大、控制公司股份，等等；另一方面，努力建立共享型价值观。

典型的提法包括："坚持人力资本的增值大于财务资本的增值"、"在顾客、员工与合作者之间结成利益共同体；努力探索按生产要素分配的内部动力机制；我们决不让雷锋吃亏，奉献者定当得到合理的回报"（《华为基本法》）、"不能叫雷锋吃亏，以物质文明巩固精神文明，以精神文明促进物质文明来形成千百个雷锋成长且源远流长"（任正非语）。值得注意的是，通过创造性地使用传统价值观的话语，达到建立共享型价值观的目的。通过使用雷锋这个传统的榜样，一方面强调了工作中的主动性和积极性，另一方面，又强调物质回报，巧妙地用共享型价值观改造了传统价值观，沟通效果非常好。

华为的民主生活会也是这样一个对传统进行创造性改造的好例子。任正非在《华为的冬天》里说道："下面也要有民主生活会，一定要相互提意见，相互提意见时一定要和风细雨。我认为，批评别人应该是请客吃饭，应该是绘画、绣花，要温良恭让。一定不要把内部的民主生活会变成了有火药味的会议，高级干部尖锐一些，是他们素质高，越到基层应越温和。事情不能指望一次说完，一年不行，两年也可以，三年进步也不迟。我希望各级干部在组织自我批判的民主生活会议上，千万要把握尺度。我认为人是怕痛的，太痛了也不太好，像绘画、绣花一样，细细致致地帮人家分析他的缺点，提出改进措施来，和风细雨式最好。"通过对个体的尊重，这里的民主生活会已经摆脱了它原有的意识形态色彩，化平淡为神奇，成为类似于西方领先企业中的反思（Reflection）和辅导（Coaching）的先进管理实践。

华为公司共享型价值观的一次最集中的体现是任正非大力培养的接班人李一男离开华为独立创业的例子。李一男从华为离开时，用理论上完全可能是一纸空文的内部股换出了数以千万计的网络设备，为他创立港湾公司奠定了基础，避免了那种由于离职而鱼死网破的常见局面。一年后，瑞银华宝的华平投资和上海实业的龙科创投分别将1 600万美元和300万美元投入港湾公司，港湾公司从此发展迅猛，成就了业界的一段佳话。

与华为相比，联想以IBM和惠普为师，以拿来主义的态度直接汲取它们的个体主义思想，努力建设共享型文化的过程，显得波澜不惊。比如，杨元庆在联想公司推行直呼其名的做法，看起来是小事，其实质是在用平等思想改造中国的根深蒂固的等级文化。

联想的文化不高调，不强调新旧传统中的那些牺牲型价值观。著名的提法包括："光说不练假把式，光练不说傻把式，能说会练的才是真把式"（柳传志语），这里强调的不仅仅是表达能力，实际上也是鼓励劳动者通过沟通，取得自己应得的利益。联想的4条价值观（"服务客户，精准求实，诚信共享，创业创新"）中的第三条"诚信共享"，公司的标准解释为："我们诚实做人，注重信誉，坦诚相待，开诚布公；我们尊重他人，注重平等、信任、欣赏和亲情；我们分享远景，相互协作，共享资源，共同发展；我们把个人追求融入到企业的长远发展之中。"不讳言个人利益，平等、尊重、信任、分享，联想已颇得共享型价值观的精髓。

2004年年初，联想公司在未完成三年计划后实行战略性重组，裁员5%，在业界引发了广泛的争论。公司员工的一篇《公司不是我的家》在网络上广泛流传，"领导者战略上犯的错，却要员工承担"。联想的共享型价值观受到了严重挑战。为压缩5%的人工成本，付出的代价是员工对公司核心价值观以及对领导层整体战略部署能力的怀疑和不信任感。

资料来源：肖知兴：《中国企业需要怎样的价值观》，载《中国新时代》，2005（1）。

思考问题

1. 华为与联想的价值观有何不同？
2. 以此案例为据，分析价值观在组织文化中的地位。

（二）组织文化的结构与内容

任何组织文化都源于组织的基本假设，即组织成员对其周围的人、事、物及组织本身所持的一种潜藏信念。这些基本假设往往包括：(1) 对组织与自然关系的假设，如人定胜天与天意难违。(2) 对真理本质的假设，如真理来自权威与真理来自经验。(3) 对人性本质的假设，如性善、性恶、人性有善有恶、人性无善无恶。(4) 对人类活动本质的假设，如集体主义导向与个体主义导向。(5) 对人际关系的假设，如上下的权威关系与平行的平等关系。

由组织基本假设衍生出来的价值观，代表了判断可欲性与正当性的行为准绳。价值观衍生规范，规范再衍生期望。另外包括可见的一些，即组织成员在组织基本假设、价值观、规范和期望影响下所创造出来的工作与生活器物或仪式等。

组织文化的内容十分广泛，下面介绍其中最主要的几点。

1. 经营哲学

经营哲学（Management Philosophy）也称组织哲学，是一个组织特有的从事生产经营和管理活动的方法论原则。它是指导组织行为的基础。一个组织在激烈的市场竞争环境中，面临着各种矛盾和多种选择，要求组织有一个科学的方法论来指导，有一套逻辑思维的程序来决定自己的行为，这就是经营哲学。例如，日本松下公司“讲求经济效益，重视生存的意志，事事谋求生存和发展”，这就是它的战略决策哲学。创办于1994年的北京蓝岛商业大厦，以“诚信为本，情义至上”的经营哲学为指导，“以情显义，以义取利，义利结合”，创办三年营业额就翻了一番，跃居首都商界第4位。

2. 价值观念

价值观念是人们基于某种功利性或道义性的追求而对个人或组织本身的存在、行为和行为结果进行评价的基本观点。价值观念决定着人生追求。价值观是在长期实践活动中形成的关于价值的观念体系。组织的价值观，是指组织职工对组织存在的意义、经营目的、经营宗旨的价值评价和为之追求的整体化、个异化的群体意识，是组织全体员工共同的价值准则。只有在共同的价值准则基础上才能产生组织正确的价值目标。有了正确的价值目标才会有奋力追求价值目标的行为，组织才有希望。因此，组织价值观决定着职工行为的取向。只顾组织自身经济效益的价值观，不仅会损害国家和人民利益，还会影响组织形象；只顾眼前利益的价值观，就会急功近利，搞短期行为，使组织失去后劲，导致灭亡。北京西单商场的价值观念以求实为核心，即“实实在在的商品、实实在在的价格、实实在在的服务”。在经营过程中，严把商品进货关，保证商品质量；控制进货成本，提高商品附加值；提倡“需要理解的总是顾客，需要改进的总是自己”的观念，提高服务档次，促进了组织的发展。

3. 组织精神

组织精神（Spirit of Organizations）是指组织基于自身特定的性质、任务、宗旨、时代要求和发展方向，并经过精心培养而形成的组织成员群体的精神风貌。组织精神要通过组织全体职工有意识的实践活动体现出来。因此，它又是组织员工观念意识和进取心的外化。组织精神是组织文化的核心，在整个组织文化中起着支配作用。组织精神以价值观念为基础，以价值目标为动力，对组织经营哲学、管理制度、道德风尚、团体意识和组织形象起着决定性作用，是组织的灵魂。组织精神通常用一些既富于哲理又简洁明快的语言予以表达，便于员工铭记在心，时刻用于激励自己；也便于对外宣传，容易在人们脑海里形成印象，从而在社会上形成个性鲜明的组织形象。如王府井百货大楼的“一团火”精神，就是用大楼人的光和热去照亮、温暖每一颗心，其实质就是奉献服务；西单商场的“求实、奋进”精神，体现了以求实为核心的价值观念和真诚守信、开拓奋进的经营作风。

4. 组织道德

组织道德（Organizational Ethics）是指调整本组织与其他组织之间、组织与顾客之间、组织内部员工之间关系的行为规范的总和。它是从伦理关系的角度，以善与恶、公与私、荣与辱、诚实与虚伪等道德范畴为标准来评价和规范组织。

组织道德与法律规范和制度规范不同，不具有那样的强制性和约束力，但具有积极的示范效应和强烈的感染力，当被人们认可和接受后具有自我约束的力量。因此，它具有更广泛的适应性，是约束组织和职工行为的重要手段。中国老字号同仁堂药店之所以三百多年长盛不衰，在于它把中华民族优秀的传统美德融于组织的生产经营过程之中，形成了具有行业特色的职业道德，即“济世养身、精益求精、童叟无欺、一视同仁”。

5. 组织意识

组织意识（Organization Awareness）是指组织成员的集体观念。它是组织内部凝聚力形成的重要心理因素。组织团体意识的形成使组织的每个职工把自己的工作和行为都看成是实现组织目标的一个组成部分，使他们对自己作为组织的成员而感到自豪，对组织的成就产生荣誉感，从而把组织看成是自己利益的共同体和归属。因此，他们就会为实现组织的目标而努力奋斗，自觉地克服与实现组织目标不一致的行为。

6. 组织形象

组织形象（the Image of Organization）是组织通过外部特征和经营实力表现出来的，被消费者和公众所认同的组织总体印象。其中由外部特征表现出来的组织形象称为表层形象，如招牌、门面、徽标、广告、商标、服饰、营业环境等，这些都给人以直观的感觉，容易形成印象；通过经营实力表现出来的形象称为深层形象，它是组织内部要素的集中体现，如人员素质、生产经营能力、管理水平、资本实力、产品质量等。表层形象以深层形象为基础，没有深层形象，表层形象就是虚假的，也不能长久保持。流通组织由于主要是经营商品和提供服务，与顾客接触较多，所以表层形象显得格外重要。北京西单商场以“诚实待人、诚心感人、诚信送人、诚恳让人”来树立全心全意为顾客服务的组织形象，这种服务建立在优美的购物环境、可靠的商品质量、实实在在的价格基础上，即以强大的物质基础和经营实力作为优质服务的保证，达到表层形象和深层形象的结合，赢得了广大顾客的信任。

7. 组织制度

组织制度（Organization System）是在生产经营实践活动中所形成的，对人的行为带有强制性，并能保障一定权利的各种规定。从组织文化层次结构看，组织制度属于中间层次，它是精神文化的表现形式，是物质文化实现的保证。组织制度作为员工行为规范的模式，使个人的活动得以合理进行，内外人际关系得以协调，员工的共同利益受到保护，从而使组织有序地组织起来为实现组织目标而努力。

8. 组织氛围

组织氛围（Organizational Climate）是由组织内部成员的各种心理感受和对组织环境的认知情绪的交互影响而形成的一种心理气氛。形成组织气氛的因素很多，主要有组织内部成员的士气、对组织成员的激励方法、文化背景、领导风格、信息沟通方式等因素。组织气氛是组织文化与精神的实际表现形式，它直接影响着组织内部成员的行为，规定着组织内部成员的行为方向，是影响组织内聚力的主要因素。测量一个组织的气氛如何，既可以通过衡量组织内部成员的士气和态度而得出，也可以通过衡量组织内部的内聚力而达到。组织气氛的和谐性包括组织成员的认同感、组织成员的协作精神、组织成员的参与意识、组织内部的人际关系四项基本内容。和谐的组织气氛是保证组织目标顺利实现的心理环境基础。不和谐的组织气氛会导致组织内部的冲突，影响领导行为的有效性。建立良好和谐的组织气氛的关键在于塑造共同的价值观，培育适应时代精神的组织文化，强化行之有效的各种规范与准则，使全体组织成员达到对于组织目标的共识与高度认同。

测量工具

企业文化量表

该量表由瓦拉赫（1983）开发，共14道题目，包括官僚文化、创新文化和支持文化三个维度，量表使用5点计分。①表示“极不符合”，②表示“较不符合”，③表示“一般”，④表示“较符合”，⑤表示“非常符合”。

请根据以下题目与贵公司实际情况的相符程度，在右侧相应的数字上打钩。

1. 公司有明确的规章制度，运作有条理	① ② ③ ④ ⑤
2. 公司非常强调员工做事的过程	① ② ③ ④ ⑤
3. 员工严格按照制度与操作流程工作	① ② ③ ④ ⑤
4. 对员工来说，即使有不同意见，尊重集体决定是非常重要的	① ② ③ ④ ⑤
5. 员工直接的组织沟通主要通过正式渠道进行	① ② ③ ④ ⑤
6. 公司重视员工的创新精神，工作极富挑战性，员工需随身面对挑战	① ② ③ ④ ⑤
7. 公司鼓励员工尝试错误，把失败看作是学习和改进的机会	① ② ③ ④ ⑤
8. 公司的决策是通过深入分析讨论后形成的	① ② ③ ④ ⑤
9. 公司经常采用任务小组来解决问题	① ② ③ ④ ⑤
10. 公司重视员工参与工作分享	① ② ③ ④ ⑤
11. 公司主管给予员工充分决策权，授权清楚	① ② ③ ④ ⑤
12. 公司日常管理具有弹性	① ② ③ ④ ⑤
13. 公司重视学习过程和学习成果的交流、分享	① ② ③ ④ ⑤
14. 公司很容易协调组织中跨部门的项目	① ② ③ ④ ⑤

资料来源：Wallach，E. J.（1983）．Individual and Organizations：the cultural match. *Training and Development Journal*，*37*（2）：28-36.

（三）组织文化的功用与建设

1. 组织文化的功用

组织文化既有正向功用，也有负向功用。正向功用包括厘清组织界限、促进组织的稳定、促进成员对组织的认同与奉献、控制成员行为、提升组织绩效。组织文化的负向功用包括造成内部冲突、阻碍创新、阻碍成员的活力、阻碍组织间的合作。

具体而言，组织文化对于组织生存与发展的作用如下所述：

（1）积极作用。

第一，导向和解释功能。所谓导向功能就是通过它对组织的领导者和员工起引导作用。组织文化的导向功能主要体现在经营哲学和价值观念的指导、组织目标的指引两个方面。经营哲学决定了组织经营的思维方式和处理问题的法则，这些方式和法则指导经营者进行正确的决策，指导员工采用科学的方法从事生产经营活动。组织共同的价值观念规定了组织的价值取向，使员工对事物的评判形成共识，有着共同的价值目标，组织的领导和员工为他们所认定的价值目标去行动。组织目标代表着组织发展的方向。完美的组织文化会从实际出发，以科学的态度去制定组织可行性的发展目标。组织员工就是在这一目标的指导下从事生产经营活动。同时，组织文化是一种对组织成员有意义的解释工具，它为员工提供了解释组织事件的方法。

第二，认同功能。组织文化是组织的核心价值观的具体体现，即组织的意识体系。在一个组织中，其成员为了适应组织的环境，将逐步接受组织的意识体系，并内化为自己的价值观。应该说，组织文化为组织成员提供了一种身份感，并增加他们对组织的认同。员工把组织的价值观内化后，就会发现工作带来的满足更大。这样一来，积极性提高了，也增强了对组织的忠诚度和满意度。

第三，约束功能。组织文化的约束功能主要是通过完善管理制度和道德规范来实现。组织制度是组织文化的内容之一。有效的组织制度是组织内部的法规，组织的领导者和组织员工必须遵守和执行，从而形成约束力。道德规范是从伦理关系的角度来约束组织领导者和员工的行为。如果人们违背了道德规范的要求，就会受到舆论的谴责，心理上会感到内疚。同仁堂药店“济世养身、精益求精、童叟无欺、一视同仁”的道德规范约束着全体员工必须严格按工艺规程操作，严格质量管理，严格执行纪律。

第四，凝聚和强化功能。组织文化以人为本，尊重人的感情，从而在组织中造成了一种团结友爱、相互信任的和睦气氛，强化了团体意识，使组织员工之间形成强大的凝聚力和向心力。共同的价值观念形成了共同的目标和理想，员工把组织看成是一个命运共同体，把本职工作看成是实现共同目标的重要组成部分，整个组织步调一致，形成统一的整体。同时，文化强化了组织的价值观，使得组织的价值观在组织的经营与各项活动中得到更好的执行。在较强的组织文化氛围中，组织成员的目标一致，使得组织活动效率高。

第五，激励功能。共同的价值观念使每个员工都感到自己存在和行为的价值，自我价值的实现是人的最高精神需求的一种满足，这种满足必将形成强大的激励。组织精神和组织形象对组织职工也有着极大的鼓舞作用，特别是组织文化建设取得成功，在社会上产生影响时，组织员工会产生强烈的荣誉感和自豪感，他们会加倍努力，用自己的实际行动去维护组织的荣誉和形象。

第六，标识功能。组织文化总是带有本组织的特点，使得组织与其他组织区分开来。同时，组织文化鲜明的个性特征，使得组织在社会公众面前树立组织的形象，让社会更多地了解组织、认识组织，从而使组织得到社会的认可，增强组织处理事务的能力，使得组织得到更好的发展。

第七，调适功能。调适就是调整和适应。组织各部门之间、员工之间，由于各种原因难免会产生一些矛盾，解决这些矛盾需要各自进行自我调节；组织与环境、与顾客、与组织、与国家、与社会之间都会存在不协调、不适应之处，这也需要进行调整和适应。组织哲学和组织道德规范使经营者和普通员工能科学地处理这些矛盾，自觉地约束自己。完美的组织形象就是进行这些调节的结果。

（2）消极作用。

第一，不利于组织变革及创新。组织文化一旦形成便具有相对的稳定性，体现出一定的连续性和继承性，并且随着组织的发展而不断得到强化。当组织所处的环境发生剧烈的变化时，组织战略将做出新的调整，这时根深蒂固的组织文化就会成为一种束缚，使得员工们安于现状而不愿意进行创新和变革。

第二，不利于组织重组。在竞争激烈的当今信息社会，许多组织愈发发展和壮大，要对资源优化配置，从而进行组织重组。在组织重组时，要考虑组织文化的兼容性。如果组织在进行并购、重组时，各个组织的文化差异太大，则会产生文化差异，进而影响组织并购、重组的效果。

第三，不利于组织实现多元化。随着全球一体化进程的加快，组织多元化的趋势愈加明显。一些组织，尤其是大型的跨国组织，其成员可能来自全世界各地；他们可能来自不同的民族，拥有不同的文化背景、信仰及价值观。另外，社会的快速发展及组织间激烈的竞争，要求组织的产品及服务多元化，组织多元化的态势与组织文化的建设及发展间存在一些冲突。因此组织文化可能会成为组织多元化的一个障碍，要想消除这种障碍，需要重视组织成员之间的差异，实现跨文化管理。

2. 组织文化建设

（1）组织文化的形成因素。组织文化的形成，除源自于解决组织外部调适或内部整合问题的需求外，还受到下列两个因素的影响：第一，在组织草创初期，创立者大抵决定了组织文化，组织文化的形成因素受创办人的哲学观、用人标准、领导者的示范、成员社会化等因素影响。但在创立之后，又容纳了其他组织成员的学习经验。第二，受组织所在地社会文化的影响。

（2）维护组织文化的途径。罗宾斯认为维护组织文化的途径包括：甄选实务、高级领导者的做法、社会化方式。有研究者提出维护组织文化的途径有：对组织事务的强调与评论、对组织重大事件或危机的反应方式、本身的角色示范、教导与训练、组织奖惩系统与社会地位系统的设计、选雇、晋升与开除成员标准之制定、仪式与典礼方式的实行等。

案例阅读

中原石油勘探局销售公司企业文化培育

中原油田销售公司（以下简称中原销售）是隶属于中石化股份公司的成品油和液化气专业销售单位，该企业在石化企业转轨时期已经进入了市场，经多次组合后，目前拥有员工1 500人，形成以成品油零售、批发为支柱，以液化气销售为补充，以石化产品贸易为延伸的综合性营销企业。中原销售下设6个驻外分公司和7个专业化单位，共拥有51座直营加油站和6座液化气站。目前公司发展面临着团队精神不强，职工队伍的凝聚力不足，旧的经营观念不能适应经营环境的变化，管理体制和机制滞后于企业发展等问题。

在领导班子意识到企业存在的问题后，提出一个没有文化、没有精神的企业是不能实现利润最大化并保持发展的。领导班子把对企业文化理论的学习和认识浓缩为企业文化、外显文化、制度文化。领导班子经过反复研讨，形成了对培育企业文化的共识：现代社会已进入了“人本主义”时代。“以人为本”成为一切社会活动的根本出发点：企业、市场和客户的管理都需要“以人为本”，而所有这一切无不涵盖于“企业文化”这一精神管理的大旗下。

培育企业文化分三个阶段实施：一是由上到下阶段，此阶段根据中原销售的发展目标和管理特色，制定愿景、精神，并将其落实为中层文化，而后物化为外显文化。二是由外到里阶段，此阶段让员工通过外显文化感知制度文化的内涵，逐步形成共同价值观。三是由里向外阶段，此阶段用精神层面提升企业和员工素质，实现团队和员工的和谐统一。第一阶段是主动行为；第二阶段是被动行为；第三阶段是演变为自动行为，是最高境界。

企业的知名度和影响力得到大幅提升。几年来有 16 个外部加油站要求加盟、连锁或让托管，并取得较好的经济效益。中原销售经济效益也逐步攀升，销量每年以 30%的速度增长，利润也以 28%的速度增长。目前单站日均销量达到了 8.2 吨。企业连续 4 年被中原油田授予模范集体或效益优胜单位。

资料来源：潘世鉴，王锦明：《培育企业文化提升市场竞争力——中原石油勘探局销售公司培育企业文化的案例》，载《石油化工管理干部学院学报》，2004（34）。

思考问题

1. 企业文化建设给中原石油勘探局销售公司带来利益说明了什么？
2. 你认为的企业文化包括哪些方面？应该怎样培养？

（四）跨文化组织行为

1. 霍夫斯塔德文化维度理论

荷兰研究者霍夫斯塔德（1968）采用问卷方式，用 20 种语言从态度和价值观方面收集了 40 个国家在 IBM 工作的包括从工人到博士和高层管理人员在内的共 116 000 份问卷调查数据。根据研究结果，他定义了文化的四个主要维度：个体主义与集体主义、权力距离、不确定性规避、阳刚气质与阴柔气质；1978 年，他扩大了调查范围，从 56 个国家收集数据，在原来的基础上提出了第五个维度，加入了长期与短期导向。

在个体主义与集体主义（Individualism-collectivism）维度中，个体主义是指一种结合松散的社会组织结构，其中每个人重视自身的价值与需要，依靠个体的努力来为自己谋取利益。该价值观重视个人自由和自我表现，主张人们对个人评价应基于其个人成就而不应基于社会背景。一般说来，人均 GPA 较高的国家，其个体主义也较高，如美国、英国、加拿大等。但也有例外，如日本、新加坡、意大利等。集体主义则指一种结合紧密的社会组织，其中的人往往以“在群体之内”和“在群体之外”来区分，他们期望得到“群体之内”的人员的照顾，但同时也以对该群体保持绝对的忠诚作为回报。该价值观崇尚集体主义的社会，人们重视群体和谐、家庭关系，员工对组织有一种感情依赖。

权力距离（Power Distance）维度指在一个组织当中，权力的集中程度和领导的独裁程度，以及一个社会在多大的程度上可以接受组织当中这种权力分配的不平等。在企业当中可以理解为员工和管理者之间的社会距离。如美国、德国、荷兰等是权力距离相对较小的国家，上级和下属关系较为平等，所以员工与管理者关系也更融洽，员工也更善于学习、进步和超越自我，实现个人价值。相对而言，如中国、马来西亚、法国等是权力距离较大的国家，国家地位象征非常重要，上级所拥有的特权被认为是理所应当的，这种特权大大地有助于上级对下属权力的实施。

不确定性规避（Uncertainty Avoidance）是指人们感受到来自不明确的情况带来的威

胁程度。为了防止不确定性带来的威胁，主要通过提供更强的职业稳定性，订立更多的正规条令，拒绝不符合常规的想法和行为，追求绝对真理的可能性，努力获得专门的知识，等等。不同民族、国家或地区，防止不确定性的迫切程度不一样。相对而言，在不确定性避免程度低的国家中，如美国、加拿大、新加坡等，人们普遍有一种安全感，倾向于放松的生活态度和鼓励冒险的倾向。而在不确定性避免程度高的国家中，如德国、葡萄牙、中国，人们则普遍有一种高度的紧迫感和进取心，因而易形成一种努力工作的内心冲动。

阳刚气质与阴柔气质（Masculinity -feminine）即社会上居于统治地位的价值标准。阳刚气质是指社会的主导价值观中对于自信及获取金钱和其他物质资料的强调程度；而阴柔气质则强调社会主导价值观中对人际关系、对他人考虑及对工作生活品质的关注程度。美国是阳刚气质较强的国家，企业当中重大决策通常由高层做出，员工由于频繁地变换工作，对企业缺乏认同感，因而员工通常不会积极地参与管理。在阴柔气质较高的国家中，如挪威，工厂中劳动者的生活品质很受关注。

在长期与短期导向（Long-term Orientation-short-term Orientation）维度中，长期导向意味着培育和鼓励以追求未来回报为导向的品德，即坚韧和节俭。短期导向则意味着培育和鼓励过去和当前的品德，即尊重传统、维护面子，以及履行社会义务。在长期导向的文化中，人们崇尚节俭，愿意为长远的回报而不断努力，看重未来；而短期导向的文化则重视当前利益，希望付出立即得到回报。

霍夫斯塔德的文化分析框架是迄今为止在跨文化管理研究中较为完整、系统的文化分析模式。它说明了一个国家的管理原则与方式是建立在其文化基础上的，只有透过文化的差异性观察不同国家的管理方式的差异性，才能提升跨文化管理活动的目标性及有效性。

2. 特朗皮纳斯文化维度理论

荷兰管理学者特朗皮纳斯（1998）对 28 个国家 15 000 名参与调查的经理进行研究，与霍夫斯塔德的理论相似，也用文化维度来表达他的理论。两者的区别在于霍夫斯塔德的研究关注的是国家文化和民族文化的差别，特朗皮纳斯则关注了工商管理中文化多样性。他定义国家与民族文化差异主要体现在普遍主义与个别主义、个体主义与集体主义、情感内敛与情感外露、精确和弥散、时间取向成就与归属等维度上。

（1）普遍主义与个别主义维度（Universalism Versus Individualism)。这个维度的界定是人们对他人行为的判断。普遍主义指想法和实践可以在任何地方普遍适用的文化维度；个别主义是指在这一连续体的另一极，想法和实践需要因情景而变化。如在高普遍主义的国家中强调定例严格的常规，并要求所有人按照规定办事，遵循规则，如美国和欧洲国家；相反，高度个别主义的国家中则更关注个体之间的关系与信任，而不仅是形式上的规定，如委内瑞拉和亚洲国家。

（2）个体主义与集体主义。这个维度描述是个人取向还是集体取向。个体主义指人们将他自己看作一个个体，而集体主义将自己看作团体的一部分。这与霍夫斯塔德提出的个体主义与集体主义的含义基本相同。他注意到了某些国家的价值观可能发生了变化，如墨西哥、捷克和苏联。

（3）情感内敛与情感外露。这个维度描述的是人际交往中情绪表达的程度。在中性文化中，人们的情绪可以很好地控制，不轻易外露，如日本人和英国人都努力控制不使他们的表情表面化。然而，在感性文化中，人们往往不刻意控制自己的情绪，如墨西哥人、荷兰人和瑞士人，他们喜欢时常微笑，并热情地彼此问候。

（4）精确和弥散。这个维度描述的是个体的人际交往方式。精确文化是指个体拥有很大的空间，允许他人进入和分享，而私人空间很小，但他们对之守卫严密，只与最亲密的朋友和亲人分享。与精确文化中的人交往中，外来人往往开门见山，将问题结构化，简单有效，如在奥地利、英国、美国和瑞士。而在弥散文化中，公共空间和私人空间的规模相似，个体对于公共空间和私人空间一样严密看守。与弥散文化的交往中要尊重对方的地位、年龄和背景，如在委内瑞拉和西班牙。

（5）时间取向。这个维度与霍夫斯塔德的长期导向及短期导向维度相似。在长期导向的文化中，人们看重的是长期利益和组织的可持续发展；而短期文化则注重短期利益，这种时间取向决定了组织决策、组织战略的制定等都是以实现短期目标为主。

（6）成就与归属。注重成就的文化中，人们通过自身的能力来获得地位，给予高成就者高地位，如在美国、瑞士、英国；而注重等级文化的国家中，一个人的地位则取决于他是怎样的一个人，他们的地位基于年龄、性别和社会关系，如在中国、印度尼西亚和委内瑞拉。

3. 克拉克荷姆和斯特罗贝克的六大价值取向理论

美国人类学家克拉克荷姆和斯特罗贝克（1968）较早地提出了跨文化管理理论，并在《价值取向变化》一书中提出六大价值观取向理论。这个理论阐述了不同民族和国家的人们在六大问题上有相当不同的观念、价值取向和解决方法。其六个维度为：对人性的看法、人们与外部环境的关系、人们与他人的关系、行动取向、人们的空间概念、时间观念。该理论指出了一些区分不同文化的重要标准，但在二元对立中区分人的价值观，现实中只能对他们作趋向性判断，不能作唯一性判断。

4. 南希·阿德勒的文化协调配合论

南希·阿德勒（1977）将其文化协调配合论定义为：处理文化差异的一种方法，包括经理根据个别组织成员和当事人的文化模式形成组织方针和办法的过程。这一理论也可以解释为文化上协调配合的组织所产生的新的管理和组织形式，这一组织超越了个别成员的文化模式。这种处理方法是承认包含多种文化的组织中各个民族的文化差异，要把这种差异当作构思和发展一个组织的有利因素。

5. 卡德尔的“跨文化三级”分析模型

卡德尔认为，跨文化差异由双方母国（或民族）文化背景差异、双方母公司自身持有的“企业文化”风格差异以及双方当事人个体文化素养的差异三部分构成。这三部分有一个层次又被称为“跨文化三级”。

案例阅读

IBM 的组织文化

IBM 是有着明确原则和坚定信念的公司。这些原则和信念看似很简单、很平常，但正是这些简单、平常的原则和信念构成了 IBM 特有的组织文化。若要了解这一公司，你必须了解他的经营观念。正是这些人性化的性格，才使 IBM 取得了不可思议的成就。

老沃森在1914年创办IBM公司时设立过三条“行为准则”，同时也希望能借此反映出他个人的价值观。他把这些标准作为公司行动的基石，让任何为他工作的人都明白公司要求的是什么。老沃森的信条在由其儿子继承的时代被更加地发扬光大。小沃森在1956年担任IBM公司的总裁时，将老沃森所规定的“行为准则”渗透到从总裁到收发室人员而无人不知、无人不晓。

第一条准则：必须尊重个人

公司最重要的东西不是金钱或其他东西，而是员工。IBM自创立以来，就一直推行这一理念，每一个人都可以使IBM变成不同的样子，所以每位员工都认为自己是IBM的一份子。IBM也试着去创造小型公司的气氛，拥有40多万名员工的今日与只有数百名员工的昔日完全一样，任何一位有能力的员工都有一份有意义的工作，在将近50年的时间里，IBM没有任何一位正式聘用的员工因为裁员而失去1小时的工作。

IBM让有能力的员工来承担具有挑战性的工作，让他们能够切身地体会到公司对他们的关怀，因此也都愿意为公司的成长而贡献自己的一技之长。IBM公司在晋升时永远是从公司内部来挑选候选人的，因为如果一有空缺就从外界找人来填补，那么对那些有能力、有干劲的员工来说势必会造成不小的打击。

另外，IBM的管理人员对公司里的任何员工都必须保持尊重、一视同仁。在纽约州阿蒙克的IBM分公司里，每间办公室、每张办公桌上都没有任何表示头衔的字样，在洗手间的门上没有写着长官专用，停车场内也没有为高层领导预留的车位，餐厅内更不会划分出主管专用的区域。总而言之，那是一个非常民主的环境，每一个人都受到了同样的尊敬。

第二条准则：为顾客服务

IBM努力成为一个“顾客至上”的公司，IBM的一举一动都是以顾客的需要为前提的。无论是对现有的顾客还是对潜在的顾客，都要提供最佳的服务。

为了让顾客感觉到自己是多么的重要，无论顾客有什么问题，IBM公司一定会在24小时之内解决，即使不能立即解决，也必须给予一个圆满的答复。如果顾客打电话要求服务，IBM通常会在1小时之内派人去提供上门服务。此外，IBM的专家们会随时守在电话机旁等着提供服务或解决软件方面的问题，而且此类咨询的电话全部都是由IBM公司付账的。

服务的品质取决于公司的培训。每年，每一位IBM经理都要接受40小时的训练课程，而后回到公司内部继续教导员工。有时公司甚至会定期邀请顾客前来一同上课，因为IBM懂得经营任何公司，一定要有老顾客的反复惠顾才能使公司成长，一定要设法抓住每一位顾客，最优异的顾客服务标准就是使他能够再次惠顾。

第三条准则：追求卓越

IBM对任何事物都抱着追求卓越的信念，无论是产品还是服务，都要力图保持完美无缺。当然完美无缺是永远不可能达到的，但是目标不能放低，否则整个计划都会受到影响。IBM设立了一些为满足工作要求而必须达到的指数，并且定期抽样检查市场以设立服务的品质。IBM从新员工招聘计划开始就注重追求卓越的准则，认为从全国最好的大学挑选最优秀的学生，并让他们接受公司的密集训练课程，必定可以收到良好的教育效果，日后定有优异的工作表现。IBM是一个具有高度竞争环境的公司，它所创造出来的气氛可以培养出优异的人才。在IBM公司里，同辈竞相争取工作成绩，又不断地强调教育的重要性，因此每个人都不会骄傲自满，每个人在力争上游的过程中都认为只要是有可能的事情就能够通过努力而达到，这种态度实在令人振奋。

IBM的三条行为准则被牢牢地记在每个IBM员工的心中，任何一个行动及政策的执行都直接受到这三条准则的影响，"沃森哲学"对IBM的成功所贡献的力量，比技术革新、市场营销技巧或庞大财力所贡献的力量更大。在公司运营中，任何主管人员都必须彻底明白"公司原则"，必须向下属说明，并且一再重申，要让员工知道这些"原则"是多么重要。在IBM的会议、内部刊物、备忘录、集会中所规定的事项，或在私人谈话中都可以发现"公司哲学"。如果IBM的主管人员不能身体力行，那么这一堆信念就都成了空话。全体员工都知道，不仅是公司的成功，即使是个人的成功，也都一样取决于员工对沃森原则的遵循。要让全体员工一直对他的公司产生信任是需要很长时间才能做到的，但是一旦谁做到了这一点，那么他所经营的公司在任何一方面都将受益无穷。

资料来源：杨序国：《文化制胜的5C策略》，56～60页，长沙，湖南科学技术出版社，2006。

思考问题

1. 分析这几条行为准则是如何体现出IBM的组织文化的。
2. 为何这三条准则会上升至"公司哲学"的地位？从企业文化角度看，其意义何在？

（五）中国关于组织文化的研究

组织文化是企业在长期的生产经营活动中所自觉形成，并为广大员工所恪守的经营宗旨、价值观念和道德行为准则的综合反映。目前，国内对组织文化的研究可划分为两个大的方面：其一，是关于组织文化本身如对组织文化结构、测量、建设等内容的研究；其二，是关于组织文化对组织的影响的研究，包括组织文化对组织有效性（经营业绩）、人力资源管理、领导等的影响。

针对我国的文化背景，对组织文化结构的探索研究较少。其中郑伯壎（1990）以组织文化结构三层次说（基本假设、外显价值和人为饰物）为依据，对台湾的若干家电子企业进行研究，构建了组织文化价值观量表（Values in Organizational Culture Scale，VOCS）。提出测量组织文化的九个维度：科学求真、顾客取向、卓越创新、甘苦与共、团队精神、正直诚信、表现绩效、社会责任和敦亲睦邻。随着中国经济不断地发展，越来越多的研究者开始建立以中国特定文化为背景的组织文化。（占德干和章炳林，1996）。

目前国内关于组织文化的测量，大多是以国外比较成熟的理论和模型翻译之后使用的。参考理论较多的是霍夫斯塔德关于组织文化的问卷、沙因关于组织文化三层次划分与假设、丹尼森的文化特质模型，也有人采用奎因的竞争模型。

国内有不少研究者在20世纪90年代意识到组织文化的重要性，并进行了实证研究。有研究者（陈春花，1991）对科龙集团以沙因的理论为基础，进行文化诊断，提出文化塑造的内容、方向和方法。今天，组织文化对企业发展的重要性不断体现出来。有实证研究（樊耘，闫亮和马贵梅，2013）指出，组织文化能够调节权力需要对规范承诺的影响效应。这表明组织文化所表现出激励性与公平性越强的时候，个体感受到激励性和公平性的氛围越强，权力需要越强的个体留在组织中为组织利益付出的责任感越强；相反，组织文化所表现出的激励性与公平性越差，权力需要与规范承诺的关系越弱。也有研究（王飞绒和方艳军，2013）验证了组织文化对技术创新及绩效都有重要的影响。

经典实验

中国价值链研究

学术界对霍夫斯塔德理论提出的批评主要是针对他对于文化变量的定义和测量方法。不少人认为，他的结果不能准确地解释西方文化以外的东方文化的特点，尤其是中国文化的特点。为了检验霍氏的理论预设到底能不能解释中国文化，以加拿大籍学者邦德博士为首的香港中文大学的研究人员，对霍夫斯塔德的研究进行了验证性研究（Verification Study），这次研究的名称为“中国价值链”（The Chinese Culture Connection），其目的就是以传统中国文化的认知框架来设计测试用的问卷，以避免霍夫斯塔德问卷中存在的“西方研究偏见”（Western Research Bias）。研究人员希望，能够通过这个方式来验证霍夫斯塔德文化价值层面的普遍意义。

邦德的问卷主要是测定被访者在40个中国传统文化价值上的取向。研究对象为来自世界22个国家和地区的大学生。“中国价值链”所测定的40个中国文化价值为：孝敬、勤劳、容忍、随和、谦虚、忠于上司、礼仪、礼尚往来、仁爱、学识、团结、中庸之道、修养、尊卑有序、正义感、不重竞争、恩威并举、稳重、廉洁、爱国、诚恳、清亮、节俭、耐力、耐心、报恩与报仇、文化优越感、适用环境、小心/信用、知耻、有礼貌、安分己、保守、要面子、知己之交、贞节、寡欲、尊敬传统、财富。

被访者被要求从“1”到“9”中选择一个数字来表示每一个文化价值对自己的重要性，其中“1”表示不重要，“9”表示最重要。当计算出各国在这40个价值上的平均值后，再采用和霍夫斯塔德同样的因子分析方法（Factor Analysis）对数据进行计算。随后，研究小组得出了四个价值层面，它们分别是：“正直”、“道德”、“良心”和“儒家思想”。其中，“正直”与霍氏的“个体主义与集体主义”相关；“道德”与“权力距离”相关；“良心”与“社会的男性化程度”相关。只有“儒家思想”没有与霍夫斯塔德的任何层面相关。“中国价值链”的最后研究结果显示“正直”、“儒家思想”、“良心”、“道德”与“权力距离”、“不确定性回避”、“人主义”和“社会的男性化”之间的多重相关系数。很明显，霍夫斯塔德的四个层面中有三个可以用来解释中国文化，因此也就证明了霍夫斯塔德的研究结果具备了一般的理论意义。

资料来源：彭世勇：《跨文化研究理论透视——从霍夫斯塔德到费尔南德斯》，载《西安外国语学院学报》，2004（12）。

Hofstede, G., & Bond, M. H. (1988). The Confucius connection: From cultural roots to economic growth. Organizational dynamics, *16* (4), 4-21.

第十二章

组织发展

2013 年 3 月 10 日国务院披露机构改革和职能转变方案，表示将实行铁路政企分开，国务院将组建国家铁路局和中国铁路总公司。3 月 14 日，中国铁路总公司正式挂牌成立，铁道部退出历史舞台。

这次机构改革，把铁道部职责和机构一分为三。原来的铁路发展规划和政策的行政职责，划入到了交通运输部。由交通运输部统筹规划铁路、公路、水路、民航发展，加快推进综合交通运输体系建设。组建国家铁路局，由交通运输部管理，承担铁道部的其他行政职责，负责拟订铁路技术标准，监督管理铁路安全生产、运输服务质量和铁路工程质量等。组建中国铁路总公司，承担铁道部的企业职责，负责铁路运输统一调度指挥，经营铁路客货运输业务，承担专运、特运任务，负责铁路建设，承担铁路安全生产主体责任等。

这次铁道部的机构和职能改革，对中国铁路事业发展意味着什么？如何理解其组织机构的变化？新组建的中国铁路总公司未来如何发展？了解组织发展，有助于对这些问题答案的探索。本章将阐述组织结构、组织文化、组织环境等相关内容。

学习要点

1. 了解有关组织中工作及组织设计、改革创新的发展趋势。
2. 理解工作、组织设计类型以及组织改革创新理论。
3. 掌握各种工作设计类型的特点、适用条件及变革策略。
4. 在实际中按照不同要求进行工作和组织设计，并能有变革新精神。

第一节　工作设计

组织工作（Organization Work）是指在组织目标已经确定的情况下，维持与变革组织结构并使组织发挥作用完成组织目标的过程。据此，管理者和领导者的组织工作职能就是设计、建立并保持一种组织结构，即进行工作设计、设计并形成组织结构，进行人员和职权配置，协调和整合组织功能，推动组织发展。

一、工作设计的概念与意义

工作设计（Job Design）是在工作分析的信息基础上，研究和分析工作如何做，以促进组织目标的实现，以及如何使员工在工作中得到满意以调动员工的工作积极性。它又称岗位设计，是指根据组织需要和兼顾个人的需要，规定每个工作的任务、责任、权力以及组织中与其他工作关系的过程。它把工作的内容、资格条件和报酬结合起来。工作设计问题主要是组织向其员工分配工作任务和职责的方式问题。

恰当的工作设计能减少单调重复性工作的不良效应，有利于建立整体性的工作系统，为充分发挥劳动者的主动性和创造性提供条件。

工作设计的发展经历了工作专业化（19 世纪初—20 世纪 40 年代）、工作的轮换和扩大化（20 世纪 40—60 年代）、现代方法的采用（20 世纪 60 年代至今）三个阶段。

二、工作设计的主要内容

工作设计涉及的内容比较广泛，概括讲，包括工作内容、工作职责和工作关系的设计三个方面。

（一）工作内容的设计

工作内容的设计是工作设计的重点，一般包括工作广度、工作深度、工作完整性、工作自主性以及工作反馈五个方面。

1. 工作广度

工作广度即工作的多样性。工作过于单一，员工容易感到枯燥和厌烦。在设计工作时，应尽量使工作多样化，使员工在完成任务的过程中能进行不同的活动，保持工作的兴趣。

2. 工作深度

工作深度指设计的工作从易到难应具有一定层次，对员工工作的技能提出不同程度的要求，从而增加工作的挑战性，激发员工的创造力和克服困难的能力。

3. 工作完整性

保证工作的完整性能使员工有成就感。即使是流水作业中的一个简单程序，也要是全过程，让员工见到自己的工作成果，感受到自己工作的意义。

4. 工作自主性

适当的工作自主性能增强员工的工作责任感，使员工感到自己受到了信任和重视。认识到自己工作的重要，员工工作的责任心会增强，工作的热情会提高。

5. 工作反馈

工作反馈包括两方面的信息：一是同事及上级对自己工作意见的反馈，如对自己工作能力、工作态度的评价等；二是工作本身的反馈，如工作的质量、数量、效率等。工作反馈信息使员工对自己的工作效果有一个全面的认识，能正确引导和激励员工，有利于员工对工作的精益求精。

（二）工作职责的设计

工作职责的设计主要包括工作责任、权力、方法以及工作中的相互沟通和协作等方面。

1. 工作责任

工作责任设计就是对员工在工作中应承担的职责及压力范围的界定，也就是工作负荷的设定。责任的界定要适度。工作负荷过低、无压力会导致员工行为轻率和低效；工作负荷过高、压力过大又会影响员工的身心健康，导致员工的抱怨和抵触。

2. 工作权力

权力与责任是对应的，责任越大权力范围越广。如果二者脱节，则会影响员工的工作积极性。

3. 工作方法

工作方法包括领导对下级的工作方法、组织和个人的工作方法设计等。工作方法的设计要具有灵活性和多样性，不同性质的工作根据其工作特点的不同采取的具体方法也不同，不能千篇一律。

4. 相互沟通

沟通是一个信息交流的过程，是整个工作流程顺利进行的信息基础，包括垂直沟通、平行沟通、斜向沟通等形式。

5. 协作

整个组织是有机联系的整体，是由若干个相互联系、相互制约的环节构成的，每个环节的变化都会影响其他环节以及整个组织的运行，因此各环节之间必须相互合作、相互制约。

（三）工作关系的设计

组织中的工作关系表现为协作关系、监督关系等各个方面。

以上三个方面的工作设计，为组织的人力资源管理提供了依据，保证事（岗位）得其人，人尽其才，人事相宜；优化了人力资源配置，创造了更加能够发挥员工自身能力、提高工作效率、进行有效管理的环境保障。

三、工作设计的原则

工作设计需要遵循以下原则：

首先，从管理哲学角度，牢牢把握以人为中心的思想，正确处理好人和工作的关系，使二者有机地结合起来。

其次，从心理学角度，认真考虑工作者的个人特征、工作环境中的社会心理因素、整个组织的文化氛围和管理方式等因素。

再次，从工效学角度，工作设计应注意提高工效。

最后，从技术学角度，应当重视工艺流程、技术要求、生产和设备等条件对工作设计的影响。

四、工作设计的理论与方法

（一）工作设计的理论基础

社会技术理论认为，在工作设计中，应该把技术因素与人的行为、心理因素结合起来考虑。任何一个生产运作系统都包括技术和社会两个子系统。如果只强调其中的一个而忽略另一个，就有可能导致整个系统效率低下。因此，应该把生产运作组织看作一个社会技术系统，其中包括人和设备、物料等。工作设计的着眼点应该放在整个工作系统的工作方式上。

如果把生产运作组织方式、新技术的选择应用和工作设计联系起来考虑的话，还应该看到，以柔性自动化为主的生产模式正在成为主流。为此，需要把技术引进和工作设计作为一个总体系统来研究，将技术、生产组织和人的工作方式三者相结合，强调在工作设计中注重促进人的个性的发展，注重激发人的积极性和劳动效率。

（二）工作设计的方法

1. 工作轮换

工作轮换（Job Rotation）指在组织的不同部门间或在某一部门内部调动雇员的工作，目的在于让员工积累更多的工作经验，如图 12—1 所示。这类工作可能是单调和令人厌烦的，对员工来说没有挑战性和成功的机会，因此可以将一些工作进行轮换，即某些员工在一段时间完成某项工作，在下一段时间按顺序去干另一项工作。

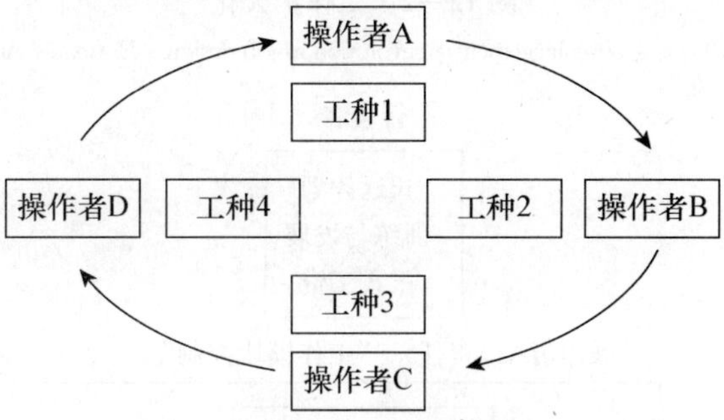

图 12—1 工作轮换

资料来源：Henderson, C. J.（1992）. Ergonomic job rotation in poultry processing. In S. Kumar（ed.），*Advances in industrial ergonomics and safety IV*，London：Taylor & Francis，443-450.

2. 工作扩大化

工作扩大化（Job Enlargement）主要是指扩展一项工作包括的任务和职责，目的是增加员工工作种类，使员工同时承担几项工作或者做周期更长的工作以增加对工作的兴趣，如图 12—2 所示。一般情况下，这些工作与员工以前承担的工作内容非常相似，只是一种工作内容在水平方向上的扩展，不需要员工具备新的技能。

这种工作方式能够激发员工的情绪，提高工作积极性，降低生产成本。

3. 工作丰富化

工作丰富化（Job Enrichment）指在工作中赋予员工更多的责任、自主权和控制权，如图 12—3 所示。工作丰富化是垂直地增加工作内容。这样员工会承担更多的任务、更大的责任，有更大的自主权和更高程度的自我管理，获得工作绩效的反馈。这种工作设计方法是根据赫兹伯格的双因素理论提出的一种工作组织形式。它要求让员工有机会参加工作的计划和设计，得到信息反馈，估价和修正自己的工作，从而使员工对工作本身产生兴趣，获得责任感和成就感。

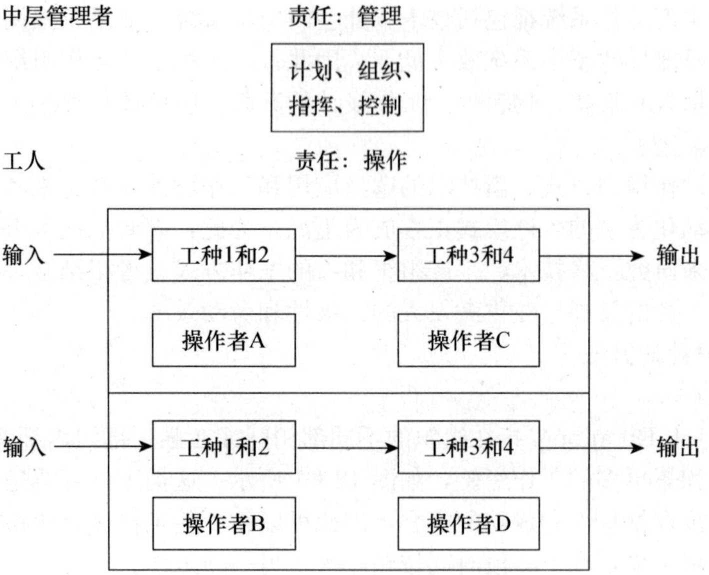

图 12—2　工作扩大化

资料来源：Guest，R. H.（1957）. Job enlargement-a revolution in job design. *Personnel Administration*，*20*（2），13－14.

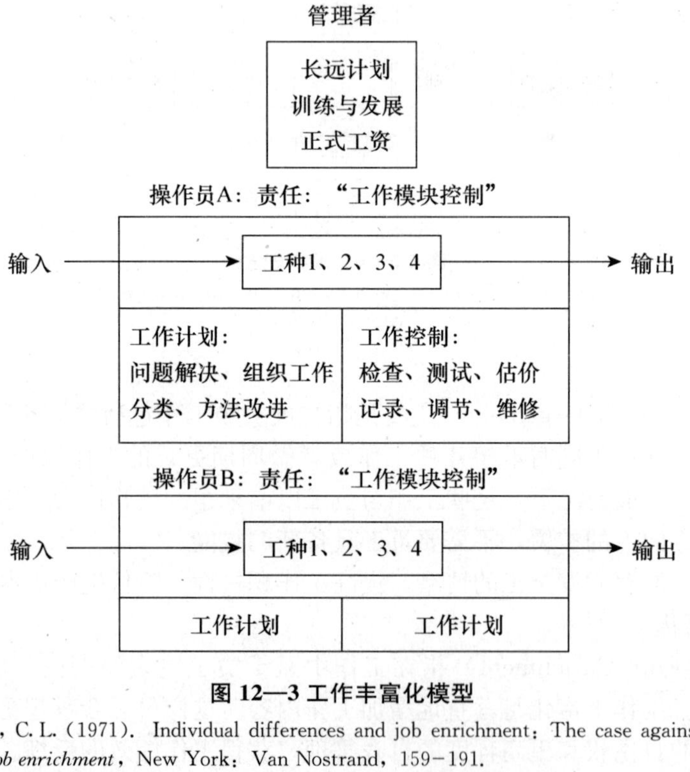

图 12—3 工作丰富化模型

资料来源：Hulin，C. L.（1971）. Individual differences and job enrichment：The case against general treatments. *New perspectives in job enrichment*，New York：Van Nostrand，159－191.

五、影响工作设计的主要因素

一个成功有效的工作设计，必须综合考虑各种因素，即需要对工作进行周密且有目的的计划和安排，既要考虑到员工的具体素质、能力及各个方面的因素，也要考虑到本组织的管理方式、劳动条件、工作环境、政策机制等因素。具体而言，有以下几方面的内容。

（一）员工因素

人是组织活动中最基本的要素，员工需求的变化是工作设计不断更新的一个重要因素，工作设计的一个主要内容就是使员工在工作中得到最大的满足。随着文化教育和经济水平的提高，人们的需求层次提高了，除了一定的经济收益外，他们希望在自己的工作中得到锻炼和发展，对工作质量的要求也更高了。

只有重视员工的需求并开发和引导其兴趣，给他们的成长和发展创造有利条件和环境，才能激发员工的工作热情，增强组织的吸引力。否则，随着员工的不满意程度的增加，带来的是员工的冷漠和生产低效。因此，工作设计时要尽可能地使工作特征与要求适合员工个人特征，使员工能在工作中发挥最大的潜力。

（二）组织因素

工作设计最基本的目的是提高组织效率，增加产出。因此，工作设计离不开组织对工作的要求。在具体进行设计时应注意：(1) 工作设计的内容应包含组织所有的生产经营活动，以保证组织生产经营总目标的顺利、有效实现。(2) 全部岗位构成的责任体系应该能够保证组织总目标的实现。(3) 工作设计应该能够有助于发挥员工的个人能力，提高组织效率。这就要求工作设计时全面权衡经济效率原则与员工的职业生涯和心理需要，找到最佳平衡点，保证每个人满负荷工作，以获得组织的生产效益和员工个人的满意度两方面的收益。

（三）环境因素

环境因素包括人力供给和社会期望两方面。工作设计必须考虑与人力资源的实际水平相一致。同时，工作设计时应考虑一些人性方面的东西。不同的员工其需求层次不同，人们希望通过工作满足什么，在工作设计时应予以考虑。

工作设计直接决定了人在所从事的工作中干什么，怎么干，有无机动性，能否发挥其主动性和创造性，有没有可能形成良好的人际关系等。优良的工作设计能保证员工从工作中获得意义与价值，使员工体验到工作的重要性和自己的责任，及时了解工作的结果，从而产生高度的内在激励作用，形成高质量的工作绩效及对工作的高度满足感，达到最佳激励水平，为充分发挥员工的主动性和积极性创造条件。

第二节　组织设计

现代社会是组织化的社会，信息技术和全球化对于组织的结构有巨大的影响。随着组织中员工数量的增长，员工之间可能的相互联系也在增长。因此，大的组织往往比小的组织更加复杂，人与人之间的联系需要管理和经营。这样，组织理论与组织设计在组织发展壮大的过程中就起着至关重要的作用。

一、组织设计的概念及原因

组织设计是以组织结构为核心，对组织的结构、正式的沟通渠道体系、分工、协调、控制、权利与责任进行评估和选择，以实现组织目标的过程。

组织是有确定目的、精心设计的结构和协调活动系统的社会实体。从战略功能定位出发，组织结构涉及整体架构、责权体系、管理流程和业务流程以及控制体系等一整套设计。组织是实施战略的保证，所谓“一等人用组织，二等人用人才”说的就是这个道理。可见组织设计的重要作用。

企业在组织方面存在的问题如下：战略与组织脱节，组织不能支持战略的发展，组织复杂与组织功能缺位并存；组织不精简，管理层级过多；部门职责、权限不清晰，工作中相互推诿，缺乏统一协调；部门核心业务流程不明确，工作忙乱；组织架构以职能为主导，而不是以市场、客户服务流程为主导；不能适应快速变化的竞争环境；内部控制体系不完善，监督检查职能不完整；管理漏洞很多，导致资源流失；集团化公司对各业务单元管控不清，管理失控或管理过死；等等。这些都可以成为组织设计的原因和出发点。

二、组织设计的基本要求

管理者在进行组织设计时，必须考虑六个关键因素：工作专门化、部门化、命令链、控制跨度、集权与分权、正规化。

（一）工作专门化

工作专门化是指组织中把工作任务划分成若干步骤来完成的细化程度。20 世纪初，亨利·福特建立了汽车生产线，福特利用技能相对有限的员工，每 10 秒钟就能产出一辆汽车，从而富甲天下。福特的经验表明，劳动分工让员工从事专门化的工作，他们的生产效率会提高。

工作专门化的实质是不是让一个人完成一项工作的全部，而是先把工作分解成若干步骤，每一步骤由一个人独立去做。也就是说，每个人专门从事工作活动的一部分，而不是全部。

现在，大多数管理者认识到了在某些类型的工作中工作专门化所起到的作用，以及使用过头也可能带来的问题。例如，在麦当劳快餐店，管理人员运用工作专门化来提高生产和售卖汉堡包、炸鸡的效率。但是，像奥帝康公司和土星公司则通过丰富员工的工作内容，降低工作专门化程度也获得了成功。

（二）部门化

通过工作专门化完成任务细分之后，就需要按照类别对它们进行分组以便协调共同的工作。工作分类的基础是部门化。

对工作活动进行分类主要是根据活动的职能。制造业的管理者通过把工程、会计、制造、人事、采购等方面的专家划分到不同的部门来组织其工厂。根据职能进行部门划分适用于所有的组织。只有职能的变化可以反映组织的目标和活动。一个医院的主要职能部门可能有门诊部、住院部、护理部、财会部等；而一个职业足球队则可能设球员人事部、售票部、旅行及后勤部等。这种职能分组的主要优点在于，把同类专家集中在一起，提高工作效率，实现规模经营。

除此之外，工作任务也可以根据组织生产的产品类型、地域、生产过程和顾客类型进行部门化。大型组织进行部门化时，可能综合利用各种方法，以取得较好的效果。例如，一家大型的日本电子公司在进行部门化时，根据职能类型来组织其各分部；根据生产工程来组织其制造部门；把销售部门分为 7 个地区的工作单位；又在每个地区根据其顾客类型分为 4 个顾客小组。

（三）命令链

命令链（Chain of Command）是一种从组织最高层到最低层不间断的权力路线。它澄清了谁向谁报告工作的问题。它能够回答“我有问题时去找谁?”“我对谁负责?”这类问题。

（四）控制跨度

控制跨度（Span of Control）是指一个主管可以有效地指导多少个下属。它决定着组织要设置多少层次，配备多少管理者。在其他条件相同时，控制跨度越宽，组织效率越高。假设有两个组织，基层操作员工都是 4 096 名，如图 12—4 所示。如果一个控制跨度为 4，另一个为 8，那么控制跨度宽的组织比控制跨度窄的组织在管理层次上少两层，可以少配备 800 名左右的管理者。如果每名管理者年薪为 40 000 美元，则控制跨度宽的组织每年在管理者薪水上就可节省 3 200 万美元。显然，在成本方面，控制跨度宽的组织效率更高。但是，在某些方面控制跨度可能会降低组织的有效性，如果控制跨度过宽，由于主管员工没有足够的时间为下属提供必要的领导和支持，员工的绩效会受到不良影响。

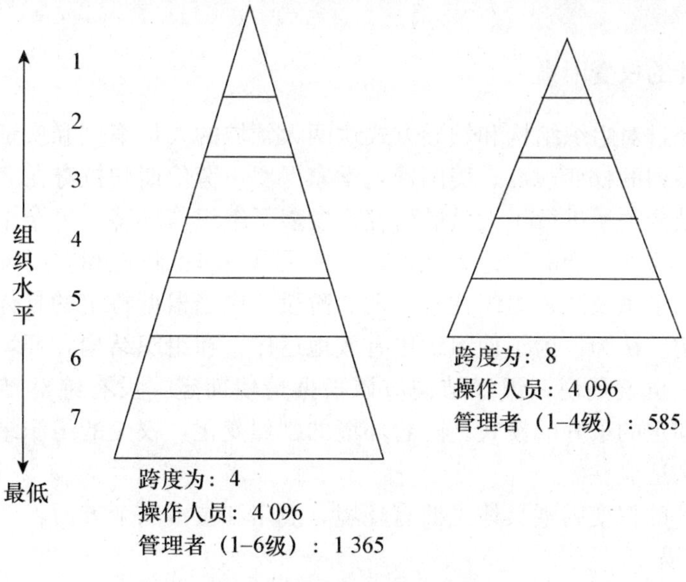

图 12—4　控制跨度对比

资料来源：斯蒂芬・P・罗宾斯，玛丽・库尔特：《管理学》，8 版，238 页，北京，清华大学出版社，2008。

（五）集权与分权

集权化（Centralization）是指组织中的决策权集中于一点的程度。一般讲，如果组织的高层管理者不考虑或很少考虑基层人员的意见就决定组织的主要事宜，则这个组织的集权化程度较高。相反，基层人员参与程度较高，或他们能够自主地作出决策，组织的分权化程度就越高。

近年来，分权式（Decentralization）决策的趋势比较突出，这与使组织更加灵活和主动地作出反应的管理思想相一致。在大公司中，基层管理人员更贴近生产实际，对有关问题的了解比高层管理者更翔实。

（六）正规化

正规化是指组织中的工作实行标准化的程度。如果一种工作的正规化程度较高，就意味着做这项工作的人对工作内容、工作时间、工作手段没有多大自主权。人们总是期望员工以同样的方式投入工作，能够保证稳定一致的产出结果。在高度正规化的组织中，有明确的工作说明书，有繁杂的组织规章制度，对于工作流程有详尽的规定。而正规化程度较低的工作，相对来说，工作执行者和日程安排就不是那么僵硬，员工对自己工作的处理权限比较宽。由于个人权限与组织对员工的规定成反比，因此工作标准化程度越高，员工决定自己工作方式的权力就越小。工作标准化减少了员工选择工作行为的可能性，也使员工无需考虑其他行为选择。

组织之间或组织内部不同工作之间正规化程度差别很大。一种极端情况是，某些工作正规化程度很低，如向大学教授推销新书的外国出版公司的代理人，工作自由权限就比较大，他们不要求用标准划一的推销用语，行为约束也低，每周交一次推销报告，并对新书出版提出建议就行。另一种极端情况是那些处于同一出版公司的职员与编辑位置的人。他们上午 8 点要准时上班，否则就会被扣工资，而且，他们必须遵守管理者制定的一系列详尽的规章制度。

三、组织设计的权变因素

西方学者们经过对组织结构和领导方式这两大领域的大量案例和实证研究，形成了具有科学依据的一系列的权变观点。美国管理学家保罗·劳伦斯和拉奇在 20 世纪 60 年代对外部环境与组织结构关系进行了大量的研究，发表了组织与环境、复杂组织的分化和整体化等论文，从而将这些权变的理论和观点转化成了具有可操作性和实用价值的领导方式。

它强调不同的组织及同一组织在不同发展阶段，应当根据特定的具体条件来选择设计相适应的组织结构。认为，为了使组织更有效地运作，在组织结构和环境条件之间必然存在一个最佳状态。也就是说，组织结构应该根据情境而定，没有绝对唯一的组织结构形式，也没有一个固定的最好的模式。随着环境的剧烈变化，权变的组织结构设计将使组织更加具有灵活性和适应性。

影响组织设计的权变因素具体主要有环境、战略和技术三个方面。

（一）组织环境

组织环境是指组织决策时直接考虑的物质的和社会的各种因素的总和，主要包括所处行业特征、市场特点、经济形势、政府管理、原材料供应、人力资源条件、竞争者、顾客、公众及社会文化等。环境是不确定的，不同的组织面临的环境也不同，每个组织都要受到环境变化的影响。

环境因素从环境的复杂性和稳定性两个方面影响组织结构的设计。环境越复杂多变，组织设计就越要强调适应性，如降低组织结构的刚性，加强非程序化决策能力等。例如，政策环境、市场环境等组织外部环境的变化导致组织投资开放模式的变化，进而导致组织工作重点的转移和业务流程、部门职责的变化。因此，环境情况不同，与其相对应的组织结构形式也不同。一个组织如果处于相对稳定而简单的环境状态中，一般可以采用强有力的组织结构形式，即机械式的组织结构，通过集权、严格的规章制度进行管理，如食品加工企业等；一个组织如果处于动荡而简单的环境状态中，一般可以在组织的个别部门采用较为灵活的组织结构，给予更多的自由和权力，但部门化和纪律、规章制度仍然占主导地位，如服装企业、玩具制造企业等；一个组织如果处于稳定而复杂的环境状态中，一般采用集权与分权相结合的组织结构形式，根据不同的业务来组织内部各自的活动，如大学、保险公司等；一个组织如果处于动荡而复杂的环境状态中，就必须强调组织内部各方面有效的互相联络，并要采用分权的、各部门相对独立的组织结构方式，即采用有机式结构，以便能迅速而有效地对动荡而复杂的环境做出反应，如计算机企业等。这四种环境及相对应的组织结构特征如图 12—5 所示。

环境变化程度	简单	复杂
动荡	（2）动荡—简单环境 环境特点： 组织面临的环境因素较少，而且因素之间有相似之处，但各因素变化速度快，具有动荡性。 相对应的组织结构特征： 规范化、集权化程度高，但在个别部门采用有机式结构（机械－有机结构）。 举例：服装、化妆品、玩具制造等。	（4）动荡—复杂环境 环境特点： 组织面临环境因素多，各因素之间的差异性大，各因素变化的速度快且持续性强。 相对应的组织结构特征： 复杂性和规范性程度都低，多采用分权形式（有机结构）。 举例：计算机企业、电讯企业等。
稳定	（1）稳定—简单环境 环境特点： 环境因素较少，有关环境因素具有较多的相似性，有关因素的变化很小。 相对应的组织结构特征： 专业分工程度高；正规化程度高，即规章制度、工作程序多；集权形式。 举例：食品加工企业、容器制造商等。	（3）稳定—复杂环境 环境特点： 环境因素多而且复杂，各因素之间亦有一些相类似，各因素变化程度较小。 相对应的组织结构特征： 专业分工细；规范化程度高，但由于人员知识程度较高，工作独立性较强，多采用分权形式。 举例：大学、保险公司等。

简单　　环境　　复杂

图 12—5　四种环境及相对应的组织结构特征

（二）组织战略

组织战略的调整要求组织必须尽快地调整组织结构，以实现战略管理与组织结构的匹配，组织结构要服从战略。科学、合理的组织结构能够支撑组织的战略，实现组织的成长与发展。

组织理论专家钱德勒在 20 世纪 60 年代根据对美国 70 多家最大企业的调查结果，

提出了“战略—结构”组织设计原则。他指出，组织战略和组织结构的关系原则，就是组织的结构要服从于组织的发展战略。当一个组织由于环境的变化需要有效地运用它的资源时，必须改变它的发展战略。新的战略应导致内部结构的改革，否则战略将归于无效。

企业的组织结构是其实现经营战略的主要工具，不同的战略要求不同的结构。高度多样化的战略需要的就是分权式的结构。因为多样化经营战略意味着企业的经营内容涉及多方面，需要采用集权度较低的组织结构，如事业部制，才能从总体上推进多样化战略的实施。而单一经营战略则可选择集权度较高的组织结构，如直线职能制。

（三）组织技术

一个组织的技术是指将投入的资源转化为产出的方法，即在投入转化为产出的整个过程中的信息决策、沟通系统、机器设备和工艺流程的总和。关于技术对组织结构的影响，佩罗和伍德沃德有较多的论述。有些企业技术力量较强，如许多软件开发企业，他们以技术创新和发展作为企业发展的根本，这时候组织结构的关键是考虑技术发展问题，组织设计也以技术及其发展创新为主。

技术本身的发展也对企业管理产生较大的影响。在传统企业中，各个企业的技术都差不多，企业的主要利润点不在技术上，那么技术就不会过多地影响企业组织结构的设置，组织结构的设置更多地考虑诸如渠道管理、成本降低等，并以这些因素作为组织结构设计的主线。当技术及其发展能够带来高额利润时，技术管理和利用就显得相当重要了，技术管理也成为企业组织结构设置的核心问题，成为组织结构设置的主线。

关于技术的类型及它与组织结构的关系，美国组织学家贝鲁的研究认为，技术受工作的易变性和工作中问题解决的难易程度所构成的二维因素的影响，这样就形成了四种不同的技术类型，如图 12—6 所示。而每一种技术类型都要求有相适应的组织结构。

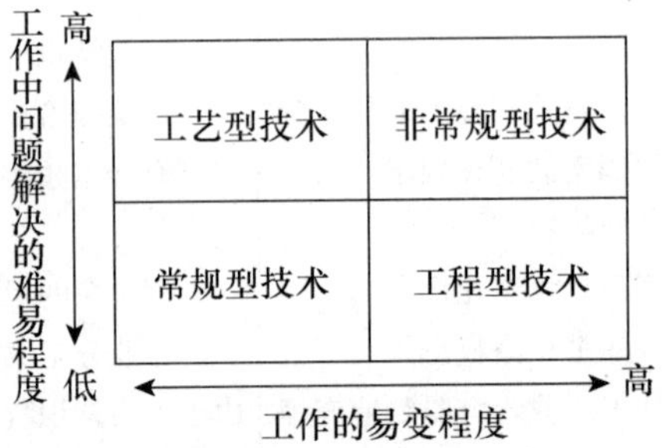

图 12—6　佩罗的技术分类示意图

资料来源：Perrow, C. (1967). A Framework for the Comparative Analysis of Organizations. *American Sociological Review*, *32* (2), 194-208.

工作的易变性是指一个人在工作中运用知识、技能的变化情况，如果从事的工作是高度规范化的，那么这项工作的易变性就低。例如，钢铁厂流水线上的员工，他们的工作是高度规范化的，工作的易变性低。相反，从事的工作所要求的知识、技能变化无常，这种工作的易变性就高，如心理咨询师的工作。

工作中问题解决的难易程度包括两种情况：一种是在工作中碰到的，可以通过一般逻辑推理、因果分析而较容易解决的问题，这种工作相对来说就是比较简单或容易处理的工作；另一种是工作中碰到的问题无法用以往的办法来解决，这种非常规型工作问题解决的难度高，如科研人员的工作。

图 12—6 显示了四种不同的技术类型：常规型、工程型、工艺型和非常规型。常规型技术易变性小，对问题也能够用一般的逻辑分析来解决，如大型钢铁厂、炼油厂及汽车制造公司等。工程型技术虽然其技术易变性比较大，但仍然可以通过逻辑推理的方法来解决，如会计师事务所、税务所和建筑公司等。工艺型技术虽然其技术难度不大，但碰到的问题相对比较多，如产品的规格与式样比较多，如制衣、家具行业等。非常规型技术在工作中碰到的问题往往是新的，需要用各种综合和创造性的方式来解决。组织中的高层主管所从事的工作及科研人员的工作就属于这种类型。

根据佩罗的观点，技术类型决定或影响着组织结构。对于常规型技术程度高的组织来说，可以采用严格控制的机械式的组织结构。对于非常规型的技术组织来说，应该采用有机式的组织结构。也就是说，组织的技术越常规化，其规范化程度、集权程度就越高；而非常规技术则正好完全相反，其规范化程度和集权程度都较低。

上述任何一个权变因素发生较大变化时，组织都应考虑及时调整组织结构。

四、组织结构的设计

组织结构是任何组织进行管理的基础，也是组织设计中关注的重点。

组织结构设计最关键的是设计方案。组织设计能为企业提供组织设计培训，提高管理人员管理技能；对组织管理现状及战略、流程、组织匹配情况进行诊断分析；设计符合公司战略的组织结构、管控模式；提出组织结构存在的主要问题和优化方案；明确部门功能职责与权限。

组织设计可以为企业带来如下收益：帮助企业建立以客户、市场为导向的组织架构，以支持公司战略的实现；组织职能满足业务持续发展的需要；使部门职责、权限明确，协调工作减少；能对内外部变化的环境做出及时、有效的反应；各部门协作与协同得到加强与提高，客户能得到快速服务；高层有时间思考公司的战略与发展问题；员工能集中精力干好本职工作。

组织结构设计要尽可能使组织扁平化。所谓组织扁平化，就是通过破除公司自上而下的垂直高耸的结构，减少管理层次，增加管理幅度，裁减冗员，来建立一种紧凑的横向组织，达到使组织变得灵活、敏捷、富有柔性和创造性的目的。它强调系统、管理层次的简化，管理幅度的增加与分权。

第三节　组织变革

组织内外部环境的变化，资源的不断整合与变动，都给组织带来了机遇与挑战，因此必须关注组织变革。可管理者常常面临着一个非常矛盾的处境：组织需要变革，否则它将处于毁灭的危险中，同时，如果变革，其破坏性可能也会使组织处于危机中。

组织变革（Organizational Change）是指运用行为科学和相关管理方法，对组织的权力结构、组织规模、沟通渠道、角色设定、与其他组织之间的关系，以及组织成员的观念、态度和行为，成员之间的合作精神等进行有目的的、系统的调整和革新，以适应组织所处的内外环境、技术特征和组织任务等方面的变化，提高组织效能。

一、组织变革的原因与征兆

一般来说，组织结构变革的原因有以下几方面：（1）组织经营环境的变化。诸如国民经济增长速度的变化、产业结构的调整、政府经济政策的调整、科学技术的发展引起产品和工艺的变革等。组织结构是实现组织战略目标的手段，组织外部环境的变化必然要求组织结构做出适应性的调整。（2）组织内部条件的变化。组织内部条件的变化主要包括：技术条件的变化，如组织实行技术改造，引进新的设备，要求技术服务部门的加强以及技术、生产、营销等部门的调整。人员条件的变化，如人员结构和人员素质的提高等。管理条件的变化，如实行计算机辅助管理、实行优化组合等。（3）组织本身成长的要求。组织处于不同的生命周期时对组织结构的要求也各不相同，如小组织成长为中型或大型组织，单一品种组织成长为多品种组织，单厂组织成为组织集团等。

一般来说，组织变革是一项“软任务”，即有时候组织结构不改变，组织仿佛也能运转下去，但如果要等到组织无法运转时再进行组织结构的变革就为时已晚了。因此，组织管理者必须抓住组织变革的征兆，及时进行组织变革。组织结构需要变革的征兆有：（1）组织经营成绩的下降，如市场占有率下降，产品质量下降，消耗和浪费严重，组织资金周转不灵等。（2）组织生产经营缺乏创新，如组织缺乏新的战略和适应性措施，缺乏新的产品和技术更新，没有新的管理办法或新的管理办法推行起来困难等。（3）组织机构本身病症的显露，如决策迟缓，指挥不灵，信息交流不畅，机构臃肿，职责重叠，管理幅度过大，人事纠纷增多，管理效率下降等。（4）员工士气低落，不满情绪增加，如管理人员离职率增加，员工旷工率，病、事假率增加等。

当一个组织出现以上征兆时，应及时进行组织诊断，用以判定组织结构是否有加以变革的必要。

二、组织变革的策略

组织变革是一个系统工程，涉及方方面面的关系，因此必须讲究策略。组织变革的策略主要包括三方面：变革方针的策略、变革方法的策略、应对阻力的策略。

变革方针的策略主要包括：（1）积极慎重的方针。即要做好调查，做好宣传，积极推行。（2）综合治理的方针。即组织变革工作要和其他工作配合进行，这主要是指组织的任务变革、技术变革和人员变革。

变革方法的策略主要包括：（1）改良式的变革。这种变革方式主要是在原有的组织结构基础上修修补补，变动较小。它的优点是阻力较小，易于实施，缺点是缺乏总体规划，头痛医头，脚痛医脚，带有权宜之计的性质。（2）爆破式的变革。这种变革方式往往涉及公司组织结构重大的甚至根本性质的改变，且变革期限较短。一般来说，爆破式的变革适用于比较极端的情况，除非是非常时期，如公司经营状况严重恶化，否则一定要慎用这种变革方式，因为爆破式的变革会给公司带来非常大的冲击。(3) 计划式的变革。这种变革方式是通过对组织结构的系统研究，制定出理想的改革方案，然后结合各个时期的工作重点，有步骤、有计划地加以实施。这种方式的优点是：有战略规划、适合公司组织长期发展的要求；组织结构的变革可以同人员培训、管理方法的改进同步进行；员工有较长时间的思想准备，阻力较小。为了有计划地进行组织变革，应该做到专家诊断、制定长期规划。

案例阅读

通用电气的“群策群力”

20 世纪 90 年代早期，通用电气提出了“群策群力”(Work-Out) 计划。它一直是通用电气实施变革的支柱。近些年，“群策群力”计划被多家组织采用，如通用汽车、家得宝、菲多利、比恩、西尔斯、IBM 和世界银行。

“群策群力”的提出是因为通用电气的首席执行官认为，公司文化的官僚气息太重，不能快速应对变革。他想建造一台发动机，有效推动和促进通用电气的工人，让他们变得更强大。

“群策群力”就是指，把组织内部不同职能和不同层次的员工和管理人员聚到一起，举行一个为期 3 天的非正式会议，讨论和解决员工和高级管理人员已经发现的问题。然后，分成几个小团队，鼓励人们挑战“我们一直都这样做”的普遍想法，为组织流程的重大改进提出意见和建议。接下来，在称为“Town Meeting”的公共会议上，由“群策群力”团队向高级管理者提出他们的建议。

在“Town Meeting”上，经理负责监督对建议的讨论，然后现场给予批复。只是在个别例外的情况下，某个建议才会被搁置以作进一步研究。那些被接受的建议被分配给自愿执行的经理，由他们来实现。一般来说，一个建议从提出到执行需要 90 天或更短的时间。“群策群力”背后的逻辑是：识别问题，刺激多元化输入，提供一种加速决策和行动的机制。

最近，通用电气的首席执行官杰夫·伊梅尔特又对“群策群力”这一概念进行了扩展，用于发展对未来技术的预测能力和制定长期计划。通用电气想要所有的管理者都擅长这种战略思维，多数公司都把这种思维寄托在高级管理者身上。例如，通用电气正在为管理者提供新的课程，教授他们如何创建新的产品线。

资料来源：斯蒂芬·P·罗宾斯，蒂莫西·A·贾奇：《组织行为学》，12 版，李原，孙健敏译，579 页，北京，中国人民大学出版社，2008。

思考问题

1. 通用电气的变革为什么会有效？
2. 你认为这一方案可能有什么消极后果？
3. 为什么新的首席执行官杰夫·伊梅尔特要修正“群策群力”这一概念？

三、组织变革的抵制现象与原因

组织变革常常会遇到来自各个方面的抵制和反对。变革的阻力有来自情感的、行为的和认知的三个组成部分。情感部分是指个体对变革的感觉是怎么样的。行为部分是指当面对变革时，个人是如何行动的。认知部分是指个人是如何理解变革的。常见的抵制现象有：生产量、销售量和经济效益持续下降；消极怠工，办事拖拉、等待；离职人数增加；发生争吵与敌对行为，人事纠纷增多；提出许多似是而非的反对变革的理由；等等。

组织变革阻力产生的原因在于人们害怕变革的风险，认为变革不符合组织的最佳利益或是害怕变革给自己的利益带来冲击。下面是对一些抵制变革具体原因的分析。

（一）心理上的抵制

心理上的抵制包括：（1）职业认同：组织变革的进行会打破原有的稳定格局，破坏某些人的职业认同感和依赖性。（2）隐晦不安全感：组织变革本身充满不确定性，人们一旦处于不确定度环境中，会对未来产生不安全感和恐惧感，进而产生抵制变革的情绪与行为。（3）地位上的考虑：把组织变革看成是对其权力和影响的威胁，一旦权力地位已经确定，个人或团体经常抵制那些他们看来会削弱其权力和影响的变革。

（二）经济原因造成的抵制

经济原因造成的抵制包括：（1）担心技术改革后被解雇；（2）计时工资制的工人担心变革之后减少工作时间，使自己少拿钱；（3）担心改变职务而降薪；（4）担心增加产量而不增加个人收入。

（三）社会的抵制

任何一个群体要维持自己的生存，都会在群体中形成一致的价值观念、共同的态度和行为规范，以保持群体成员一致的行为。进行组织变革，可能打破群体的平衡状态，因而遭到群体的反对。此外，社会的文化传统、风俗习惯，某些地区、部门、阶层、团体因利益关系形成的“利益集团”等，都可能成为组织变革的阻力。

（四）生活中变革经历的累积效应

人们对当前变革的准备情况会受到他们生活中经历的其他变革的影响。压力不仅仅源于他们的工作经历，还是由个人生活中的各种不同影响造成的。比如人们以前实施过或者经历过组织变革的经历。当过去的经历是失败的时候，他们则会对变革持一种消极的态度。

奥康纳（1993）对组织中可能会遇到的变革阻力做了一个分类，他认为阻力可以是公开的，也可以是隐蔽的。公开的阻力容易处理，由于人们可以公开进行讨论，这样可能会减少对变革的恐惧。而暗藏的阻力是引入变革的人无法觉察的，也就很难处理。另一个维度是阻力的动机，它也分为有意识的和无意识的两类，在无意识阻力情况中，个体完全不清楚他们的行为已构成对变革的阻力，他们甚至还认为自己是在采纳变革。另外，有意识的阻力是很清楚的，它们是在对变革进行挑战。

按照公开—不公开、意识—无意识这两个维度划分的四种类型的阻力，可以产生以下四种结果：（1）破坏者（Saboteur）。这一类型是非公开并有意识的阻力。因为某些原因，如为了减少对个人的影响或害怕潜在的损失，个体会对抗变革，但并不公开表示。在一些情况下，也可能是希望如果他们忽视了变革，就可避免变革发生。（2）幸存者（Survivor)。这些人似乎意识不到正发生的变革，而他们实际上正以任何可能的方式，起着破坏变革的作用。他们的对抗是暗中的并且是无意识的。他们还固执地认为什么事情都没有发生，而一旦指出他们对变革很不合作，他们会感到非常震惊或受到伤害。(3) 可恶之人 (Zombie)。他们公开对抗，但又是无意识的。奥康纳指出这种人其实是幸存者的一个极端的特例。他们同意必要的改变，但缺少贯彻变革的意愿和能力。他们将逐渐地公开改变最初的行为。一旦回想起变革的需求，又会恢复努力，但不会持续很久。他们将自己看作是努力合作的人，并不认为自己是抵抗者。(4) 抗议者 (Protester)。这些人公开并有意识地表明自己对变革的反对意见。对他们的意见应该倾听，因为在他们的挑战性意见中可能存在对变革有帮助的信息。这一群体是最容易应付的，因为他们的挑战是公开的，而且通常采用的是讲道理的争论方式。他们既可能处于反依赖状态又可能处于相互依赖的状态。在这种情况下，他们是有能量的，这些能量是可以利用的。

针对这些现象和原因，可以制定出一些应对变革阻力的策略，主要从以下几方面着手：(1) 做好宣传，与员工进行沟通，广泛地听取员工的意见；(2) 让员工参与到组织变革的决策中去；(3) 大力推行与组织变革相适应的人才培训计划，委任由民选领导负责组织变革实施，大胆起用具有开拓创新精神的人才；(4) 合理安排变革的时间和进程；(5) 注意采取适宜的策略手段，尽可能先在小范围中进行变革试验；(6) 处理个体对变革的抵制；(7) 利用群体动力、强烈的归属感、群体的威望和个人的威信等，注意群体规范；(8) 采取优惠政策，妥善安排被精简人员的工作、生活和出路；(9) 在必要的时候显示变革的果敢决心，并采取强硬措施。

测量工具

测量变革支持

指导语：该问卷的主要目的是帮助你理解组织内支持变革和反对变革的固有水平。请根据你当前工作的或曾经工作过的组织，回答每道题目，并在符合你自己认识情况数字上划圈。其中①＝不正确，②＝通常不正确，③＝有些不正确，④＝中间，⑤＝有些正确，⑥＝通常正确，⑦＝正确。

1. 人们是通过组织共享价值观或愿景吗？	① ② ③ ④ ⑤ ⑥ ⑦
2. 组织在顺利地实施变革中有好的记录吗？	① ② ③ ④ ⑤ ⑥ ⑦
3. 整个组织中有许多合作和信任（反面是敌意）吗？	① ② ③ ④ ⑤ ⑥ ⑦
4. 文化支持冒险（反面是高度官僚和规则）吗？	① ② ③ ④ ⑤ ⑥ ⑦
5. 你能够处理变革（反面是从最近的没有解决的变革中感到精疲力竭）吗？	① ② ③ ④ ⑤ ⑥ ⑦
6. 组织奖励参与组织变革的人（反面是微妙地惩罚那些干其他工作的人）吗？	① ② ③ ④ ⑤ ⑥ ⑦
7. 当实施变革时人们能够保持尊重和地位（反面是由于变革失去这些）吗？	① ② ③ ④ ⑤ ⑥ ⑦
8. 变革是温和的（并不会引起现状的重大变化）吗？	① ② ③ ④ ⑤ ⑥ ⑦

解释：分数 1、2、3 是低分，4 和 5 是中等分数，6 和 7 是高分。通常，低分到中等分数应该是问题的原因，较低的分数可能表示变革的阻力。

价值观和愿景 低分表示价值观处于冲突之中，表示个体和群体可能没有共同思想，表明人们不了解怎样建设一个共同的价值观，任何重大变革都会遭到抗拒。相对而言，有些低分可能代表沟通问题。在某些组织中，价值观和愿景比较隐秘，人们并不知道组织的方向在哪儿。沟通可以解决该问题，但低分并不表明有更深的潜在阻力。第 1 题测量该维度。

变革历史 低分表明变革的阻力可能比较强大，变革会遭到强有力的抗拒。想变革的需要屡次证明这时阻力很严重。人们可能会怀疑，因此坚持很重要。第 2 题测量该维度。

合作和信任 低分表明没有信任，对任何重大变革不能提供支持，即使变革有可能也会很困难。信任的反面是恐惧，因此低分也表明不缺乏信任而是存在恐惧。第 3 题测量该维度。

文化 中等分数到低分表明即使人们支持变革，要执行变革也是有困难的。它们显示组织中的系统和程序阻碍着变革。变革代理人必须愿意检查更深层次的系统问题。第 4 题测量该维度。

弹性 低分可能表明人们处于倦怠之中。即使他们看到变革的需求也可能没有力量去做出变革努力。第 5 题测量该维度。

惩罚和奖励 低分表明存在强大的潜在阻力。如果反应者的知觉是精确的，变革代理人必须找到一条方法提出变革并找到办法对他人做出奖励。如果低分表示错误的看法，变革代理人必须让人们知道为什么他们认识错误。第 6 题测量该维度。

尊重和地位 低分表明变革代理人必须找到办法形成双赢局面。第 7 题测量该维度。

现状 低分表明人们将潜在变革看作相当有破坏性和应激性的。人们越卷入变革过程，他们可能体验到的阻力就越少。大多数时候，当人们缺乏控制力时就抗拒变革。第 8 题测量该维度。

资料来源：D·赫尔雷格尔、J·W·斯洛克姆、R·W·伍德曼：《组织行为学》，9 版，576～577 页，上海，华东师范大学出版社，2001。

四、组织变革的发生

组织变革是适应外部环境变化而进行的，以改善和提高组织效能为根本目的的一种管理活动。外部环境的变化是组织变革的最大诱因。运用系统环境互塑共生原理可分析组织变革的发生。按照这一原理，环境对系统的输入有资源和压力两种；系统对环境的输出有功能和污染两种。

环境的输入直接塑造组织，这种输入的变化直接引发组织变革。对组织而言，环境对其资源输入主要包括人力资源、资本和自然资源；环境对其压力输入主要来自要素市场和商品（服务）市场上的竞争。如果组织所处的环境中资源丰富，或者是资本充裕，或者是劳动力资源丰富，那么组织就应当选择资源密集型的，或是资本密集型的，或是劳动力密集型的组织模式。当环境发生变化时，组织就需要相应地变革组织模式。同时，环境的压力也影响着组织模式的选择。如果在要素市场上存在着激烈的竞争，那么组织结构必须比竞争者具有更高的要素利用效率。如果在商品（服务）市场上竞争激烈，那么组织必须具备能够生产出更加符合市场需求的产品的组织结构。

从系统科学角度讲，组织输出同样对环境有塑造作用。当组织输出对环境产生影响时，环境变化进而会对组织产生新的输入，从而引发组织变革。组织的主要功能是向市场提供产品和服务，增加所有者权益以及向国家上缴税收。如果组织为市场提供了优质产品和服务，市场占有率提高，那么就能够增强竞争优势，减轻竞争压力。如果组织能够持续给组织所有者带来较高的投资回报率，那么就更容易吸引更多资本。如果组织是政府的重要纳税者，那么就能从政府得到更多支持和优惠。组织的功能输出有利于改善经营环境，进而减轻组织外部压力，促进组织的健康发展。相反，组织的污染输出则会恶化自身的经营环境。对自然环境的污染，我们已有足够的认识，此外，还有其他类型的污染。组织不尊重员工，甚至侵害员工的安全和利益，那么将没有人到该组织工作，可以说组织污染了自身的人力资源环境。组织投资决策不合理，经营管理不善，不能实现资产的保值增值，就会失信于广大的投资者，组织将很难再获得更多的资金，可以说组织恶化了自身的融资环境。恶化了的环境会对组织产生新的压力，从而要求进行组织变革。

概括起来，环境对组织的资源输入决定组织形式；环境对组织的压力输入制约着组织的选择；组织的功能输出有利于改善经营环境；组织的污染输出则会恶化组织的经营环境。

五、组织变革的模式选择

对于组织变革的必要性，有这样一种流行的认识：组织要么实施变革，要么就会灭亡。然而事实并非总是如此，有些组织进行了变革，反而加快了灭亡。这就涉及组织变革模式的选择问题。

由于组织的外部环境和内部因素所发生影响的范围、深度和力度的不同，组织变革可分为四种不同的类型：（1）危机型变革，即组织在遇到危机，如外部环境突变、企业间相互兼并、长期内部管理不善等时，应立刻采取一系列拯救和应急措施，使组织转危为安。这类变革的基本特点是振荡幅度较大，持续时间较短。（2）微调型变革，即组织所处的环境相对稳定、经营比较成功，尚未找到组织快速增长和发展的机会，此时所进行的较小规模的组织改善工作，一般振荡幅度较小，持续时间较短。（3）转变型变革，即组织所处的环境发生了根本性变化，对组织的战略、目标和策略需作出通盘的考虑，并下工夫逐步实施。它一般有一定程度的振荡，并且持续时间较长。（4）发展型变革。即组织在环境相对稳定、经营或工作开展良好的基础上，又遇到明显的发展机会，为进一步获得更强的竞争优势，而采取一系列主动自觉的变革活动。

这里主要比较激进式变革和渐进式变革这两种典型的组织变革模式。激进式变革力求在短时间内，对组织进行大幅度的全面调整，以求彻底打破初态组织模式并迅速建立目的态组织模式。渐进式变革则是通过对组织进行小幅度的局部调整，力求通过一个渐进的过程，实现初态组织模式向目的态组织模式的转变。

（一）激进式变革

激进式变革能够以较快的速度达到目的，因为这种变革模式对组织进行的调整是大幅度的、全面的，可谓是超调量大，但与此同时，超调量大会导致组织的平稳性差，严重的时候会导致组织崩溃。这就是为什么许多组织变革反而加速了组织灭亡的原因。

（二）渐进式变革

渐进式变革是通过局部的修补和调整，但不包括战略、核心价值观或者公司形象的根本性变革来实现变革。渐进式变革依靠持续的、小幅度变革来达到目的态，即超调量小，但波动次数多，变革持续的时间长，有利于维持组织的稳定性。美国一家飞机制造公司原有产品仅包括四种类型的直升机，每一种直升机有专门的用途。从技术上来看，没有任何两架飞机是完全相同的，即产品间的差异化程度大，标准化程度低。在激烈的市场竞争条件下，这种生产方式不利于实现规模经济。为了赢得竞争优势，该公司决定变革组织模式。其具体措施是对个别部门进行调整组合。首先，由原来各种机型的设计人员共同设计一种基本机型，使之能够与各种附件（如枪、炸弹发射器、电子控制装置等）灵活组合，以满足不同客户的需求。然后将各分厂拥有批量生产经验的员工集中起来从事基本机型的生产。原来从事各类机型特殊部件生产的员工，根据新的设计仍旧进行各种附件的专业化生产。这样，通过内部调整，既有利于实现大批量生产，也能够满足市场的多样化需求。这种方式的变革对组织产生的震动较小，而且可以经常性地、局部地进行调整，直至达到目的态。这种变革方式的不利之处在于容易产生路径依赖，导致组织长期不能摆脱旧机制的束缚。这种方法的优点在于，对组织产生的震动较小，而且可以经常性地进行局部调整，直至达到组织目标。

两种变革模式各有利弊，也都有着丰富的实践，组织应当根据自身的承受能力来选择组织变革模式。在这个过程中关键是建立新的吸引点，如新的经营目标、新的市场定位、新的激励约束机制等。如果打破原有组织的稳定性之后，不能尽快建立新的吸引点，那么组织将陷于混乱甚至毁灭。对于组织变革的两种典型模式，组织在实践中应当加以综合利用。在组织内外部环境发生重大变化时，组织有必要采取激进式组织变革以适应环境的变化，但是激进式变革不宜过于频繁，否则会影响组织的稳定性，甚至导致组织的毁灭；因而在两次激进式变革之间，或在更长的时间里，组织应当进行渐进式变革。另外，应当意识到，变革只是手段，提高组织效能才是目的。如果为了变革而变革，那么就会影响组织功能的正常发挥。

六、组织变革过程

说明和描述组织变革过程的模型有许多，下面主要介绍其中的七种。

（一）勒温变革模型

组织变革模型中最具影响的也许就是勒温变革模型。勒温（1951）提出一个包含解冻（Unfreeze）、变革（Transition）、再冻结（Refreeze）三个步骤的有计划组织变革模型，用以解释和指导如何发动、管理和稳定变革过程。

1. 解冻

这一步骤的焦点在于创设变革的动机——打破既有行为、结构及价值观念，引发组织成员变革的动机，创造变革的需要，并为组织做好准备工作。鼓励员工改变原有的行为模式和工作态度，采取新的适应组织战略发展的行为与态度。为了做到这一点，一方面，需要对旧的行为与态度加以否定；另一方面，要使管理者和员工认识到变革的紧迫性。此外，应注意创造一种开放的氛围和心理上的安全感，减少变革的心理障碍，提高变革成功的信心。

2. 变革

变革是对现有某些或全部组织要素进行改变，以适应环境要求。变革是一个学习过程，需要给管理者和员工提供新信息、新行为模式和新的视角，指明变革方向，实施变革，进而形成新的行为和态度。这一步骤中，应该注意为新的工作态度和行为树立榜样，采用角色模范、导师指导、专家演讲、群体培训等多种途径。勒温认为，变革是一个认知的过程，它由获得新的概念和信息得以完成。

3. 再冻结

在此阶段，利用必要的强化手段使新的态度与行为固定下来，使组织变革处于稳定状态，以防再回到原来的状态。为了确保组织变革的稳定性，需要注意使管理者和员工有机会尝试和检验新的态度与行为，并及时给予正面的强化；同时，加强群体变革行为的稳定性，促使形成稳定、持久的群体行为规范。

但是，这种阶段性的变革程序已经逐渐被连续的变革程序，即“冻结—再平衡—解冻”所取代，连续理论强调变革是连续性的、发展的、渐进的变革。

（二）系统变革模型

系统变革模型的代表人有卡斯特及罗森茨韦克等。该模型强调在更大的范围里解释组织变革过程中各种变量之间的相互联系和相互影响关系。这个模型包括输入、变革元素和输出三个部分。

1. 输入

输入部分主要是指变革的动力。其中包括内部的强项和弱项、外部的机会和威胁。其基本构架则是组织的使命、愿景和相应的战略规划。组织使命表示其存在的理由；愿景是组织追求的长远目标；战略规划则是为实现长远目标而制定的有计划变革的行动方案。

2. 变革元素

变革元素包括目标、人员、社会因素、方法和组织体制等。这些元素相互制约和相互影响，组织需要根据战略规划，组合相应的变革元素，实现变革的目标。

3. 输出

输出部分主要指变革的结果。

系统变革模型强调了组织变革的具体过程，而忽略了组织在变革过程中状态的变化和左右变革的具体因素。

（三）莱维特的组织变革模型

美国的莱维特（1983）提出整个企业或其他组织变革的系统模式。他指出，组织变革的内容包括任务、人员、技术和结构四个方面。

1. 任务

指组织设立的目标和任务。对企业来讲，就是企业提供给社会的产品或服务。这个任务，具体到企业内部，就分解为各级、各方面的具体任务。

2. 人员

指组织领导人员及员工的态度、技能、期望、信念和风格等状况。

3. 技术

指组织制造产品、维持经营的技术装备和工艺方法。技术改造、新工艺、新材料的采用都是技术变革的主要内容。

4. 结构

主要指组织结构，如权责分工、机构设置、集权程度、协调方式等。

莱维特认为这四个变量相互依赖，任何一个变量的改变均会引起其他一个或更多变量的改变。组织变革可以通过改变其中的任一变量或改变几个综合变量来进行。他提出的这一模式对制定组织变革的对策及方法提供了一个基本的轮廓。在进行组织变革时，可以从以下几方面着手：改变组织的工作任务；改变组织结构；改变人的态度和价值观念、人的行为和组织成员之间的沟通程序；改变解决问题的机制和研究解决问题的新方法以及采纳这种新方法的程序等。

（四）科特的组织变革模型

领导研究与变革管理专家科特（1996）认为，组织变革失败往往是由于高层管理部门犯了以下错误：没能建立变革需求的急迫感；没有创设负责变革过程管理的有力指导小组；没有确立指导变革过程的愿景，并开展有效的沟通；没能系统计划，获取短期利益；没能对组织文化变革加以明确定位等。科特为此提出了指导组织变革发展的八个步骤：增强急迫感；组建领导团队；设计愿景与战略；传播变革愿景；授权行动；创造短期成效；巩固成果并进一步推动变革；将新方法融入企业文化等。科特的研究表明，成功的组织变革有 70%～90%是由于变革领导取得的成效，还有 10%～30%是由于管理部门的努力。

（五）本尼斯的模型

本尼斯（1966）提出，组织效能判断标准应该是组织对变革的适应能力。当今组织面临的主要挑战，是能否对变化中的环境条件作出迅速反应，积极适应外界的竞争压力。组织成功的关键是能在变革环境中生存和适应，而要做到这一点，必须有一种科学的精神和态度。

在此基础上，本尼斯提出有效与健康组织的标准：(1) 环境适应能力。解决问题和灵活应付环境变化的能力。(2) 自我识别能力：组织真正了解自身的能力，包括组织性质、组织目标、组织成员对目标理解和拥护程度、目标程序等。(3) 现实检验能力：准确觉察和解释现实环境的能力，尤其是敏锐而正确地掌握与组织功能密切相关因素的能力。(4) 协调整合能力。协调组织内各部门工作和解决部门冲突的能力，以及整合组织目标与个人需求的能力。

（六）卡斯特的组织变革过程模型

卡斯特（1964）提出了组织变革过程的六个步骤：(1) 审视状态。对组织内外环境现状进行回顾、反省、评价、研究。(2) 觉察问题。识别组织中存在的问题，确定组织变革需要。(3) 辨明差距。找出现状与所希望状态之间的差距，分析存在的问题。(4) 设计方法。提出和评定多种备择方法，经过讨论和绩效测量，作出选择。(5) 实行变革。根据所选方法及行动方案，实施变革行动。(6) 反馈效果。评价效果，实行反馈。若有问题，再次循环以上过程。

（七）施恩的适应循环模型

施恩（1965）认为组织变革是一个适应循环的过程，一般分为六个步骤：（1）洞察内部环境及外部环境中产生的变化。（2）向组织中有关部门提供有关变革的确切信息。（3）根据输入的情报资料改变组织内部的生产过程。（4）减少或控制因变革而产生的负面作用。（5）输出变革形成的新产品及新成果等。（6）经过反馈，进一步观察外部环境状态与内部环境的一致程度，评定变革的结果。

这和卡斯特主张的步骤和方法比较相似，不同的是，施恩比较重视管理信息的传递过程，并指出了解决每个过程中出现的困难的方法。

案例阅读

蓝色巨人的自我解体

1991年，蓝色巨人IBM开始进行组织改革，以组织重整（Restructuring）的概念，进行组织的解体、扁平化、独立再重组，由以往中央集权的组织结构转变为许多独立的小公司。

1991年11月26日，前执行官约翰·F·埃克斯（John F. Akers）宣布，要将IBM解体为13个各自独立的小公司，让它们拥有完全自主的决策权力，在市场上与所有电脑公司竞争。这样做的结果是这些公司比过去能够更加迅速地对市场做出反应，更加地接近顾客并提供给他们满意的服务了。在1993年继任的路易斯·郭士纳（Louis Gerstner）继续贯彻公司自我解体的政策，使得IBM在1994年终于实现了在财政上转亏为盈的局面。

这种先对整体进行拆分，再让旗下公司彼此之间互相进行合作与竞争的做法，与美国的通用电气公司、飞利浦公司和通用汽车等公司在当时的做法都十分相似。

IBM的个人电脑公司（PCC）就是总公司在进行自我解体之后所独立出的产物。当时PCC公司设在美国德州首府奥斯汀市的一个主机板生产工厂，原本是由两大主建筑物中间的2 400米连接部位作为主机板生产线的，而在经过组织内部的变革之后，一次性将原来的生产线拆分成了4个只有200米的小事业单位。

在1989年改革前，2 400米的生产线只能生产3种主机板，而在1993年以后，却能做出85种不同的主机板，而且产品的价格与台湾厂商生产的产品之间有很强的竞争力。

改革后，员工在对待工作的态度上与过去相比最大的变化是，每一个人不再只是做自己的那一小部分工作，而是去关心整条生产线的运作情况——每一个人在任何时间、任何地点，都可以去协助另一个人的任何工作。诚然，改革后的企业要求员工们具备这样做的能力以及这样做的意愿。

另外，将1986年改革前与1992年改革后公司的产品总量作对比，PCC的产品数量在这几年间共增加了170%，而总库存量却意外地减少了60%；员工由1986年的1 100人减少为1993年的400人；接下订单后的必须生产日数，也由1986年的平均需要20天才能付单，降低到1993年的平均每张订单只需要1至1.5天就能完成任务。这种种的成绩并不单纯是降低成本的问题，而是由于公司在生产的过程当中完全拿掉了那些不必要的环节。其实由一条条的生产线转变成一个个独立的小事业单位，PCC改变的不仅仅是表面上所见实体的大小，最重要的是组织内部软件的改变，这其中的法则包括：

以顾客的需求为最高原则

PCC提倡员工“在必要的时候做必要的事，除此之外无其他”，亦即顾客不需要的，公司不必先做出来而后干等着顾客找上门来。如此一来，生产的成本自然地被降低了，屯积的货物减少了，而工厂对顾客的付单速度和顾客对服务的满意程度也都自然的上升了。

完全排除没有附加价值的工作

有时教育员工不只是要让他们知道对于某件事情该怎么做（Know How），而更重要的是让他们明白自己为什么要这样做（Know Why），这样不仅能够进一步避免总体成本的发生，而且能够培养员工们对于公司整体工作运转的强烈责任感。例如，在平时不必要的会议根本不用开，更不用提去费心思考虑在会议上该如何进行讨论了。要让员工Know Why，就是让他们学习去做该做的事情和正确的事情（Do the right things），而不是只懂得考虑如何把眼前的事情做好（Do things right），因为有时这些正在被他们努力做好的事情其实是没有任何价值的。

从根源开始改变

改革后的组织，再不像从前那像“反应迟钝、行动缓慢”了。由于被赋予了自主权，每个小事业单位当中的100多个人都可以自行决定某张订单要不要接、以多少钱接，然后迅速地通知工厂进行生产，同时缩短顾客提货所需的时间，再不用像从前一样需要花费很长的时间去等待上级向下级一层层传达的繁冗的批文了。

提升质量，摒除浪费

质量的提升不能只是依赖引进昂贵的机器设备，最要紧的还是操作这些设备的人要知道如何做好彼此之间的沟通配合。即除非绝对需要，否则绝不要和以前一样，随便添置一些新颖却复杂、昂贵的设备回来。就以机器人为例，操作机器人的也是人，如果首先这些操作者在彼此的工作上都还没有做好组织和协调，那么问题就只能出在人员之间的配合上，而莫要去怪罪机器。

考虑整体利益

在小事业单位当中工作的员工，不再被要求只把自己的工作做好就足够了，而是要在作出任何决定之前都必须考虑到将要对别人的工作带来的影响；不再是把所有的部分分开来做好就足够了，而是要考虑到整体系统的完整性。公司的整体利益比什么都重要。

当初IBM在决定进行自我解体的组织变革时，许多人都担心它会从此变得结构零散，而不堪一击。然而事实证明，在改革后的IBM各个子公司之间，机构是变得更加灵活、团结和密不可分了，组织变革所带来的有机结构让它变得更加坚不可摧了。

资料来源：石滋宜：《变革——企业永续经营之道》，17～19页，北京，北京大学出版社，2005。

思考问题

1. 导致IBM自我解体式变革取得成功的原因是什么？
2. 这种自我解体式变革策略能否被移植到其他的组织中运用？

第四节　组织创新

组织发展（Organizational Development）就是组织的变革和演化，是为提高组织的整体绩效有计划转变的一种综合手段。它寻求的是增进组织的有效性和员工的幸福。

一、组织发展的干预措施

变革推动者一般会使用五种方法作为组织发展的干预措施：敏感性训练、调查反馈、过程咨询、团队建设和群体间关系的开发。

（一）敏感性训练

敏感性训练（Sensitivity Training）指的是通过无结构小组的相互作用改变行为的方法。在训练中，成员处于一个自由开放的环境中，讨论他们自己以及他们的相互交往过程，并且有专业的行为科学家引导。这种小组是过程导向的，也就是说，个人通过观察和参与来学习，而不是别人告诉他学什么，他就学什么。专业人员为参与者创造机会，让他们表达自己的观点、信仰和态度，而他们自己并不具有任何领导角色的作用。

敏感性训练小组的目标是使主体更明确地意识到自己的行为以及别人如何看待自己，并使主体对他人的行为更敏感，更理解小组的活动过程。它追求的具体目标包括：提高对他人的移情能力；提高倾听技能；更为真诚坦率；增强对个体差异的承受力；改进冲突处理技巧。

敏感性训练的理想结果是个人和组织更为一体化。如果个人对别人如何看待自己缺乏了解，那么通过成功的敏感性训练会使他们的自我更为现实，群体凝聚力更强，功能失调的人际冲突减少。

（二）调查反馈

调查反馈是评估组织成员所持有的态度，识别成员之间的认知差异以及清楚这些差异的一种工具。

组织中的每一个人都可以参加调查反馈，但其中最重要的是“组织家庭”，即任何一个部门中的管理者及向他直接汇报工作的下属的参与。调查问卷通常由组织或部门中的所有成员填写，主要询问员工对一些问题的认识、理解和态度，具体包括决策实践、沟通效果、部门间的合作以及对组织、工作、同事和直接主管的满意度。调查者通过提问或面谈的方式来确定哪些问题是重要的。

调查者根据个体所在的“组织家庭”及整个组织来统计问卷的信息，并分发给员工。这些资料就是确定问题、澄清问题的出发点。有时，外部的变革推动者会告诉管理者问卷回答的意义，并对“组织家庭”的小组讨论提供指导。要注意的是，调查反馈法鼓励小组讨论，并强调讨论要针对问题和观点，但不是进行人身攻击。

（三）过程咨询

没有组织能够尽善尽美地运作，管理者常常发现自己部门的工作绩效还可以改进，但却不知道要改进哪些方面以及如何改进。过程咨询的目的就是让外部顾问帮助管理者对他们必须处理的事件进行认识、理解和行动。这些事件可能包括工作流程、各部门成员间的非正式关系、正式的沟通渠道等。

过程咨询与敏感性训练的假设很相似，即通过协调人际关系和重视参与，可以提高组织的有效性。但过程咨询比敏感性训练更以任务为导向。过程咨询中的顾问不必是解决具体问题的专家，他的专业技能在于诊断和开发一种帮助关系。如果管理者和顾问均不具备解决某一问题所需要的技术知识，则顾问会帮助管理者找到一位这方面的专家，然后指导管理者如何从专家那里尽可能多地获得资源。

（四）团队建设

组织越来越多地依靠团队来完成工作任务。团队建设利用高度互动的群体活动提高了团队成员之间的信任与真诚。

团队建设适用于相互依赖的情况，其目标是改进团队成员的协作能力，提高团队绩效。在团队建设中，一般考虑的活动包括：目标设置、团队成员间人际关系的开发、用以明确每个成员的角色和责任的角色分析以及团队过程分析。当然，团队建设可能强调或排除某些活动，这取决于团队的发展目标和团队遇到的具体问题。

（五）群体间关系的开发

群体间关系的开发致力于改变群体间的态度、成见和观念。例如，在一家公司中，工程技术人员认为会计部门是由一群害羞而保守的人组成的，这样的成见显然给部门间的协调活动带来了负面影响。

最常用的改善群体间关系的方法是问题解决。这种方法首先让每一个群体独立列出一系列清单，其中包括对自己的认识、对其他群体的认识，以及其他群体又是如何看待自己的。然后各群体间共享信息，讨论他们之间的相似之处和不同之处，尤其要明确指出不同之处并寻找导致分歧的原因。

（六）价值探索

价值探索强调了事物积极的方面。它不是寻找需要进行调整的问题，而是确定一个组织的独特品质和独特力量，这些力量可以成为改善工作绩效的基础。它关注的焦点是组织的成功，而不是组织目前存在的问题。价值探索包括四步，在一个大型会议中用 2 至 3 天的时间，由一位训练有素的变革代理人进行监控和指导。第一步是发现。也就是发现一些大家认为“组织优势”的想法。第二步是梦想。参与者可以思考未来可能的蓝图。第三步是设计。大家一起为组织找到一个共同的愿景规划，并达成共识。第四步是界定组织的命运。

经典实验

实现运输业的童话

卡车司机和经理一起写商业计划书，这样的场景我们并不常见。这是美国陆路快运公司总裁詹姆斯·斯坦利为了避免破产的命运而采用的一种工作方式。150 名卡车司机和码头工人与陆路快运公司的总裁在会议室开会，讨论如何更有效率地工作。

詹姆斯·斯坦利在 2003 年 11 月举行的一个为期三天的会议中说道：“大家都了解我

们的行业现在已经走下坡路了，两个月前我们的竞争对手统一货运（Consolidated Freightways）公司已经申请破产，这直接导致15 000名卡车司机失去了工作。”因此，为了提高公司的竞争力，所有的管理者和工人都必须改变他们原来工作的方式。

公司使用了一种团体治疗的方法进行价值探索。要求员工回忆他们满意的工作经历，如当他们受到尊重的时候，当卡车达到承载能力或者准时到达目的地时，员工获得的满足感。然后员工被分成九个组，想出省钱的方法。一个由短程司机组成的团队想出了12种缩减成本来增加收入的方法。其中一种办法本身就能为公司带来100万美元的收益。同时员工还提出了让管理者去除那些花费比较高的配送项目。

经过这次会议，员工们感觉自己得到公司的重视，工作积极性更高了。最重要的是长期积累下来的管理层和底层员工的距离和矛盾得到一定程度的缓和。员工的工作态度和方式都改变了。

36岁的贝恩当了13年的工会代表，他以前被指控煽动工人怠工，在工作中也没有激情。现在，他是一个全新的人，一部分是因为他接受了公司的MBA教育，另一部分是因为现在在公司他可以通过自己的能力来养活自己的妻子和儿女，他感觉很自豪，干起工作来也特别起劲。最主要的是他从公司中找到了自我存在的价值感，也获得了安全感。

这是一个利用价值探索来促进组织发展的经典案例。在培训开始时，斯坦利给整个企业的员工设置了一个共同的发展愿景，使公司更具有竞争力，从而避免申请破产的命运。接着提出目前整个行业存在的问题，要求员工们为了改变现状，提升竞争力，必须共同为公司的发展出谋划策，而不是袖手旁观，进而出现了卡车司机和搬运工一起为降低公司成本，提高经济效益而努力的现象。通过这种方法，不仅公司的经济效益提高了，员工的工作积极性提高了，工作氛围也变得和谐了。

资料来源：http://www.forbes.com/。

二、组织创新性发展

（一）创新的含义

当代组织发展与变革中最为重要的主题，就是激发组织的创新。那么，什么是创新？创新是指用于发明或改进一项产品、工艺或服务的观点，是创造新思想并把它们付诸实践的过程。创新是一种更具体的变革类型。所有的创新都包括了变革，但并非所有的变革都涉及新思想或带来显著的改善。

组织中创新的范围很广，可以小到细微的改进。例如，贝佐在1994年创立网上书店；雷诺兹·纳贝斯科饼干公司拓宽夹心饼生产线，使得外裹巧克力的奶油夹心饼的产量增加了一倍；惠普公司的高级管理层成功创立了一种文化，即支持那些努力做事但没有成功的人。认为，组织中的创新包括五个方面，即引进新产品、引进新技术与新的生产方式、开拓新市场、控制新的原材料供应源、实现新的企业组织体制，而这五种创新活动可以归为三大类，即技术创新、市场创新、管理与组织创新。

技术创新是一个从新产品或新工艺设想的产生到市场应用的完整过程，它包括新设想产生、研究、开发、商品化生产到推广等一系列的活动。技术创新是一个科技、经济一体化的过程，最终目的是技术的商品化应用和新产品的市场成功。

市场创新是指企业从微观的角度促进市场构成的变动和市场机制的创造以及伴随新产品的开发对新市场的开拓、占领，从而满足新需求的行为。在综合了经济的概念后，创新的概念扩展到了许多其他方面，如分期付款方式的发明。分期付款是指用未来的收入购买现在的商品。这种购买方式，使目前暂无购买力的人有了购买力，使看似“没有购买力”的商品有了巨大的购买力。它加速了商品的实现过程，促进了商品经济的发展，并实现了经济类型由“供给导向型”向“需求导向型”的重大变革，极大地改变了人类整个经济的面貌。

管理创新是指创造一种新的更有效的资源整合范式，这种范式既可以是新的有效整合资源以达到企业目标和责任的全程式管理，也可以是新的具体资源整合及目标制定的细节管理。管理创新至少可以包括五种情况：（1）提出新的经营思路并加以有效实施。（2）创设新组织机构并使之有效运转。（3）提出新管理方式与方法。（4）设计新的管理模式。（5）进行一项制度的创新。

（二）影响和推动创新的因素

影响和推动组织创新的因素可以分为内部原因和外部原因两大类。内部原因即组织内部对于激发组织创新起重要作用的影响因素，外部原因即影响组织创新的整个过程的外部环境因素。

1. 内部因素

现在，许多获得成功的公司都是勇于创新的公司。它们有能力在运行的基础上进行创新，它们看重并期待创新，创新成了它们日常运行的一部分。研究者在对创新组织进行研究时，发现这些组织具有一些共同的特征，主要可以归纳为三类，即结构、文化和人力资源，这些特征成为影响和推动组织创新的主要内部原因。如果组织变革推动者试图在组织中建立一种创新的氛围，则应该考虑将这些特征引入他们的组织。

（1）结构因素。

关于结构—创新关系的研究发现，可以得出以下一些结论：1）灵活的有机式的结构可以积极地影响创新。由于有机式的结构在垂直差异、形式化和集权化方面程度较低，可以促进组织的灵活性、适应性和优化组合，使组织创新的实施更容易。2）管理者的任期长短与创新有关系。显然，管理者长期任职有其自身的合理性，它使员工了解如何完成工作并获得期望的结果。3）资源宽松有利于组织创新。如果一个组织拥有丰富的资源，它就负担得起创新的费用，承受推行创新所需要的成本，并能够承受创新的失败。4）组织部门之间的沟通程度高。创新组织大量使用委员会、工作压力、功能交叉以及其他机制，使跨越各层部门之间的互动变得更为容易。

（2）文化因素。

创新型组织具有相似的文化。它们鼓励进行实验，对成功和失败都给予奖励。它们具有围绕着创新承诺的策略，包括对失误的容忍和对有良好意愿但并未成功的思想的尊重。

研究表明，创新型组织的文化通常具有下列特征：1）鼓励多样思路。不强调专一性，鼓励多种工作思路，容忍不切实际的想法和主张。2）减少组织监控。组织把规章、条例、政策之类的监控减少到最低限度，加大管理的自由度。3）鼓励承担风险。鼓励干部员工大胆试验，不用担心可能失败的后果，把可能的错误作为学习的机会。强调开放系统，随时监控环境的变化并做出快速反应。4）容忍群体冲突。鼓励群体中的不同意见。中等程度的群体冲突有利于调节群体气氛，从而实现更高的经营绩效。5）注重结果导向。鼓励设置明确具体的目标，积极探索实现目标的各种可行途径。注重结果获取与评价，对于给定的问题，需要有若干种正确的解决方法。

在太多的组织中，人们之所以获得奖励是因为没有失败，而不是因为成功，这样的文化压制了冒险和创新。只有当人们感到自己的行为不会受到任何惩罚的时候，他们才可能提出新观点，尝试新方法。

（3）人力资源因素。

在人力资源领域，创新组织积极对员工进行培训和开发，使他们紧跟时代的步伐。它们为员工提供很高的工作保障，使员工不必担心由于犯错而被解雇。它们鼓励员工个体成为变革的倡导者，给予他们工作的决策自主权，一旦出现了一种新想法，倡导者可以积极、热情地宣传这些想法，在组织克服阻力提供的支持下，确保创新思想顺利推广。

2. 外部因素

从组织的外部环境因素来看，市场的变化和组织所处的政治经济及社会文化环境等都会影响组织创新的整个过程。

（1）产品与服务市场的变化。

市场变化是组织创新的首要外部因素，其中最重要的是需求变化，组织作为市场中的供给方是为满足需求而存在的。另一重要的市场变化是竞争变化，激烈的竞争往往使组织更倾向于成为适应市场的创新型组织，并通过更低成本和更高质量取得竞争优势。此外，资本与劳务市场变化也能激发创新。例如，某些风险资本专门寻找有发展前途的小型创新公司，实行高风险、高回报率的投资策略。

（2）政治经济及社会文化因素。

政治经济与社会文化因素也是推动管理创新的重要外部因素。企业经营规模的不断扩大和技术层次的不断提高，使得管理理念与文化价值观的更新日趋急迫，成为组织创新的必要条件。而管理理念与文化价值观在很大程度上受到政治经济与社会文化因素变化的制约，例如，政府的政策、法令、法律、规划、战略等，都直接对组织创新行为具有指导意义和约束力。

（三）组织创新的 DNA 模型

这是由日本创新大学的学者提出的组织创新模型。该模型说明了创立一家创新型组织所需的全部基本要素。

首先要有一个情景。创立行之有效的创新型社区。创新都是为了满足顾客需求或为了一个崇高目标，组织就需要为这些创新思想的成长提供适合的环境。通常组织内有三个要素可为创新提供成长的背景：领导、核心价值（共享）、文化。领导具备能够看清未来的能力，核心价值能促进创新的原则，组织文化是创新的土壤。文化是领导及核心价值的反映，它为各种业务及创新行为交易的发生提供了丰饶的土壤，一种灵活并能容忍失败、鼓励创新、欢迎成功的环境则是这种文化盛行的关键，因此，创立这种环境是所有力图创新的组织面临的巨大挑战。

创新的渠道有思想、变化、激情、潮流，它们都是创新的驱动要素，提供了组织摆脱现状的激励方法。它们的发展结果又导致下一轮的创新周期：更新、变化、重新创造、倾向。而且在创新的过程中会带来复兴的感觉，组织将被激励寻找新倾向，这些新的思想使得组织不断进入下一轮的创新周期。

实施创新的操作内容如下所述。

1. 挑战

创新的定义就是以不同方式做事情，开拓新领域并承担风险，但是打乱现状是要有原因的，即要有挑战的愿景。通常挑战及承诺越大，创新所付出的努力也就越大。挑战不仅是如何开展业务，而且关系到应做什么业务的问题。

2. 关注顾客利益

所有的创新都应关注为顾客创造价值，无论顾客是内部还是外部的。而充分与顾客接触，理解他们的需求则是执行创新任务的刺激物。比如说当顾客就在员工工作之旁时，员工们就会为找到新的方法为顾客增加价值而感到兴奋。

3. 创新

每件事情都是开始于一个思想，产生好思想的最好方法是产生多种可能性。当创新成为每个人的自然能力时，通过培训和锻炼就能提高发展新思想的技能。而领导正是指导创新方向及激励创新的核心力量。通常，创新会在某个人将两件以前毫无关联的事物联系在一起的情况下发生，比如，索迪斯-万豪服务公司是一家提供外包食品及设备管理的世界著名的专业餐饮集团。一次，公司的餐厅经理注意到公司的主席都在排队结账，他决心找出一种快捷的付款方式。在回家的路上，他注意到高速公路上的收费站，产生了一个联想：能不能使人们预付餐费而完全免除排队的麻烦。于是这个想法导致产生了“E-ZPass”这种预付流程，它获得了顾客的好评。

4. 交流

信息、思想及情感的公开交流是创新的生命线，在组织中必须存在鼓励信息自由流动的基础设施与激励方法。交流则有助于积极公开文化的产生。当领导们经常真心地赏识员工时，员工将会效仿那些成功文化所鼓励的行为。

5. 合作

创新是群体的行为过程，它从交流、信息及小组的力量那里获得来源。但通常又因某些限制性的组织结构和政策，如各种仅奖励个人的激励制度所抑制。虽说个人也能提出创新的观点，但在今天的组织中，往往需要许多人才能成功执行这个创新的思想。例如，在一次合作表演中，一组分布于全球的程序员决心创立新的操作系统，结果产生了 Linux。

6. 完成

创新是通过优良的过程及强有力的执行能力来实现的，这些执行能力包括决策力、授权、监督、反馈等。从某种意义上说，创新就是一种执行。比如在索迪斯-万豪公司，员工们被鼓励参与每年的创新论坛，它主要是展示各种思想，然后，公司会执行这些思想，从而为公司带来价值。在奥迪康公司里，不存在任何部门、头衔，公司也无办公室和纸，它所做的只是项目的方向指导，这样就使员工能自由选择他们感兴趣的项目，从而能使公司以较快的速度推出新产品。

关于组织创新，还有很多学者提出了其他一些观点。戈伦别夫斯基（1966）提出了α型组织创新、β型组织创新和γ型组织创新三种不同类型的组织创新。α型组织创新是指创新是沿着某一个或者某一套稳定的维度进行；β型组织创新是指创新的结果使组织中的个人按照特殊的测试标准重新校对要点之间的差别。γ型组织创新是指组织中的员工不仅重新为自己定级，等级观念也从根本上发生变化。马赞蒂（2006）认为，组织创新是一种发生在组织对自身认识上的跳跃式变革的过程，并伴随着组织战略、结构、权利方式、规范、模式等各方面的变化。奈特将组织创新分成四类：产品或服务创新、生产流程创新、结果创新和人员创新。欧文指出，组织创新是从一种状态到另一种全新状态的、剧烈的、非连续的跳跃过程。科特（1996）认为，战略、结构、文化和流程是组织创新中非常重要的问题，但员工的思想和文化是最为关键的因素。

（四）中国关于组织创新的研究

有研究者指出，组织创新是指形成共同目的的认同体和原组织认同体对其成员责、权、利关系的重构，其目的则在于取得新目标的进一步共识，组织创新理论主要以组织变革和组织形成为研究对象（傅家骥，1992）。也有人指出应重视组织创新的过程性、动态性和复杂性，从动态演化的角度，以个体、群体和组织三个层面构建多层面组织创新动态模型（辛冲，2010）。也有人强调从组织创新氛围和创新自我效能感对员工创新行为的影响，构建了“组织创新氛围→创新自我效能感→员工创新行为”作用机制模型（顾远东，彭纪生，2010）。

也有研究指出，战略人力资源管理实践是企业加速知识创新的有效途径，战略人力资源管理效能对组织创新存在显著正向影响；组织学习对组织创新存在显著正向影响（陈万思，姚圣娟，2013）。

（五）知识管理

要实现组织的创新，还需要对组织的有关知识加以有效的搜集、整理、存储、传播和使用。这就涉及知识管理（Knowledge Management，KM）的概念。但在管理学和组织行为学中，知识管理的含义和定义始终不够清晰。有学者认为，知识管理指的是安排和分配组织中集体智慧的过程，以保证恰当的信息会在恰当的时间到达恰当的人那里。有研究者将它定义为明确地对工具、程序、系统、结构和文化进行开发，用以增进知识的创造、分享和使用，这些知识对于决策起着重要的作用。尽管这两种解释都具有一定的概括性，但知识管理的确切含义还是要取决于它的使用者。

这里，介绍两种知识管理：一种是基于技术的知识管理，另一种则是分享和融通（Leveraging）信息的知识管理。基于技术的知识管理是将知识视为有形资产，主要依靠技术，特别是信息技术，来获取和存储信息，使管理者可以利用它们进行决策，或用来为客户提供产品和服务。例如，IBM的顾问们报告说，由于可以共享信息，他们用于书写计划的时间从平均200小时缩减到了30小时；雅虎网站记录每个访问者的每个操作指示，每天有超过4 000亿字节的数据量，这相当于80万本书。以技术为基础的知识管理成功的关键在于能对信息和知识进行分享与利用，以及能对这些信息和知识进行调控，以达到组织所预期的结果。基于分享和融通信息的知识管理关注员工和其他利益相关者的无形智慧资产，包括经验、技术和思想。例如，惠普的知识管理模式是创建了一个使身处其中的每个人都热衷于与他人进行知识分享和沟通的环境。近期一项对来自158家大型全球公司的

2 000 名主管的研究表明，在实践中，有效分享和融通知识的最佳途径并非来自信息技术，而是来自于员工的非正式工作网、专题小组讨论和其他工作场所的实务。可以看出，知识管理必须认识到人力或智力资本的重要性，以及如何使其得到有效的分享和融通。

知识管理从确认组织所看重的知识开始。管理者首先需要考察整个流程，确认可以提供最重要价值的流程；然后开发电脑网络和数据库，使最需要信息的人们很容易得到信息。值得注意的是，知识管理需要鼓励、重视和奖励信息分享的组织文化，必须给员工提供一种机制和激励措施来分享信息，使他们感到这对于他们的工作有用，并能实现更高的工作业绩。当运作有效时，知识管理形成的是一种既具有竞争优势又能提高组织绩效的方法，它使得员工更为聪明，能对环境的变化做出快速的反应。

随着信息技术的发展以及经济全球化的加深，世界范围内的产品日益复杂，竞争日趋激烈，组织的生存与发展愈来愈依赖于组织间的伙伴关系，因此虚拟组织间的知识管理也将会成为一个新的研究领域。

附录

中英文术语对照

接纳	accommodation
成就动机量表	Achievement Motivation Scale
行政管理理论	administrative management theory
感情承诺	affective commitment
宜人性	agreeableness
协议	agreement
全通道式网络	all channel network
利他动机	altruistic motivation
双趋冲突	approach-approach conflict
趋避冲突	approach-avoidance conflict
仲裁	arbitration
艺术型	artistic
期望范围	aspiration range
同化	assimilation
态度	attitude
归因	attribution
领导归因理论	attribution theory of leadership
专制式领导	autocratic leader
回避	avoidance
双避冲突	avoidance-avoidance conflict
行为组织理论	behavior of organization theory
行为领地	behavior territory
行为科学	behavioral sciences
领导行为理论	behavioral theories of leadership
头脑风暴法	brainstorming

官僚制理论	bureaucracy theory
官僚结构	bureaucratic structures
商业生态系统	business ecosystem
首要特质	cardinal traits
中心特质	central trait
集权化	centralization
链式网络	chain network
命令链	chain of command
性格	character
个人品德	Character and Moral
魅力型领导	charismatic leadership
环式网络	circle network
古典组织理论	classical organization theory
古典理论	classical theory
闭合律	closure
簇群组织	cluster organization
认知和个性化	cognition personalization
认知一致性理论	Cognitive Consistency Theory
认知失调理论	Cognitive Dissonance Theory
认知资源理论	cognitive resource theory
合作	collaboration
承诺指向	commitment direction
共同特质	common trait
沟通	communication
沟通改变态度理论	Communication and Attitude Change Theory
沟通过程	communication process
竞争	competition
复杂人假设	complex man
顺从	compliance
妥协	compromise
集权	concentration of power
认知期	conceptualization
冲突管理	conflict management
解决冲突	conflict resolution
冲突激发	conflict stimulation
从众	conformity
责任心	conscientiousness
关怀	consideration

协商民主式	consociation democracy
建设性冲突	constructive conflict
内容型激励理论	content theory
关系绩效	contextual performance
权变理论	contingency theory
持续承诺	continuance commitment
连续律	continuity
对比效应	contrast effect
传统型	conventional
合作竞争	coopetition
协调者	co-ordinator
跨职能团队	cross-functional team
晶体智力	crystallized intelligence
客户关系管理	Customer Relationship Management，CRM
分权式	decentralization
决策控制	decision control
防御性策略	defensive tactic
德尔菲法	delphi technique
民主式领导	democratic leader
事业部制组织结构	department system organizational structure
破坏性冲突	devastating conflict
发展导向	development-oriented
发展导向的领导者	development-oriented leader
分配交易	distributive bargaining
分配公平	distributive justice
主导动机	dominant motivation
支配	domination
下行沟通	downward communication
驱力	drive
经济人假设	economic man
电子会议	electronic meetings
情绪智力	emotional intelligence
情绪智力（又称情商）	emotional intelligence，EI 或 EQ
情绪管理	emotional regulation
员工援助计划	employee assistance program
员工促进计划	employee enhancement program
员工导向	Employee Orientation
员工导向的领导者	employee-oriented leader

授权	empowerment
企业型	enterprising
公平理论	equity theory
道德领导	ethical leadership
积极压力	eustress
生存需要	existence
期望值	expectancy
外显领导理论	explicit theories of leadership
外部归因	external attribution
外部承诺	external commitment
角色外行为	extra-role behavior
外倾性	extraversion
外向	extroversion
联邦分权化	federal decentralization
情感	feeling
菲德勒权变模型	Fiedler contingency model
第一印象	first impression
扁平化组织结构类型	flattening structure
流体智力	fluid intelligence
强制	forcing
正式沟通	formal communication
正式领导	formal leader
放任式领导	free-rein leader
挫折期	frustration
职能式组织结构	functional structure
目标兼容性	goal compatibility
目标设置理论	goal-setting theory
群体	group
群体凝聚力	group cohesiveness
群体规范	group norms
群体极化	group polarization
群体压力	group pressure
群体转移	group shift
群体思维	group think
成长需要	growth need
晕轮效应	halo effect
幸福管理	happy management
健康计划	health plan

海德的平衡理论	Heider's Balance Theory
希望	hope
水平沟通	horizontal communication
扁平化组织	horizontal organization
组织形象	image of organization
实干者	implementer
内隐领导理论	implicit theories of leadership
印象管理	impression management
印象管理	impression management
诱因	incentive
个体主义与集体主义	individualism-collectivism
影响力	influence
非正式沟通	informal communication
非正式群体	informal group
信息公平	informational justice
主动性行为	initiative behavior
IPO 模型	Input-Process-Output/Outcome Model
角色内行为	in-role behavior
工具型领导	instrumental leadership
工具性价值观	instrumental values
一体化交易	integrativebarganing
互动公平	interactional justice
互依关系	interdependence
相互依赖性	interdependency
内部归因	internal attribution
内化	internalization
人际公平	interpersonal justice
内向	introversion
研究型	investigative
工作特性	job characteristic
职务描述指数量表	Job Description Index
工作设计	job design
工作扩大化	job enlargement
工作丰富化	job enrichment
工作参与程度	job involvement
工作轮换	job rotation
工作满意度	job satisfaction
工作广度	job scope

判断	judging
知识管理	knowledge management
领导系统模式	leader system pattern
领导—成员交换理论	leader-member exchange theory，LMX
领导—成员关系	leader-member relations
领导者—参与模型	leader-participation model
领导	leadership
领导行为连续体理论	leadership continuum
领导效能	leadership effectiveness
学习型组织	learning organization
融通	leveraging
领导生命周期理论	life cycle theory of leadership
线性组织结构	linear structure
控制点	locus of control
长期与短期导向	long-term orientation-short term orientation
维持	maintain
团体维系	Maintenance
管理	management
经营哲学	management philosophy
管理方格论	managerial grid
阳刚气质—阴柔气质	masculinity versus feminine
物质需要	material need
矩阵组织结构	matrix structure
调解	mediate
备忘录	memo
心理性动机	mental motivation
明尼苏达满意问卷	Minnesota Satisfaction Questionnaire
现代组织理论	modern organization theory
监督者	monitor
激励潜能分数	Motivating Potential Score，MPS
动机	motivation
自然需要	natural need
需要	need
谈判	negotiations
网络型组织结构	network organization structure
网络系统	network system
神经质	neuroticism
情感内敛与情感外露	neutral versus emotional

名义群体技术	nominal group technique
非言语沟通	nonverbal communication
规范承诺	normative commitment
规范化	norming
规范	norms
新奇产品	novel production
服从	obedience
职业承诺	occupational commitment
在线领导	online leadership
开放性	openness
乐观	optimism
口头沟通	oral communication
组织	organization
团体意识	organization awareness
组织结构	organization structure
组织制度	organization system
组织工作	organization work
组织环境	organizational environment
组织年龄	organizational age
组织变色龙	organizationalchameoleons
组织变革	organizational change
组织公民行为	organizational citizenship behavior
组织气氛	organizational climate
组织承诺	organizational commitment
群体生态理论	organizational ecology
组织道德	organizational ethics
组织即兴	organizational improvisation
组织公平	organizational justice
组织自发性	organizational spontaneity
组织策略	organizational strategy
组织行为学	Organizitional Behavior，OB
参与改变理论	Participate in the Change Theory
路径—目标理论	path-goal theory
知觉	perceive
组织政治知觉	perceptions of organizational politics
工作绩效	Performance
人格	personality
人—职匹配	Person-Organization Fit

生理性动机	physical motivation
PASS 理论	Planning-arousal-simultaneous successive
创新者	plant
组织中的政治行为	political behavior in organization
职位权力	position power
积极组织行为学	Positive Organizational Behavior，POB
后现代组织理论	postmodern organization theory
权力	power
权力距离	power distance
权力模式	power pattern
权术	power tactics
首因效应	primary effect
基本心理能力	primary mental ability
原则性谈判	principled negotiation
问题解决	problem-solving
问题解决型团队	problem-solving team
程序公平	procedural justice
过程冲突	process conflict
过程控制	process control
过程型激励理论	process theory
生产导向	Production Orientation
生产导向的领导者	production-oriented leader
投射效应	projection effect
亲组织行为	prosocial organizational behavior
接近律	proximity
心理契约	psychological contract
心理契约	psychological contract
精神质	psychoticism
间断—平衡模型	punctuated equilibrium model
品管圈	Quality Control Circle
现实型	realistic
近因效应	recency effect
互利互惠	recip rocity
参照测量法	reference measurement method
关系冲突	relationship conflict
复原力	resilience
抵制点	resistance point
资源依赖理论	resource dependence theory

信息者	resource investigator
罗克奇价值观调查表	Rokeach Values Survey
角色冲突	role conflict
角色期待	role expectation
角色同一性	role identity
角色知觉	role perception
替罪羊	scapegoat
次要特质	secondary traits
自我实现人假设	self-actualizing man
自我实现预期	self-fulfilling prophecy
自我领导	self-leadership
自我管理型团队	self-managed team
感觉	sensing
敏感性训练	sensitivity training
分权	separation of power
推进者	shaper
均分	sharing
相似律	similarity
情境领导模型	situational leadership theory
六度分离	six degrees of separation
安抚	smoothing
社会型	social
社会文化需要	social and cultural need
社会学习理论	social learning theory
社会人假设	social man
社会测量法	sociomery method
控制跨度	span of control
组织精神	spirit of organizations
精神需要	spiritual need
地位	status
刻板印象	stereotyping
震荡	storming
优势开发问卷	strength development inventory
领导风格理论	style theory of leadership
主观幸福感	subjective well-being
从属动机	subordinate motivation
上司承诺	superior commitment
系统组织理论	systemic organization theory

目标点	target point
任务复杂性	task complexity
任务冲突	task conflict
任务绩效	task performance
团队	team
团队建设	team building
团队领导	team leadership
团队型组织结构	team structure
凝聚者	team worker
终级性价值观	terminal values
目标法	the Goal Approach
内部过程法	the Internal Process Approach
系统资源法	the System Resource Approach
愿景领导	the visionary leader
成就需要论	theory of achievement need
组织政治行为理论	theory of the organizational political behavior
思考	thinking
时间取向	time orientation
领导特质理论	trait theories of leadership
相互作用分析	transactionalanalysi
交易型领导	transactional leaders
变革型领导	transformational leaders
信任	trust
离职	turnover
二维构面理论	Two Dimension Theory
不确定性	uncertainty
不确定性规避	uncertainty avoidance
普遍主义与个别主义	universalism versus particularize
上行沟通	upward communication
效价	valence
价值观	value
虚拟团队	virtual team
轮式网络	wheel network
退却	withdrawal
工作经验	work experience
工作群体	work group
工作绩效	work performance
工作专门化	work specialization

工作权力	working power
书面沟通	written communication
Y式网络	Y network
耶克斯—多得森定律	Yerkes-Dodson Law

参考文献

鲍嵘.（2002）. 大学与理性生态人的培养. 环境教育，5，31－33.

贝克.（2003）. 管理沟通：理论与实践的交融.（康青，王蔷，& 冯天泽，译）. 北京：中国人民大学出版社.

布莱克，莫顿.（1986）. 新管理方格.（孔令济，徐吉贵，译）. 北京：中国社会科学出版社.

陈春花.（1991）. 组织文化的改造与创新. 北京大学学报，3，21－25.

陈万思，姚圣娟.（2013）. 战略人力资源管理效能、组织学习与创新. 华东经济管理，27（2），112－117.

陈兴琳.（2006）. 组织行为学. 北京：清华大学出版社.

程志超，王捷，许强.（2005）. 传统企业与虚拟企业组织沟通有效性的比较. 西安交通大学学报（社会科学版），25（3），30－35.

达斯.（2007）. 阅读障碍与阅读困难.（张厚粲，徐建平，孟祥之，译）. 北京：人民邮电大学出版社.

法约尔，H.（2007）. 工业管理与一般管理.（迟力耕，张璇，译）. 北京：机械工业出版社.（原版发表于 1925 年）.

樊耘，阎亮，马贵梅.（2013）. 权力需要，组织承诺与角色外行为的关系研究——基于组织文化的调节效应. 科学学与科学技术管理，34（1），135－146.

冯新州，阎维洁，何自立.（2010）. 虚拟组织中的知识创新和知识管理. 经济与管理研究，（1），66－72.

傅家骥，姜彦福.（1992）. 技术创新：中国企业发展之路. 北京：企业管理出版社.

格里芬.（2010）. 组织行为学.（刘伟，译）. 北京：中国市场出版社.

顾远东，彭纪生.（2010）. 组织创新氛围对员工创新行为的影响：创新自我效能感的中介作用，南开管理评论，13（1），30－41.

韩翼，廖建桥.（2005）. 企业雇员组织承诺周期模型研究. 南开管理评论，8（5），39－47.

胡君辰，吴小燕，吴洞庭.（2002）. 试论企业高绩效团队的塑造. 人类工效学，

8 (3), 51-54.

胡宁涛. (2011). 激发团队内部的良性冲突. 销售与管理, (2), 62-63.

黄力平, 景金元. (1996). 试论领导班子的整体效能. 兰州学刊, 2, 9-12.

惠正一. (2007). 拓宽渠道蒙牛进入肯德基餐厅. 第一财经日报.

李成彦. (2012). 组织文化——基于组织效能的视角. 北京: 北京大学出版社.

李东. (2002). 知识型企业的管理沟通. 上海: 上海人民出版社.

李惠娟, 祝圣训. (2002). 做个理性生态人. 商业时代, 17, 32-33.

里基·W·格里芬, 格力高里·摩海德, 唐宁玉. (2010). 组织行为学 (第 8 版) (刘伟, 译) (pp. 356). 北京: 中国市场出版社.

梁波. (2006). 企业高层管理团队领导效能的研究. 博士论文, 贵州大学, 贵州.

林重文. (2004). 小运作巧治企业的大规模病. 经济论坛, (20), 60-62.

凌文辁, 陈龙, 王登. (1987). CPM 领导行为评价量表的建构. 心理学报, (2), 199-207.

凌文辁, 方俐洛, 艾尔卡. (1991). 内隐领导理论的中国研究——与美国的研究进行比较. 心理学报, (3), 236-242.

刘映杰. (2012). 基于神经科学研究范式的组织行为学研究趋向. 九江学院学报, 27 (4), 110-113.

鲁森斯. (2009). 组织行为学 (第 11 版). (王垒, 姚翔, 童佳瑾, 译). 北京: 人民邮电出版社.

马斯洛. (1987). 自我实现的人. (许金声、刘锋, 译). 上海: 生活. 读书. 新知三联书店.

麦格雷戈. (2008). 企业中的人性面. (韩卉, 译). 北京: 中国人民大学出版社.

梅奥. (1964). 工业文明的社会问题. (费孝通, 译). 北京: 商务印书馆, 中国社会科学文献出版社.

梅奥. (2013). 工业文明的人类问题. (陆小彬, 译). 北京: 电子工业出版社.

孟轲. (2006). 孟子 (第 1 版). (万丽华, 译). 北京: 中华书局.

孟领. (2005). 西方组织变革模型综述. 首都经济贸易大学学报, 7 (1), 90-92.

尼尔森. (2011). 积极组织行为学 (王明辉, 译). 北京: 中国轻工业出版社.

彭贺. (2012). 领地行为研究综述: 组织行为学的新兴领域. 经济管理, (1), 182-189.

蒲德祥. (2009). 幸福管理——组织行为学发展的新理念. 技术经济与管理研究, (3), 66-68.

戚振江, 王端旭. (2003). 研发团队效能管理. 科研管理, 24 (2), 127-132.

乔伊斯·S·奥斯兰, 马林·E·特纳, 戴维·A·科尔布, 欧文·M·鲁宾. (2010). 组织行为学经典文献 (第 8 版). (顾琴轩, 译). 北京: 中国人民大学出版社. (原著出版于 2006 年).

邱益中. (1998). 企业组织冲突管理. 上海: 上海财经大学出版社.

沙因. (2009). 组织心理学 (第 1 版). (马红宇, 王斌, 译). 北京: 中国人民大学出版社.

斯蒂芬·P·罗宾斯. (2004). 组织行为学 (第 7 版). (pp. 140-141). 北京: 中国人

民大学出版社.

斯蒂芬·P·罗宾斯，蒂莫西·A·贾奇.（2008）. 组织行为学（第12版）.（李原，孙健敏，译.）. 北京：中国人民大学出版社.

苏敬勒，朱方伟，王淑娟.（2011）. 中国首届MBA管理案例评选百优案例集锦第3辑（pp. 182-192）. 北京：科学出版社.

苏珊娜·杰纳兹，卡伦·多德，贝丝·施奈德.（2006）. 组织中的人际沟通技巧（时启亮，杨静，译.）. 北京：中国人民大学出版社.

孙健敏.（2004）. 团队管理. 北京：企业管理出版社.

孙靖凯.（2012）. 团队冲突处理方式影响团队效率的实证研究. 上海交通大学（硕士论文）.

孙蕾.（2001）.“目标人”的人性假设与成就激励. 商业研究，(4)，42-44.

谭晟，凌文辁，方俐洛.（2002）. 中国员工组织承诺5因素结构模型的验证. 广州大学学报（自然科学版），6，96-99.

谭燕.（2007）. 组织要素与要素管理三维度. 现代管理科学，(3)，43-45.

万涛，赵源.（2012）. 团队领导在冲突及冲突管理中的作用研究. 科技管理研究，32(21)，140-143.

汪涛.（1999）. 竞争演进论. 经济评论，1，66-69.

王飞绒，方艳军.（2013）. 基于组织学习的组织文化与技术创新绩效关系的实证研究. 研究发展与展望. 25（1），36-42.

王利平，苏雪梅.（2007）. 非正式组织及其管理和控制. 经济理论与经济管理，5，57-60

王重鸣，邓靖松.（2005）. 虚拟团队沟通模式对信任和绩效的作用. 心理科学，28(5)，1208-1210.

吴昊.（2000）.“创新人”——一种人性假设新理念. 科学管理研究，18（5），6-10.

谢文全.（2005）. 教育行政学. 台北：高等教育文化事业有限公司.

辛冲.（2010）. 组织创新的动态演化模型构建与实证研究. 东北大学工商管理学报，31（9），97-103.

许庆瑞.（2002）. 研究、发展和技术创新管理. 北京：高等教育出版社.

荀子.（2011）. 荀子（第1版）（方勇、李波，译注）. 北京：中华书局.

占德干，章炳林.（1996）. 企业文化构建的实证性研究-对四个不同类型企业的调查与分析. 管理世界，5，204-210.

张大伟，薛惠锋.（2008）. 团队人格特质组合与团队绩效关系研究. 科技管理研究，4，156-158.

张德.（2000）. 组织行为学（第1版）. 北京：清华大学出版社.

张永忠.（1988）. 山西煤炭工业发展的途径. 中国能源，5，1-4.

张贯一，任慧军.（2006）. 组织行为学. 武汉：武汉理工大学出版社.

郑伯壎.（1990）. 组织文化价值观的数量衡鉴. 中华心理学刊，32（2），9-11.

郑伯壎，周丽芳，樊景立.（2000）. 家长式领导：三元模式的建构与测量. 本土心理学研究，14，3-62.

周瑜弘.（2008）. 组织行为学案例精选精析（工商管理案例丛书）. 北京：中国社会科学出版社.

庄文莉，沈锋.（2006）. 领导者和管理者的区别. 金山企业管理，(1)，36-37.

Abelson, R. P., Kinder, D. R., Peters, M. D., & Fiske, S. T. (1982). Affective and semantic components in political person perception. *Journal of personality and social psychology*, *42* (4), 619-630.

Adam, S. (2003/1776). *The Wealth of Nations*. New York: Bantam.

Adams, J. S. (1965). Inequity in social exchange. *Advances in experimental social psychology*, *2*, 267-299.

Adler, N. J. (1980). *Cultural synergy: The management of cross-cultural organizations*. McGill University, Faculty of Management.

Alderfer, C. P. (1972). *Existence, relatedness, and growth: Human needs in organizational settings*. New York: Free Press.

Allen, N. J. & Meyer. J. P. (1990). The measurement and antecedents of affective, continuance and normative commitment. *Journal of Occupational Psychology*, *63* (1), 1-18.

Alper, S., Tjosvold, D., & Law, K. S. (2000). Conflict management, efficacy, and performance in organizational teams. *Personnel Psychology*, *53* (3), 625-642.

Ansoff, F. I. (1979). *Strategic Management*. New York: Wiley.

Argyris, C. (1961). Organizational leadership. In L. Petrullo & B. Bass (Eds.), Leadership and interpersonal behavior. New York: Holt, Rinehart & Winston.

Asch, S. E. (1951). Effects of group pressure upon the modification and distortion of judgments. *Groups, Leadership, and Men*. *S*, 222-236.

Atkinson, J. W. (1957). Motivational determinants of risk-taking behavior. *Psychological review*, *64* (6), 359-372.

Atkinson, J. W., &Litwin, G. H. (1960). Achievement motive and test anxiety conceived as motive to approach success and motive to avoid failure. *The Journal of Abnormal and Social Psychology*, *60* (1), 52-63.

Atkinson, J. W., & Feather, N. T. (1966). *A theory of achievement motivation*. New York: Wiley.

Avila, R. A., Fern, E. F., & Mann, O. K. (1988). Unravelling criteria for assessing the performance of salespeople: A causal analysis. *The Journal of Personal Selling and Sales Management*, *8* (1), 45-54.

Baltes, P. B. (1968). Longitudinal and cross-sectional sequences in the study of age and generation effects. *Human Development*, *11* (3), 145-171.

Bandura, A. (1973). *Aggression: A social learning analysis*. Englewood Cliffs, NJ: Prentice-Hall.

Barge . J. K. , Oliver. C. (2003). Working With Appreciation in Managerial Practice. *Academy of Management Review*, *28* (1), 124-142.

Barnard, C. I. (1946). *Functions and pathology of status systems in formal organizations*. In W. F. Whyte (Ed.), *Industry and society* (pp. 46-85). New York: McGraw-Hill.

Barnard, C. I. (1938). *The Functions of the Executives*. Masschusetts: Harvard University Press.

Bass, B. M, (1985). *Leadership and Performance Beyond Expectations*. New York; Free Press.

Bass, B. M. &Avolio, B. J. (2000). *Multifactor leadership questionnaire for research*. Redwood City: Mind Garden.

Becker, H. S. (1960). Notes on the concept of commitment. *American Journal of Sociology*, *66* (1), 32-40.

Beers, M. C. (1996). The strategy that wouldn' t travel. *Harvard Business Review*, *76* (4), 18-31.

Behling, O. , & Eckel, N. L. (1991). Making sense out of intuition. *The Executive*, 5 (1), 46-54.

Beise, C. M. , Niederman, F. , & Mattord H. (2004). IT project managers' perceptions and use of virtual team technologies. *Information Resources Management Journal*, *17* (4), 73-88.

Belbin, R. M. (1981). *Management teams, why succeed or fail*. London, Macmilan.

Belbin, R. M. (2012). *Team roles at work*. UK: Routledge.

Berne, E. (1966). *Games people play: the psychology of human relationships*. New York: Grove Press.

Bird, A. M. (1977). Team structure and success as related to cohesiveness and leadership. *Journal of Social Psychology*, *103* (2), 217-223.

Blake, R. , & Mouton, J. (1964). *The managerial grid: The key to leadership excellence*. Houston: Gulf Publishing Company.

Blank, W. (1995). *The 9 Natural Laws of Leadership*. Amacom.

Blank, W. (2001). *The 108 skills of natural born leaders*. Amacom.

Bolino, M. C. (1999). Citizenship and impression management: good soldiers or good actors? *Academy of Management Review*, *24* (1), 82-98.

Borman, W. C. , & Motowidlo, S. J. (1993). *Expanding the criterion domain to include elements of contextual performance* (pp. 71-98). Personnel selection in organizations. San Francisco, CA: Jossey-Bass.

Borman, W. C. , & Motowidlo, S. J. (1997). Task performance and contextual performance: The meaning for personnel selection research. *Human performance*, *10* (2), 99-109.

Brewer, N., Mitchell, P., & Weber, N. (2002). Gender role, organizational status, and conflict management styles. *International journal of conflict management*, *13* (1), 78-94.

Brief, A. P., &Motowidlo, S. J. (1986). Prosocial organizational behaviors. *Academy of management Review*, *11* (4), 710-725.

Bryman, A. (1992). *Charisma and leadership in organizations*. London: Sage.

Buchanan, D., Badham, R. (1999). Politics and organizational change: the lived experience. *Human Relations*, *52* (5): 609-629.

Burke, L. A., & Miller, M. K. (1999). Taking the mystery out of intuitive decision making. *The Academy of Management Executive*, *13* (4), 91-99.

Burns, J. M. (1978). *Leadership* (pp. 18-23), New York: Harper & Row.

Bushnell, D. S. (1990). Input, process, output: A model for evaluating training. *Training and Development journal*, *44* (3), 41-43.

Campbell, J. P., McCloy, R. A., Oppler, S. H., & Sager, C. E. (1993). *A theory of performance*. Personnel selection in organizations. San Francisco: Jossey-Bass Publishers.

Ceci, S. J. (1990). *On Intelligence-More Or Less: A Bio-ecological Treatise on Intellectual Development*. Englewood Cliffs, NJ: Prentice Hall.

Chen, Z. X., & Francesco, A. M. (2000). Employee demography, organizational commitment, and turnover intentions in China: do cultural differences matter? *Human Relations*, *53* (6), 869-887.

Cherrington, D. J. (1971). Effects of contingent and noncontingent reward on the relationship between satisfaction and task performance. *Journal of Applied Psychology*, *55* (6), 531-536.

Cialdini, R. B., & Trost, M. R. (1998). *Social influence: Social norms, conformity and compliance*. In D. T. Gilbert (Ed.), *The handbook of social psychology* (pp. 151-192). New York: McGraw-Hill.

Clinebell, S. (1984). Organizational effectiveness: an examination of recent empirical studies and the development of a contingency view. In *Proceedings of the 27th annual conference of the Midwest Academy of Management* (pp. 92-102).

Coch, L., &French, J. R. P., Jr. (1948). Overcoming resistance to change. *Human Relations*, *1* (4), 512-532.

Cohen, A. (1992). Antecedents of organizational commitment across occupational groups: A meta-analysis. *Journal of Organizational Behavior*, *13* (6), 539-558.

Collis, D. J., & Montgomery, C. A. (1995). Competing on resources. *Harvard business review*, *73* (4), 118-128.

Colquitt, J. A., Conlon, D. E., Wesson, M. J., Porter, C. O., & Ng, K. Y. (2001). Justice at the millennium: a meta-analytic review of 25 years of organizational justice research. *Journal of applied psychology*, *86* (3), 425–445.

Crutchfield, R. S. (1955). Conformity and character. *American Psychologist*, *10* (5), 191–198.

Davis, J. H. (1969). *Group performance*. Reading, MA: Addison-Wesley.

Davis, K. (1975). Cut those rumors down to size. *Supervisory Management*, *20* (6), 2–6.

Davis, K. (1978). Methods for studying informal communication. *Journal of Communication*, *28* (1), 112–116.

Day, D. V., Shleicher, D. J., Unckless, A. L., & Hiller, N. J. (2002). Self-monitoring personality at work: a meta-analytic investigation of construct validity. *Journal of Applied Psychology*, *87* (2), 390.

DeLuque, M. F. S., & Sommer, S. M. (2000). The impact of culture on feedback-seeking behavior: An integrated model and propositions. *Academy of Management Review*, *25* (4), 829–849.

Deutsch, M. (1949). An experimental study of the effects of co-operation and competition upon group process. *Human relations*, *2*, 199–231.

DeVito, A. J., &Kubis, J. F. (1983). Actual and recalled test anxiety and flexibility, rigidity, and self-control. *Journal of clinical psychology*, *39* (6), 970–975.

Drucker, P. F. (1998). *Peter Drucker on the profession of management*. Harvard Business Press.

Druskat, V. U., Wheeler, J. V. (2004). How to lead a self-managing team. *MIT Sloan Management Review*, *45* (4), 65–71.

Eisenberger, R., Fasolo, P., & Davis-LaMastro, V. (1990). Perceived organizational support and employee diligence, commitment, and innovation. *Journal of applied psychology*, *75* (1), 51–59.

Ekman P., Friesen W. V. (1971). Constants across Cultures in the Face and Emotion. *Journal of Personality and Social Psychology*, *17* (2), 124.

Enderle, G. (1987). Some Perspectives of Managerial Ethical Leadership. *Journal of Business Ethics*, *6*, 657–663.

Eysenck, H. J. (1967). *The biological basis of personality*. New Jersey: Transaction Pub.

Feldman, J. M. (1994). Design of a workstation: A team summary. *Journal of clinical monitoring*, *10* (5), 317–319.

Ferris, G. R., King, T. R. (1991). Politics in human resources decisions: A walk on the dark side. *Organizational Dynamics*, *20* (2), 59–71.

Ferris, G. R., Kacmar, K. M. (1992). Perceptions of organizational politics. *Journal of Management*, *18* (1), 93–116.

Festinger, L. (1957). *A theory of cognitive dissonance*. Evanston, Ill: Row Peterson.

Fiedler, F. E. (1962). Leader attitudes, group climate, and group creativity. *Journal of Abnormal Psychology*, *65* (5), 308–312.

Fiedler, F. E. (1978). Situational control and a dynamic theory of leadership. In B. King, S. Streufert, & F. E. Fiedler (Ed.). *Managerial Control and Organizational Democracy* (pp. 114). New York: John Wiley & Sons.

Fisher, B. A., & Ellis, D. G. (1980). *Small group decision making: Communication and the group process*. New York: McGraw-Hill.

Fisher, R., &Ury, W. L. (2011). *Getting to yes: Negotiating agreement without giving in*. Denver: Penguin Books.

Fitzgerald, S. P. (2002). *Organizational models*. Capstone.

Fleishman, E. A. (1953). Leadership climate, human relations training, and supervisory behavior. *Personnel Psychology*, *6*, 205–222.

Folger, R., & Konovsky, M. A. (1989). Effects of procedural and distributive justice on reactions to pay raise decisions. *Academy of Management journal*, *32* (1), 115–130.

French, J. R. P., Raven, B. (1959). *The bases of social power*. In C. Dorwin (Ed.), *Studies in social power* (pp. 156–170). Ann Arbor, Mich: University of Michigan.

Friedman, R. A., Tidd, S. T., Currall, S. C., & Tsai, J. C. (2000). What goes around comes around: The impact of personal conflict style on work conflict and stress. *International Journal of Conflict Management*, *11* (1), 32–55.

Galton, F. (1869). *Hereditary Genius*. London: Macmillan.

Gardner, H. (1983). *Frames of Mind: The Theory of Multiple Intelligences*. New York: Basic Books.

George, J. M., & Brief, A. P. (1992). Feeling good-doing good: a conceptual analysis of the mood at work-organizational spontaneity relationship. *Psychological bulletin*, *112* (2), 310–329.

Ghiselli, E. E. (1963). Managerial talent. *American Psychologist*, *18* (10), 631–642.

Gibb, C. A. (1969). Leadership, In G, Lindzey and E. Aronson (Eds.), *Handbook of social psychology*. *Reading*, MA: Addison-Wesley.

Goffee, R. & Jones, G. (1998). *The Character of a Corporation*. London: Harper Business.

Goleman, D. (1999). *Working with emotional intelligence*. New York: Bantam.

Golembiewski, R. T., Gibson, F. K., & Cornog, G. Y. (Eds.). (1966). *Public administration: readings in institutions, processes, behavior*. California: Rand McNally.

Gottfredson, G. D., & Holland, J. L. (1990). A longitudinal test of the influence of congruence: Job satisfaction, competency utilization, and counterproductive behavior. *Journal of Counseling Psychology*, *37* (4), 389–398.

Graen, G. B., Uhl-Bien, M. (1995). "The Relationship-based approach to leadership: Development of LMX theory of leadership over 25 years: Applying a multi-level, multi-domain perspective". *Leadership Quarterly*, *6* (2), 219–247.

Graves, C. W. (1970). Levels of existence: An open system theory of values. *Journal of Humanistic Psychology*, *10* (2), 131–155.

Graves, C. W. & Laura Meriwether. (1982). Implicit Leadership Theory: Development and Validation of a Multidimensional Model. *The University of Connecticut* (*Doctoral Dissertations*).

Greenberg, J. (1990). Organizational justice: Yesterday, today, and tomorrow. *Journal of Management*, *16* (2), 399–432.

Greenberg, J. (1993). *The social side of fairness: Interpersonal and informational classes of organizational justice*. Hillsdale: Lawrence Erlbaum Associates.

Greene, M. C. (1972). *The voice and its disorders*. London: Pitman.

Greenstein, F. I. (2000). *The presidential difference: Leadership style from FDR to Clinton*. New York: Free Press.

Grensing-Pophal, L. (2000). Talk to me make employee communication a two-way street. *HR Magazine*, *45* (3), 66–75.

Grofman, B., Feld, S. L., & Owen, G. (1984). Group size and the performance of a composite group majority: statistical truths and empirical results. *Organizational behavior and human performance*, *33* (3), 350–359.

Guilford, J. P. (1988). Some changes in the structure of intellect model. *Educational and Psychological Measurement*, *48* (1), 1–4.

Hackman, J. R. (1987). *The design of work teams*. In J. L. Lorsch, (Ed.), *Handbook of Organizational Behavior* (pp. 315–342). NJ: Prentice-Hall.

Hanlon, S. C., Meyer, D. C., & Taylor, R. R. (1994). Consequences ofGainsharing: A Field Experiment Revisited. *Group and Organizational Management*, *19* (1), 87–111.

Harrison, D. A., Price, K. H., & Bell, M. P. (1998). Beyond relational demography: Time and the effects of surface-and deep-level diversity on work group cohesion. *Academy of management journal*, *41* (1), 96–107.

Heider, F. (1958). Attitudes and Cognitive Organization. *Journal of Psychology*, *21* (1), 107–112.

Heider, F. (1958). *The psychology of interpersonal relations*. London: Psychology Press.

Hellriegel, D., & Slocum, J. W. (1974). Organizational climate: Measures, research and contingencies. *Academy of management Journal*, *17* (2), 255–280.

Hersey, P., Blanchard, K. H., & Natemeyer, W. E. (1979). Situational leadership, perception, and the impact of power. *Group & Organization Management*, *4* (4), 418–428.

Herzberg, F., Mausner, B., & Snyderman, B. (1959). *The motivation to work*. New York: Wiley.

Herzberg, F., Mausner, B., Peterson, R. O., & Capwell, D. F. (1987). *Job atti-*

tudes: Review of research and opinion. Garland.

Hochschild, A. R. (2003). *The commercialization of intimate life: Notes from home and work*. Univ. of California Press.

Hofstede, G. (1980). National cultures in four dimensions: a research-based theory of cultural differences among nations. *International Studies of Management & Organization*, *13* (2), 46–74.

Hofstede, G., Hofstede, G. J., & Minkov, M. (1991). *Cultures and organizations: Software of the mind* (*Vol. 2*). London: McGraw-Hill.

Hogan, R., Curphy, G. J., & Hogan, J. (1994). What we know about leadership: Effectiveness and personality. *American Psychologist*, *49* (6), 493–504.

House, R. J. (1971). Path goal theory of leader effectiveness. *Administrative Science Quarterly*, *16* (3), 321–339.

House, R. J. (1977). A 1976 theory of charismatic leadership. In J. G. Hunt & L. L. Larson (Eds.). *Leadership: The cutting edge* (pp. 189–207). Carbondale: Southern Illinois University Press.

House, R. J. (1992). Charismatic leadership in service-producing organizations. *International Journal of Service Industry Management*, *3* (2): 5–16.

Hrebiniak, L. G. (1974). Effects of job level and participation on employee attitudes and perceptions of influence. *Academy of Management Journal*, *17* (4), 649–662.

Hunter, J. E., & Schmidt, F. L. (1998). The validity and utility of selection methods in personnel psychology: Practical and theoretical implications of 85 years of research findings. *Psychological bulletin*, *124* (2), 262–274.

Jackofsky, E. F., Slocum Jr, J. W., &McQuaid, S. J. (1988). Cultural values and the CEO: alluring companions?. *The Academy of Management Executive*, *2* (1), 39–49.

Jackson, S. A. (2000). Qualitative Evaluation of Shared Leadership Barriers, Drivers and Recommendations. *Journal of Management in Medicine*, *14* (3/4), 166–178.

Janis, I. L. (1972). *Victims of groupthink*. Boston: Houghton, Mifflin.

Janssen, O., & VanYperen, N. W. (2004). Employees' goal orientations, the quality of leader-member exchange, and the outcomes of job performance and job satisfaction. *Academy of management journal*, *47* (3), 368–384.

Jehn, K. A. (1997). A qualitative analysis of conflict types and dimensions in organizational groups. *Administrative Science Quarterly*, *42* (9), 530–557.

Jehn, K. A., & Mannix, E. A. (2001). The Dynamic nature of conflict: A longitudinal study of intragroup conflict and group performance. *The Academy of Management Journal*, *44* (2), 238–251.

Jehn, K. A., & Bendersky, C. (2003). Intragroup conflict in organizations: A contingency perspective on the conflict-outcome relationship. *Research in Organizational Behavior*, *25* (5), 187–242.

Johnson, D. W. & Johnson, F. P. (1975). *Joining Together: Group Theory and Group Skill* (pp. 345－375). Canada: Pearson Education.

Johnson, R. A., Kast, F. E., & Rosenzweig, J. E. (1964). Systems theory and management. *Management Science*, *10* (2), 367－384.

Judge, T. A., Thoresen, C. J., Bono, J. E., & Patton, G. K. (2001). The job satisfaction-job performance relationship: A qualitative and quantitative review. *Psychological bulletin*, *127* (3), 376－407.

Kast, F. E., & Rosenzweig, J. E. (1972). General System Theory: Applications for Organization and Management. *Academy of management journal*, *15* (4), 447－465.

Kast, F. E., & Rosenzweig. J. E. (1974). *Organization and management: A systems approach*. New York: McGraw-Hill.

Katz, D. (1960). The functional approach to the study of attitudes. *Public opinion quarterly*, *24* (2), 163－204.

Katz, D., & Kahn, R. L. (1966). Organizations and the system concept. *The social psychology of organizations*, *1*, 14－29.

Katz, D., & Kahn, R. L. (1978). *The social psychology of organizations*. New York: Wiley.

Katz, F. E. (1965). Explaining informal work groups in complex organizations: the case for autonomy in structure. *Administrative science quarterly*, *10* (2), 204－223.

Keller, T. (1999). Images of the Familiar: Individual Differences and Implicit Leadership Theories. *Leadership Quarterly*, *10* (4), 589－607.

Kelley, H. H. (1971). Attribution in social interaction. In E. E. Jones, D. E. Kanause, H. H. Kelley, R. E. Nisbett, S. Valins, & B. Weiner. (coord.). *Attribution: perceiving the causes of behavior*. Morristown: General Learning Press.

Kelman, H. C. (1958). Compliance, identification, and internalization: Three processes of attitude change. *The Journal of Conflict Research*, *62*, 521－527.

Kelman, H. C. (1961). Processes of opinion change. *Public opinion quarterly*, *25* (1), 57－78.

Kerr, N. L., &Bruun, S. E. (1981). Ringelmann Revisited Alternative Explanations for the Social Loafing Effect. *Personality and social psychology bulletin*, *7* (2), 224－231.

Kiechel, W. (1990). Breaking bad news to the boss. *Fortune*. *4*, 111－112.

Kilduff, M., & Day, D. V. (1994). Do chameleons get ahead? The effects of self-monitoring on managerial careers. *Academy of Management Journal*, *37* (4), 1047－1060.

Klukhohm, F. L, &Strodtbeck, F. L. (1961). *Variations in Value Orientations. Evanston*: Peterson Company.

Knight, K. E. (1967). A descriptive model of the intra-firm innovation process. *The journal of business*, *40* (4), 478－496.

Koontz, H., O'Donnell, C. (2008). *Principles of management: an analysis of man-*

agerial functions (7th Ed.). New York: McGraw-Hill.

Kopelman, R. E., Rovenpor, J. L., & Guan, M. (2003). The Study of Values: Construction of the fourth edition. *Journal of Vocational Behavior*, *62* (2), 203–220.

Kotter, J. P. (1996). *Leading change*. Massachusetts: Harvard Business Press.

Krech, D., Crutchfield, R. S., & Ballachey, E. L. (1962). *Individual in society*. New York: McCraw-Hill.

Kunin, T. (1955). The construction of a new type of attitude measure. *Personnel Psychology*, *8* (1), 65–78.

Kurland, N. B., &Pelled, L. H. (2000). Passing the word: Toward a model of gossip and power in the workplace. *Academy of Management Review*, *25* (2), 428–438.

Kushman, J. W. (1992). The organizational dynamics of teacher workplace commitment: A study of urban elementary and middle schools. *Educational Administration Quarterly*, *28* (1), 5–42.

Landrum, G. N. (1993). *Profiles of Genius*. New York: Prometheus

Lavan, I. (2002). NLP in business-or more than a trip to the zoo. *Industrial and Commercial Training*, *34* (5), 182–187.

Lawler, E. E., & Hall, D. T. (1970). Relationship of job characteristics to job involvement, satisfaction, and intrinsic motivation. *Journal of Applied psychology*, *54* (4), 305–312.

Lawler Ⅲ, E. E. (1986). *High-Involvement Management*. *Participative Strategies for Improving Organizational Performance*. San Francisco: Jossey-Bass Inc.

Leavitt, H. J. (1983). Management and management education in the West: What's right and what's wrong. *London Business School Journal*, *8* (1), 18–23.

Leavitt, H. J., Dill, W. R., &Eyring, H. B. (1973). *The organizational world*. Harcourt Brace Jovanovich.

Lee, K., Allen, N. J., Meyer, J. P., & Rhee, K-Y. (2001). Cross-cultural generalizability of the Three-Component Model of organizational commitment: An application to South Korea. *Applied Psychology*: *An International Review*, *50*, 596–614.

Lenartowicz, T., & Roth, K. (1999). A framework for culture assessment. *Journal of International Business Studies*, *30* (4), 781–798.

Leventhal, G. S. (1980). *What should be done with equity theory*? (pp. 27–55). US: Springer.

Lewin, A. Y., & Minton, J. W. (1986). Determining organizational effectiveness: Another look, and an agenda for research. *Management science*, *32* (5), 514–538.

Lewin, K., Lippitt, R., & White, R. K. (1939). Patterns of aggressive behavior in experimentally created "social climates". *The Journal of Social Psychology*, *10* (2), 269–299.

Lewin, K. (1943). Forces behind food habits and methods of change. *Bulletin of the national Research Council*, *108*, 35−65.

Lewin, K. (1951). *Field theory in social science*. New York: Harper & Row.

Linstone, H. A. , & Turoff, M. (1979). *The Delphi method: Techniques and applications*. Massachasetts: Addison-Wesley.

Locke, E. A. (1976). *The nature and causes of job satisfaction*. *Handbook of industrial and organizational psychology* (pp. 1297−1349). Chicago: Rand McNally.

Locke, E. A. , Shaw, K. N. , Saari, L. M. , & Latham, G. P. (1980). *Goal setting and task performance: 1969-1980*. Maryland Univ. College Park Coll. of Business and Management.

Luchins, A. S. (1957). Primacy-recency in impression formation. In C. I. Hovland (Ed.), *The order of presentation in persuasion* (pp. 33−61). New Haven: Yale University Press.

Luthans, F. (2002). *The need for and meaning of positive organizational behavior*. *Journal of Organizational Behavior*, *23* (6), 695−706.

Martin, T. N. , &O'Laughlin, M. S. (1984). Predictors of organizational commitment: The study of part−time army reservists. *Journal of Vocational Behavior*, *25* (3), 270−283.

Maslow, A. H. (1943). A theory of human motivation. *Psychological Review*, *50* (4), 370−396.

Mathieu, J. E. , &Zajac, D. M. (1990). A review and meta-analysis of the antecedents, correlates, and consequences of organizational commitment. *Psychological bulletin*, *108* (2), 171−194.

Matson, E. (1996). Have I died and gone to meeting heaven. *Fast Company*, April/May, page 125.

Mayo, E. (1949). *Hawthorne and the western electric company*. In R. J. Stillman (Ed.), *Public administration: concepts and cases* (pp. 144−158). Massachasetts: Wadsworth.

Mazzanti, M. , Pini, P. , & Tortia, E. (2006). Organizational innovations, human resources and firm performance: The Emilia-Romagna food sector. *The Journal of Socio-Economics*, *35* (1), 123−141.

McClelland, D. C. (1964). *The Achieving Society*. Princeton, NJ: D. Van Nostrand.

Mcelroy, J. C. (2001). Managing workplace commitment by putting people first. *Human Resource Management Review*, *11* (3), 327−335.

McGrath, J. E. (1963). A descriptive model for the study of interpersonal relations in small groups. *Journal of Psychological Studies*, *14* (3), 89−116.

Meyer, J. P. , & Allen, N. J. (1984). Testing the "side-bet theory" of organizational commitment: Some methodological considerations. *Journal of applied psychology*, *69* (3), 372−378.

Meyer, J. P., & Allen, N. J. (1988). Links between work experiences and organizational commitment during the first year of employment: A longitudinal analysis. *Journal of Occupational Psychology*, *61* (3), 195-209.

Meyer, J. P., & Allen, N. J. (1991). A three-component conceptualization of organizational commitment. *Human resource management review*, *1* (1), 61-89.

Meyer, J. P., Allen, N. J., & Smith, C. A. (1993). Commitment to organizations and occupations: Extension and test of a three-component conceptualization. *Journal of applied psychology*, *78* (4), 538.

Meyer, J. P., & Allen, N. J. (1997). *Commitment in the workplace: Theory, research, and application*. SAGE Publications, Incorporated.

Milgram, S. (1965). Some conditions of obedience and disobedience to authority. *Human relations*, *18* (1), 57-76.

Milgram, S. (1967). The small world problem. *Psychology today*, *2* (1), 60-67.

Mills, D. Q. (1985). *The new competitors: a report on American managers from D. Quinn Mills*. Harvard Business School. Wiley.

Miner, A. S., Bassof, P., & Moorman, C. (2001). Organizational improvisation and learning: A field study. *Administrative Science Quarterly*, *46* (2), 304-337.

Misumi, J. (1995). The Development in Japan of the Performance- Maintenance (PM) Theory of Leadership, *Journal of Social Issues*, *51* (1), 213-228.

Moreno, J. L. (1934). *Who shall survive?: A new approach to the problem of human interrelations*. Washington, DC: Nervous & Mental Disease Publishing.

Morgan, G. (1988). Accounting as reality construction: Towards a new epistemology for accounting practice. *Accounting, Organizations and Society*, *13* (5): 477-485.

Morse, J. J., & Lorsch, J. W. (1970). *Beyond theory Y*. Massachusetts: Harvard Business Review.

Mowday, R. T., Steers, R. M., & Porter, L. W. (1979). *The measurement of organizational commitment*. *Journal of vocational behavior*, *14* (2), 224-247.

Mowday, R. T., Porter, L. W., & Steers, R. M. (1982). *Employee-organization linkages: The psychology of commitment, absenteeism, and turnover*. New York: Academic press.

Mullen, B., & Copper, C. (1994). The relation between group cohesiveness and performance: An integration. *Psychological bulletin*, *115* (2), 210-218.

Murphy, G., Murphy, L. B. & Newcomb, T. M. (1937). *Experimental social psychology*. New York: Harper.

Murray, H. A. (1938). *Explorations in personality*. Oxford: Oxford Univ. Press.

Myers, D. G., &Lamm, H. (1976). The group polarization phenomenon. *Psychological Bulletin*, *83* (4), 602-627.

Nadler, D. A., Hackman, J. R., & Lawler, E. E. (1979). *Managing Organizational*

Behavior. Boston: Little Brown.

Naglieri, J. A., & Das, J. P. (1988). Planning-arousal-simultaneous-successive (PASS): A model for assessment. *Journal of School Psychology*, *26* (1), 35–48.

Naglieri, J. A., & Das, J. P. (1990). Planning, attention, simultaneous, and successive (PASS) cognitive processes as a model for intelligence. *Journal of Psychoeducational Assessment*, *8* (3), 303–337.

Nicholson, N. (2001). The new word on gossip. *Psychology Today*, *34* (3), 40–45.

Nickerson, R. S. (1999). How we know-and sometimes misjudge-what others know: Imputing one's own knowledge to others. *Psychological bulletin*, *125* (6), 737–759.

Nicotera, A. M. (1993). Beyond Two Dimensions A Grounded Theory Model of Conflict-Handling Behavior. *Management Communication Quarterly*, *6* (3), 282–306.

Northous, P. G. (2002). *Leadership: Theory and Practice*. (pp. 244). London: SAGE Publications.

O'Connor, C. A. (1993). Resistance: the repercussions of change. *Leadership & Organization Development Journal*, *14* (6), 30–36.

O'Connor, C. A. (1993). *The handbook for organizational change: strategy and skill for trainers and developers*. London: McGraw-Hill.

Ohmae, K. (1983). *The mind of the strategist*. Harmondsworth: Penguin.

Organ, D. W. (1988). *Organizational citizenship behavior: The good soldier syndrome*. Lexington, MA: Lexington books.

Organ, D. W. (1994). Personality and organizational citizenship behavior. *Journal of Management*, *20* (2), 465–478.

Organ, D. W., & Ryan, K. (1995). Ameta-analttic review of attitudinal and dispositional predictors of organizational citizenship behavior. *Personnel psychology*, *48* (4), 775–802.

Organ, D. W. (1997). Organizational citizenship behavior: It's construct clean-up time. *Human performance*, *10* (2), 85–97.

Orsburn, J. D., Moran, L., Musselwhite, E., Zenger, J. H., & Perrin, C. (1990). *Self-directed work teams: The new American challenge*. Homewood, IL: Business One Irwin.

Osborn, A. F. (1957). *Applied imagination: Principles and procedures of creative problem-solving*. New York: Charles Scibner's Sons.

Paine, K. (2003). *Guidelines for measuring trust in organizations*. Institute for Public Relations.

Parker, G. M. (1994). Cross-functional collaboration. *Training & Development*, *48* (10), 49–53.

Perrow, C. (1967). A Framework for the Comparative Analysis of Organizations. *American Sociological Review*, *32* (2), 194–208.

Petty, M. M., McGee, G. W., &Cavender, J. W. (1984). A meta-analysis of the relationships between individual job satisfaction and individual performance. *Academy of management Review*, *9* (4), 712-721.

Pfeffer, J. (1992). *Managing with power: politics and influence in organizations*. Boston: Harvard Business School Press.

Pfeffer, J., &Salancik, G. R. (2003). *The external control of organizations: A resource dependence perspective*. Stanford University Press.

Pilnick, S., Elias, A., & Clapp, N. W. (1966). The Essexfields concept: A new approach to the social treatment of juvenile delinquents. *The Journal of Applied Behavioral Science*, *2* (1), 109-125.

Pitta, D. A., Franzak, F., Katsanis, L. P. (1996). Redefining new product development teams: Learning to actualize consumer contributions. *The Journal of Product and Brand Management*, *5* (6), 48-60.

Podsakoff, P. M., MacKenzie, S. B., Moorman, R. H., & Fetter, R. (1990). Transformational leader behaviors and their effects on followers' trust in leader, satisfaction, and organizational citizenship behaviors. *The Leadership Quarterly*, *1* (2), 107-142.

Podsakoff, P. M., MacKenzie, S. B., Paine, J. B., & Bachrach, D. G. (2000). Organizational citizenship behaviors: A critical review of the theoretical and empirical literature and suggestions for future research. *Journal of management*, *26* (3), 513-563.

Pondy L R. (1967) Organizational conflict: concepts and models. *Administrative Science Quarterly*, *12*, 296-320.

Pondy, L. R. (1989). Reflections on organizational conflict. *Journal of Organizational Change Management*, *2* (2), 94-98.

Porter, L. W., & Lawler, E. E. (1968). *Managerial attitudes and performance*. Homewood, IL: RD Irwin.

Porter, M. E. (1997). Competitive strategy. *Measuring Business Excellence*, *1* (2), 12-17.

Prahalad, C. K., & Hamel, G. (1990). The core competence of the corporation. *Harvard business review*, *68* (3), 79-91.

Quinn R. E. & McGrath, M. (1958). *Organizational Culture*. NewYork: Praeger.

Rahim, M. A. (1986). Referent role and styles of handling interpersonal conflict. *The Journal of Social Psychology*, *126* (1), 79-86.

Rahim, M. A., &Afza, M. (1993). Leader power, commitment, satisfaction, compliance, and propensity to leave a job among US accountants. *The journal of social psychology*, *133* (5), 611-625.

Redmond, B. F., & Miller, S. W. (2013, Sep 21). *Expectancy Theory*. https://wikispaces. psu. edu/display/PSYCH484/4. +Expectancy+Theory.

Reiley, A. C., & Mooney, J. D. (1939). *The principles of organization*. New York.

Reilly, B. J. , &DiAngelo, J. A. (1990). Communication: A cultural system of meaning and value. *Human Relations*, *43* (2), 129-140.

Resick, C. J. , Hanges, P. J. , Dickson, M. W. , & Mitchelson, J. K. (2006). A Cross-Cultural Examination of the Endorsement of Ethical Leadership. *Journal of Business Ethics*, *63* (4), 345-359.

Rhoades, L. , Eisenberger, R. , & Armeli, S. (2001). Affective commitment to the organization: The contribution of perceived organizational support. *Journal of applied psychology*, *86* (5), 825-836.

Ring, P. S. , & Van deVen, A. H. (1994). Developmental processes of cooperative interorganizational relationships. *Academy of management review*, *19* (1), 90-118.

Ritzer, G. , & Trice, H. M. (1969). An empirical study of Howard Becker's side-bet theory. *Social Forces*, *47* (4), 475-478.

Robbins, S. P. (1996). *Organizational Behavior* (*7th Edition*) (pp. 317). Englewood Cliffs, NJ: Prentice Hall.

Robbins, S. P. (2005). *Essentials of organizational behavior*. Prentice Hall.

Robbins, T. L. (1994). Meaningfulness and community in the classroom: The role of teamwork in business education. *Journal of Education for Business*, *69* (6), 312-316.

Rokeach, M. (1973). *The Nature of Human Values*. New York: Free Press.

Romanelli, E. , Tushman, E. (1994). Organizational Transformation as Punctuated Equilibrium: An Empirical Test. *Academy of Management Journal*, *37* (4), 1141-1166.

Rotter, J. B. (1966). Generalized expectancies for internal versus external control of reinforcement. *Psychological monographs*: *General and applied*, *80* (1), 1-28.

Rutigliano, T. , & Smith, B. (2012). *Discover Your Sales Strengths*. New York: Random House.

Salover. P. , & Mayer, J. D. (1990). Emotional intelligence. *Imagination Cognition*, *and Personality*, *9* (3), 185-211.

Sashkin, M. (1988). The Visionary Leader, In J. A. Conger and R. A. Kanungo (Eds.), *Charismatic Leadership*: *The Elusive Factor in Organizational Effectiveness* (pp. 122-160), San Francisco: Jossey-Bass.

Schachter, S. (1951). Deviation, rejection, and communication. *The Journal of Abnormal and Social Psychology*, *46* (2), 190.

Schein, E. H. (1965). *Organizational psychology* (pp. 25). Englewood Cliffs, NJ: Prentice-Hall.

Schöllhammer, H. (1973). Strategies and methodologies in international business and comparative management research. *Management International Review*, *13* (6), 17-32.

Schultz, D. P. (1965). *Sensory restriction*: *Effects on behavior* (pp. 145-145). New York: Academic Press.

Schwartz, S. H. (1992). Universals in the content and structure of values: Theoretical advances and empirical tests in 20 countries. *Advances in experimental social psychology*, *25* (1), 1-65.

Schwartz, S. H. (1994). Are there universal aspects in the structure and contents of human values? *Journal of social issues*, *50* (4), 19-45.

Schwartz, S. H., &Sagiv, L. (1995). Identifying culture-specifics in the content and structure of values. *Journal of cross-cultural psychology*, *26* (1), 92-116.

Selye, H. (1975). Confusion and controversy in the stress field. *Journal of human stress*, *1* (2), 37-44.

Shaffer, M. A., Harrison, D. A., & Gilley, K. M. (1999). Dimensions, determinants, and differences in the expatriate adjustment process. *Journal of International Business Studies*, *33* (3), 557-581.

Sheldon, M. E. (1971). Investments and involvements as mechanisms producing commitment to the organization. *Administrative Science Quarterly*, *16* (2), 143-150.

Sherif, M. (1936). *The psychology of social norms*. New York: Harper.

Sherif, M. (1961). *The Robbers Cave experiment: Intergroup conflict and cooperation*. Wesleyan.

Shipper, F., & White, C. S. (1983). Linking organizational effectiveness and environmental change. *Long Range Planning*, *16* (3), 99-106.

Shockley-Zalabak, P., Ellis, K., & Winograd, G. (2000). Organizational trust: What it means, why it matters. *Organization Development Journal*, *18* (4), 35-48.

Simmel, G. (1976). *The Conflict in Modern Culture*. In. G. Simmel (Ed.), *The Conflict in Modern Culture and Other Essays* (pp. 11-26). London: Nelson & Sons.

Simon, H. A. (1991). Organizations and markets. *The Journal of Economic Perspectives*, *5* (2), 25-44.

Siu, O. L., Spector, P. E., Cooper, C. L., & Lu, C. Q. (2005). Work stress, self-efficacy, Chinese work values, and work well-being in Hong Kong and Beijing. *International Journal of Stress Management*, *12* (3), 274.

Skinner, B. F. (1938). *The behavior of organisms: an experimental analysis*. Oxford: Appleton- Century.

Smith, C., Organ, D. W., & Near, J. P. (1983). Organizational citizenship behavior: Its nature and antecedents. *Journal of applied psychology*, *68* (4), 653-663.

Smith, M. B., & Bruner, J. S. (1956). *Opinions and personality*. New York: John Wiley & Sons, Inc.

Smith, P. C., Kendall, L. M, &Hulin, C. L. (1969). *The measurement of satisfaction in work and retirement: A strategy for the study of attitudes*. Chicago: Rand McNally.

Solomon, J. (1990, Jan 4). Lose that thick accent to gain career ground. *Wall Street Journal*, pp. A1.

Stajkovic, A. D., & Luthans, F. (1997). A Meta-Analysis of the effects of Organizational behavior Modification on Task Performance. *Academy of Management Journal*, *40* (5), 1122−1149.

Steers, R. M. (1977). Antecedents and outcomes of organizational commitment. *Administrative science quarterly*, *22* (1), 46−56.

Sternberg, R. J. (1985). Implicit Theories of Intelligence, Creativity, and Wisdom. *Journal of Personality and Social Psychology*, *49* (3), 607−627.

Stigler, G. J. (1987). *Competition, The New Palgrave: A Dictionary of Economics*. London: Macmillian Press.

Stogdill, R. M. (1948). Personal factors associated with leadership: A survey of the literature. *The Journal of Psychology*, *25* (1), 37−71.

Stogdill, R. M., & Shartle, C. L. (1948). Methods for determining patterns of leadership behavior in relation to organization structure and objectives. *Journal of Applied Psychology*, *32* (3), 286−291.

Stogdill, R. M., & Coons, A. E. (1957). Leader behavior: Its description and measurement. *Research Monograph*, 88, Bureau of Business Research, The Ohio State University.

Stoner, J. A. F. (1961). *A comparison of individual and group decisions involving risk* (Doctoral dissertation, Massachusetts Institute of Technology).

Sweeney, P. D., &McFarlin, D. B. (1993). Workers' evaluations of the "ends" and the "means": An examination of four models of distributive and procedural justice. *Organizational Behavior and Human Decision Processes*. *55* (1), 23−40.

Tannenbaurn, R., & Schmidt, W. H. (1973). How to choose a leadership pattern. *Harvard Business Review*, *51* (3), 162−180.

Thibaut, J. W., & Walker, L. (1975). *Procedural justice: A psychological analysis*. Hillsdale: L. Erlbaum Associates.

Thomas, K. W. (1976). Conflict and conflict management. In M. D. Dunnett (Ed.), *Handbook of Industrial and Organizational Psychology* (pp. 889−935), Chicago: Rand McNally.

Thomas, K. W. (1977). Toward Multi-Dimensional Values in Teaching: The Example of Conflict Behaviors. *Academy of Management Review*, *2* (3), 484−490.

Thomas, K. W., &Pondy, L. R. (1977). Toward an "intent" model of conflict management among principal parties. *Human Relations*, *30* (12), 1089−1102.

Thomas, K. W. (1992). Conflict and conflict management: Reflections and update. *Journal of Organizational Behavior*, *13* (3), 265−274.

Thorndike, E. L. (1920). A constant error in psychological rating. *Journal of Applied Psychology*, *4* (1): 25−29.

Trevino, L. K., Hartman, L. P., & Brown, M. (2000). Moral Person and Model Manager: How Executives Develop a Reputation for Ethical Leadership. *California Man-*

agement Review, *42* (4), 128－142.

Trompenaars. F. (1998). *Riding the Waves of Culture*: *Understand Cultural Diversity in Global Business*. New York: Irwin.

Tuckman, B. W. (1965). Developmental sequence in small groups. *Psychological Bulletin*, *63* (6), 384－399.

Tuckman, B. W., & Jensen, M. A. C. (1977). Stages of small-group development revisited. *Group & Organization Management*, *2* (4), 419－427.

Ulrich, D. (1987). The population perspective: review, critique, and relevance. *Human Relations*, *40* (3), 137－151.

Velasquez, M., Moberg, D. J., & Cavanagh, G. F. (1983). Organizational statesmanship and dirty politics: Ethical guidelines for the organizational politician. *Organizational Dynamics*, *12* (2), 65－80.

Venon, P. E. (1971). *The structure of human abilities*. London: Methuen.

Vredenburgh, D. J., Maurer, J. G. (1984). A process framework of organizational politics. *Human Relations*, *37* (1), 47－66.

Vroom, V. H. (1964). *Work and motivation*. New York: Wiley.

Vroom, V. H. &Yetton, P. W. (1973). *Leadership and Decision-Making*. Atlanta: George State University.

Vroom, V. H. (1976). Leadership. In M. D. Dunnette (Ed.). *Handbook of Industrial and Organizational Psychology*. Chicago: Rand McNally.

Vroom, V. H., &Jago, A. G. (1995). Situation effects and levels of analysis in the study of leader participation. *Leadership Quarterly*, *6* (2), 169－181.

Wall, J. A., &Callister, R. R. (1995). Conflict and its management. *Journal of Management*, *21* (3), 515－558.

Walton, R. E. &McKersie, R. B. (1965). *A behavioral theory of labor negotiations*: *An analysis of a social interaction system*. Ilr Press.

Weber, M. (1947). *The Theory of social and economic organizations*. New York: The Free Press.

Weiner, B. (1971). *Perceiving the causes of success and failure*. Morriston: General Learning Press.

Weiner, B. (1985). An attributional theory of achievement motivation and emotion. *Psychologacal review*, *92* (4), 548－573

Weiss, R. S. (1974). *The provisions of social relationships*. *In Z. Rubin* (*Ed.*), *Doing unto others* (pp. 17－26). Englewood Cliffs, NJ: Prentice-Hall.

Wiemann, J. M. (1977). Explication and test of a model of communicative competence. *Human Communication Research*, *3* (3), 195－213.

Wiener, Y., &Vardi, Y. (1980). Relationships between job, organization, and career commitments and work outcomes-An integrative approach. *Organizational Behavior and Human Performance*, *26* (1), 81–96.

Wikipedia. (2013, June 23). *Open systems* (*systems theory*). http://en.wikipedia.org/wiki/Open_system_(systems_theory).

Wright, T. A. (2003). Positive organizational behavior: An idea whose time has truly come. *Journal of Organizational Behavior*, *24* (4), 437–442.

Xu, L. C. (1987). A cross-cultural study on the leadershipbehaviour of Chinese and Japanese executives. *Asia Pacific Journal*, *4* (3), 203–209.

Zhang, X. A., Cao, Q., &Tjosvold, D. (2011). Linking transformational leadership and team performance. *Journal of Management Studies*, *48* (7), 1186–1215.

Zimbardo, P. G., Haney, C., Banks, W. C., & Jaffe, D. (1974). The psychology of imprisonment: Privation, power, and pathology. In I. Rubin (Ed.), *Doing unto others*: *Explorations in social behavior* (pp. 61–73). Englewood Cliff: Prentice Hall.

新编21世纪远程教育精品教材

公共基础课系列

书名	作者
应用写作（第四版）（"十一五"国家级规划教材）	孙秀秋
计算机应用基础	李　刚
马克思主义哲学原理（第二版）	霍福广
"毛泽东思想和中国特色社会主义理论体系概论"教学专题研究	王向明
全国高校网络教育大学英语词汇必备手册	王建华
全国高校网络教育大学英语学习与考试辅导	王建华
高等数学"学习包"（第二版）	张家琦　曹承宾
北京地区成人本科学士学位英语统一考试历年试题解析	常红梅
北京地区成人本科学士学位英语统一考试辅导（第三版）	常红梅
大学语文	黄　鹤
大学英语学习与考试辅导	常红梅
数据库基础教程	苏　俊
毛泽东思想概论	江长仁

经济与管理系列

书名	作者
西方经济学	缪代文
西方经济学（第二版）（微观经济学部分）	刘凤良
西方经济学（第二版）（宏观经济学部分）	刘凤良
经济法概论（第三版）	宋立成
国际金融（第二版）	刘　震
税务管理	王秀芝
邮政储汇实务	周艳海
中国税制（第二版）	杨　虹
投资银行学教程（第二版）	胡海峰　等
金融学概论（第三版）	宋　玮
国际贸易实务（第二版）	王晓明
财政管理	王秀芝
保险学	戴稳胜
证券投资学（第二版）	赵锡军　李向科

续前表

书名	作者
统计学教程（第三版）	金勇进
财政学	安秀梅
中国政治制度史	侯　力
经济学原理	韦曙林
商务英语	王学文
国际贸易理论与政策	王亚星
国际投资	胡曙光
人力资源开发与管理（第四版）	姚裕群
项目管理（第三版）（“十一五”国家级规划教材）	李　涛
物流管理（第三版）（“十一五”国家级规划教材）	刘　刚
组织行为学（第二版）	徐建平
公共政策原理	谢　明
公共政策案例分析	谢　明
公共管理伦理学	李传军
公共政策导论（第二版）	谢　明
公共经济学导论	代　鹏
公共关系学（第二版）	李兴国
领导力	祁凡骅
企业战略管理	邹昭晞
管理学原理	安　维
公务员管理	王甫银
秘书工作实务	张大成
人员选拔与聘用管理	苏　进　刘建华
绩效管理	徐　斌
质量管理学	李晓光
营销渠道决策与管理	吕一林
高级会计学（第二版）	张志凤　谢瑞峰
公司财务管理（第二版）	肖　万
财务管理学（第四版）	孙茂竹　范　歆
基础会计学（第三版）	徐　泓
管理会计（第二版）	孙茂竹
审计学（第二版）	杨闻萍

续前表

书名	作者
财务会计学（第三版）	郭建华
成本会计	曹　伟
纳税筹划教程	张中秀
会计制度设计（第二版）	阎至刚
计算机会计理论与实务（第二版）	蔡立新
税务筹划教程	张中秀
国际税收（第二版）	杨志清

法学系列

书名	作者
刑事诉讼法（第三版）	王新清　李　蓉
民事诉讼法（第二版）	汤维建　等
行政法与行政诉讼法（第三版）	胡锦光　罗　杰
宪法学（第三版）	胡锦光　任端平
劳动法和社会保障法（第三版）	黎建飞
保险法（第三版）	贾林青
刑法学（第二版）	黄京平
中国法制史（第二版）	赵晓耕
企业和公司法学（第二版）	王欣新
税法（第三版）	朱大旗
海商法（第二版）	贾林青
刑法学	徐松林
继承法（第二版）	孙若军
破产法学（第二版）	王欣新
经济法（第二版）	吴宏伟
国际法（第二版）	白桂梅　朱利江
法理学（第二版）	张曙光
法律文书写作（第二版）	陈卫东　刘计划
民法学（第二版）	龙翼飞

汉语言文学系列

书名	作者
中国古代文学史（一）（先秦至魏晋南北朝）（第二版）	叶君远
中国古代文学史（二）（隋唐五代宋辽金）（第二版）	冷成金
中国古代文学史（三）（元明清及近代）（第二版）	张国风
古代汉语（第二版）	殷国光
现代汉语（第二版）	吴永焕
外国文学作品导读（第二版）	刘洪涛
中国民间文学概论（第二版）	黄　涛
美学概论（第二版）	牛宏宝
文学概论（第二版）	许　鹏
中国古代文学作品选读（一）	诸葛忆兵
中国古代文学作品选读（二）	王　燕
中国文学理论史简编	成复旺
中国现当代文学作品导读	姚　丹
影视文学教程	邹　红
电视剧批评与欣赏	刘晔原
中国现当代文学	刘　勇
语言学概论	岑运强
西方文论概要	杨慧林
新时期文学思潮	张永清
文艺心理学	金元浦

新闻与传播系列

书名	作者
新闻理论教程	陈力丹　张建中
中国新闻传播史	赵云泽　孙　萍
外国新闻传播史	陈力丹　钱　婕
新媒体实务	黄　河
广告学概论	王　菲
新闻采访与写作	张　征

图书在版编目（CIP）数据

组织行为学/徐建平编著. —2 版. —北京：中国人民大学出版社，2014.1
新编 21 世纪远程教育精品教材. 经济与管理系列
ISBN 978-7-300-18882-9

Ⅰ.①组… Ⅱ.①徐… Ⅲ.①组织行为学-远程教育-教材 Ⅳ.①C936

中国版本图书馆 CIP 数据核字（2014）第 021230 号

新编 21 世纪远程教育精品教材·经济与管理系列
组织行为学（第二版）
徐建平　编著
Zuzhi Xingweixue

出版发行	中国人民大学出版社		
社　　址	北京中关村大街 31 号	**邮政编码**	100080
电　　话	010－62511242（总编室）		010－62511770（质管部）
	010－82501766（邮购部）		010－62514148（门市部）
	010－62515195（发行公司）		010－62515275（盗版举报）
网　　址	http://www.crup.com.cn		
经　　销	新华书店		
印　　刷	北京溢漾印刷有限公司	**版　　次**	2008 年 8 月第 1 版
规　　格	185 mm×260 mm　16 开本		2014 年 2 月第 2 版
印　　张	24	**印　　次**	2023 年 2 月第 8 次印刷
字　　数	536 000	**定　　价**	45.00 元